제13판 거시경제론 연습문제 해설집

거시경제론

연습문제 해설집

김영식 · 이재원 지음

13판

MACRO-ECONOMICS

율곡출판사

들어가는 글

이번 연습문제 해설집은 이재원 교수를 공동저자로 맞이하여 구성과 내용을 대폭 업그레이드한 정운찬 · 김영식 · 이재원 『거시경제론』 13판의 연습문제 해설을 담고 있다. 특히 본 교재 개정판의 새로운 구성과 내용을 반영하여 기존 연습문제의 해설을 수정 · 보완했으며 최근 행정 · 입법고시 및 외교관후보자 선발시험 문제의 해설을 새로 추가했다. 여전히 미흡한 부분에 대해서는 독자들의 제안을 바란다.

이번 개정 작업 과정에서 김한솔(서울대 경제학과 대학원)과 김나영(서울대 경제학부), 전승엽(서울대 경영대학)은 바쁜 시간을 쪼개어 연습문제 해설을 꼼꼼히 검토해 주었다. 세 학생에게 감사를 표한다. 끝으로 개정 작업 내내 인내심을 갖고 도와주신 율곡출판사 방조일 편집주간님에게 감사드린다.

2022년 8월 30일

김영식 · 이재원

차 례

thirteenth edition
Macroeconomics
Solutions
Contents

chapter 1

국가경제란 무엇인가?

01 국가경제의 지출과 소득순환에서 총생산의 가치가 총소득의 가치와 같아지는 이유는 무엇인가?

해답 생산된 생산물의 총 가치는 그 생산물을 생산하는 데 투입한 요소소득이 되어 총소득으로 분배되기 때문이다.

02 다음과 같이 국민소득 및 지출의 순환과정에 있는 4부문 경제에 대해 다음 질문에 답하라.

> **[경제 A]** 저축 = 투자 = 200, 조세규모 = 정부지출규모 = 200, 수입 = 수출 = 100
> **[경제 B]** 저축 = 250, 투자 = 200, 조세규모 = 100, 정부지출 = 200, 수입 = 150, 수출 = 100

(1) 4부문 경제의 누출과 주입을 고려하여 [경제 A]와 [경제 B]가 서로 어떻게 다른지 설명하라.

해답 경제 A는 저축과 투자, 조세와 정부지출, 수입과 수출이 각각 동일하여 각 시장에서 모두 균형인 데 반해 B는 누출($S + T + M = 250 + 100 + 150 = 500$)과 주입($I + G + X = 200 + 200 + 100 = 500$)은 동일하지만 각 시장에서는 초과수요와 초과공급이 존재하고 있다.

(2) 누출과 주입의 개념을 고려하여 [경제 B]의 상황을 자세히 설명하고, 이 상황을 개선하기 위한 방안들을 제시해 보라.

해답 이 경제는 재정수지 적자($T - G = -100$), 경상수지 적자($X - M = -50$)로 쌍둥이 적자를 보이고 있고, 그에 따라 투자가 저축에 못 미치고 있다. 이를 해결하기 위해 정부지출을 줄이거나 조세를 늘리는 방안 또는 수입을 줄이거나 수출을 늘리는 방안을 마련해야 한다.

03 한국은행이 발간하는 『조사통계월보』나 『경제통계연보』 등에 수록된 최근 3년간의 자료를 이용하여 다음 표의 공란을 메워라.

연도	(A) **국내총생산** (real GDP)	(B) **교역조건 변화에 따른 실질 무역손익**	(C=A+B) **국내총소득** (real GDI)	(D) **대외순수취 요소소득**	(E=C+D) **국민총소득** (real GNI)
2017년					
2018년					
2019년					

해답 한국은행 홈페이지 참조(www.bok.or.kr)

04 어떤 국가경제의 생산품 수량과 가격이 다음 표와 같다고 하자.

	2020년		2019년	
	수량	가격	수량	가격
컴퓨터	100	60	90	50
배	100	2	75	2
옷	50	25	50	30
껌	8,000	0.6	10,000	0.8

(1) 이 나라의 2020년 명목 GDP를 구하라.

해답 $(100 \times 60) + (100 \times 2) + (50 \times 25) + (8{,}000 \times 0.6) = 12{,}250$

(2) 2019년을 기준연도로 할 때 2020년의 GDP 디플레이터와 실질GDP 성장률을 구하라.

해답

1) GDP deflator

$$= \frac{(100 \times 60 + 100 \times 2 + 50 \times 25 + 8{,}000 \times 0.6)}{(100 \times 50 + 100 \times 2 + 50 \times 30 + 8{,}000 \times 0.8)} \times 100 = 93.51$$

2) 실질GDP 성장률 $= \dfrac{13{,}100 - 14{,}150}{14{,}150} = -7.4205\%$

2019년 실질GDP :

$(50 \times 90) + (75 \times 2) + (50 \times 30) + (0.8 \times 10{,}000) = 14{,}150$

2020년 실질GDP :

$(100 \times 50) + (100 \times 2) + (50 \times 30) + (8{,}000 \times 0.8) = 13{,}100$

chapter 3

장기적 경제성장의 주요 사실

01 총생산함수 $Y = zK^{0.36}L^{0.64}$와 데이터를 고려하여 다음의 물음에 답하라.

연도 \ 요소	Y	K	L	z
1997	8,272.9	17,009.8	130.45	
1998	8,654.5	17,574.0	132.21	
1999	9,084.1	18,197.4	134.15	

(1) 위의 표에서 각 연도의 총요소생산성 또는 솔로우 잔차 z의 값을 구하라.

해답 총생산함수 $Y = zK^{0.36}L^{0.64}$를 솔로우 잔차 z에 대해 나타내면, $z = \frac{Y}{K^{0.36}L^{0.64}}$가 된다. 여기에 K와 L, Y를 각각 대입하면 다음의 결과를 얻을 수 있다.

연도	Z
1997	10.983
1998	11.258
1999	11.562

(2) 위의 표를 이용하여 연 GDP 성장률에 대한 성장회계를 계산하라. 각 연도의 경제성장은 어떤 요소에 의해 주도되었는가?

해답 변수 X의 1기간 성장률(변화율) $= \frac{X_t - X_{t-1}}{X_{t-1}} = \frac{\Delta X}{X}$를 적용하여 Y, K, L, z 각각의 성장률을 계산하면 다음과 같다.

연도	$\frac{\Delta Y}{Y}$	$\frac{\Delta K}{K}$	$\frac{\Delta L}{L}$	$\frac{\Delta z}{z}$
1997~1998	0.046	0.033	0.013	0.025
1998~1999	0.050	0.035	0.015	0.027

한편 총생산함수 $Y = zK^{0.36}L^{0.64}$로부터 각 변수의 변화율 간에는 $\frac{\Delta Y}{Y} = \frac{\Delta z}{z} + 0.36\frac{\Delta K}{K} + 0.64\frac{\Delta L}{L}$의 관계가 성립한다. 각 요소의 성장기여도를 비교하기 위해 $0.36\left(\frac{\Delta K}{K}\right)$, $0.64\left(\frac{\Delta L}{L}\right)$, $\left(\frac{\Delta z}{z}\right)$를 계산하면 다음과 같다.

연도	$\left(\frac{\Delta Y}{Y}\right)$	$0.36\left(\frac{\Delta K}{K}\right)$	$0.64\left(\frac{\Delta L}{L}\right)$	$\left(\frac{\Delta z}{z}\right)$
1997~1998	0.046	0.012	0.009	0.025
1998~1999	0.050	0.013	0.009	0.027

위의 성장회계에 의하면 기술진보에 따른 총요소생산성의 증가가 경제성장을 주도했음을 알 수 있다.

02 어떤 나라 경제에서 물적자본(K)과 노동(L)을 생산요소로 투입하여 생산된 총산출량(Y)이 연 5%로 성장하고 있다. 물적자본 단위당 임대율(rental rate)이 0.1이고, 자본계수($\frac{K}{Y}$)는 3이다. 물적자본과 인구는 각각 3%, 2%로 성장하고 있다. 단, 모든 사람들이 일을 한다고 가정한다.

(1) 총산출이 노동급여와 자본임대비용으로 모두 지급되는 경우 자본소득분배율과 노동소득분배율을 각각 계산하라.

해답 자본소득분배율(α) $= r \times \frac{K}{Y} = 0.1 \times 3 = 0.3$이므로 노동소득분배율 $= 1 - \alpha = 0.7$이다.

(2) 총요소생산성의 성장률을 계산하라. 생산투입요소를 2배로 늘리는 경우 총산출량이 2.5배만큼 늘어난다면 총요소생산성의 성장률은 어떻게 변화하겠는가?

해답 총요소생산성의 증가율($\%\Delta z$) $= \%\Delta Y - \alpha \times \%\Delta K - (1-\alpha) \times \%\Delta L = 5 - 0.3 \times 3 - 0.7 \times 2 = 2.7(\%)$이다. 한편 생산요소 투입의 증가 전에 $Y_1 = z_1 \times F(K_1, L_1)$이 성립하고, 요소투입을 $K_2 = 2K_1$, $L_2 = 2L_1$으로 증가시킬 때 $Y_2 = 2.5Y_1$이 된다. 따라서 $Y_2 = z_2 \cdot F(K_2, L_2) = z_2 \cdot F(2K_1, 2L_1) = z_2 \cdot 2F(K_1, L_1) = z_2 \cdot \left(\frac{2Y_1}{z_1}\right)$이 되고, 그 결과 $\frac{z_2}{z_1} = \frac{Y_2}{2Y_1} = 1.25$이다. 즉, 총요소생산성은 1.25배로 늘어난다.

03 생산성이 얼마나 증가했는지를 판단하는 것은 매우 중요한 일이다. A국의 생산함수는 규모수익불변의 특성을 갖고, $Y_t = z_t \cdot F(K_t, L_t)$로 표시된다. 여기서 Y_t, z_t, K_t, L_t는 각각 총산출량, 총요소생산성, 자본투입, 노동투입을 의미한다. 이 나라의 경제지표가 다음과 같이 주어졌을 때 다음 질문에 답하라.

- **성장률** : 연 9%
- **자본증가율** : 연 10%
- **자본소득이 총소득에서 차지하는 비중** : 30%
- **노동증가율** : 연 6%
- **노동소득이 총소득에서 차지하는 비중** : 70%

(1) 이 자료가 지난 20년간의 연평균 자료라고 할 때, 이로부터 지난 20년간 A국의 연평균 생산성 증가율이 얼마였는지를 계산하라.

해답 A국의 생산함수가 1차 동차의 콥-더글라스 함수($Y = zK^{\alpha}L^{1-\alpha}$)라고 가정하면 다음의 성장회계식을 도출할 수 있다.

$$\frac{\Delta Y}{Y} = \frac{\Delta z}{z} + \alpha\frac{\Delta K}{K} + (1-\alpha)\frac{\Delta L}{L}$$

여기서 $\frac{\Delta Y}{Y}$와 $\frac{\Delta K}{K}$, $\frac{\Delta L}{L}$은 각각 균제상태에서의 GDP 성장률과 자본증가율, 노동증가율을 나타내고, α와 $(1-\alpha)$는 각각 자본소득분배율과 노동소득분배율이다. 주어진 자료가 지난 20년간 연평균 자료라는 사실로부터 이 자료들이 균제상태에서의 자료라고 볼 수 있다. 따라서 문제의 자료들을 앞의 성장회계식에 대입하면 A국의 생산성 증가율을 다음과 같이 계산할 수 있다.

$$9(\%) = \frac{\Delta z}{z} + 0.3 \cdot 10(\%) + 0.7 \cdot 6(\%) \Leftrightarrow \frac{\Delta z}{z} = 1.8(\%)$$

(2) 경제학자 B씨는 위의 계산을 한 후 "비록 A국의 경제성장률이 9%로 다른 나라보다 크게 높은 수치지만 생산성 증가만을 볼 때는 다른 나라의 경우와 크게 다르지 않다. 즉, A국의 경제성장은 영감(inspiration)에 의한 것이라기보다는 땀(perspiration)에 의한 것일 뿐이다"라고 평가하였다. 경제학자 B씨가 "영감에 의한 경제성장과 땀에 의한 경제성장"을 구분하는 이유는 무엇일까? 그리고 B씨의 계산이 옳다면, A국의 향후 경제성장 전망은 어둡다고 생각해야 하는가?

해답 문제 (1)에서 살펴본 성장회계식에 따르면 경제성장의 요인은 크게 두 가지로 나눌 수 있다. 첫번째 요인은 요소투입의 증가이고, 두번째 요인은 기술진보이다. 그런데 솔로우 모형에 의하면 요소투입의 증가는 경제의 총생산수준을 증가시키기는 하지만 1인당 산출량 증가에는 한계가 있다. 그것은 노동과 자본의 한계생산성이 체감한다는 솔로우 모형의 기본 가정 때문에 균제상태에서는 1인당 자본의 증가율($\frac{k_{t+1}}{k_t}$)과 1인당 산출량의 증가율($\frac{y_{t+1}}{y_t}$)이 모두 0이 될 수밖에 없기 때문이다. 결국 기술진보에 의한 경제성장을 강조하는 솔로우 모형에 의하면 생산성 증가율이 낮은 A국의 향후 경제성장 전망은 어둡다고 보아야 할 것이다.

그러나 생산요소의 축적을 경제성장의 원동력으로 받아들이는 새로운 성장이론들에 의하면 A국의 경제성장 전망이 반드시 어둡다고만 평가할 수는 없다. 예를 들어 내생적 성장이론에 따르면, 자본의 개념을 전통적인 실물자본 이외에도 인적자본이나 지식자본 등을 포함하여 폭넓게 정의할 때, 생산에 투입되는 실물자본과 인적자본이 동시에 축적되는 경우 장기적으로 지속적 성장이 가능해진다. 만약 A국에서 높은 증가율을 갖는 것으로 측정된 자본 및 노동이 고도의 지식 및 기술을 체화(embodied)하고 있는 것이었다면, 이러한 특성을 갖는 생산요소의 축적으로 A국은 향후 고도의 경제성장을 이룩할 수 있다는 것이다.

(3) A국의 노조는 "노동생산성 증가만큼 임금이 인상되어야 한다"라고 주장하면서 위로부터 계산된 수치를 임금인상 요구에 대한 근거로 제시하였다. 이에 대해 논평하라.

해답 시장이 완전경쟁적이고 외부성이 존재하지 않는다고 가정할 때, 자본과 노동은 각각의 한계생산만큼 보상을 받는다. 따라서 완전경쟁시장과 규모수익불변을 전제하고 있는 솔로우 모형에서도 균형성장경로에 있는 자본과 노동은 각각의 한계생산만큼 수익을 얻어야 한다. 이때 노동과 자본의 한계생산으로 돌아갈 부분을 각각 w와 r이라 하면, $wL + rK = zF(K, L)$이 성립하고, 따라서 기업은 0의 이윤을 얻게 된다.

(4) 만약 앞의 자료가 지난 20년간의 연평균 자료가 아니라 지난 1년간 성장률, 자본증가율, 노동증가율 자료라고 하자. 그러면 문제 (1)에서 계산된 결과를 생산성 증가율로 해석할 수 있을지 논평하라.

해답 앞의 문제들에 대한 답변은 이 경제가 균제상태에 있다는 가정 하에서만 타당한 것이다. 그러나 주어진 자료가 지난 1년간의 GDP 성장률, 자본증가율, 노동증가율이라고 하면, 이는 균제상태로 수렴해 가는 과정에서의 자료라고 할 수 있으므로, 이를 근거로 총요소생산성 증가율을 정확하게 언급하는 데 무리가 있다.

실제로 경제가 성장하는 과정에서 항상 균형성장경로를 따라 안정적인 성장이 지속되는 것은 아니다. 때로는 활발한 경제성장이 이루어지기도 하고, 때로는 극심한 경기침체를 경험하기도 한다. 이러한 경기변동을 고려할 때, 지난 1년간의 상황이 균제상태를 반영하고 있다고 보기는 어렵다. 따라서 균제상태를 반영하고 있지 않은 자료들을 성장회계식에 대입하여 도출된 잔여항(residual)을 진정한 생산성 증가율이라고 보기는 어렵다.

(서울대학교 경제학부 2001학년도 대학원 입시문제)

chapter 4

외생적 경제성장이론

01 솔로우 모형을 가정하라.

(1) 1인당 자본량($\frac{K}{L}$)과 경제성장률의 변화를 그래프와 수식을 사용하여 설명하라. 균제상태의 1인당 자본량이 어떻게 결정되는지를 설명하고 황금률 자본량과의 관계를 논하라.

해답 본 교재의 4장 2절(pp.94~97)에서 자세히 논의된 바와 같이 솔로우 성장 모형에서 다음과 같은 1인당 균형자본량 축적과정이 도출된다.

$$k_{t+1} = \frac{sz_t f(k_t)}{1+n} + \frac{(1-d)k_t}{1+n} \equiv g(k_t)$$

저축률(s), 인구증가율(n), 자본감가상각률(d), 기술수준(z), 그리고 초기 자본량(k_0)이 일정하게 주어진 상황에서 위 식은 1인당 자본량의 균형축적 과정을 나타낸다. 이 식을 그림으로 나타내면 〈그림 4-1-1〉의 (a)와 같다.

그림 4-1-1

솔로우 성장모형

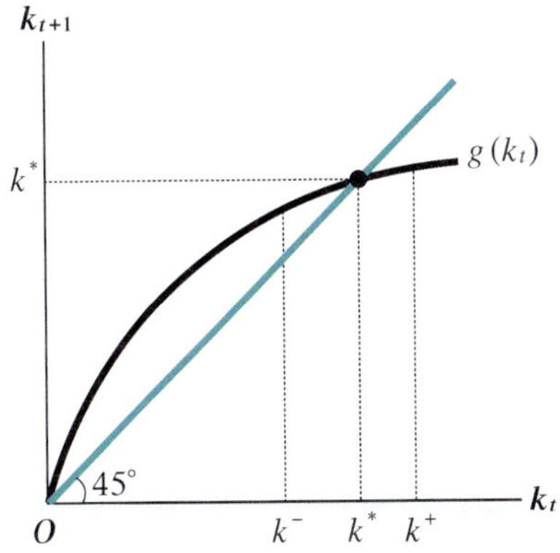

(a) 1인당 자본량의 변화

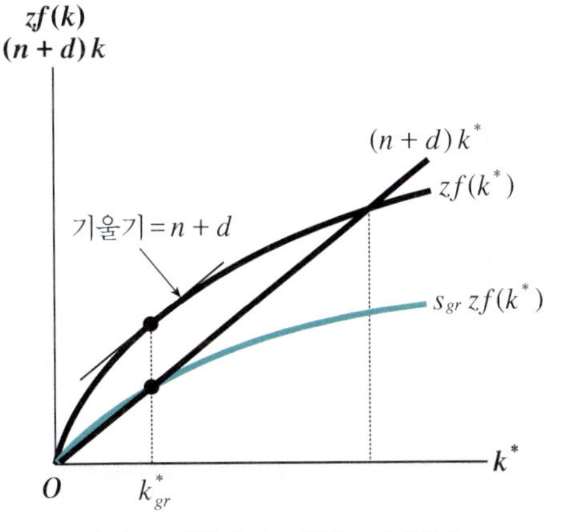

(b) 균제상태의 1인당 자본량과 황금률 자본량의 관계

매기 총요소생산성 또는 기술수준이 $z_t = z$로 일정한 경우, 균제상태는 $k_{t+1} = k_t = k$, $y_{t+1} = y_t = y$, $c_{t+1} = c_t = c$ 등과 같이 모든 1인당 변수들이 시점에 관계없이 일정한 값을 갖는 상태를 의미한다. 따라서 1인당 균형자본축적 방정식에 $k_{t+1} = k_t = k$, $z_t = z$를 대입하면 다음의 식으로 단순화된다.

$$szf(k) = (n+d)k$$

균제상태의 1인당 자본량 k^*는 〈그림 4-1-1〉의 (a)에서와 같이 $szf(k^*) = (n+d)k^*$를 만족한다. 즉, 1인당 자본량을 일정 수준으로 유지하기 위해 요구되는 자본량 $(n+d)k$가 실제 투자량 $szf(k)$와 같을 때 균제상태가 달성된다.

한편 균제상태의 1인당 소비(c)를 극대화하는 1인당 자본량 k^*_{gr}을 황금률 자본량이라고 할 때, k^*_{gr}은 다음의 극대화 문제를 통해 구해진다.

$$\underset{k}{Max}\ c = zf(k) - (n+d)k$$

위의 극대화 문제의 일계조건으로부터 황금률 자본량 k^*_{gr}은 $MP_k = n + d$를 만족하며, 〈그림 4-1-1〉의 (b)와 같이 결정된다. 이때 저축률 s_{gr}을 황금률 저축성향이라고 한다.

(2) 1인당 국민소득의 수렴현상이 발생하는가? 솔로우 모형의 수렴현상이 경험적으로 타당하였는지 간단히 논하라.

해답 〈그림 4-1-1〉의 (a)에서와 같이, 이 경제는 초기 자본량의 정도와 상관없이 1인당 자본량이 균제상태의 자본량 k^*로 수렴하고 있다. 즉, 1인당 자본량이 k^+수준에서는 실제 투자량 $szf(k)$가 요구 자본량 $(n+d)k$보다 작아서 1인당 자본량이 감소하고, 1인당 자본량이 k^-일 때도 $szf(k)$가 $(n+d)k$보다 커서 1인당 자본량이 증가하여 결국 k^*를 달성한다. 따라서 1인당 국민소득도 $y^* = zf(k^*)$로 수렴하게 되므로, 이 경제는 성장과정에서 1인당 국민소득의 수렴현상이 발생한다.

그러나 솔로우 모형의 예측과는 달리, 일반적으로 1인당 소득은 장기적으로도 수렴하지 않는다. 실제로 부유한 국가와 가난한 국가의 1인당 소득수준은 시간의 흐름에 따라 그 격차가 점점 커졌다. 본 교재 p.81의 〈그림 3-5〉에서 보듯이, 가난한 국가들의 1인당 소득과 그 성장률 사이에는 어떠한 상관관계도 찾기 어렵다. 이는 가난한 국가들의 소득수준이 장기적으로 수렴하지 않음을

그림 4-2-1

인구성장률의 증가와 성장경로

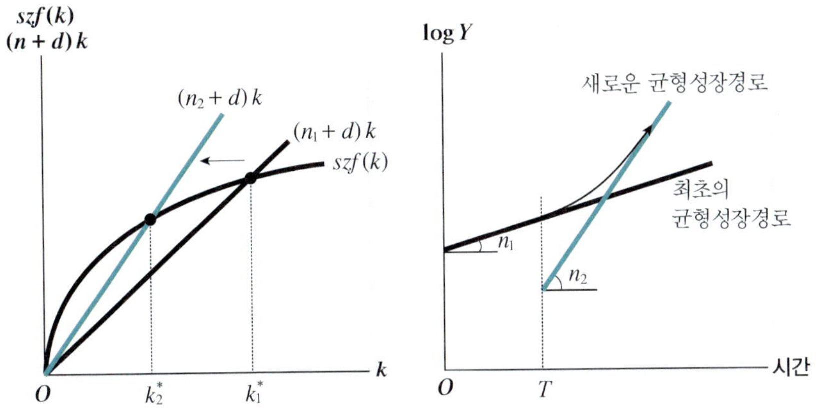

(a) 인구성장률 증가와 1인당 자본량 (b) 인구성장률 증가와 성장경로

입증한다.

(1997년 행정고시 기출문제 일부 변형)

02 솔로우 모형에서 특정 시점 T를 기준으로 다음의 변화가 있을 때 총산출량의 균형성장경로를 예시하라.

(1) 인구증가율이 n_1에서 n_2로 증가하는 경우

해답 인구증가율이 n_1에서 n_2로 증가하면 균형성장경로의 1인당 자본량은 k_1^*에서 k_2^*로 감소하고, 1인당 산출량도 $y_1^* = zf(k_1^*)$에서 $y_2^* = zf(k_2^*)$로 감소한다. 그리고 그 과정에서 일시적이긴 하지만 음(−)의 경제성장률을 기록하게 된다. 이는 인구 증가에 따라 균제상태에서의 1인당 실제 투자량 $szf(k)$가 1인당 자본량을 일정 수준으로 유지하기 위해 요구되는 자본량 $(n_2 + d)k$보다 작아지면서 1인당 자본량과 산출량이 감소하기 때문이다. 그러나 인구증가율이 증가한 시점 T 이후부터 1인당 산출량은 인구증가율 상승으로 감소하지만, 일단 새로운 균제상태 (k^*, y^*)에 도달하면 1인당 자본량과 산출량의 증가율은 다시 0이 되고, 총자본량과 총산출량의 증가율은 인구증가율 n_2가 된다. 한편 새로운 균제상태로 이전하는 과정에서 1인당 산출량 $y(=\frac{Y}{N})$가 감소하므로, 총산출 Y는 인구증가율(n_2)보다 느리게 증가하여 〈그림 4-2-1〉의 (b)에서 화살표와 같

그림 4-2-2

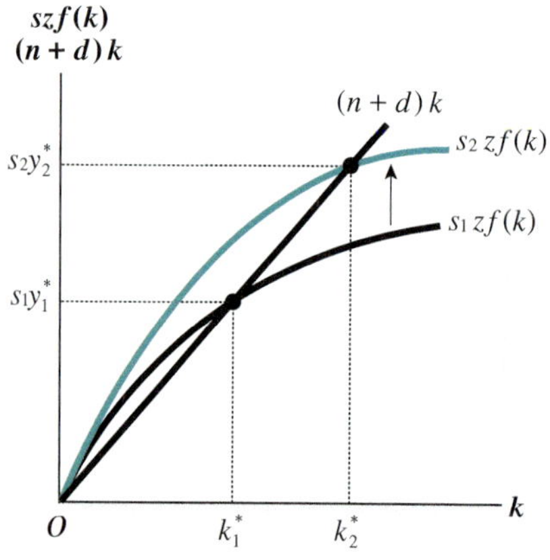

(a) 저축률 증가와 1인당 자본량

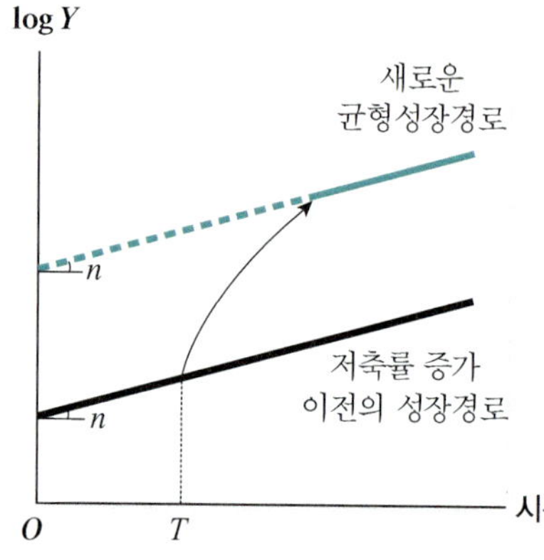

(b) 저축률 증가와 성장경로

은 경로를 보일 것이다.

(2) 저축률이 s_1에서 s_2로 증가하는 경우

해답 〈그림 4-2-2〉의 (a)에서 저축성향이 s_1에서 s_2로 증가하면 1인당 저축을 나타내는 $szf(k)$곡선은 상방이동하게 된다. 이때 균제상태의 1인당 자본량이 k_1^*에서 k_2^*로 증가하게 되어 1인당 소득 또는 산출량도 $y_1^* = zf(k_1^*)$에서 $y_2^* = zf(k_2^*)$로 증가한다. 이때 새로운 균제상태에서도 1인당 자본량과 산출량의 증가율, 즉 경제성장률은 0이 되고, 총자본량과 총산출량의 증가율은 외생적으로 주어진 인구증가율 n과 동일해진다. 결국 1인당 산출량의 증가율로 정의된 경제성장률은 새로운 균제상태에 도달할 때까지만 양의 값을 가질 뿐, 균제상태에 이르면 결국 0이 된다.

예를 들어 〈그림 4-2-2〉의 (b)에서 저축률이 증가한 시점 T 이후 새로운 균제상태에 이르는 과정에서 총산출량은 인구증가율보다 높은 성장률을 보인다. 이러한 일시적인 높은 성장률은 저축률 증가에 따라 1인당 실제 투자량 $s_2zf(k)$가 1인당 자본량을 일정하게 유지하기 위해 요구되는 자본량 $(n+d)k$보다 커지면서 1인당 자본량과 산출량이 증가한 결과이다. 그러나 장기적으로는 자본축적에 따라 자본의 한계생산성이 체감하고 총산출의 성장률이 둔화되면서 궁극적으로 균제상태의 성장률이 인구증가율로 수렴하게 된다.

그림 4-3

감가상각률의 감소와 1인당 자본량

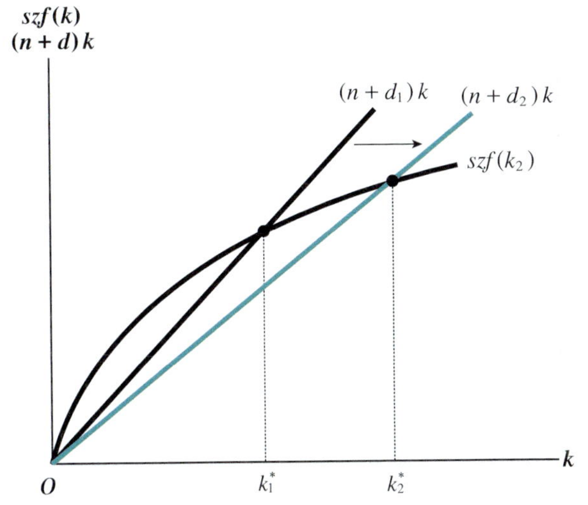

03 솔로우 성장모형에서 자본단위당 감가상각률이 감소한다고 하자. 균제상태에서 1인당 자본량과 1인당 산출량에 미치는 효과는 무엇인가? 그 이유를 직관적으로 설명하라.

해답 솔로우 성장모형에서 자본단위당 감가상각률의 감소는 〈그림 4-3〉에서 인구증가율의 감소와 같이 $(n+d)k$를 우측으로 회전이동시킨다. 즉, 감가상각률의 감소($d_1 \rightarrow d_2$)에 따라 균제상태에서 1인당 실제 투자량 $szf(k)$가 1인당 자본량을 일정 수준으로 유지하기 위해 요구되는 자본량 $(n+d_2)k$보다 커지면서 균형에서 1인당 자본량은 k_1^*에서 k_2^*로 증가하고, 1인당 산출량도 $y_1^* = zf(k_1^*)$에서 $y_2^* = zf(k_2^*)$로 증가한다.

04 솔로우 모형의 균제상태에 있는 경제에서 자연재해나 전쟁으로 자본스톡이 파괴되었다고 하자.

(1) 장기적으로 1인당 자본량과 1인당 산출량에 미치는 효과는 무엇인가?

해답 솔로우 모형에서는 한계수확이 체감하는 생산함수를 전제로 하고 있기 때문에 균제상태는 초기 자본스톡의 변화에 영향을 받지 않는다. 한계수확이 체감하는 생산함수 하에서 자본이 높게 축적된 상태에서는 자본의 한계생산성이 낮은 반면, 자연재해나 전쟁으로 자본스톡이 파괴된 상태에서는 자본의 한계생산성이 높기 때문에 투자가 상대적으로 크게 증가해 장기적으로는 초기 자본스톡이 높은 경제와 동일한 균제상태로 수렴한다. 따라서 균제상태에 있는 경제에서 자연재해나 전쟁으로 자본스톡이 파괴되는 경우, 경제는 장기적으로 처음 균제상태와 동일한 균제상태로 돌아오게 되므로 1인당 자본량과 생산에는 아무런 변화가 없다.

(2) 단기적으로 총자본량의 성장률은 노동 또는 인구 증가율보다 높은가, 낮은가?

해답 단기적으로 총자본스톡의 성장률은 인구증가율보다 높을 것이다. 왜냐하면, 본 교재(pp.98~100)에서 논의되었듯이, 균제상태보다 자본량이 작은 상태에서는 실제 투자량이 1인당 자본량을 일정 수준으로 유지하기 위해 요구되는 자본량보다 커서 1인당 자본량이 증가하기 때문이다. 이러한 1인당 자본량의 증가는 균제상태에 도달할 때까지 계속되고, 균제상태에 도달하고 나서는 0이 된다.

(3) 제2차 세계대전 후 독일과 일본의 실질GDP 성장률은 매우 높았다. 문제 (1)과 (2)의 결과는 이러한 역사적 경험과 일치하는가? 그 이유를 설명하라.

해답 제2차 세계대전 후 독일과 일본은 자본이 많이 파괴된 상태였다. 따라서 이는 (1), (2)와 비슷한 경우이고, 높은 경제성장률은 솔로우 모형의 예측과 일치한다.

05 솔로우 모형에서 인구성장률이 2%이고, 저축은 GDP의 10%가 이루어지는 경제를 상정하자. 이 경제에서 총소득 중 노동소득이 차지하는 비중(노동소득분배율)은 50%이며, 자본은 감가상각되지 않는다고 한다. 이 경제의 생산함수가 다음과 같다고 할 때, 아래 질문에 답하라.

총생산함수 : $Y = z \cdot K^{0.5} L^{0.5}$

(1) 균제상태에서 총산출량과 1인당 자본량의 성장률이 얼마인지 계산하고, 그 이유를 직관적으로 설명하라.

해답 균제상태, 즉 장기적인 균형성장경로는 요구되는 자본축적량만큼 자본이 실제로 투자될 때 이루어진다. 따라서 균제상태에서는 1인당 자본량의 성장률이 0이 된다$\left(\frac{k_{t+1}}{k_t}=1\right)$. 지속적인 기술진보가 없는 한 균제상태에서 1인당 산출량의 성장률도 0이지만$\left(\frac{y_{t+1}}{y_t}=1\right)$, 총산출량의 성장률은 양의 값을 갖는다. 왜냐하면 $y_t=y_{t+1}=y^*$가 성립하기 위해서는 인구 증가에 해당하는 만큼의 총산출량이 증가해야만 하기 때문이다. 따라서 균제상태에서 총산출량은 인구증가율 $n(=0.02)$으로 성장한다$\left(\frac{Y_{t+1}}{Y_t}=1.02\right)$.

(2) 균제상태의 1인당 소비를 극대화하려 한다면, 자본량과 저축률은 얼마가 되어야 하는가? 총요소생산성의 감소가 1인당 황금량 자본량과 황금률 저축성향에 미치는 영향을 설명하라. 그리고 실제 저축률이 여기서 구한 저축률로 변할 때 1인당 소비와 1인당 자본량의 변화를 시간경로를 통해 보여라.

해답 균제상태에서의 1인당 소비를 극대화하는 저축률을 황금률 저축성향(golden saving rate)이라 한다. 따라서 황금률은 $szf(k)=nk$의 조건을 만족하면서 1인당 소비 $c(=zf(k)-szf(k))$를 극대화하는 저축률(s)이므로, 다음의 극대화식을 통해 계산할 수 있다.

$$Max\ \ c=zf(k)-nk=z\sqrt{k}-0.02k$$

위의 극대화식을 만족시키는 1인당 자본량은 $\frac{dc}{dk}=\frac{z}{2\sqrt{k}}-0.02=0$의 관계로부터 $k_{gr}=(25z)^2$가 된다. 이때 저축률(s_{gr})은 $s_{gr}z\sqrt{k_{gr}}=0.02k_{gr}$의 관계를 만족시키는 $s_{gr}=0.5$가 된다. 결국 종전의 저축률 0.1보다 저축률을 높여야만 소비를 극대화할 수 있다. (일반적으로 1인당 생산함수가 $f(k)=k^{\alpha}$ $(0<\alpha<1)$인 경우, $k_{gr}=\left[\frac{n+d}{z\alpha}\right]^{\frac{1}{\alpha-1}}$이고 $s_{gr}=\alpha$가 된다. 즉, 황금률 저축성향(s_{gr})은 총요소생산성(z), 인구증가율(n), 감가상각률(d)에 관계없이 결정된다.)

이러한 사실을 인식한 정부가 저축률 향상 정책을 실시하여 실제로 저축률이 0.5로 상승했다고 하자. 〈그림 4-5-2〉의 (a)에는 저축률 상승으로 균제상태가 E_0에서 E_1으로 이동함이 묘사되어 있다. 이에 따라 소비는 c_0에서 c_1으로 증가함을 확인할 수 있다. 그리고 (b)와 (c)에는 시점 t_0에서 저축률이 0.5로 상승하는 경우 새로운 균제상태에 도달하는 과정에서 1인당 소비와 1인당 자본량이 어떻게 변화하는가에 대한 시간경로가 나타나 있다. 여기서 1인당 자본량은 새로운 균제상태에 이르기까지 점차 증가하는 반면, 1인당 소비는

그림 **4-5-2**

저축률의 증가와 1인당 소비 및 자본량의 변화

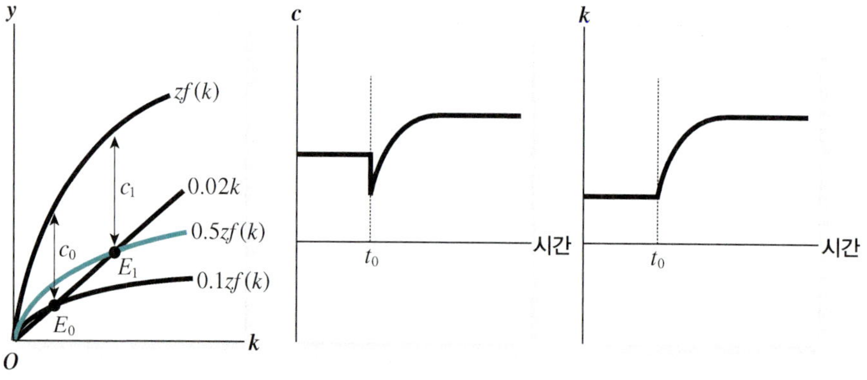

(a) 저축률의 증가 (b) 1인당 소비 (c) 1인당 자본량

일시적으로 감소하였다가 급속히 증가하여 종전보다 높은 수준에 도달함을 알 수 있다. 이것은 주어진 소득수준에서 저축의 증가로 소비가 일시적으로 감소하지만, 자본축적에 따른 경제성장으로 소득수준이 높아져서 결국 높아진 저축률에도 불구하고 소비가 증가하기 때문에 나타난 현상이다.

(3) 경제성장 과정에서 이 모형이 제시하는 1인당 소득의 수렴현상은 발생하는가? 그리고 수렴현상이 경험적으로 타당했는지에 대해서도 설명하라.

해답 솔로우 모형에 따르면 두 나라의 자본축적의 정도가 서로 다르더라도 결국 균제상태에 이르면 동일한 1인당 산출량 수준에 도달하게 된다. 이처럼 솔로우 모형에서 두 나라 사이에 1인당 소득의 수렴성(convergence)이 나타나는 것은, 이 모형이 기본적으로 수확체감의 법칙을 전제하고 있기 때문이다. 그러나 실증연구에 따르면 현실경제에서 이러한 수렴현상은 관찰되고 있지 않다.

하지만 각 경제의 생산함수, 저축률, 인구증가율 등이 모두 상이하므로, 개별 경제의 균제상태 자체가 서로 다를 수 있다. 이처럼 경제의 기본 구조가 다른 나라들 사이에는 수렴현상이 발생하지 않을 수 있다는 주장을 조건부 수렴(conditional convergence) 가설이라 한다. 이것의 타당성을 검증하기 위해 경제의 기본 구조가 유사한 나라들을 묶어 실증분석을 한 결과 조건부 수렴 가설

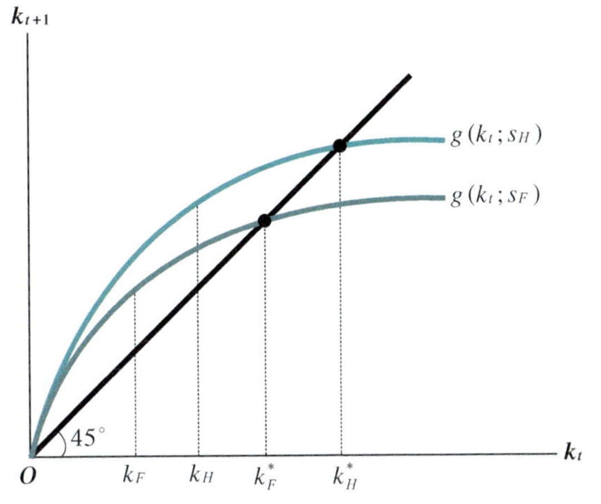

그림 **4-5-4**

국가 간 저축률의 차이

은 어느 정도 타당성을 갖는 것으로 관찰되었다. 하지만 솔로우 모형만으로 지난 30~40년간 세계 각국의 경제성장률 차이를 설명하는 데에는 일정한 한계가 있고, 이에 따라 성장이론을 새롭게 연구하려는 다양한 시도(예를 들어 내생적 성장이론)들이 이루어져 왔다.

(4) 두 폐쇄경제 H와 F가 위와 동일한 생산함수를 갖고 있다고 하자. 경제 H의 저축률이 경제 F의 저축률보다 높다는 것 이외에는 모든 면에서 두 경제가 동일하다고 할 때, 두 경제의 1인당 소득이 장기적으로 수렴하는가? 그 이유를 분석 · 설명하라.

해답 〈그림 4-5-4〉는 폐쇄경제 H의 저축률이 폐쇄경제 F의 저축률보다 큰 경우($s_F < s_H$) 두 나라의 1인당 균형자본량 축적과정을 각각 나타내고 있다. 균제상태에서 1인당 자본량은 저축률이 높은 나라(H)가 저축률이 낮은 나라(F)보다 크다($k_F^* < k_H^*$). 이는 저축률이 낮은 나라의 자본량이 더 작은데도($k_F < k_H$) 자본축적 속도가 저축률이 높은 나라의 자본축적 속도보다 느리기 때문이다. 그 결과 두 나라 사이에 1인당 소득이 수렴하지 않게 된다.

(5) 두 폐쇄경제 H와 F가 위와 같이 동일한 생산함수를 갖고 있고, 경제 H가 경제 F보다는 많은 양의 초기 자본을 보유하고 있다는 것 이외에는 모든 면에

그림 4-5-5

솔로우 성장모형에서 초기 자본량과 장·단기 1인당 GDP 성장률

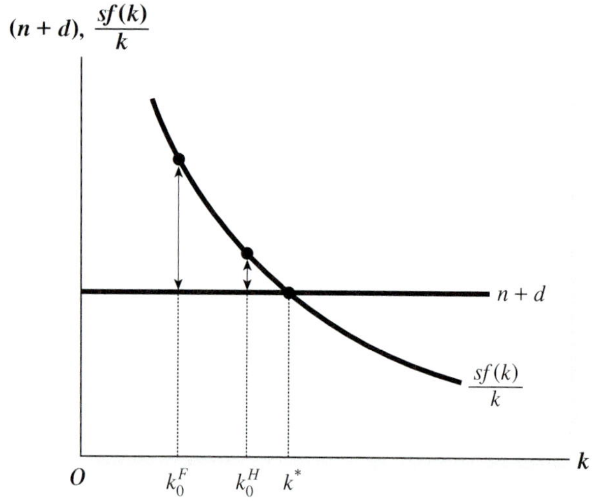

서 두 경제가 동일하다고 할 때, 솔로우 성장모형에서 두 경제의 장·단기 1인당 GDP 성장률은 어떤 차이를 보이는지 설명하라. (단, 두 경제의 초기 자본량은 균제상태의 자본량보다는 작다.)

해답 본 교재(p.97) 식 (4.11)의 양변을 1인당 자본량(k_t)으로 나누면 $\frac{\Delta k_t}{k_t} = \left[\frac{sAf(k_t)}{k_t} - (n+d)\right] \times \frac{1}{1+n}$과 같은 1인당 자본량 증가율 결정식을 도출해 낼 수 있다.

〈그림 4-5-5〉와 같이 초기 상태에서 경제 F가 경제 H보다 적은 1인당 자본량($k_0^F < k_0^H$)을 가지므로 단기적으로 1인당 자본량의 증가율은 경제 F가 더 높다. 따라서 1인당 GDP 성장률도 경제 F가 더 높다. 그러나 자본이 축적됨에 따라 장기적으로 두 경제의 1인당 자본량은 모두 균제상태의 자본량(k^*)으로 수렴하며, 이때는 $\frac{sAf(k^*)}{k^*} = n + d$가 성립하므로 1인당 자본량 증가율은 0이 된다. 따라서 1인당 GDP 성장률도 0이 된다.

(6) 이제 기술수준이 $z_{t+1} = (1+0.03)z_t$와 같이 매기 3% 상승한다고 하자. 균제상태에서 1인당 자본량, 1인당 소득, 1인당 소비의 성장률을 계산하고 그래프를 이용하여 설명하라.

해답 본 교재 4장(4. 기술진보와 장기적 경제성장)에서 도출한 바와 같이 기술수준이 매기 일정률(a)로 상승하는 경우 균제상태의 경제성장률은 다음과 같다.

$$\frac{y_{t+1}}{y_t} = \frac{k_{t+1}}{k_t} = \frac{c_{t+1}}{c_t} = (1+a)^{\frac{1}{1-\alpha}}$$

위 식에 $a = 0.03, \alpha = 0.5$를 대입하면 $\frac{y_{t+1}}{y_t} = \frac{k_{t+1}}{k_t} = \frac{c_{t+1}}{c_t} = 1.0609$가 된다. 따라서 균제상태에서 1인당 소득, 1인당 소비의 성장률은 6.09%이다. 이는 본 교재(p.106) 〈그림 4-6〉의 (a)에서 지속적 기술진보에 따른 1인당 균형자본 축적 방정식의 상방이동 속도에 비례하여 1인당 자본량과 소득, 소비의 성장속도가 결정됨을 의미한다.

(7) 다음의 주장을 설명 · 분석하라.

> "지난 30년간 연평균 10%에 가까운 중국의 높은 경제성장은 대부분 높은 투자를 바탕으로 달성되었는데, 그 투자는 근본적으로 중국의 높은 저축률에 기인한다."

해답 본 교재 4장(p.103)의 〈이론과 실제 1: 저축률과 경제성장—중국의 사례〉에 의하면 최근 중국의 경제성장은 대부분 높은 총저축률(약 50%)을 기반으로 한 높은 투자를 바탕으로 달성되었다. 솔로우 성장모형에서 살펴본 것처럼, 이러한 저축률이 1인당 자본량과 1인당 소득을 증가시킴으로써 중국의 경제성장을 견인한 것으로 볼 수 있다. 그러나 솔로우 모형에 따르면 높은 저축률에 기인한 경제성장은 균제상태에 이르는 과정에서 나타나는 단기적 현상일 뿐 균제상태의 장기성장률을 증가시키지는 못한다.

(1997년 행정고시 기출문제 변형)

06 다음 표는 1960년대 중반부터 1990년경까지 동아시아 몇 국가와 미국의 실질GDP의 연평균 성장률과 자본투입, 노동투입, 총요소생산성 각각의 연평균 성장률을 보여주고 있다. 1960년대 중반 동아시아 국가들의 실질GDP와 총요소생산성은 미국의 실질GDP와 총요소생산성보다 낮은 수준이었다.

동아시아 국가들과 미국의 성장회계

	생산량	자본	노동	기술수준
홍콩(1966~1991)	7.3%	3.62%	1.38%	2.3%
싱가포르(1966~1990)	8.7%	6.91%	1.62%	0.2%
한국(1966~1990)	10.3%	5.54%	3.07%	1.7%
대만(1966~1990)	9.4%	3.65%	3.17%	2.6%
미국(1966~1990)	3.0%	1.15%	1.28%	0.6%

(A. Young, "The Tyranny of Numbers : Confronting the Statistical Realities of the East Asian Growth Experience," *Quarterly Journal of Economics*, 1995.)

한편 솔로우 모형은 생산에 투입되는 자본과 노동이 대체 가능하고 이들 생산요소의 한계생산이 체감하는 생산함수를 가정한다. 구체적으로 다음과 같은 경제 전체의 총체적 생산함수를 가정한다 :

$$Y = z \cdot K^{\alpha} L^{1-\alpha} \quad (0 < \alpha < 1)$$

여기서 Y는 생산량 또는 실질GDP, K와 L은 각각 자본과 노동 투입, z는 기술수준 또는 총요소생산성을 나타낸다.

(1) 솔로우 모형의 생산함수를 이용하여 표에 나타난 국가 간 경제성장률의 차이를 설명하라.

해답 주어진 총생산함수로부터 다음과 같은 성장회계방정식을 도출할 수 있다(본 교재 pp.82~83).

$$\%\Delta Y = \%\Delta z + \alpha(\%\Delta K) + (1-\alpha)(\%\Delta L)$$

국가 간 상이한 경제성장률은 위의 식에서 자본 · 노동 투입량과 기술수준의 증가율이 나라마다 차이를 보인 것에 기인한다. 특히 1960년대 후반 이후 동아시아 4개국이 미국보다 월등히 높은 경제성장률을 기록한 것은 자본축적이 크게 이루어졌기 때문이다(한국과 대만의 경우에는 노동투입 증가도 경제성장에 기여한 바가 크다). 이는 가난한 국가의 경우 자본축적 속도가 빠르게 나타나면서 부유한 국가와의 소득격차를 줄이게 된다는 솔로우 모형의 예측과도 일치한다.

(2) (1)의 설명을 기초로 하여 '1인당 소득수준의 지속적 증가'라는 목표를 달성하기 위하여 우리나라 정부가 수립할 수 있는 정책을 제시하라.

해답 노동과 자본의 한계생산은 체감하기 때문에 노동투입과 자본축적 증가만으로 1인당 소득수준을 증가시키는 데에 한계가 존재할 수밖에 없다. 따라서 지속적인 경제성장을 위해서는 기술진보, 즉 총요소생산성의 꾸준한 증가가 필요하다. 총요소생산성 증대를 위한 정부의 정책수단으로는 R&D 투자에 대한 세제혜택 부여, 법적 · 제도적 규제 완화, 고부가가치 서비스업 육성과 같은 산업구조의 고도화 추진 등을 들 수 있다.

07 국가 i와 국가 j의 1인당 GDP의 성장률을 비교하려고 한다. 두 국가 모두 아직 균제상태에 진입하지 못한 상태이며, 국가 i와 국가 j의 1인당 자본량은 다음과 같이 축적된다.

> • **국가 i** : $k_i' - k_i = s_i A k_i^{\alpha} h_i^{1-\alpha} - (n_i + \delta) k_i$
>
> • **국가 j** : $k_j' - k_j = s_j A k_j^{\alpha} h_j^{1-\alpha} - (n_j + \delta) k_j$
>
> (k는 올해 초의 1인당 자본량, k'은 내년 초의 1인당 자본량, s는 저축률, A는 생산성, h는 1인당 평균 교육수준, n은 인구증가율, δ는 자본의 감가상각률, $0 < \alpha < 1$)

국가 i와 j의 1인당 GDP는 다음과 같이 결정된다.

> • **국가 i** : $y_i = A k_i^{\alpha} h_i^{1-\alpha}$
>
> • **국가 j** : $y_j = A k_j^{\alpha} h_j^{1-\alpha}$

두 국가의 1인당 평균 교육수준은 각각 올해 초와 내년 초에 동일하다고 가정할 때 위와 같이 제시된 모형을 사용하여 다음 물음에 답하라.

해답 두 국가 i와 j의 1인당 평균 교육수준이 각각 올해 초와 내년 초에 동일하다고 가정하면 $h_i = h_i'$, $h_j = h_j'$이므로 두 국가의 1인당 GDP 성장률은 각각 다음과 같이 나타낼 수 있다.

$$\frac{y'_i}{y_i} = \frac{A k'^{\alpha}_i h'^{1-\alpha}_i}{A k^{\alpha}_i h^{1-\alpha}_i} = \left(\frac{k'_i}{k_i}\right)^{\alpha}\left(\frac{h'_i}{h_i}\right)^{1-\alpha} = \left(\frac{k'_i}{k_i}\right)^{\alpha}$$

$$\frac{y'_j}{y_j} = \frac{A k'^{\alpha}_j h'^{1-\alpha}_j}{A k^{\alpha}_j h^{1-\alpha}_j} = \left(\frac{k'_j}{k_j}\right)^{\alpha}\left(\frac{h'_j}{h_j}\right)^{1-\alpha} = \left(\frac{k'_j}{k_j}\right)^{\alpha}$$

(1) 두 국가의 인구증가율, 1인당 평균 교육수준 및 올해 초의 1인당 GDP가 동일하지만, 국가 i의 저축률이 국가 j보다 높다고 한다. 두 국가의 올해 1인당 GDP 성장률을 비교하여 설명하라.

해답 두 국가의 인구증가율과 1인당 평균 교육수준이 동일하므로 $n_i = n_j = n$, $h_i = h_j = h$, $h'_i = h'_j = h'$이 된다. 또한 올해 초 두 국가의 1인당 GDP가 동일하므로 $y_i = y_j$가 되는데, 이는 곧 $k_i = k_j = k$를 의미한다. 따라서 두 국가의 1인당 자본량 축적과정으로부터 각각 다음과 같은 1인당 자본량 성장률이 도출된다.

$$k'_i = s_i A k^{\alpha} h^{1-\alpha} + (1 - n - \delta)k \Rightarrow \frac{k'_i}{k} = s_i A k^{\alpha-1} h^{1-\alpha} + (1 - n - \delta)$$
$$k'_j = s_j A k^{\alpha} h^{1-\alpha} + (1 - n - \delta)k \Rightarrow \frac{k'_j}{k} = s_j A k^{\alpha-1} h^{1-\alpha} + (1 - n - \delta)$$

국가 i의 저축률이 국가 j의 저축률보다 높으므로($s_i > s_j$) 국가 i의 1인당 자본량 성장률이 국가 j의 1인당 자본량 성장률보다 높다($\frac{k'_i}{k_i} > \frac{k'_j}{k_j}$). 따라서 국가 i의 1인당 GDP 성장률이 국가 j의 1인당 GDP 성장률보다 높다($\frac{y'_i}{y_i} > \frac{y'_j}{y_j}$).

(2) 두 국가의 저축률, 1인당 평균 교육수준 및 올해 초의 1인당 GDP가 동일하지만, 국가 i의 인구증가율이 국가 j보다 높다고 한다. 두 국가의 올해 1인당 GDP 성장률을 비교하여 설명하라.

해답 문제 (1)에서 두 국가의 저축률이 동일하고($s_i = s_j = s$) 국가 i의 인구증가율이 국가 j의 인구증가율보다 높으므로($n_i > n_j$) 두 국가의 1인당 자본량 축적과정으로부터 각각 다음과 같은 1인당 자본량 성장률이 도출된다.

$$k'_i = sAk^{\alpha} h^{1-\alpha} + (1 - n_i - \delta)k \Rightarrow \frac{k'_i}{k} = sAk^{\alpha-1} h^{1-\alpha} + (1 - n_i - \delta)$$
$$k'_j = sAk^{\alpha} h^{1-\alpha} + (1 - n_j - \delta)k \Rightarrow \frac{k'_j}{k} = sAk^{\alpha-1} h^{1-\alpha} + (1 - n_j - \delta)$$

이제 $n_i > n_j$는 $\frac{k'_i}{k_i} < \frac{k'_j}{k_j}$을 의미하므로 국가 j의 1인당 GDP 성장률이 국가 i의 1인당 GDP 성장률보다 높다($\frac{y'_i}{y_i} < \frac{y'_j}{y_j}$).

(3) 두 국가의 저축률, 인구증가율 및 올해 초의 1인당 자본량이 동일하지만, 국가 i의 1인당 평균 교육수준이 국가 j보다 높다고 한다. 두 국가의 올해 1인당 GDP 성장률을 비교하여 설명하라.

해답 $s_i = s_j = s$, $n_i = n_j = n$, $k_i = k_j = k$이고 $h_i > h_j$이므로 두 국가의 1인당 자본량

축적과정으로부터 각각 다음과 같은 1인당 자본량 성장률이 도출된다.

$$k'_i = sAk^{\alpha}h_i^{1-\alpha} + (1-n-\delta)k \Rightarrow \frac{k'_i}{k} = sAk^{\alpha-1}h_i^{1-\alpha} + (1-n-\delta)$$
$$k'_j = sAk^{\alpha}h_j^{1-\alpha} + (1-n-\delta)k \Rightarrow \frac{k'_j}{k} = sAk^{\alpha-1}h_j^{1-\alpha} + (1-n-\delta)$$

이제 $h_i > h_j$는 $\frac{k'_i}{k_i} > \frac{k'_j}{k_j}$을 의미하므로 국가 i의 1인당 GDP 성장률이 국가 j의 1인당 GDP 성장률보다 높다($\frac{y'_i}{y_i} > \frac{y'_j}{y_j}$).

(2013년 행정고시 기출문제)

08 솔로우 모형에서 정부가 정부구입 $G = gL(g>0)$의 재원을 조달하기 위해 소비자에게 조세 T를 부과하고 정부는 매기 균형예산($G=T$)을 유지한다. 소비자는 가처분소득의 일정 부분 $C=(1-s)(Y-T)$를 소비한다. 여기서 s는 저축률이고, $0<s<1$의 값을 갖는다.

(1) 1인당 균형자본량의 축적과정을 도출하라. 균제상태에서 1인당 자본량을 결정하는 식을 도출하고, 그림으로 나타내라.

해답 솔로우 모형에서 일반균형은 노동시장, 자본시장, 그리고 재화시장의 동시적 균형을 의미한다. 균형예산($G_t = T_t$)의 가정 하에서 총저축 $S_t = Y_t - T_t - C_t = Y_t - G_t - C_t$를 자본시장의 청산조건 $S_t = I_t$에 대입하면 다음과 같은 재화시장의 청산조건이 도출된다.

$$Y_t = C_t + I_t + G_t$$

이제 총소비함수 $C_t = (1-s)(Y_t - T_t)$와 자본축적 과정 $K_{t+1} = (1-d)K_t + I_t$를 위의 재화시장 청산조건에 대입하면 기간 간 총자본량의 균형축적 과정이 도출된다.

$$K_{t+1} = s(Y_t - G_t) + (1-d)K_t = sY_t - sgL_t + (1-d)K_t$$

여기서 $G_t = gL_t$이다. 1인당 자본량의 균형축적 과정으로 나타내기 위해 양변을 L_t로 나누면 다음과 같다.

$$\frac{K_{t+1}}{L_{t+1}}\frac{L_{t+1}}{L_t} = s\frac{Y_t}{L_t} - sg\frac{L_t}{L_t} + (1-d)\frac{K_t}{L_t}$$

여기서 $L_{t+1} = (1+n)L_t$와 $\frac{Y_t}{L_t} = zf(k_t)$를 대입한 후 양변을 $(1+n)$으로 나누면

그림 **4-8-1**

정부구입과 1인당 자본량의 결정

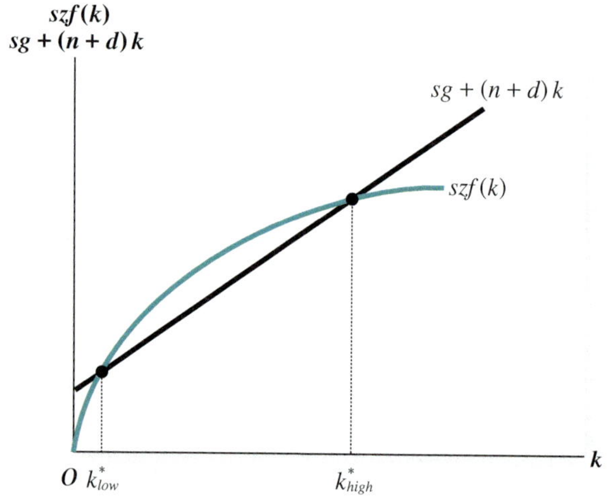

다음과 같은 1인당 자본량 축적과정이 도출된다.

$$k_{t+1} = \frac{szf(k_t) - sg + (1-d)k_t}{1+n}$$

장기적 균형성장경로 또는 균제상태는 $k_{t+1} = k_t = k^*$와 같이 모든 1인당 변수들이 시점에 관계없이 일정한 값을 갖는 상태를 의미한다. 따라서 위의 1인당 자본량 축적과정에 $k_{t+1} = k_t = k^*$를 대입한 후 정리하면 다음과 같이 균제상태에서 1인당 자본량을 결정하는 식이 도출되고, 이를 〈그림 4-8-1〉과 같이 나타낼 수 있다.

$$szf(k^*) = sg + (n+d)k^*$$

(2) 1인당 자본량이 높고 낮은 2개의 균제상태가 있을 수 있음을 보여라.

해답 〈그림 4-8-1〉에서 1인당 자본량이 높은 k^*_{high}와 낮은 k^*_{low} 2개의 균제상태가 있음을 알 수 있다.

(3) 1인당 자본량이 낮은 균제상태는 무시하자. 1인당 자본량이 높은 균제상태에서 1인당 정부지출 g의 증가가 1인당 자본량과 산출량에 미치는 효과는 무엇인가? 그리고 총산출량, 총소비, 그리고 총투자의 증가율에 미치는 효과는 무엇인지 설

그림 4-8-3

정부지출 증가와 1인당 자본량

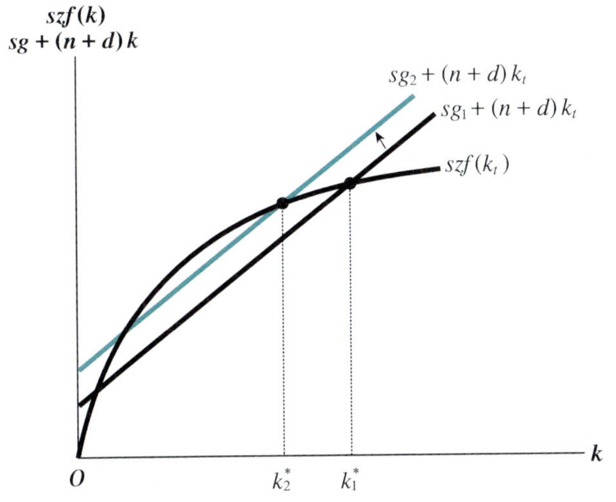

명하라.

해답 〈그림 4-8-3〉에서 정부지출 g가 증가하면 균제상태의 1인당 자본량은 k_1^*에서 k_2^*로 감소하고, 1인당 생산량도 $y_1^*=zf(k_1^*)$에서 $y_2^*=zf(k_2^*)$로 감소한다. 이러한 1인당 자본량의 감소는 자본증가율의 일시적 감소를 통해 야기되었다. 한편 균제상태에서 총생산, 총소비, 총투자의 증가율은 인구증가율 n으로, 정부지출 증가 이전과 동일하다.

09 신고전학파 경제성장모형인 솔로우 모형은 부국과 빈국 간 1인당 소득의 상대적 격차가 줄어드는 수렴현상(convergence)을 예측하고 있다. 그러나 실증분석 결과에 의하면 실제로 이 수렴이 나타나지 않고 국가 간 소득격차가 오히려 증가하는 경우가 많았다.

(1) 폐쇄경제를 가정하고 솔로우 모형에서 수렴이 발생하는 메커니즘을 설명하라.

해답 본 교재(pp.109~111)에서 알아본 것처럼 폐쇄경제 하에서 경제여건이 동일하다면 가난한 나라의 자본축적 속도는 부유한 나라보다 빠르게 되어 1인당 소득의 상대적 격차가 감소하는 수렴현상이 나타난다.

(2) 솔로우 모형을 개방경제로 확대하면 수렴은 더욱 촉진된다. 그 이유를 설명하라.

해답 개방경제 하에서는 가난한 나라의 높은 자본한계생산성을 좇아 부유한 나라의 자본이 가난한 나라로 이동하게 될 것이다. 따라서 가난한 나라의 자본축적 속도가 폐쇄경제보다 더 빠르게 되어 1인당 소득의 상대적 격차 감소도 빠르게 이루어질 것이다.

(3) 솔로우 모형의 예측과는 달리 실제로는 수렴이 발생하지 않는 이유는 무엇인가?

해답 본 교재(pp.111~113)에서 논의되었듯이 국가 간 구조적 요인(기술수준 또는 총요소생산성, 생산함수, 저축률, 인구증가율 등)의 차이가 국가 간 소득수준의 비수렴을 가져올 수 있다. 특히 국가 간 소득격차의 상당 부분은 기술수준의 차이와 그에 따른 총요소생산성의 차이에서 올 가능성이 높다. 여기서 국가 간 기술수준의 차이는 새로운 기술을 실행학습(learning by doing)을 통해 배우는 기간의 차이, 신기술 도입에 대한 장벽(barriers)의 차이, 또는 생산투입요소의 효율적 배분의 차이 등에서 올 수 있다.

(2005년 행정고시 기출문제 일부 변형)

10 인구규모, 인구증가율 및 인구구성(demographics)의 변화가 경제성장에 미치는 효과를 솔로우 모형을 이용하여 분석하라.

(1) 남한과 북한이 통일되어 남한으로 대규모의 노동 유입이 이루어질 경우에 남한의 1인당 소득수준과 1인당 소득증가율이 어떠한 영향을 받는지 분석하라.

해답 〈그림 4-10〉의 (a)에서 통일 이전에 남한 경제가 1인당 자본량이 k_0^*인 수준에서 균제상태에 있다고 하자. 여기서 $g(k_t)$는 솔로우 모형에서 다음과 같은 1인당 균형자본량의 축적과정을 나타낸다.

$$k_{t+1} = \frac{szk_t^{\alpha} + (1-d)k_t}{1+n} \equiv g(k_t)$$

통일로 북한의 노동력이 남한에 유입됨에 따라 (노동)인구가 증가하면 남한의 1인당 자본량이 감소하므로($k^* \rightarrow k^-$) 1인당 소득수준 또한 감소한다.

그런데 1인당 자본량이 비교적 낮은 k^-수준에서는 실제 투자량이 1인당 자본량을 일정 수준으로 유지하기 위해 요구되는 자본량보다 커진다. 그 결과 1

그림 4-10

인구규모, 인구증가율 및 인구구성의 변화

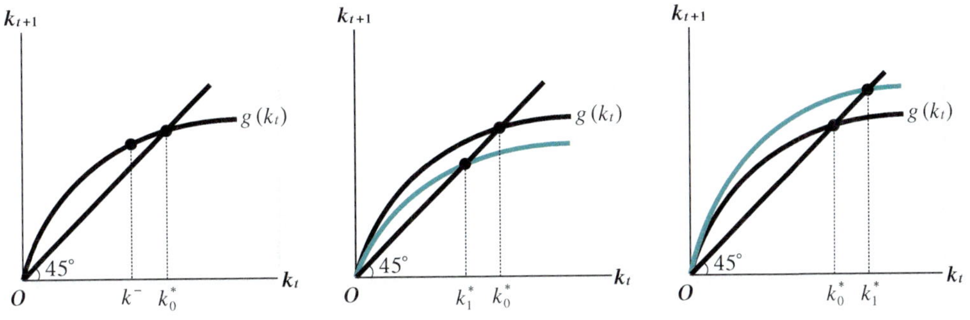

(a) 노동 유입 (b) 고령화 (c) 출산율 저하

인당 자본량과 소득이 증가하여 결국 1인당 자본량이 k^*인 수준의 균제상태로 다시 돌아가게 된다. 따라서 솔로우 모형에 의하면 남한으로 대규모의 노동 유입이 이루어질 경우 남한의 1인당 소득수준은 일시적으로 감소했다가 원래의 수준을 회복하는 반면, 1인당 소득증가율은 일시적으로 양의 값을 보이다가 균제상태에 이르면 다시 0이 된다.

(2) 최근 인구 고령화 때문에 경제성장이 둔화될 것이라는 우려가 제기되고 있다. 이 우려가 타당한지를 분석하라.

해답 5장(4.2 고령화와 경제성장)에서 살펴보겠지만 고령화가 경제성장을 저해하는 경로로 다음 두 가지를 들 수 있다. 첫째, 인구 고령화는 노동인구의 양과 질을 떨어뜨릴 수 있다. 노년층 인구의 증가에 따라 고령 노동자의 수가 증가하는데, 젊은 층의 노동력은 상대적으로 새로운 지식과 기술을 습득한 인력이므로 이러한 노동시장의 인구 구성비 변화는 장기적으로 노동시장의 생산력과 총요소생산성을 저해하는 요소로 작용할 수 있다. 둘째, 인구 고령화가 지속되면 사회 전체의 저축이 감소하기 때문에 경제성장에 필요한 자본축적이 감소할 수 있다. 사람들은 평생 고른 생활수준을 영위하기 위해 젊을 때 저축을 하여 노년의 소비에 필요한 자산을 확보한다. 만약 전체 인구에서 저축을 하는 젊은 층의 비율이 감소하고 음(−)의 저축을 하는 노년층의 비율은 증가한다면 사회 전체의 저축은 감소하게 될 것이다.

〈그림 4-10〉의 (b)에서 고령화 이전에 1인당 자본량이 k_0^*인 수준에서 균제상태에 있다고 하자. 고령화에 따른 총요소생산성(z)의 저하와 저축률(s)의 하락은 1인당 균형자본량 축적과정을 나타내는 $g(k_t)$의 하방이동을 가져온다. 이때 균제상태의 1인당 자본량이 하락하므로($k_0^* \rightarrow k_1^*$) 1인당 소득도 하락한다. 이때 새로운 균제상태에서도 1인당 자본량과 소득의 증가율, 즉 경제성장률은 0이 된다. 따라서 솔로우 모형에 의하면 최근 인구 고령화로 인해 경제성장률은 새로운 균제상태에 도달할 때까지만 일시적으로 음(-)의 값을 가질 뿐, 균제상태에 이르면 결국 0이 된다. 그러나 고령화 지속에 따라 총요소생산성이 지속적으로 하락하는 경우에는 1인당 자본량 축적과정 $g(k_t)$가 지속적으로 하방이동하면서 장기적으로 경제성장률 하락을 가져올 수 있다.

(3) 출산율의 저하가 1인당 소득수준과 국내총생산(GDP) 증가율에 미치는 영향을 분석하라.

해답 출산율 저하는 직접적으로 인구증가율 감소를 가져온다. 〈그림 4-10〉의 (c)에서 출산율 저하에 따른 인구증가율 감소가 일어나기 전에 1인당 자본량이 k_0^*인 수준에서 균제상태에 있다고 하자. 인구증가율(n)의 감소는 1인당 균형자본량 축적과정을 나타내는 $g(k_t)$의 상방이동을 가져온다. 이때 균제상태의 1인당 자본량이 증가하게 되어($k_0^* \rightarrow k_1^*$) 1인당 소득도 증가한다. 이때 새로운 균제상태에서도 1인당 자본량과 소득의 증가율, 즉 경제성장률은 0이 된다. 따라서 솔로우 모형에 의하면 출산율 저하로 인해 경제성장률은 새로운 균제상태에 도달할 때까지 일시적으로 양(+)의 값을 갖다가 균제상태에 이르면 0이 된다. 그러나 균제상태에서 국내총생산의 성장률은 인구증가율과 동일하므로 경제 전체적으로 출산율 저하에 따른 인구증가율 감소는 국내총생산의 성장률을 감소시킬 것이다.

(2012년 행정고시 기출문제)

11 솔로우 모형의 총생산함수를 다음과 같이 가정해 보자.

$$Y = K^a (AL)^{1-a}$$

(여기서 A는 노동부가적(labor-augmenting) 기술수준 또는 생산성으로서 노동의 효율성 지표를 나타낸다)

그림 4-11-1

노동부가적 기술진보 하에서 솔로우 모형의 균제상태

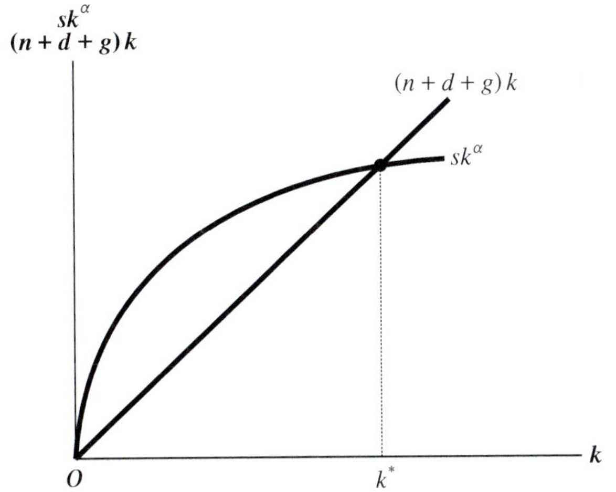

매기 인구성장률이 n이고, 기술진보율이 g라고 가정하자. 여기서 기술진보는 노동부가적(labor–augmenting) 기술진보를 의미한다.

(1) 균제상태의 조건을 구하고 그림으로 나타내라. 1인당 소득, 자본량, 소비의 성장률과 총소득, 총자본량, 총소비의 성장률을 구하라.

해답 생산함수가 노동부가적 기술진보를 포함하고 있을 경우에는 모든 변수를 노동단위(L) 대신 효율노동단위(AL)로 나타내는 것이 편리하다. 문제에서 주어진 생산함수의 양변을 효율노동단위로 나누면 효율노동 1단위당 생산함수는 다음과 같이 도출된다.

$$y = k^{a} \qquad (\text{단}, \frac{Y}{AL} = y, \frac{K}{AL} = k)$$

이때 효율노동은 인구성장률과 기술진보율의 합$(n+g)$만큼 증가하므로, 자본단위당 감가상각률을 d라고 할 때 균제상태의 조건은 다음과 같다.

$$sk^{\alpha} = (n+d+g)k$$

위의 조건을 만족하는 균제상태의 효율노동 1단위당 자본량 k^*는 〈그림 4-11-1〉과 같이 나타낼 수 있다.

균제상태에서는 효율노동 1단위당 자본량의 성장률이 0이 되고 $\left(\frac{k_{t+1}}{k_t} = 1\right)$,

따라서 효율노동 1단위당 소득의 성장률과 효율노동 1단위당 소비의 성장률도 역시 0이 된다$\left(\frac{y_{t+1}}{y_t}=1,\ \frac{c_{t+1}}{c_t}=1\right)$. 그런데 기술진보율이 g이므로$\left(\frac{A_{t+1}}{A_t}=1+g\right)$, 1인당 소득, 자본, 소비의 성장률은 다음과 같이 각각 기술진보율 g와 일치한다.

$$\frac{\frac{Y_{t+1}}{L_{t+1}}}{\frac{Y_t}{L_t}}=\frac{A_{t+1}}{A_t}\cdot\frac{\frac{Y_{t+1}}{A_{t+1}L_{t+1}}}{\frac{Y_t}{A_tL_t}}=\frac{A_{t+1}}{A_t}\cdot\frac{y_{t+1}}{y_t}=1+g$$

$$\frac{\frac{K_{t+1}}{L_{t+1}}}{\frac{K_t}{L_t}}=\frac{A_{t+1}}{A_t}\cdot\frac{\frac{K_{t+1}}{A_{t+1}L_{t+1}}}{\frac{K_t}{A_tL_t}}=\frac{A_{t+1}}{A_t}\cdot\frac{k_{t+1}}{k_t}=1+g$$

$$\frac{\frac{C_{t+1}}{L_{t+1}}}{\frac{C_t}{L_t}}=\frac{A_{t+1}}{A_t}\cdot\frac{\frac{C_{t+1}}{A_{t+1}L_{t+1}}}{\frac{C_t}{A_tL_t}}=\frac{A_{t+1}}{A_t}\cdot\frac{c_{t+1}}{c_t}=1+g$$

(2) 기술진보가 없는 경우($g=0$) 균제상태의 조건을 구하고, 기술진보가 있는 경우 ($g>0$)와 비교하여 설명하라.

해답 기술진보가 없는 경우 노동은 인구성장률(n)만큼 증가한다. 따라서 이 경우 균제상태는 본 교재(pp.98~100)에서 논의된 바와 같이 다음의 식으로 결정된다.

$$sk^{\alpha}=(n+d)k$$

위 조건을 만족하는 1인당 자본량은 기술진보가 있는 경우 균제상태의 1인당 자본량보다 클 것이다.

(3) 기술진보가 있는 경우와 기술진보가 없는 경우 황금률 조건을 구하고, 그림으로 나타내라.

해답 기술진보가 있는 경우, 균제상태의 효율노동 1단위당 소비(c)를 극대화하는 1인당 자본량 k^*_{gr}을 황금률 자본량이라고 할 때, k^*_{gr}은 다음 극대화 문제의 해로 결정된다.

$$\underset{k}{Max}\ c=k^{\alpha}-(n+d+g)k$$

위 문제의 일계조건을 구하면 황금률 조건은 $\alpha k^{\alpha-1}=n+d+g$가 된다.

반면 기술진보가 없는 경우 노동 1단위당(또는 1인당) 소비함수는 $c=k^{\alpha}-(n+d)k$로 주어지므로, 위와 같은 방법으로 황금률 조건을 구해 보면 $\alpha k^{\alpha-1}=n+d$가 도출된다. 여기서 k는 기술진보가 없는 경우의 노동 1단위당 자본량

그림 4-11-3

노동부가적 기술진보 하에서 황금률 자본량

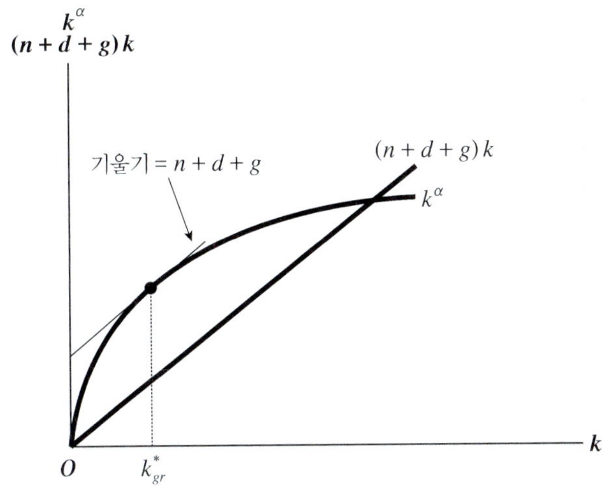

으로 기술진보가 있는 경우의 효율노동 1단위당 자본량과 구분된다.

(4) 민간저축(S)을 다음과 같이 가계부문 임금저축(S_w)과 기업부문 이윤저축(S_π)의 합으로 가정한다.

$$S = S_w + S_\pi = s_w W + s_\pi \Pi$$

여기서 s_w와 s_π는 각각 임금저축률과 이윤저축률을 나타내는 상수이고 $s_w > s_\pi$라고 가정한다. 이윤저축률의 증가가 장기적 경제성장에 미치는 영향을 분석 · 설명하라.

해답 가계부문 임금저축(S_w)과 기업부문 이윤저축(S_π)의 합으로 가정한 민간저축(S)을 국민소득(Y)으로 나누면 저축률을 다음과 같이 나타낼 수 있다.

$$\frac{S}{Y} = \frac{S_w + S_\pi}{Y} = \frac{s_w W + s_\pi \Pi}{Y} = \frac{W}{Y}(s_w - s_\pi) + s_\pi$$

임금저축률이 이윤저축률보다 큰 경우($s_w > s_\pi$) 이윤저축률(s_π)의 증가는 저축률의 증가를 가져올 것이다. 이러한 저축률의 증가는 〈그림 4-11-4〉의 (b)에서와 같이 균제상태의 효율노동 1단위당 자본량(k^*)과 소득수준($y^* = k^{*\alpha}$)의 증가를 가져올 뿐 장기적인 성장률에는 영향을 미치지 않는다.

그림 4-11-4

이윤저축률의 증가

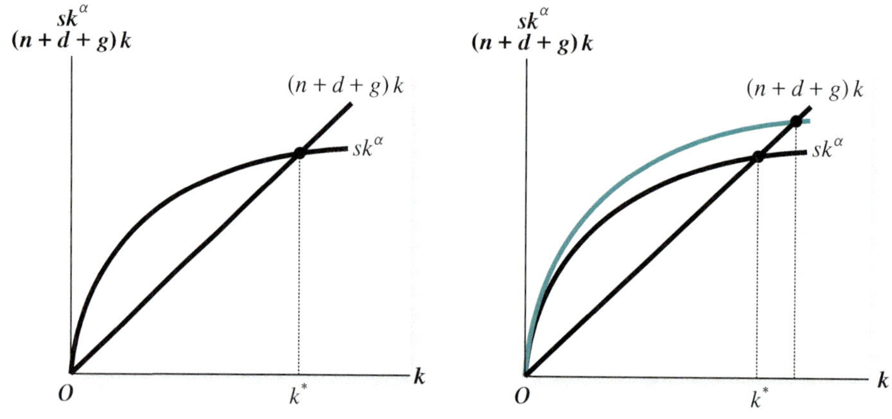

(a) 균제상태 (b) 저축률의 증가

(5) 이 경제의 균제상태에서 효율적 노동자(AL) 1인당 자본, 효율적 노동자 1인당 산출, 효율적 노동자 1인당 소비수준을 각각 구하라.

해답 문제 (1)의 해설로부터 균제상태에서 효율적 노동자 1인당 자본량은 다음과 같이 결정된다.

$$k^* = \left(\frac{n+d+g}{s}\right)^{\frac{1}{\alpha-1}} = \left(\frac{0+0.06+0.04}{0.4}\right)^{\frac{1}{\frac{1}{3}-1}} = 4^{\frac{3}{2}} = 8$$

따라서 효율적 노동자 1인당 산출량은 $y^* = k^{*\frac{1}{3}} = 8^{\frac{1}{2}} = 2$, 효율적 노동자 1인당 소비는 $c^* = (1-s)y^* = 1.2$가 된다.

(2013년 외교관 후보자 선발 기출문제 일부 변형)

12 신고전학파 경제성장모형과 관련하여 다음 물음에 답하라.

> **t기의 생산함수** : $Y_t = K_t^{\alpha}(A_t L_t)^{1-\alpha}$
>
> **자본축적함수** : $\dot{K}_t = sY_t - \delta K_t$
>
> [단, Y : 산출량, A : 기술수준, K : 자본스톡, L : 노동, s : 저축률, δ : 감가상각률, α : 자본소득분배율, n : 인구증가율, g_A : 기술증가율]

(1) 균제상태(steady state)의 1인당 국민소득수준과 경제성장률(Y의 성장률)을 도출하라.

해답 주어진 t기 생산함수의 양변을 유효노동단위(A_tL_t)로 나누면 다음과 같이 유효노동단위당 산출량 $y_t \equiv \frac{Y_t}{A_tL_t}$와 자본량 $k_t \equiv \frac{K_t}{A_tL_t}$ 간의 관계를 도출할 수 있다.

$$y_t = k_t^{\alpha}$$

또한 주어진 자본스톡(K_t) 축적함수로부터 유효노동단위당 자본량 k_t의 축적함수를 다음과 같이 도출할 수 있다.

$$\begin{aligned} \dot{k}_t &= \frac{\dot{K}_t}{A_tL_t} - \frac{K_t}{(A_tL_t)^2}(A_t\dot{L}_t + \dot{A}_tL_t) \\ &= \frac{sY_t - \delta K_t}{A_tL_t} - \frac{K_t}{A_tL_t}\frac{\dot{L}_t}{L_t} - \frac{K_t}{A_tL_t}\frac{\dot{A}_t}{A_t} \\ &= sk_t^{\alpha} - (n + g_A + \delta)k_t \end{aligned}$$

균제상태에서 $\dot{k}_t = 0$이므로 균제상태의 유효노동단위당 자본량 k^*는 $sk^{*\alpha} = (n + g_A + \delta)k^*$에 의해 결정된다. 이를 k^*에 대해 정리하면 $k^* = \left(\frac{s}{n + g_A + \delta}\right)^{\frac{1}{1-\alpha}}$이 된다. 따라서 균제상태의 1인당 국민소득수준은 다음과 같다.

$$\left(\frac{Y_t}{L_t}\right)^* = A_ty^* = A_tk^{*\alpha} = A_t\left(\frac{s}{n + g_A + \delta}\right)^{\frac{\alpha}{1-\alpha}}$$

그리고 균제상태의 경제성장률(Y의 성장률)을 도출하기 위해 먼저 앞의 식으로부터 국민소득 $Y_t^* = L_tA_t\left(\frac{s}{n + g_A + \delta}\right)^{\frac{\alpha}{1-\alpha}}$를 구할 수 있다. 이 식의 양변에 자연로그를 취한 뒤 기간 간 차분을 하면 Y_t^*의 성장률은 다음과 같이 결정된다.

$$\left(\frac{\dot{Y}}{Y}\right)^* = \frac{\dot{L}}{L} + \frac{\dot{A}}{A} = n + g_A$$

(2) M, N 두 나라는 저축률을 제외한 모든 조건이 동일하고, N국의 저축률(s_N)은 M국의 저축률(s_M)보다 높으며, M국은 황금률 균제상태에 도달해 있다. M국의 저축률을 도출하고, 두 국가 간의 저축률 차이가 1인당 소득, 1인당 소비, 경제성장률(Y의 성장률)에 미치는 영향을 분석하라.

해답 M국의 황금률 저축성향을 s_M이라 할 때, s_M은 다음의 1인당 소비 극대화 문제의 해로 구해진다.

$$\underset{s_M}{Max}\left(\frac{C_t}{L_t}\right)^* = \left(\frac{Y_t}{L_t}\right)^* - s_M\left(\frac{Y_t}{L_t}\right)^* = (1 - s_M)A_t\left(\frac{s_M}{n + g_A + \delta}\right)^{\frac{\alpha}{1-\alpha}}$$

이 식의 일계조건(first-order condition) $A_t\left(\frac{1}{n+g_A+\delta}\right)^{\frac{\alpha}{\alpha-1}}\left[\frac{\alpha}{1-\alpha}s_M^{\frac{2\alpha-1}{1-\alpha}} - \frac{1}{1-\alpha}s_M^{\frac{\alpha}{1-\alpha}}\right]=0$을 만족하는 $s_M=\alpha$이다.

N국 역시 장기적으로 균제상태에 도달하게 된다. 두 나라의 1인당 국민소득 수준을 비교해 보면, $\frac{d(Y_t/L_t)^*}{ds}>0$이므로 저축률이 상대적으로 높은 N국의 1인당 국민소득이 더 크고, 1인당 소비수준은 황금률 균제상태에 도달한 M국이 더 크다. 경제성장률은 저축률과 무관하므로 두 국가 간에 차이가 없다.

(2011년 행정고시 기출문제)

13 기술수준이 일정한 솔로우 모형에서 매기 전체 노동인구의 일정 비율(u)이 실업 상태에 있다고 가정하자. 따라서 어떤 기간에 노동인구가 N일 때 총노동공급은 $(1-u)N$이 되고 총생산함수는 다음과 같다.

$$Y=zK^{\alpha}((1-u)N)^{1-\alpha}$$

인구성장률은 0이라고 가정한다. 이 밖에 솔로우 모형의 가정은 본 교재와 동일하다.

(1) 1인당 균형자본량의 축적과정을 도출하고 균제상태에서 1인당 자본량이 어떻게 결정되는지 그래프를 이용하여 분석 · 설명하라.

해답 본 교재 4장(3. 장기성장균형 : 균제상태)에서와 같이 총생산함수 $Y_t=z_tK_t^{\alpha}((1-u)N_t)^{1-\alpha}$, 소비함수 $C_t=(1-s)Y_t$, 그리고 자본량 축적과정 $K_{t+1}=(1-d)K_t+I_t$를 재화시장 균형식 $Y_t=C_t+I_t$에 대입하면 다음과 같은 균형자본량 축적과정이 도출된다.

$$K_{t+1}=szK_t^{\alpha}((1-u)N_t)^{1-\alpha}+(1-\delta)K_t$$

1인당 균형자본량의 축적과정으로 나타내기 위해 위 식의 양변을 N_t로 나누면 다음과 같다(단, 인구증가율 = 0이므로 $N_t=N_{t+1}$).

$$\frac{K_{t+1}}{N_t}=\frac{szK_t^{\alpha}((1-u)N_t)^{1-\alpha}}{N_t}+(1-\delta)\frac{K_t}{N_t}$$
$$\Leftrightarrow\ k_{t+1}=szk_t^{\alpha}(1-u)^{1-\alpha}+(1-\delta)k_t\equiv g(k_t) \qquad (13.1)$$

균제상태에서 $k_t=k_{t+1}=k^*$이므로 균제상태의 1인당 자본량(k^*)은 다음과 같이 결정된다.

그림 4-13-1

솔로우 모형 : 균제상태

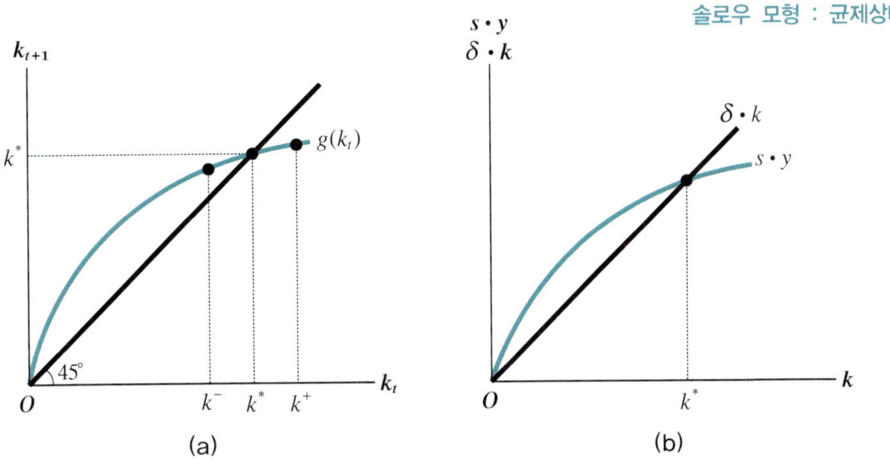

$$k^* = sz(k^*)^{\alpha}(1-u)^{1-\alpha} + (1-\delta)k^* \Leftrightarrow sz(k^*)^{\alpha}(1-u)^{1-\alpha} = \delta k^* \qquad (13.2)$$

〈그림 4-13-1〉에서 균제상태의 1인당 자본량은 k^*이다. 경제가 균제상태에 있기 위해서 식 (13.2)의 조건이 충족되어야만 하는 이유는 다음과 같다. 〈그림 4-13-1〉의 (a)에서 1인당 자본량이 k^+인 경우에는 $k_{t+1} < k_t$이므로 자본축적 방정식 (13.1)로부터 다음이 성립한다.

$$k_{t+1} = szk_t^{\alpha}(1-u)^{1-\alpha} + (1-\delta)k_t \equiv g(k_t) < k_t$$

이를 단순화하면 $sz(k_t)^{\alpha}(1-u)^{1-\alpha} < \delta k_t$가 되는데, 이는 실제 투자량이 요구자본량보다 작아서 1인당 자본량과 소득이 감소함을 의미하므로 k^+수준에서는 균제상태가 아니다. 한편 〈그림 4-13-1〉의 (a)에서 1인당 자본량이 k^-인 경우에는 $k_{t+1} > k_t$이므로 자본축적 방정식 (13.1)로부터 다음이 성립한다.

$$k_{t+1} = szk_t^{\alpha}(1-u)^{1-\alpha} + (1-\delta)k_t \equiv g(k_t) > k_t$$

이를 단순화하면 $sz(k_t)^{\alpha}(1-u)^{1-\alpha} > \delta k_t$가 되는데, 이는 실제 투자량이 요구자본량보다 커서 1인당 자본량과 소득이 증가함을 의미하므로 k^-수준에서는 균제상태가 아니다.

따라서 1인당 자본량이 오직 k^*수준인 경우에만 균제상태를 달성할 수 있다.

그림 **4-13-2**

솔로우 모형 : 실업률의 하락

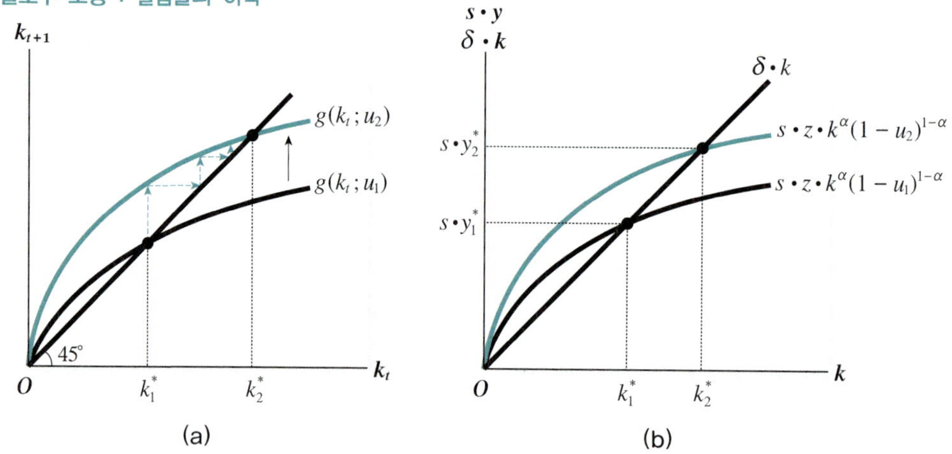

(2) 정부의 정책 변화로 실업률 u가 하락했다고 하자. 이러한 변화가 장기적으로 1인당 균형자본량과 1인당 소득수준 및 성장률에 미치는 영향을 그래프를 이용하여 분석 · 설명하라.

해답 〈그림 4-13-2〉에서 실업률이 u_1에서 u_2로 하락하면 (a)의 1인당 자본축적이 $g(k_t;u_1)$에서 $g(k_t;u_2)$로, (b)에서는 1인당 저축(투자)이 $szk^\alpha(1-u_1)^{1-\alpha}$에서 $szk^\alpha(1-u_2)^{1-\alpha}$로 각각 상방이동한다. 이때 균제상태의 1인당 자본량이 k_1^*에서 k_2^*로 증가하게 되어 1인당 소득도 $y_1^*=z(k_1^*)^\alpha(1-u_1)^{1-\alpha}$에서 $y_2^*=z(k_2^*)^\alpha(1-u_2)^{1-\alpha}$로 증가한다.

이때 새로운 균제상태에서 1인당 자본량과 소득의 증가율, 즉 경제성장률은 0이 된다. 초기 균제상태(k_1^*)로부터 새로운 균제상태(k_2^*)에 이르는 과정에서 1인당 자본량의 변화를 나타내는 〈그림 4-13-2〉의 (a)에 나타나 있듯이 경제성장률은 새로운 균제상태에 도달할 때까지만 양(+)의 값을 가질 뿐, 균제상태에 이르면 결국 0이 된다.

14 다음과 같은 콥-더글라스(Cobb-Douglas) 생산함수를 상정하는 솔로우(Solow) 성장모형이 있다. 물음에 답하라.

$$Y = AK^{\alpha}L^{1-\alpha}\ (0 < \alpha < 1)$$

여기서 Y는 총생산, A는 총요소생산성, K는 자본, L은 노동이다. 이 경제에서 기술진보는 없으며($\Delta A/A = 0$), 인구증가율($\Delta L/L$), 감가상각률, 저축률은 각각 n, δ, s로 일정하고 저축함수는 $S = sY$이다.

(1) 1인당 소득과 자본을 각각 y, k라 할 경우 1인당 자본의 변화를 수식으로 나타내라.

해답 본 교재 4장 2절(솔로우 모형의 기본방정식)에서 도출한 1인당 자본축적 과정에 총생산함수 $Y_t = AK_t^{\alpha}L_t^{1-\alpha}$로부터 도출된 1인당 생산함수 $y_t = Ak_t^{\alpha}$를 대입하면 다음과 같다:

$$k_{t+1} = \frac{sA}{1+n}k_t^{\alpha} + \frac{1-\delta}{1+n}k_t$$

(2) 노동소득 분배율의 증가가 균제상태(steady state)에서의 1인당 자본에 미치는 영향을 논하라.

해답 기술수준(A)이 일정한 경우 본 교재 4장 3절(장기성장균형 : 균제상태)에서 도출한 균제상태의 1인당 자본에 $y^* = Ak^{*\alpha}$를 대입하면 다음과 같다:

$$k^* = \left(\frac{sA}{n+d}\right)^{\frac{1}{1-\alpha}}$$

노동소득 분배율 $(1-\alpha)$의 증가는 α의 감소를 의미하므로 위 식으로부터 균제상태의 1인당 자본량 k^*이 감소한다.

(3) 이 경제에서 황금률(golden rule) 수준의 저축률을 구하고, 노동소득 분배율의 증가가 황금률 수준의 저축률에 미치는 영향을 논하라.

해답 본 교재 4장 3절(3.3 황금률 자본량)에서 도출한 $MP_k = (n+d)$에 $MP_k = \alpha Ak^{\alpha-1}$를 대입하면 다음과 같이 황금률 자본량을 구할 수 있다:

$$k_{gr}^{*} = \left(\frac{n+d}{\alpha A}\right)^{\frac{1}{\alpha-1}}$$

이러한 황금률 자본량을 균제상태 조건식 $s_{gr}A(k_{gr}^{*})^{\alpha} = (n+d)k_{gr}^{*}$에 대입한 뒤 저축률 s_{gr}에 대해서 나타내면 다음과 같다:

$$s_{gr} = \left(\frac{n+d}{A}\right)(k_{gr}^{*})^{1-\alpha} = \alpha$$

즉, 주어진 모형에서는 황금률 수준의 저축률이 자본소득 분배율과 동일함을 알 수 있다. 노동소득 분배율이 증가함에 따라 자본소득 분배율은 하락하고, 따라서 황금률 수준의 저축률도 하락한다.

(2020년 외교관후보자 선발시험 기출문제)

chapter 5

내생적 경제성장이론과 경제성장정책

01 루카스의 인적자본모형에서 효율성 단위로 나타낸 노동시간의 한계생산성(z)이 일시적으로 증가하는 경우 인적자본과 소비, 그리고 성장률에 미치는 효과를 분석하여 설명하라. 단, 유효노동공급(uh_t^s)은 실질임금(w)에 대해 비탄력적이다.

해답 균형성장경로 또는 균제상태에서 인적자본의 성장률은 다음과 같이 결정된다.

$$\frac{h_{t+1}}{h_t} = b(1-u)$$

균형성장경로에서 인적자본의 성장률을 도출하는 과정은 본 교재의 pp.136~138을 참고하기 바란다.

이때 효율성 단위로 나타낸 노동시간의 한계생산성 z가 증가한다면, 〈그림 5-1〉과 같이 $w=z$에서 수평인 노동수요 uh_t^d가 상방이동해 실질임금을 증가시킨다. 또한 총인구 $N=1$로 놓고, 인구증가율 $n=0$으로 가정하면, 1인당 변수와 총량변수는 서로 같게 되어 z의 증가는 생산함수 $y_t = zuh_t^d$에서 총생산

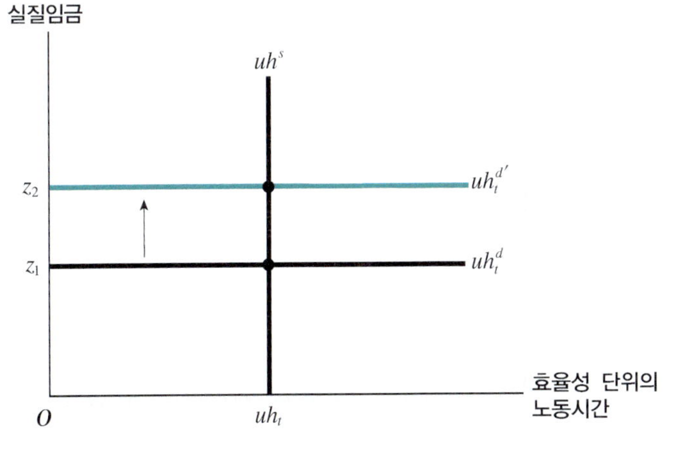

그림 5-1 노동의 한계생산성 증가와 인적자본

을 증가시킨다. 한편 솔로우의 외생적 성장모형과 달리 생산함수 $y_t = zuh_t^d$에서 인적자본(h)에 대한 한계수확체감이 없기 때문에, 교육부문의 효율성 b가 충분히 커서 $b(1-u) > 1$이면 균제상태에서 인적자본은 매기 $b(1-u)$의 비율로 영원히 성장할 것이다. 그리고 재화시장의 청산조건 $c_t = y_t = zuh_t$로부터 1인당 소득과 소비도 매기 $b(1-u)$의 비율로 영원히 성장할 것이다.

그런데 z의 증가는 균형성장률 $b(1-u)$를 변화시키지 않는다. 즉, z의 증가는 균제상태에서 소비와 총생산 수준을 증가시킬 뿐 성장률에는 아무런 영향을 미치지 못한다.

02 루카스의 인적자본모형에서 1만큼의 가용시간 중 u는 노동에, v는 정부부문에 투입되어 정부만이 소비하는 재화를 $gvh(g > 0)$만큼 생산한다고 하자. 그 나머지 시간 $(1-u-v)$는 인적자본 축적에 사용된다.

(1) v가 증가하고, 같은 양만큼의 u가 감소한다고 하자. 이것이 소비수준과 소비의 증가율에 미치는 효과를 설명하라. 그리고 v 증가 이전과 이후의 소비성장경로를 그림으로 비교하여 설명하라.

해답 먼저 $(1-u-v)$가 인적자본 축적에 사용되므로 인적자본 축적 방정식도 다음과 같이 나타낼 수 있다.

$$h_{t+1} = b(1-u-v)h_t, \quad b > 0$$

여기서 $b > 0$는 인적자본의 효율성을 나타내는 계수이다. 위 식의 양변을 h_t로 나누면 균형성장경로에서 인적자본의 성장률은 다음과 같이 결정된다.

$$\frac{h_{t+1}}{h_t} = b(1-u-v)$$

만약 v가 증가하고 같은 양만큼의 u가 감소한다면 $u+v$는 변화하지 않으므로 인적자본 성장률에는 변화가 없다. 그런데 소비자가 정부를 위해 투입하는 시간 v는 소득 창출에 기여하지 못하고, u의 감소는 노동소득의 감소를 가져오므로 소비수준이 하락한다. 그러나 인적자본 성장률에는 변화가 없기 때문에 1인당 소비도 매기 $b(1-u-v)$의 비율로 동일하게 성장할 것이다. 〈그림 5-2-1〉은 v 증가 이전과 이후의 소비성장경로를 나타내고 있다.

그림 5-2-1

소비성장경로

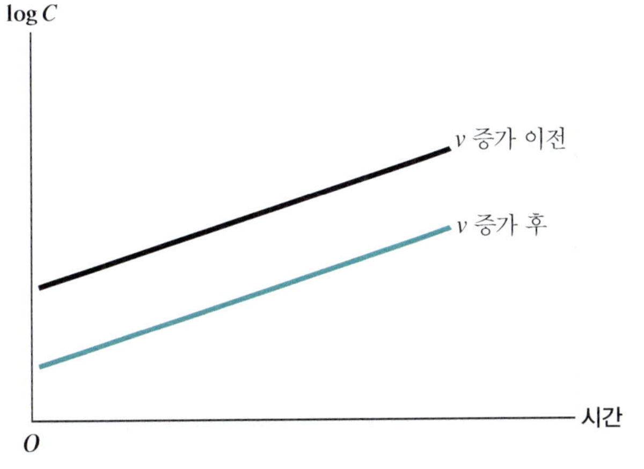

(2) v는 증가하고, u는 변동이 없다고 하자. 이것이 소비수준과 소비의 증가율에 미치는 효과를 설명하라. 그리고 v 증가 이전과 이후의 소비성장경로를 그림으로 비교하여 설명하라.

해답 u는 변동이 없고, v가 증가하면 인적자본 증가율 $\frac{h_{t+1}}{h_t} = b(1-u-v)$는 감소한다. 한편 u는 변동이 없으므로 〈그림 5-2-2〉와 같이 소비수준은 변하지 않고, 소비성장률은 인적자본 성장률의 감소에 따라 함께 감소한다.

그림 5-2-2

소비성장경로

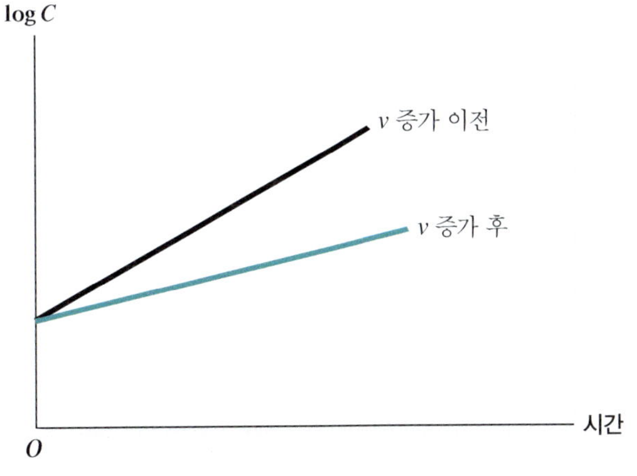

그림 5-4

저축률 증가와 소비성장경로

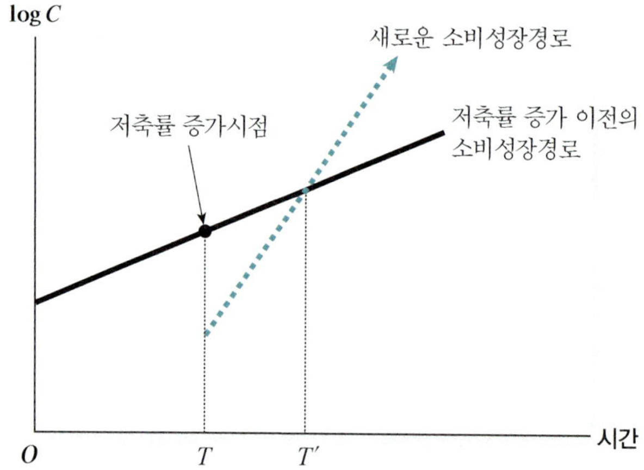

03 내생적 경제성장이론에 근거하여 다음 명제를 평가하라.

> "자본의 한계생산이 체감하는 생산함수를 갖는 국가경제에서 저축률의 증가는 장기적 경제성장률에 영향을 미치지 못한다."

해답 본 교재 5장(3.3 물적 · 인적자본의 동시축적모형)에서 살펴보았듯이 물적자본과 인적자본이 동시에 축적되는 경우 단기적으로 각각의 한계생산이 체감해도, 균제상태에서는 1인당 생산함수의 자본한계생산이 불변하는 성질을 갖는다. 이러한 결과는 물적자본과 인적자본의 동시축적 결과 균제상태에서는 실질적으로 고정투입요소가 존재하지 않기 때문이다. 이처럼 균제상태에서 물적자본 또는 인적자본에 대한 한계생산이 불변하면 1인당 자본량과 소득의 지속적 증가가 가능해지며, 이때 저축률은 균제상태의 장기성장률을 결정하는 중요한 요소가 된다.

04 실행학습모형 같은 한계생산이 불변하는 모형에서 일정 시점 T에 저축률의 증가가 소비의 성장경로에 미치는 영향을 저축률 증가 이전의 경로와 비교하여 예시하라.

해답 일정 시점 T에서 저축률이 증가하면 〈그림 5-4〉의 소비성장경로와 같이 단기적으로는 저축률 증가로 소비가 감소하지만, 장기적으로는 균형성장경로에서 저축률 증가에 의해 1인당 자본량이 지속적으로 상승한다. 이때 한계수확체감 법칙이 작용하지 않기 때문에 1인당 소득의 영원한 성장이 가능해져 일정 시점 T' 이후 소비수준이 저축률 증가 이전의 소비수준을 능가하게 된다.

05 로머(Paul Romer)는 비경합성과 배제 가능성을 갖는 지식자본의 외부효과로 인해 지식의 한계생산이 체감하지 않는다고 주장했다. 구체적으로 로머는 지식의 외부효과가 반영된 총생산함수를 다음과 같이 가정했다.

$$Y = AF(K, \hat{k}L) = AK^{\alpha}(\hat{k}L)^{1-\alpha} \quad (0 < \alpha < 1)$$

여기서 K와 L은 각각 경제 전체의 지식자본과 노동을, $\hat{k}$은 1인당 평균 지식자본을 나타낸다. 위 생산함수에 따르면 국가경제에 평균적으로 지식이 높은 사람들이 많아서 평균 지식자본 $\hat{k}$이 높을수록 지식자본의 긍정적 외부효과로 인해 경제 전체의 노동생산성도 증가한다. 균형지식자본은 4장의 솔로우 모형과 같은 방식으로 축적된다고 가정한다.

$$K_{t+1} = sY_t + (1-d)K_t$$

(1) 경제 전체의 1인당 생산함수를 도출하고 그 특성을 직관적으로 설명하라.

해답 총생산함수의 양변을 노동(L)으로 나누면 총생산함수를 다음과 같은 1인당 생산함수로 나타낼 수 있다.

$$y = Ak^{\alpha}(\hat{k})^{1-\alpha}$$

그런데 외부효과를 가져오는 평균 지식자본 $\hat{k}$이 개별 기업의 선택은 아니지만 경제 전체적으로는 결국 1인당 지식자본 k와 일치한다. 따라서 $\hat{k} = k$를 위 식에 대입하면 자본한계생산이 불변인 Ak 형태의 생산함수가 도출된다.

$$y = Ak^{\alpha}(k)^{1-\alpha} = Ak$$

직관적으로 지식자본의 외부효과가 노동생산성을 증가시킴으로써 지식자본의 한계생산체감을 가져오는 고정투입요소를 실질적으로 없애는 역할을 한 것으로 볼 수 있다.

(2) 1인당 균형자본 축적 방정식을 도출하라. 장기적으로 1인당 소득의 지속적 증가와 국가 간 소득수준의 비수렴성을 설명할 수 있는가?

그림 5-5-2

지식자본의 외부효과모형과 경제성장

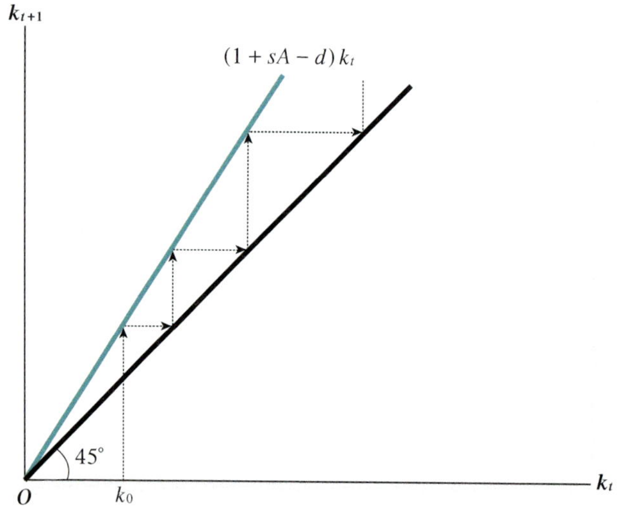

해답 균형지식자본 축적식의 양변을 노동(L_t)으로 나눈 뒤 문제 (1)에서 도출한 1인당 생산함수 $y_t = Ak_t$를 대입하면 다음과 같은 1인당 균형자본량 축적 방정식이 도출된다(단, 인구증가율 = 0으로 가정).

$$k_{t+1} = sy_t + (1-d)\,k_t = (1 + sA - d)\,k_t$$

위 식의 자본축적 과정을 (k_t, k_{t+1}) 평면에 나타내면 저축률(s) 또는 기술수준(A)이 비교적 높은 경우 〈그림 5-5-2〉와 같이 원점을 지나며 기울기가 $(1 + sA - d) > 1$인 직선이 된다. 따라서 본 교재 5장(3. 인적자본모형)의 루카스 모형, 실행학습모형, 물적 · 인적자본의 동시축적모형과 유사하게 지식자본의 외부효과모형도 1인당 소득수준의 지속적 증가와 국가 간 비수렴성을 설명하는 데 유용한 것으로 보인다.

06 선진국을 중심으로 인구구조의 고령화가 진행되고 있다. 우리나라도 지난 2000년에 전체 인구 대비 노인인구 비율이 7.2%로 고령화 사회에 도달하였고, 2018년에는 14%를 넘는 고령사회에, 2026년에는 20%인 초고령사회에 진입할 것으로 예상된다. 고령화의 원인으로는 저출산과 평균수명의 증가를 들 수 있는데, 우리나라의 평균 출산율은 2005년 세계 최저 수준인 1.08명을 기록하였다. 저출산 · 고령화

그림 5-6

저출산 · 고령화와 장기적 경제성장

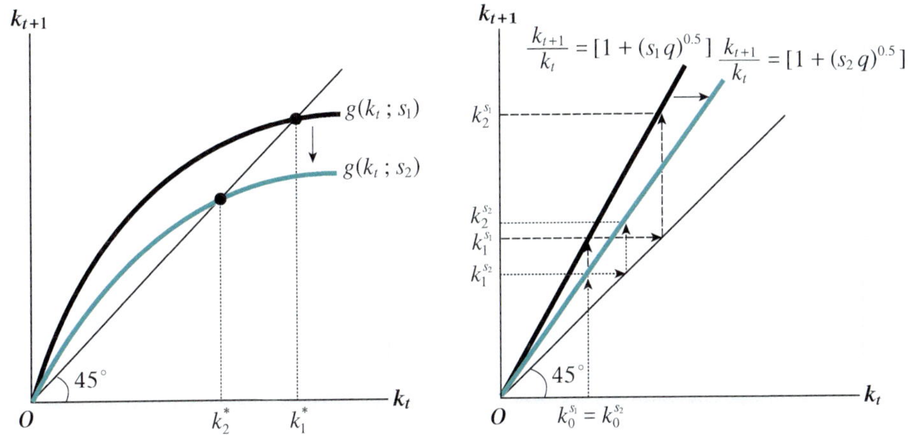

(a) 외생적 성장이론(솔로우 모형)　(b) 내생적 성장이론(Ak모형)

가 장기적 경제성장에 미치는 영향을 외생적 성장이론과 내생적 성장이론을 이용하여 설명하라.

해답 ① **외생적 성장이론**(솔로우 모형)

저출산 · 고령화가 지속되면 저축성향이 낮은 노년층이 늘어나므로 경제 전체의 저축률이 하락한다(6장 〈이론과 실제 1 : 생애주기가설〉). 〈그림 5-6〉의 (a)에서 저축률이 s_1에서 s_2로 감소하면 1인당 자본량의 축적과정을 나타내는 $g(k_t)$ 곡선이 하방이동함에 따라 균제상태의 1인당 자본량이 k_1^*에서 k_2^*로 감소하고, 그 결과 1인당 소득도 y_1^*에서 y_2^*로 감소한다. 다만 새로운 균제상태에서 1인당 소득의 성장률은 저축률 변화와 무관하게 0으로 일정하다(즉, 저축률 변화는 수준효과만 야기한다).

② **내생적 성장이론**(Ak모형)

저출산 · 고령화에 따른 저축률 하락은 〈그림 5-6〉의 (b)에서 1인당 자본량 축적함수($k_{t+1} = [1+(sq)^{0.5}]k_t$)를 우측으로 이동시킨다. 그 결과 1인당 초기자본량을 k_0라고 할 때 저축률 하락 이후의 자본축적 수준 및 속도($k_0^{s_2} \rightarrow k_1^{s_2} \rightarrow k_2^{s_2} \rightarrow \cdots$)가 저축률 하락 이전($k_0^{s_1} \rightarrow k_1^{s_1} \rightarrow k_2^{s_1} \rightarrow \cdots$)보다 감소한다. 한편 균제상태에서 1인당 생산함수는 $y_t = Ak_t$와 같으므로 저축률의 하락은 1인당 소득수

준을 낮춤과 동시에 소득의 증가율도 하락시킨다(즉, 수준효과와 성장효과가 모두 나타난다).

07 30년 동안 고도성장을 이룩한 우리나라 경제는 1997년 말 경제위기를 맞은 후 1998년에는 마이너스 성장을 기록하였다.

(1) 1960년대 초 이래 우리나라 경제가 이룩한 성장과정의 주요 특징을 기술하라.

해답 영(Young, 1995)의 분석에 따르면, 한국 경제의 고도성장은 대부분 노동과 실물자본의 축적에 의하여 이루어졌으며, 총요소생산성(TFP)의 증가율은 다른 경제와 비교하였을 때 낮은 편이었다. 또한 우리나라의 경제성장은 주로 수출산업에 의해 견인되었기 때문에 상대적으로 내수산업의 성장이 부진하였다. 정부도 수출을 장려하기 위해 대기업에 집중적으로 산업·금융지원을 하였고, 이로 인해 성장과정에서 대기업과 중소기업 간의 불균형이 심화되었다.

(2) 우리나라 경제가 다시 높은 성장을 달성하기 위한 방안을 내생적 성장이론의 관점에서 논하라.

해답 내생적 성장이론 중 R&D모형에 의하면, 연구개발부문에의 투자를 통한 기술진보가 경제성장의 원동력이다. 여기서 기술진보란 동일한 자본과 노동을 투입하더라도 종전보다 더 많은 생산을 가능케 하는 지식(knowledge)의 축적을 포함한다. 따라서 우리나라 경제가 고도성장을 하기 위해서는 우선 기업들이 연구개발을 통해 지식과 기술을 활발히 축적할 필요가 있다. 이를 위해서 정부도 연구개발을 촉진시키는 정책을 수행하는 동시에, 재산권이나 특허법 등의 제도적 장치를 통해 연구개발의 성과를 보호해야 할 것이다.

한편 생산에 투입되는 실물자본과 인적자본이 동시에 축적되는 경우(본 교재 pp.143~145), 균제상태 또는 장기균형성장경로에서 자본의 한계생산성이 체감하지 않으므로, 지속적 성장을 위하여 이 두 자본의 축적을 돕는 제도 및 정책이 필요할 것이다.

끝으로 루카스의 인적자본모형(본 교재 pp.133~139)의 정책적 시사점에 따르면, 평생교육제도의 정비 등을 통하여 경제주체가 인적자본에 대한 투자를 늘릴 수 있는 유인을 마련하고, 대학교육 자율화 및 내실화 등의 교육제도 개선을 통하여 교육의 효율성을 개선해야 한다.

(1999년 행정고시 기출문제 일부 변형)

08 우리나라에서 과거 1960~1970년대에는 투자자금만 있으면 큰 수익을 낼 수 있는 실물투자 기회가 많았지만 최근에는 투자의 수익률을 결정하는 자본의 한계생산성이 1970년대에 비해 3분의 1 수준으로 떨어지면서 투자부진의 한 원인이 되고 있다.

(1) 자본의 한계생산성 하락이 물적자본에 비해 고급인력(skilled labor)과 기술의 부족에 기인한다는 견해를 경제학적으로 설명하라.

해답 본 교재(pp.143~145)에서 논의되었듯이 물적자본과 인적자본이 동시에 축적되는 경우 균제상태에서 1인당 생산함수는 다음과 같은 Ak 형태가 된다.

$$y_t = Ak_t,\ A = \left(\frac{q}{s}\right)^{0.5}$$

여기서 q와 s는 각각 1인당 실질소득 대비 인적자본과 물적자본 투자비율을 나타낸다. 따라서 균제상태에서 물적자본의 한계생산성 A는 1인당 실질소득 대비 인적자본과 물적자본 투자비율의 함수로 결정된다. 예를 들어 물직자본 투자비율(s)에 비해 고급인력 양성을 위한 인적자본 투자비율(q)이 감소하면 물적자본의 한계생산성이 하락한다.

(2) 이러한 인적자본과 기술혁신의 부족이 우리나라의 장기적 경제성장에 미치는 영향을 내생적 성장이론에 기초하여 설명하라.

해답 본 교재의 R&D모형(pp.129~132)에서 논의되었듯이 기술혁신의 부족은 R&D부문에 의한 지식축적이 원활히 이루어지지 않고 있음을 의미하며, 이는 내생적으로 결정되는 기술진보율을 하락시켜 장기적 경제성장률을 낮추게 된다.

또한 (1)에서 논의된 Ak모형에서도 인적자본 투자율(q)의 감소는 다음 식으로 결정되는 균제상태의 장기성장률을 하락시킨다.

$$\frac{y_{t+1}}{y_t} = 1 + \left(sq\right)^{0.5}$$

그림 5-9

인구증가율 하락과 경제성장

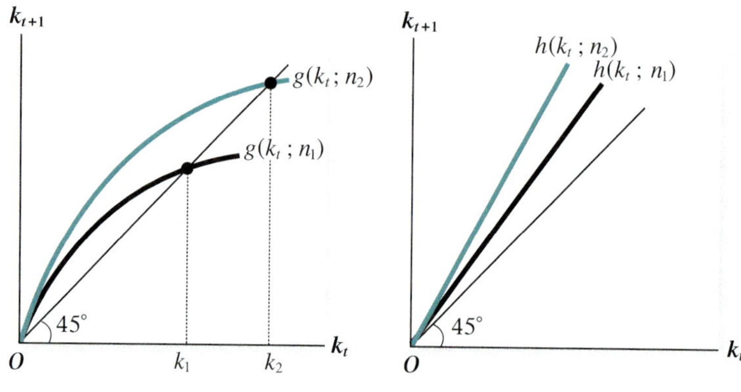

(a) 외생적 성장이론(솔로우 모형) (b) 내생적 성장이론(Ak모형)

그리고 Ak모형의 예로 살펴본 루카스의 인적자본모형(본 교재 pp.143~149)에서 균제상태의 장기성장률은 다음과 같이 결정된다.

$$\frac{y_{t+1}}{y_t} = b(1-u)$$

따라서 교육 및 기술 습득에 투입하는 시간$(1-u)$의 감소에서 오는 인적자본의 부족은 장기성장률의 하락을 가져올 것이다.

09 최근 우리나라의 경우 출산율의 저하로 인한 인구증가율의 하락 및 고령화가 사회·경제적 문제로 대두되고 있다.

(1) 솔로우 성장모형에 기초하여 인구증가율의 하락이 경제성장에 어떤 영향을 줄 것인지 그림을 이용하여 분석하라. 내생적 경제성장모형의 예측과 다른 점은 무엇인가?

해답 4장 연습문제 10의 (3)과 유사하게 〈그림 5-9〉의 (a)에서 1인당 인구증가율의 감소$(n_1 \rightarrow n_2)$로 초기 균제상태의 1인당 자본량 k_1에서 투자유인이 발생하여 1인당 자본량이 새로운 균제상태의 k_2까지 증가하며, 생산함수를 따라 균제상태의 1인당 생산과 소득, 소비도 증가한다. 그러나 새로운 균제상태에서 1인당 생산과 자본량의 성장률은 0이 되며, 총생산과 총자본의 성장률은 n_1에서 n_2로 감소한다.

한편 내생적 성장모형의 하나인 Ak모형의 경우 1인당 균형자본량의 축적과정은 다음과 같다.

$$k_{t+1} = \frac{s \cdot Ak_t + (1-\delta)k_t}{1+n} \Leftrightarrow \frac{k_{t+1}}{k_t} = \frac{s \cdot A + (1-\delta)}{1+n}$$

따라서 $[s \cdot A + (1-\delta)] > (1+n)$이면 〈그림 5-9〉의 (b)와 같이 인구증가율의 감소는 새로운 균제상태에서 1인당 생산과 자본량 수준뿐만 아니라 성장률도 증가시킨다.

(2) (1)에서 분석한 인구증가율과 경제성장의 관계가 최근 우리나라의 출산율 저하 및 고령화에 따라 경제성장이 둔화될 것이라는 우려와 일치한다고 할 수 있는가? 만일 일치하지 않는다면 왜 그렇게 생각하는지 설명하라.

해답 (1)의 분석에 의하면 균제상태의 1인당 자본과 생산은 증가해야 한다. 그러나 이는 경제성장이 둔화될 것이라는 우려와는 상반되는 것이다. 고령화에 따른 노동의 질 저하 현상은 노동생산성과 총요소생산성의 하락을 가져올 뿐만 아니라, 노인 인구의 증가로 음의 저축을 하는 사람의 비율이 증가하여 경제 전체의 저축률은 낮아질 것이다. 솔로우 모형에서 이러한 요인이 1인당 자본과 생산을 감소시키는 효과가 (1)에서 자본과 생산을 증가시키는 효과보다 크게 나타나는 경우 노령화와 출산율 하락은 경제성장을 둔화시킬 수 있다.

또한 내생적 성장이론에 의하면 노동의 질 저하는 인적자본 감소 및 R&D에 투입되는 노동규모의 축소와 함께 기술진보율의 감소를 가져온다. 그 결과 장기적 경제성장률이 감소한다. 그리고 저축률의 감소도 Ak모형에서 장기적 경제성장률의 하락을 가져온다.

(2006년 외무고시 기출문제 일부 변형)

10 다음과 같은 생산함수를 상정한 성장모형을 고려하자.

$$Y = AK + BL$$

여기서 Y는 총생산, K는 자본, L은 노동이다. 그리고 A와 B는 양의 상수이다. 자본의 변화는 $\Delta K = I - \delta K$로 주어지고, I는 투자로서 $I = sY$로 주어진다. 여기서 δ는 감가상각률, s는 저축률이다. 인구증가율은 n, 즉 $\frac{\Delta L}{L} = n$이다.

(1) 1인당 소득과 자본을 각각 y, k라 할 경우, 1인당 생산함수와 1인당 자본의 변화를 수식으로 나타내라.

해답 먼저 주어진 생산함수 $Y = AK + BL$을 총노동 또는 인구 수(L)로 나누면 $y = Ak + B$와 같은 1인당 생산함수를 도출할 수 있다. 한편 1인당 자본량을 나타내는 식 $k = \frac{K}{L}$에 자연로그를 취하고 전미분하면 $\frac{\Delta k}{k} = \frac{\Delta K}{K} - \frac{\Delta L}{L}$이 성립한다. 그런데 $\Delta K = I - \delta K$, $I = sY$이므로 이를 대입하면 $\frac{\Delta k}{k} = \frac{sY - \delta K}{K} - n = \frac{sY}{K} - (\delta + n) = \frac{sy}{k} - (\delta + n)$(단, $\frac{Y}{K} = \frac{Y/L}{K/L} = \frac{y}{k}$)이 성립하고, 양변에 k를 곱하면 $\Delta k = sy - (\delta + n)k$를 도출할 수 있다. 여기에 1인당 생산함수의 식($y = Ak + B$)을 대입하면 $\Delta k = s(Ak + B) - (\delta + n)k$와 같이 1인당 자본의 변화를 나타내는 식을 도출할 수 있다. 우변의 첫 번째 항은 실제 투자량, 두 번째 항은 1인당 자본량을 일정 수준으로 유지하기 위한 요구자본량을 의미하며, 이들의 차이로 1인당 자본의 변화량이 결정된다.

(2) 저축률에 따라 장기의 1인당 소득이 정체될 수도 있고, 지속적 증가가 일어날 수도 있음을 설명하라. (그래프를 활용하는 것이 좋다.)

해답 앞서 살펴본 1인당 생산함수의 형태를 보면 1인당 소득(y)의 변화는 1인당 자본량(k)의 변화로 인해 발생하므로 저축률(s)에 따른 1인당 자본량 변화 분석을 중심으로 살펴보도록 한다.

① **$sA < \delta + n$인 경우**(즉, $s < \frac{\delta + n}{A}$인 경우)

〈그림 5-10-2〉의 (a)에서 $s(Ak + B) = (\delta + n)k$를 만족하는 1인당 자본량 수준을 k^*라고 하면, 초기 1인당 자본량이 이보다 작은 경우(k_0^A)에는 실제 투자량($s(Ak + B)$)이 요구투자량($(\delta + n)k$)보다 더 커서 지속적인 자본축적($\Delta k > 0$)이 이루어지며, 장기적으로 1인당 자본량이 k^*에 수렴한다. 반면 초기 1인당 자본량이 k^*보다 큰(k_0^B) 경우에는 〈그림 5-10-2〉의 (b)와 같이 실제 투자량이 필요투자량보다 더 작아져 1인당 자본이 감소($\Delta k < 0$)하게 되며, 그 결과 장기적으로 1인당 자본량이 k^*에 수렴한다. 즉, 초기 상태와 무관하게 1인당 자본량은 장기적으로 k^*에 수렴하며, 1인당 소득은 $y^* = Ak^* + B$ 수준에서 정체될 것이다.

② **$sA \geq (\delta + n)k$인 경우**(즉, $s \geq \frac{\delta + n}{A}$인 경우)

이러한 경우에는 주어진 초기 1인당 자본량(k_0)에 대하여 〈그림 5-10-2〉

그림 5-10-2

저축률과 지속적 성장

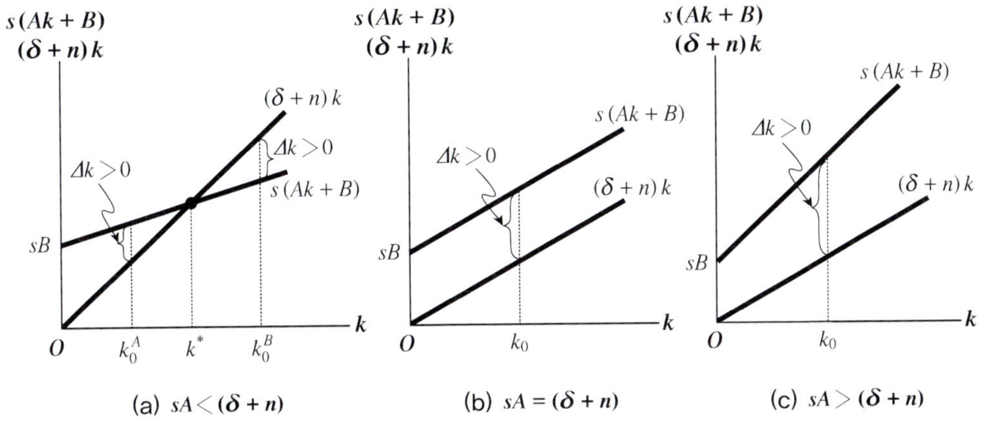

의 (b), (c)에서와 같이 실제 투자량이 요구투자량보다 더 크기 때문에 지속적인 자본축적($\Delta k > 0$)이 이루어진다. 따라서 장기적으로 1인당 소득($y = Ak + B$)의 지속적 증가가 일어날 수 있다.

(2008년 입법고시 기출문제)

11 경제성장에 관한 Ak모형에 대하여 다음 질문에 답하라.

(1) 다음의 주어진 수식을 이용하여 Ak모형을 간단히 설명하고, 1인당 성장률을 구하라.

$$Y = AK,\ \ \dot{K} = sY - \delta K,\ \ \frac{\dot{L}}{L} = n$$

(단, Y = 산출, A = 상수, K = 자본, s = 저축률,

δ = 감가상각률, L = 노동, n = 인구증가율이다)

해답 ① Ak모형

Ak모형은 문제의 생산함수인 $Y = AK$와 같이 자본의 한계생산성이 체감하지 않는 생산함수를 상정하여 지속적인 외생적 기술진보를 가정하지 않고도 지속적인 경제성장을 설명할 수 있는 내생적 성장이론의 대표적 모형이다.

② 1인당 성장률

1인당 자본량을 나타내는 식 $k = \frac{K}{L}$에 자연로그를 취하고 전미분하면 $\frac{\dot{k}}{k} = \frac{\dot{K}}{K} - \frac{\dot{L}}{L}$이 성립한다. 여기에 $\dot{K} = sY - \delta K$를 대입하면 $\frac{\dot{k}}{k} = \frac{sY - \delta K}{K} - n = sA - (\delta + n)$이 된다. 또한 1인당 생산함수 $y = Ak$의 양변에 자연로그를 취하고 전미분하면 $\frac{\dot{y}}{y} = \frac{\dot{k}}{k}$가 성립하므로, 1인당 소득성장률 역시 $\frac{\dot{y}}{y} = sA - (\delta + n)$임을 알 수 있다.

(2) 우리나라의 1인당 경제성장률 4%를 지속적으로 달성하기 위해서는 저축률이 어느 수준으로 유지되어야 하겠는가? (단, 우리나라의 자본−산출계수$\left(\frac{K}{Y}\right)$는 4이고, GDP 가운데 감가상각이 차지하는 비율은 16%이며, 인구증가율은 2%이다.)

해답 우리나라의 자본−산출계수식에 Ak모형의 생산함수를 대입하면 $\frac{K}{Y} = \frac{K}{AK} = \frac{1}{A} = 4$이므로 $A = 0.25$이다. 또한 GDP 중 감가상각이 차지하는 비율이 $\frac{\delta K}{Y} = \delta \frac{K}{Y} = 0.16$(단, 총 감가상각량은 δK)이므로 우리나라의 자본−산출계수를 대입하면 $\delta \times 4 = 0.16$이다. 따라서 감가상각률은 $\delta = 0.04$이다.

목표로 하는 1인당 소득성장률이 $\frac{\dot{y}}{y} = 0.04$이므로, (1)에서 살펴본 1인당 소득성장률의 식으로부터 목표로 하는 저축률(s)은 $0.04 = 0.25 \times s - (0.04 + 0.02)$를 충족시켜야 한다. 따라서 4%의 1인당 경제성장률을 지속적으로 달성하기 위해서는 $s = 0.4$의 저축률이 유지되어야 한다.

(2007년 행정고시 기출문제)

12 내생적 경제성장이론을 이용하여 다음 주장이 우리나라의 경제성장에 시사하는 점을 분석 · 설명하라. (출처 : 정운찬, 『미래를 위한 선택, 동반 성장』, 21세기북스, 2013.)

(1) "한국처럼 산업구조가 고도화된 나라는 첨단기술, 원천기술, 핵심기술이 있어야 투자가 지속적으로 이루어진다. 이것을 개발하려면 연구를 해야 한다. 하지만 우리는 남이 연구한 것을 가져다가 개발은 잘 하지만 자체 연구가 되지 않으니 투자가 활성화될 수 없다."

해답 본 교재 5장(2. R&D모형)에서 살펴본 로머(P. Romer)의 R&D모형에 의하면 장기성장률은 다음과 같은 R&D부문의 기술진보율(a)에 비례하여 결정된다.

$$a = \frac{\lambda n_A}{1-\phi}$$

즉, 1인당 소득성장률은 R&D부문 연구인력의 증가율(n_A), 연구인력의 생산성(λ), 기존 지식의 파급효과(ϕ)에 달려 있다. 따라서 연구인력의 증가율과 연구 생산성이 높을수록, 그리고 기존 지식의 긍정적 파급효과가 클수록 장기 경제 성장률이 증가한다. "남이 연구한 것을 가져다가 개발은 잘 하지만 자체 연구가 되지 않으니 투자가 활성화될 수 없다"는 주장은 우리나라의 R&D부문이 연구(Research)보다 개발(Development)에 치중한 결과, 축적된 지식과 기술의 긍정적 파급효과(ϕ)가 작고 이러한 기술을 활용한 투자 또한 활성화되지 않기 때문에 R&D 지출의 성장효과가 크지 않다는 것을 시사한다.

(2) "현재 우리나라 교육은 총체적 부실에 빠져 있다고 해도 지나친 말이 아니다. 인적·물적자본, 공적·사적자원이 많이 들어가는데, 그에 비해 인재가 안 나온다. … 인재는 건전한 상식과 상당한 전문지식을 가지고 있을 뿐만 아니라 변화하는 미래 사회에 대처할 수 있는 능력을 갖춘 사람을 말한다. … 미래의 창조적 인재를 키우기 위해 우리의 교육은 무엇을 언제부터 어떻게 가르칠지 더 많이 고민해야 한다. 그리고 이를 실제 교육현장에 적용할 교육시스템의 개혁이 필요하다."

해답 본 교재 5장(3.1 루카스 모형)에 의하면 장기적 경제성장은 소비자가 인적자본 축적을 위해 교육 및 기술 습득에 투자하는 시간과 교육부문의 효율성 등 국가경제의 내생적 요인들에 의해 결정된다. 본 문제에 인용된 주장은 우리나라 교육에 투자하는 공적·사적자원에 비해 교육부문의 효율성이 낮다는 점을 강조한 것으로 볼 수 있다. 이는 인적자본 투자의 성장효과를 높이기 위해서는 교육시스템의 개혁을 통한 교육부문의 효율성 증대가 필요하다는 것을 시사한다.

13 외생적 또는 내생적 경제성장모형을 이용하여 남북한 통일이 경제성장에 미치는 효과를 이론적으로 설명하라.

해답 외생적 성장모형을 이용하여 '통일대박론'을 평가해 보자. 통일이 이루어지면 남북 간의 체제 단일화와 소득격차 축소 등을 위해 (주로 남한이 부담하는) 상당한 규모의 통일비용이 소요되지만 막대한 군사비 지출이 감소하면서 분단비용 역시 크게 줄어든다. 만일 남한의 분단비용 감소액이 통일비용 증가액보다 크다면 조세부담이 감소하므로 통일 이후 남한의 저축률은 상승할 것이다. 그러나 북한 노동력이 대거 남한으로 유입되면서 1인당 자본량이 감소하게 된다. 따라서 통일 후 남한에서는 1인당 소득성장률은 상승하겠지만 1인당 소득수준은 상당히 낮아질 것으로 예상된다. 반면 북한에서는 남한의 실물자본 유입이 증가하면서 1인당 자본량이 큰 폭으로 증가할 것이다. 또한 경제가 빠르게 팽창하는 동안 소비증가율이 소득증가율에 미치지 못하므로 저축률도 상승할 것이다. 이에 따라 북한에서는 1인당 소득수준과 그 성장률 모두 크게 상승할 것으로 보인다. 결론적으로 통일은 남북 간의 1인당 소득격차를 해소할 수 있다는 점에서 북한에게 "대박"일 수 있지만 남한에게는 반드시 "대박"이라고 보기는 어렵다.

한편 내생적 성장모형을 이용하여 '통일대박론'을 평가해 보면, 통일은 군사비 지출을 연구개발부문에 대한 투자나 인적자본 또는 물적자본에 대한 투자로 전환시킴으로써 남북한 모두에게 1인당 자본량 및 소득의 지속적 증가를 가져올 수 있다.

chapter 6

소비와 저축

01 2기간 소비선택모형에서 실질이자율과 소비자의 미래소득이 증가한다고 하자. 소비자가 차입자, 저축자인 경우 각각 소득효과와 대체효과에 따라 현재와 미래의 최적 소비와 저축이 어떻게 변하는지 그림으로 나타내라.

해답 미래소득의 증가는 차입자, 저축자(또는 대여자) 모두에게 양(+)의 소득효과를 가져오는 반면, 실질이자율의 상승은 기간 간 대체효과와 소득효과를 가져온다. 여기서 대체효과는 기회비용이 커진 현재소비를 줄이고 미래소비를 증가시킨다. 또한 실질이자율 상승은 저축자의 경우 이자수익의 증가를 의미하므로 양(+)의 소득효과를, 차입자의 경우 이자비용의 증가를 의미하므로 음(−)의 소득효과를 가져온다.

(a) 차입자의 경우

〈그림 6-1〉의 (a)에서 소비자는 초기 부존점이 E_1이고 무차별곡선 I_0와 접하는 A점을 선택하고 있다. 또한 이 그림은 실질이자율 상승으로 나타나는 음(−)의 소득효과($B \rightarrow C$)와 미래소득 증가로 나타나는 양(+)의 소득효과($C \rightarrow B$)

그림 **6-1**

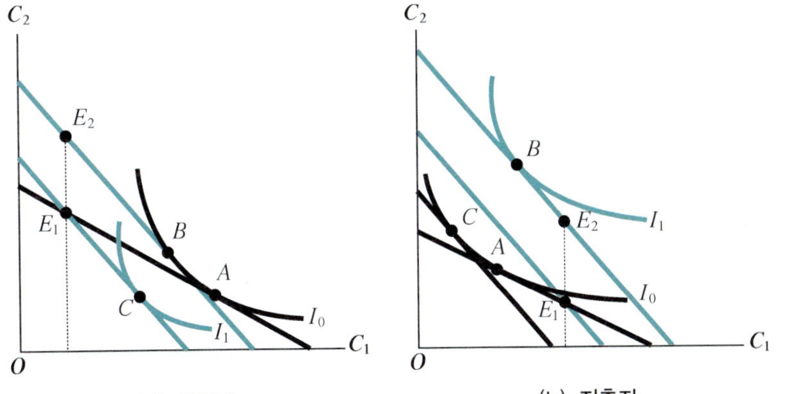

실질이자율 상승과 미래소득 증가의 효과

가 정확히 상쇄되는 경우를 보여주고 있는데, 이러한 특별한 경우에는 대체효과로 인해 현재소비(C_1)는 감소하고 미래소비(C_2)는 증가한다. 한편 현재소득에는 변함이 없기 때문에 차입이 감소한 양만큼 저축이 증가한다. 따라서 소비자는 여전히 무차별곡선 I_0와 접하고 E_2점을 지나는 예산선 위의 점 B를 선택한다.

(b) 저축자의 경우

이 소비자는 초기 부존점이 E_1이고, 이 점을 지나는 예산선과 무차별곡선 I_0가 접하는 점 A를 선택하고 있다. 이때 미래소득 증가와 실질이자율 상승은 예산선을 점 E_2를 지나는 직선으로 변화시킨다. 여기서 대체효과는 현재소비(C_1)를 줄이고 미래소비(C_2)를 증가시켜, 소비자의 선택은 점 A에서 점 C로 이동하게 된다. 또한 이때 소득효과는 두 가지 경우 모두 같은 방향으로 작용하여 현재소비(C_1)와 미래소비(C_2) 모두 증가한다. 따라서 최적 소비선택은 점 C에서 점 B로 이동하게 된다. 따라서 미래소비(C_2)는 확실히 증가하게 되는 반면, 현재소비(C_1) 혹은 저축은 증가할 수도 감소할 수도 있다. 〈그림 6-1〉은 현재소비(C_1)가 증가(저축 감소)하는 경우를 나타내고 있다.

02 2기간 소비선택모형을 이용하여 다음의 문제에 답하라.

(1) 소비자의 세금이 이번 기에 ΔT만큼 증가하는 경우 현재소비와 미래소비, 그리고 현재저축에는 어떠한 영향을 미치는가?

해답 세금이 이번 기에 ΔT만큼 증가하는 경우는 소득이 이번 기에 일시적으로 감소하는 경우와 동일하다. 따라서 현재소비뿐만 아니라 미래소비의 고른 감소를 위해서 차입이 증가한다. 즉, 저축이 감소하며, 현재소비와 미래소비도 감소한다.

(2) 소비자의 세금이 영구적으로 ΔT만큼 증가하는 경우 현재소비와 미래소비, 그리고 현재저축에는 어떠한 영향을 미치는가? (1)과 비교하여 설명하라.

해답 세금이 영구적으로 ΔT만큼 증가하는 경우는 소득이 영구적으로 감소하는 경우와 동일하다. 즉, 소비자는 저축의 증가 또는 감소 없이 기간 간 소비를 고르게 할 수 있을 것이고, 현재소비와 미래소비는 영구적인 소득감소분만큼

그림 6-3

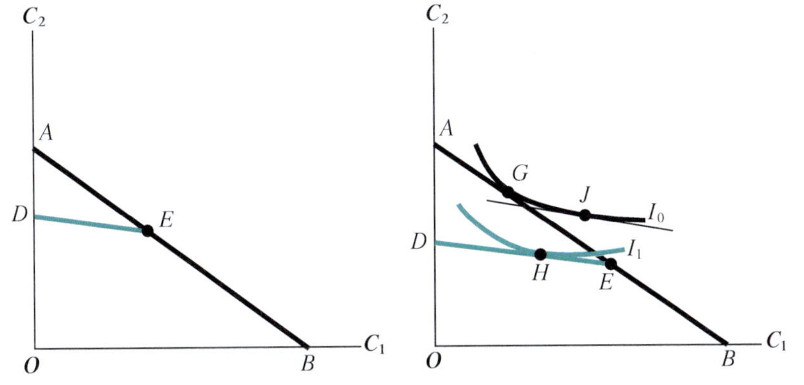

(a) 이자소득세 부과 후 예산선　　(b) 이자소득세 부과 후 소비선택

감소한다. 따라서 소득의 영구적 감소에 대한 한계소비성향이 일시적 감소에 대한 한계소비성향보다 더 크게 나타날 것이다.

03 2기간 소비선택모형에서 정부가 이자소득세를 부과한다고 하자. 차입자인 경우에는 실질이자율이 이자소득세가 부과되기 전과 후 r로 동일하지만, 대여자인 경우에는 이자소득세 x가 부과되어 납세 후 실질이자율은 $(1-x)r$이 된다. 이자소득세 x가 0에서부터 점점 증가하는 경우를 고려하여 아래의 물음에 답하라.

(1) 이자소득세의 증가가 소비자의 평생예산제약식에 미치는 효과를 보여라.

해답 〈그림 6-3〉에서 이자소득세가 부과되기 전의 예산선은 AB이고, 대여자의 경우에 이자소득세 부과는 예산선 AB를 초기 부존점 E에서 굴절시킨다. 그런데 납세 후 저축이자율이 $(1-x)r$로 차입이자율 r보다 작기 때문에 원점 방향으로 굴절하여 이자소득세 부과 후 예산선은 DEB가 된다. 한편 차입자의 경우에는 실질이자율이 이자소득세가 부과되기 전과 후에 r로 동일하기 때문에 예산선은 AB가 된다.

(2) 이자소득세의 증가가 소비자의 현재와 미래의 최적 소비선택과 저축에는 어떠한 영향을 미치는가? 그리고 소비자가 차입자, 대여자인 경우 각각 소득효과와

대체효과에 따라 결과가 어떻게 나타나는지 설명하라.

해답 차입자의 경우에는 이자소득세 부과 후에도 예산선이 AB로 동일하므로 예전과 동일한 최적 소비와 저축을 선택한다. 반면에 대여자의 경우 〈그림 6-3〉의 (b)에서 이자소득세 부과 전에는 최적 소비선택이 점 G에서 이루어지다가 이자소득세 부과 후에는 점 H에서 이루어진다. 이는 소득효과와 기간 간 대체효과에 의해 분석될 수 있다. 현재소비의 기회비용 하락에 따른 대체효과는 현재소비(C_1)를 증가시키고 미래소비(C_2)를 감소시켜 소비자의 선택을 G점에서 J점으로 이동시킨다. 이때 저축은 감소한다. 또한 소득효과에 의해서는 최적 소비선택이 J점에서 H점으로 이동하는데, 현재소비(C_1)와 미래소비(C_2)가 모두 감소하고 저축은 증가한다.

결론적으로, 미래소비(C_2)는 감소하지만 현재소비(C_1)는 기간 간 대체효과와 소득효과의 상대적 크기에 따라 증가, 감소, 또는 불변한다. 〈그림 6-3〉의 (b)는 기간 간 대체효과가 소득효과보다 커서 현재소비(C_1)가 증가하는 경우를 나타내고 있다.

04 소비자의 현재소득은 200이고, 미래소득은 150이다. 또한 소비자는 현재 정액세를 40만큼 납부하고, 미래에 정액세를 50만큼 납부한다. 실질이자율은 기간당 5%이다. 그리고 소비자는 가능하다면 매기 일정한 소비를 원한다고 하자. 그러나 소비자는 차입을 할 수 없다.

(1) 소비자의 평생예산제약식을 적고, 무차별곡선을 그려라.

해답 $Y_1 = 200$, $Y_2 = 150$, $T_1 = 40$, $T_2 = 50$, $r = 0.05$. 만약 소비자가 실질이자율 $r = 0.05$로 차입하거나 대여해 줄 수 있다면 소비자의 평생예산제약식은 $C_1 + \frac{C_2}{(1+r)} = Y_1 - T_1 + \frac{Y_2 - T_2}{(1+r)} = 255.2$로 나타낼 수 있다. 이 식을 풀면 $C_1 + 0.95C_2 = 255.2$가 된다.

이제 차입제약 하에서 위의 예산제약식은 〈그림 6-4-1〉의 (a)에서 BE_1D로 나타낼 수 있다. 즉, 소비자가 차입을 할 수 없는 상황에서 평생예산제약선은 초기 부존점 $E_1(160, 100)$에서 굴절된 형태를 갖는다. 또한 매기 일정한 소비를 원하는 소비자의 무차별곡선은 $C_1 = C_2$에서 꺾인 형태로 나타낼 수 있다.

그림 6-4-1

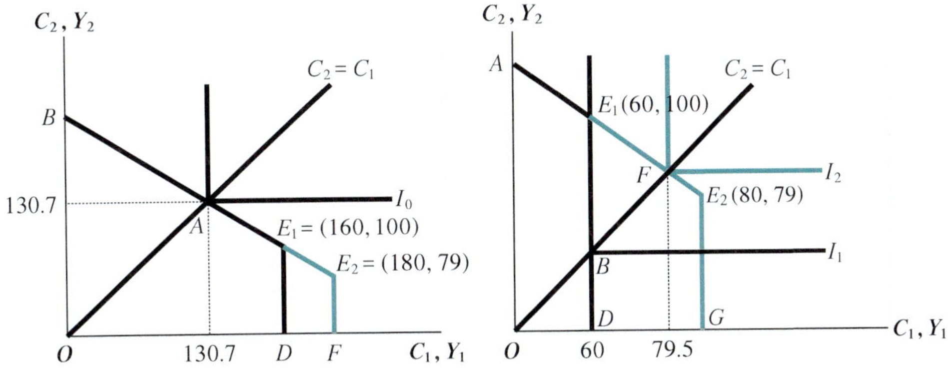

(a) 차입제약과 최적 소비선택($Y_1 = 200$) (b) 차입제약과 최적 소비선택($Y_1 = 100$)

(2) 소비자의 현재와 미래의 최적 소비와 저축을 계산하고 그림으로 나타내라.

해답 매기 일정한 소비(즉, $C_1 = C_2$)를 평생예산제약식에 대입한 후 소비와 저축에 대해 풀면 $C_1 = C_2 = 130.7$, $S = Y_1 - T_1 - C_1 = 160 - 130.7 = 29.3$이 된다. 따라서 소비자는 저축자이기 때문에 〈그림 6-4-1〉의 (a)에서와 같이 차입제약은 최적 소비선택에 영향을 미치지 않는다.

(3) 현재의 세금이 20, 미래의 세금이 71로 바뀐 경우 소비자의 현재와 미래의 최적 소비와 저축을 계산하고 그림으로 나타내라.

해답 $T_1 = 20$, $T_2 = 71$로 바뀐 후에도 소비자의 평생 부는 255.2로 변하지 않는 반면, 예산제약선은 〈그림 6-4-1〉의 (a)에서 새로운 부존점 $E_2(180, 79)$에서 굴절되는 BE_2F로 바뀐다. 그러나 소비자의 최적 소비와 저축은 각각 $C_1 = C_2 = 130.7$, $S = Y_1 - T_1 - C_1 = 180 - 130.7 = 49.3$이 되어 차입제약은 여전히 최적 소비선택에 아무런 영향을 미치지 않는다.

(4) 현재소득이 100으로 바뀐 경우 문제 (1)~(3)을 다시 풀어라.

해답 현재소득(Y_1)이 100으로 감소하면 초기 부존점은 $E_1(60, 100)$이 되고, 평생 부는 155.2가 된다. 가능하다면 소비자는 차입($S = -19.5$)을 통해 매기 일정한 소비수준 $C_1 = C_2 = 79.5$를 선호한다. 그러나 차입제약 하에서 예산선은 〈그림

6-4-1〉의 (b)에서와 같이 AE_1D가 되어 소비자는 선분 BE_1 상에 있는 점 B(60, 60)를 소비하고 저축(S)은 0이 된다. 여기서 세금이 변하면($T_1 = 20$, $T_2 = 71$) 예산선은 부존점 E_2(80, 79)에서 굴절되는 AE_2G가 되고, 소비자는 예산선 위에서 $C_1 = C_2$가 되는 점 F를 선택하게 된다. 즉, $C_1 = C_2$를 예산제약식 $C_1 + 0.95C_2 = 155.2$에 대입하면 $C_1 = C_2 = 79.5$, $S = 0.5$를 얻을 수 있다. 따라서 평생 부를 변하지 않게 하는 세금감면은, 저축자의 경우에는 현재소비를 변화시키지 않는 데 반해, 유동성제약이 있는 차입자의 경우에는 현재소비를 증가시킨다는 것을 알 수 있다.

05 소비자의 현재소득은 100이고, 미래소득은 120이다. 또한 소비자는 현재 정액세를 20만큼 납부하고, 미래에 정액세를 10만큼 납부한다. 실질이자율은 10%이다. 그리고 이 소비자에게 현재소비와 미래소비는 완전보완재(perfect complement)이고, 가능하다면 매기 일정한 소비를 원한다고 하자.

(1) 이 소비자의 무차별곡선을 그리고, 현재가치로 나타낸 소비자의 평생 부를 구하라. 이 소비자의 현재 및 미래의 최적 소비와 저축 또는 차입은 얼마인가?

해답 현재소비와 미래소비가 완전보완재이므로 소비자의 무차별곡선은 〈그림 6-5〉와 같이 $C_1 = C_2$인 점에서 꺾인 'L'자 형태를 갖는다. 한편, 소비자의 평생 부를 현재가치로 나타내면 $PV = (Y_1 - T_1) + \frac{(Y_2 - T_2)}{(1+r)} = (100 - 20) + \frac{(120 - 10)}{1.1} = 180$이다. 따라서 이 소비자의 평생예산제약식은 $C_1 + \frac{C_2}{1.1} = 180$으로 표현할 수 있다. 여기에 매기의 소비가 일정하다는 식($C_1 = C_2$)을 대입하면 현재 및 미래의 최적소비는 $C_1^* = C_2^* \simeq 94.3$으로 구해진다. 끝으로 $S = Y_1 - T_1 - C_1 \simeq 100 - 20 - 94.3 = -14.3$이므로 금기에 14.3만큼의 차입이 발생한다.

(2) 현재소득이 100에서 140으로 증가하는 경우 소비자의 현재 및 미래의 최적 소비와 저축 또는 차입을 구하고, 문제 (1)과 다른 점을 설명하라. 현재소득 증가에 대한 한계소비성향은 얼마인가?

해답 소비자의 평생예산제약식이 $C_1 + \frac{C_2}{1.1} = 220$으로 변동된다. 이 식에 $C_1 = C_2$를 대입하면, 현재와 미래의 최적소비는 $C_1^* = C_2^* \simeq 115.2$로 구해진다. $S \simeq 140 - 20 - 115.2 = 4.8$이므로 여기서는 소비자가 문제 (1)에서와 달리 저축자

그림 6-5

기간 간 최적 소비선택

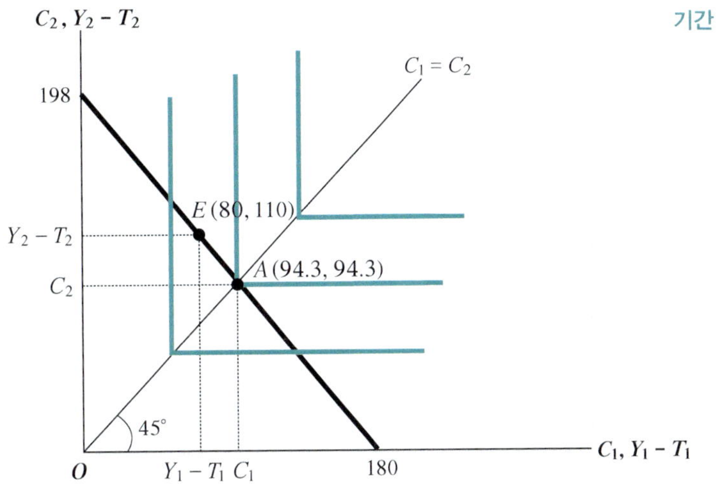

가 된다. 그리고 현재소득이 40만큼 증가하였을 때 현재소비가 20.9만큼 증가하였으므로 한계소비성향 $MPC = \frac{20.9}{40} \simeq 0.52$이다.

(3) 이제 이자율이 10%에서 8%로 하락한다고 하자. 이자율 하락이 이 소비자의 현재 및 미래 최적 소비와 저축 또는 차입에는 어떤 영향을 미치는가? 그 이유를 설명하라.

해답 평생예산제약식 $C_1 + \frac{C_2}{1.08} = (100 - 20) + \frac{(120 - 10)}{1.08} \simeq 181.9$에 $C_1 = C_2$를 대입하면 $C_1^* = C_2^* \simeq 94.4$이며 $S \simeq -14.4$, 즉 이 소비자는 14.4만큼 차입한다. 문제 (1)의 결과와 비교했을 때 현재와 미래의 최적소비가 모두 0.1씩 증가하였다. 차입자의 경우 이자율 하락이 곧 이자비용의 감소를 의미하므로 소득 증가에 따라 현재 및 미래 소비가 모두 증가한 것으로 해석할 수 있다(소득효과). 다만, 여기서는 현재소비와 미래소비가 완전보완재이므로 이자율 변화에 따른 기간 간 대체효과는 발생하지 않는다.

06 최근 유로지역을 포함한 여러 나라에 재정위기를 불러온 국가채무 문제를 해결하기 위해 정부지출을 줄이고 조세를 늘이는 재정긴축이 시행된다고 하자. 항상소득가설에 기초하여 국가채무의 증가가 소비에 미치는 영향을 설명하라.

그림 6-7

생애주기가설

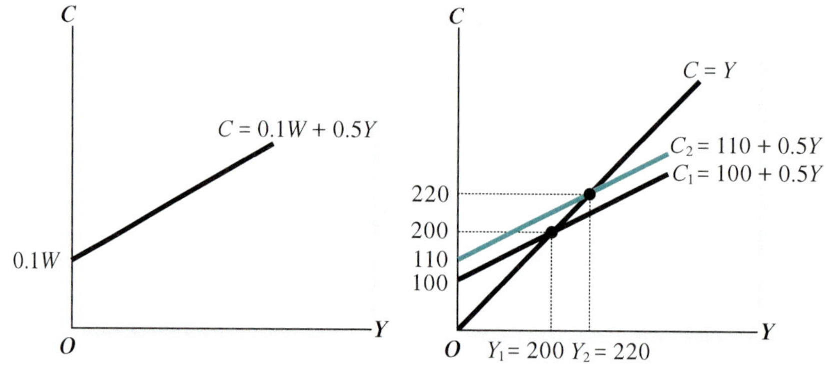

(a) 단기 소비함수 (b) 장기 소비함수

해답 국가채무 문제는 일시적인 정부지출 축소 및 세율 인상으로는 해결하기 어렵다. 따라서 장기간에 걸쳐 정부지출을 줄이면서 조세를 늘릴 수밖에 없는데, 이는 평생 부의 감소를 의미한다. 항상소득가설에 따르면 매기의 소비는 평생 부의 일정 부분으로 결정되므로 국가채무의 증가는 소비를 감소시킬 것이다.

07 생애주기가설에서 W의 부(wealth)를 가지고 있고, 매기 Y의 소득을 얻는 소비주체를 생각해 보자. 그리고 소비의 부 탄력성과 소득탄력성은 각각 $k_1 = 0.1$과 $k_2 = 0.5$라고 하자.

(1) (단기) 소비함수를 도출하라.

해답 소비자는 부(W)의 일정 비율($k_1 = 0.1$)과 소득(Y)의 일정 비율($k_2 = 0.5$)을 소비하므로, 소비함수는 다음과 같다.

$$C = k_1 W + k_2 Y = 0.1W + 0.5Y$$

따라서 부가 일정하다고 볼 수 있는 단기의 소비함수는 〈그림 6-7〉의 (a)와 같이 나타난다. 즉, 부의 10%만큼 기초소비($0.1W$)가 이루어지고, 소득이 증가할 때 그 증가분의 50%만이 소비에 사용된다($0.5Y$).

(2) 부가 $W=1,000$만원, 소득이 $Y=200$만원인 사람의 한계소비성향(MPC)과 평균소비성향(APC)을 구하라. 그리고 부는 $W=1,000$만원으로 동일하지만 소득이 $Y=400$만원인 사람의 MPC 및 APC와 비교하라. 이 결론은 케인즈의 소비함수이론의 예측과 부합하는가?

해답 부가 1,000만원이고 소득이 200만원인 사람의 소비는 200만원(= 0.1 · 1000 + 0.5 · 200)이다. 이 사람의 평균소비성향은 $\frac{C}{Y}=\frac{200}{200}=1$이고, 한계소비성향은 $\frac{\Delta C}{\Delta Y}=k_2=0.5$이다. 한편 부는 1,000만원으로 동일하지만, 소득이 400만원인 사람의 소비는 300만원(= 0.1 · 1,000 + 0.5 · 400)이다. 이 사람의 평균소비성향은 $\frac{C}{Y}=\frac{300}{400}=0.75$이고, 한계소비성향은 $\frac{\Delta C}{\Delta Y}=k_2=0.5$이다. 따라서 소득이 증가할수록 평균소비성향이 하락하여 $MPC < APC$의 관계가 성립한다.

이것은 케인즈의 절대소득가설의 예측과 부합한다. 다만 문제에서 도출된 (단기) 소비함수는 소득이 증가하여도 한계소비성향이 일정하여, 소득 증가에 따라 한계소비성향이 하락함을 상정하는 케인즈의 절대소득가설과 차이를 보이고 있다.

(3) 1기의 부가 $W_1=1,000$만원이고, 매기 소득이 $Y=200$만원인 사람을 생각해 보자. 그리고 이 사람의 부와 소득은 매기 10%씩 증가한다고 한다. 이 사람의 1기 및 2기의 단기 소비함수와 장기 소비함수를 도출하라.

해답 1기의 (단기) 소비함수는 $C_1=k_1W_1+k_2Y=0.1\cdot 1,000+0.5Y=100+0.5Y$이고, 2기의 (단기) 소비함수는 $C_2=k_1W_2+k_2Y=0.1\cdot 1,100+0.5Y=110+0.5Y$이다. 부가 소득에 비례해 증가하는 장기에는 $\frac{W}{Y}=5$로 상수가 되므로, 장기 소비함수는 $C=(k_1\frac{W}{Y}+k_2)Y=(0.1\cdot 5+0.5)Y=Y$가 된다. 따라서 이 사람의 1기 및 2기의 단기 소비함수와 장기 소비함수를 그림으로 나타내면 〈그림 6-7〉의 (b)와 같다.

(4) 질문 (3)에서 도출한 장기 소비함수의 MPC 및 APC를 구하라. 이 결과를 (2)의 답과 비교하고, 생애주기가설의 관점에서 설명하라.

해답 (3)에서 도출한 장기 소비함수의 한계소비성향은 $\frac{\Delta C}{\Delta Y}=(k_1\frac{W}{Y}+k_2)=1$이고, 평균소비성향은 $\frac{C}{Y}=\frac{200}{200}=\frac{220}{220}=1$이다. 따라서 소득이 증가해도 평균

소비성향이 일정하여 $MPC = APC$의 관계가 성립함을 알 수 있다.

생애주기가설의 장기 소비함수가 갖는 이러한 특성은 쿠즈네츠의 소비 시계열자료 분석결과와 부합한다. 하지만 질문 (2)에서 단기적으로 부가 일정할 때 생애주기가설의 단기 소비함수가 케인즈의 소비함수와 유사한 형태를 갖는 것과는 달리, 생애주기가설의 장기 소비함수는 케인즈의 절대소득가설의 예측과 부합하지 않는다. 즉, 장기적으로는 케인즈의 소비함수가 경험적으로 잘 맞지 않는다.

08 선진국을 중심으로 인구구조의 고령화가 진행되고 있다. 우리나라도 지난 2000년에 전체 인구 대비 노인인구 비율이 7.2%로 고령화 사회에 도달하였고, 2018년에는 14%를 넘는 고령사회에, 2026년에는 20%인 초고령사회에 진입할 것을 예상된다. 고령화의 원인으로는 저출산과 평균수명의 증가를 들 수 있는데, 우리나라의 평균 출산율은 2005년 세계 최저 수준인 1.08명을 기록하였다. 생애주기가설에 의하면 인구 고령화가 저축률과 금융시장에 미치는 영향은 무엇인가?

해답 본 교재 6장 〈이론과 실제 2 : 고령화에 따른 저축률 하락과 자산시장의 변화〉에 자세히 설명되어 있음.

09 다음 명제의 참, 거짓을 밝히고 그 이유를 간략히(5줄 이내) 서술하라 : 리카도 대등정리에 의하면 주어진 정부지출에 대하여 현재조세가 증가하는 경우 현재저축이 감소하고 현재소비가 증가한다.

해답 거짓.

평생 부가 변하지 않으므로 현재조세의 증가는 현재저축만 감소시킬 뿐 현재소비는 변화시키지 않는다.

10 재정수지와 정부부채 관련 다음 물음에 답하라.

(1) 현재 t기 말의 정부부채(B_t)는 100이다. $t+2$기 말에 이 정부부채를 완전히 상환하기 위하여 필요한 세금(T_{t+2})의 크기를 구하고, 이로부터 재정운영에 대한 시사점을 설명하라. (단, 실질이자율(r)은 10%, 정부지출(G_{t+2})은 100, $t+1$기의 재정수지는 균형이다)

해답 t기 이전 정부부채는 없고 재정수지 외에 국가채무에 영향을 미치는 다른 요인이 없는 경우 t기, $t+1$기, $t+2$기 정부의 예산제약식은 각각 다음과 같다.

$$B_t = G_t - T_t$$

$$B_{t+1} = (1+r)B_t + G_{t+1} - T_{t+1}$$

$$B_{t+2} = (1+r)B_{t+1} + G_{t+2} - T_{t+2}$$

여기서 $t+1$기의 균형재정수지($G_{t+1} = T_{t+1}$)를 포함하여 t기, $t+1$기의 정부 예산제약식을 $t+2$기 정부 예산제약식에 대입하면 다음과 같다.

$$B_{t+2} = (1+r)^2 B_t + G_{t+2} - T_{t+2}$$

따라서 t기 말 정부부채(B_t)와 $t+2$기 정부지출(G_{t+2})이 각각 100이고 실질이자율(r)은 0.1일 때 $t+2$기 말에 정부부채를 완전히 상환($B_{t+2} = 0$)하기 위한 세금(T_{t+2})은 221이다.

재정적자로 인한 t기의 정부부채는 미래($t+1$기 또는 $t+2$기)의 증세를 의미한다. 리카도 대등정리가 성립하는 경우 조세부과의 시점은 중요하지 않다. 즉, 문제에서 주어진 대로 t기에 적자재정, $t+1$기에 균형재정, $t+2$기에 증세를 하는 방식과 다른 조세조합(T_t, T_{t+1}, T_{t+2})을 통해서 $t+2$기에 정부부채를 완전히 상환하는 방식은 경제에 동일한 영향을 미친다. 그러나 리카도 대등정리가 성립하지 않는 경우에는 조세부과 시점에 따라 결과가 달라진다. 예를 들어 현재의 정부부채가 미래세대에 전가될 수 있다.

(2) 위의 (1)을 통해 GDP 대비 정부부채 비율과 경제성장률(g)의 관계를 설명하라.

해답 현재의 정부부채, 정부지출, 그리고 조세를 각각 B, G, T라 하고 과거의 정부부채를 B_-라고 하면 현재 시점에서 정부의 예산제약식은 다음과 같다.

$$B = (1+r)B_- + G - T$$

여기서 r은 실질이자율이다. 위 식의 양변을 국내총생산(GDP) Y로 나누면 다음과 같이 GDP 대비 정부부채 비율이 도출된다.

$$b \equiv \frac{B}{Y} = (1+r)\frac{B_-}{Y} + \frac{G-T}{Y} = (1+r)\frac{Y_-}{Y}\frac{B_-}{Y_-} + \frac{G-T}{Y} = \left(\frac{1+r}{1+g}\right)b_- + pb$$

여기서 g는 GDP 증가율, pb는 GDP 대비 재정수지를 나타낸다. 위 식을 정부부채 비율의 기간 간 차분 $\Delta b \equiv b - b_-$으로 나타내면 다음과 같다.

$$\Delta b = \frac{B}{Y} - \frac{B_-}{Y_-} = \left(\frac{1+r}{1+g} - 1\right)b_- - pb \approx (r-g)b_- - pb$$

위 식에 따르면 경제성장률과 정부부채 비율은 음의 관계를 갖는다. 좀 더 구체적으로 살펴보면, 주어진 기존 채무 수준에서 실질이자율과 경제성장률의 차이가 증가할수록 GDP 대비 정부부채 비율이 증가함을 알 수 있다. 특히 기존 GDP 대비 국가부채 비율(b_-)이 일정 수준을 넘어서면 부채가 증가함에 따라 시장에서 평가하는 국가부도 확률이 높아지며, 국채 금리는 위험 프리미엄 증가와 함께 상승하고 이는 이자지급 부담을 가중시키는 악순환을 가져올 수 있다. 그러나 기존 국가부채 수준이 높더라도 경제성장률이 실질이자율을 초과한다면($r < g$) GDP 대비 정부부채 비율은 감소한다.

(2019년 행정고시 기출문제)

chapter 7

소비 · 여가와 노동공급

01 파이썬 프로그래머 시장에서 임금이 상승한다고 하자. 어떤 프로그래머는 파이썬 코딩 일을 추가적으로 더 하는 반면에 다른 파이썬 프로그래머들은 일하는 시간을 줄이는 것이 관측되었다. 이것을 어떻게 설명할 수 있을까?

해답 실질임금의 상승은 노동공급을 증가시키는 대체효과와 노동공급을 감소시키는 소득효과를 동시에 발생시킨다. 대체효과가 소득효과보다 큰 경우 노동공급이 증가하는 반면, 소득효과가 대체효과보다 큰 경우 노동공급이 감소할 것이다. 따라서 임금 상승에 따라 일을 추가적으로 더 하는 프로그래머는 소득효과보다 대체효과가 더 큰 효용함수를 갖고 있는 반면, 일하는 시간을 줄이는 프로그래머는 대체효과보다 소득효과가 더 큰 효용함수를 갖고 있다고 볼 수 있다.

02 1기간 모형의 그래프를 이용하여 실질임금 상승이 여가 · 노동공급에 미치는 대체효과가 소득효과와 동일하거나 소득효과보다 작은 각각의 경우에 노동공급곡선을 도출하라.

해답 먼저 실질임금 상승이 발생시키는 대체효과와 소득효과의 크기가 동일한 경우 노동공급곡선은 〈그림 7-2-1〉에서와 같이 수직선이 된다. 실질임금 상승에 따라 발생하는 대체효과는 초기 균형점 A에서 점 B로의 이동으로 나타난다. 소득효과는 점 B에서 최종 균형점 C로의 이동으로 나타나는데, 대체효과의 크기가 소득효과의 크기와 동일한 경우 점 A에 대응되는 여가 선택과 점 C에 대응되는 여가 선택이 동일하다. 즉, 실질임금 상승에 따라 노동공급량이 변화하지 않으며, 이는 곧 실질임금 수준에 관계없이 수직선의 형태를 갖는 노동공급곡선을 의미한다. 반면에 실질임금 상승이 발생시키는 대체효과가 소득효과보다 작은 경우 노동공급곡선은 〈그림 7-2-2〉에서와 같이 우하향한다.

그림 7-2-1

수직인 노동공급곡선

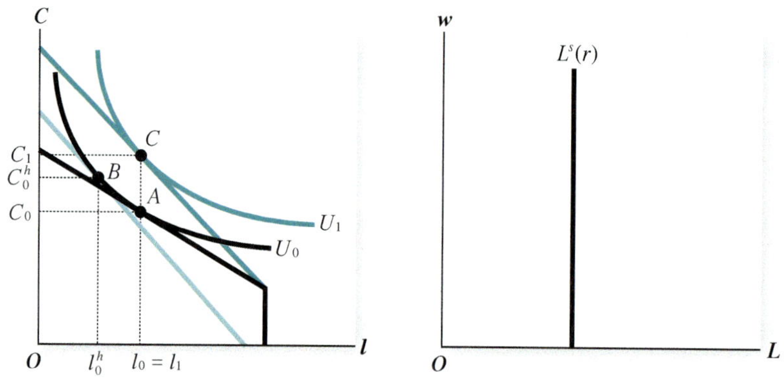

(a) (b)

그림 7-2-2

우하향하는 노동공급곡선

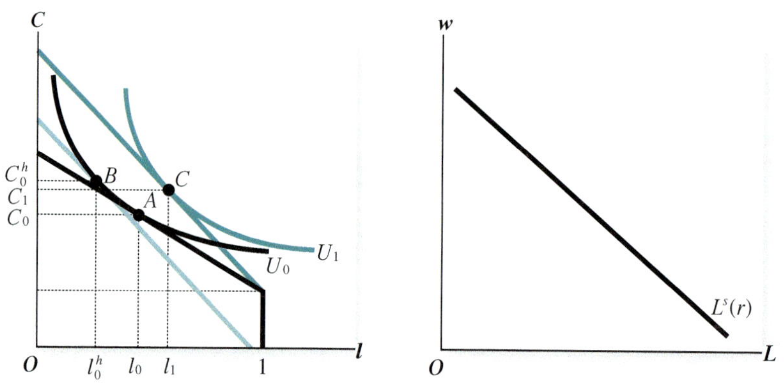

(a) (b)

03 다음 각각이 노동공급곡선에 미치는 영향을 설명하라.

(1) 경제활동인구의 감소

해답 주어진 실질임금 수준에서 노동공급이 감소함에 따라 노동공급곡선이 좌측으로 이동한다.

(2) 어떤 지역의 제철공장이 문을 닫는 경우

해답 주어진 실질임금 수준에서 노동수요가 감소함에 따라 노동수요곡선이 좌측으로 이동하고, 그 결과 주어진 노동공급곡선 상에서 실질임금이 하락하고 고용이 감소한다. 즉, 노동공급곡선 상에서의 움직임을 가져오고 노동공급곡선은 움직이지 않는다.

(3) 제2차 세계대전 이후 여성의 노동시장 참여 증가

해답 주어진 실질임금 수준에서 노동공급이 증가함에 따라 노동공급곡선이 우측으로 이동한다.

04 1기간 모형의 〈그림 7-1〉에서 선택 가능한 소비 · 여가 집합이 사다리꼴 모양을 띠고 있다. 2장(2.1.3 예산선)에서와 같은 삼각형 모양의 소비 · 여가 집합은 가능하지 않은가? 어떤 조건 하에서 선택 가능한 소비 · 여가 집합이 사다리꼴 또는 삼각형 모양이 되는지 설명하라.

해답 본 교재 1기간 모형에서 가계소비자의 예산제약식 (7.2)는 다음과 같다.

$$C + wl = w + \Pi - G$$

위 식을 세로축에 소비(C), 가로축에 여가(l)를 나타낸 그래프에 나타낼 때 세로축 절편은 $C = w + \Pi - G$, 가로축 절편은 $l = 1 + \frac{\Pi - G}{w}$가 된다. 그런데 $0 \leq l \leq 1$이므로 $\frac{\Pi - G}{w} > 0$, 즉 $\Pi > G$이면 선택 가능한 소비 · 여가 집합이 사다리꼴 모양이 된다. 따라서 $\Pi \leq G$이면 선택 가능한 소비 · 여가 집합은 삼각형 모양이 된다.

05 2기간 모형에서 현재 · 미래여가(l, l') 선택을 나타내는 그래프를 이용하여 이자율 상승이 현재노동공급에 미치는 기간 간 대체효과가 소득효과보다 크게 나타나는 경우를 분석 · 설명하라.

해답 본 교재 7장(2.1 효용함수와 예산제약)에서 살펴보았듯이 현재여가(l)와 미래여가(l') 간 상대가격은 $\frac{w(1+r)}{w'}$이므로 실질이자율의 상승은 〈그림 7-5〉에서와 같이 예산제약선을 가팔라지게 한다. 주어진 무차별곡선에서 최적선택은 점 A에서 점 B로 이동함에 따라 현재여가는 감소하고($l_0 \to l_1$), 따라서 현재 노

그림 7-5

현재여가와 미래여가의 최적선택

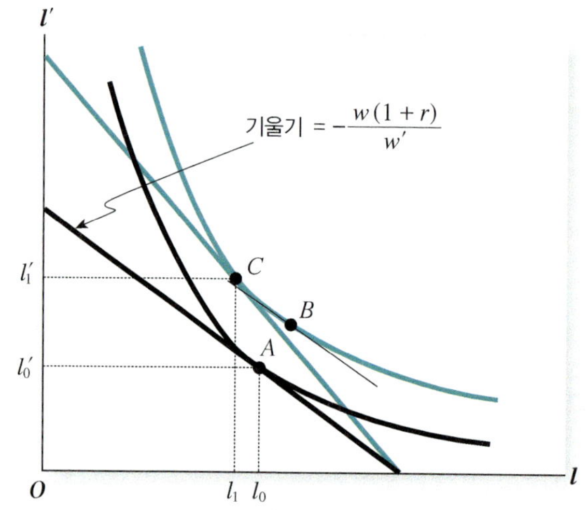

동공급이 증가한다. 이는 저축자의 경우 실질이자율 상승에 따른 현재여가의 소득효과($A \rightarrow B$)가 기간 간 대체효과($B \rightarrow C$)보다 작게 나타난 결과이다.

06 1기간 모형에서 가계의 효용함수가 $U(C, l) = \log C + \phi \log l (\phi > 0)$이라고 하자.

(1) 가계의 노동공급함수를 도출하라.

해답 가계의 최적 소비 · 여가 선택은 다음과 같이 예산선의 기울기와 무차별곡선의 기울기(한계대체율)가 일치하는 점에서 이루어진다.

$$\frac{U_l}{U_C} = w$$

가계의 효용함수 $U(C, l) = \log C + \phi \log l$로부터 $U_C = \frac{1}{C}$, $U_l = \frac{\phi}{l}$을 위 식에 대입하면 다음과 같다.

$$C = \frac{l}{\phi} w$$

이제 가계소비자의 예산제약식으로부터 $C = w(1 - l) + \Pi - G = wL + \Pi - G$를 위 식에 대입한 뒤 노동공급 L에 대해 나타내면 다음과 같은 노동공급함수가 도출된다.

$$L = \frac{1}{1+\phi} - \frac{\Pi + G}{\left(1+\frac{1}{\phi}\right)w}$$

(2) 실질임금 상승이 여가 · 노동공급에 미치는 대체효과와 소득효과, 그리고 최종효과를 그래프에 나타내고 설명하라.

해답 (1)에서 도출한 노동공급함수에 따르면 실질임금 w의 상승은 노동공급의 증가를 가져온다. 이는 본 교재의 〈그림 7-3〉에서와 같이 실질임금 상승의 대체효과가 소득효과보다 더 크다는 것을 의미한다.

chapter 8

노동수요와 투자

01 농업을 위주로 살아가는 한 마을이 있다. 농민들은 일정한 크기의 농지에서 자신들의 노동력과 몇 대의 기계를 이용하여 효율적으로 쌀을 생산하고 있다. 그러던 어느 날 갑작스런 폭우로 농지의 절반이 물에 잠기고 당분간 나머지 절반의 농지에서만 재배와 수확이 가능하게 되었다고 하자. 폭우로 인한 인명손실이나 기계의 손실은 없다고 가정할 때 토지와 노동, 자본의 한계생산성은 각각 어떻게 변할 것인가? 그리고 생산요소의 가격과 생산물의 가격에는 어떤 변화가 일어나겠는가?

해답 쌀의 생산에 농지와 노동력, 기계가 보완적 투입요소이므로 폭우로 인한 농지의 감소는 노동과 자본의 한계생산성을 감소시킨다. 따라서 완전경쟁적인 노동시장과 자본시장에서 노동과 자본의 한계생산에 의해 결정되는 생산요소(노동, 자본) 가격이 하락하고 그 결과 생산물, 즉 쌀의 가격도 하락한다.

02 1기간 모형에서 기업의 생산함수가 콥-더글라스 함수 $Y = zK^{\alpha}L^{1-\alpha}\,(0 < \alpha < 1)$이고 완전 경쟁적 노동시장에서 결정되는 임금은 w라 하자.

(1) 기업의 노동수요함수를 도출하라.

해답 기업의 최적 노동투입은 다음과 같이 노동한계생산이 실질임금과 같은 수준에서 결정된다.

$$MP_L = w$$

기업의 생산함수 $Y = zK^{\alpha}L^{1-\alpha}$로부터 $MP_L = (1-\alpha)zK^{\alpha}L^{-\alpha}$를 위 식에 대입한 뒤 노동투입 L에 대해 나타내면 다음과 같은 노동수요함수가 도출된다.

$$L = \left[\frac{(1-\alpha)zK^{\alpha}}{w}\right]^{\frac{1}{\alpha}}$$

(2) 1절에서 살펴본 노동수요함수의 특성과 일치하는가? 설명하라.

해답 (1)의 노동수요함수에 따르면 노동에 대한 수요는 실질임금(w)의 감소함수, 총요소생산성(z)과 초기 자본량(K)의 증가함수이다. 따라서 본 교재 8장 1절에서 도출한 노동수요함수의 특성과 일치한다.

03 2기간 모형의 그래프를 이용하여 다음이 각각 기업의 투자에 미치는 영향을 설명하라.

(1) 자본 단위당 감가상각률(d)의 상승

해답 자본 단위당 감가상각률(d)의 상승은 본 교재 〈그림 8-3〉에서 투자수요곡선($MP_{K'}-d$)을 아래로 이동시킨다. 한편 식 (8.2)에서 감가상각률의 상승은 초기 자본량 하락과 같은 효과를 발생시키므로 투자수요곡선을 위로 이동시킨다(아래의 (2)번 해설 참고). 따라서 투자의 증감은 일반적으로 이 두 효과의 상대적 크기에 따라 결정될 것이다. 경험적인 사실에 근거하여 투자를 보통 감가상각률의 감소함수로 본다.

(2) 자연재해로 인한 초기 자본량(K)의 감소

해답 자연재해로 인한 초기 자본량(K)의 감소는 $K'=I+(1-d)K$의 감소를 가져오므로 그 결과 한계생산체감에 의해 $MP_{K'}$이 증가한다. 따라서 본 교재 〈그림 8-3〉에서 투자수요곡선($MP_{K'}-d$)이 위로 이동하므로 $MP_{K'}-d=r$에서 결정되는 투자가 증가한다.

04 자본재 한 단위의 수요가격(P_k^d)은 다음의 관계가 성립한다.

$$P_k^d = R_t + \frac{R_{t+1}}{(1+r)} + \frac{R_{t+2}}{(1+r)^2} + \cdots + \frac{R_{t+n}}{(1+r)^n}$$

(1) 이자율(r)은 10%, 내구연한은 2년이며, 매년 예상수익이 10원인 경우의 자본재 수요가격(P_k^d)을 구하라. 또한 이자율(r)이 5%로 하락하는 경우의 자본재 수요가격(P_k^d)을 구하고, 자본재 수요가격의 이자율탄력성을 구하라.

해답 내구연한이 2년인 경우 자본재 수요가격은 다음과 같이 결정된다.

$$r = 0.1 : P_k^d = 10 + \frac{10}{1.1} + \frac{10}{(1.1)^2} \simeq 27.40\text{원}$$

$$r = 0.05 : P_k^d = 10 + \frac{10}{1.05} + \frac{10}{(1.05)^2} \simeq 28.60\text{원}$$

자본재 수요가격의 이자율탄력성은 다음과 같다.

$$\frac{\Delta P_k^d / P_k^d}{\Delta r / r} = \frac{\Delta P_k^d}{\Delta r} \times \frac{r}{P_k^d} = -\frac{1.2}{0.05} \times \frac{0.05}{28.6} \simeq -0.04$$

(2) 이자율(r)은 10%, 내구연한은 무한대이며, 매년 예상수익이 10원인 경우의 자본재 수요가격(P_k^d)을 구하라. 또한 이자율(r)이 5%로 하락하는 경우의 자본재 수요가격(P_k^d)을 구하고, 자본재 수요가격의 이자율탄력성을 구하라.

해답 내구연한이 무한대인 경우 자본재 수요가격은 다음과 같이 결정된다.

$$r = 0.1 : P_k^d = 10 + \frac{10}{1.1} + \frac{10}{(1.1)^2} + \cdots \simeq 110\text{원}$$

$$r = 0.05 : P_k^d = 10 + \frac{10}{1.05} + \frac{10}{(1.05)^2} + \cdots \simeq 210\text{원}$$

자본재 수요가격의 이자율탄력성은 다음과 같다.

$$\frac{\Delta P_k^d / P_k^d}{\Delta r / r} = \frac{\Delta P_k^d}{\Delta r} \times \frac{r}{P_k^d} = -\frac{100}{0.05} \times \frac{0.05}{210} \simeq -0.48$$

(3) 일반적으로 현재가치법과 한계효율법은 모두 투자가 이자율의 감소함수라는 점을 보여주고 있다. 그러나 경험적 자료에 의하면 이론적 결론과는 달리 투자의 이자율탄력성이 매우 낮은 것으로 나타나고 있다. 이처럼 현실과 이론이 불일치하는 이유를 자본재 수요가격의 이자율탄력성과 자본재 공급의 가격탄력성으로 나누어 설명하라.

해답 (1)의 경우처럼 자본재의 내구연한이 짧을수록 자본재 수요가격의 이자율탄력성은 작아지며, (2)의 경우처럼 자본재의 내구연한이 길수록 자본재 수요가격의 이자율탄력성은 커진다. 왜냐하면 먼 미래에 발생할 수익일수록 이자율 변동에 따라 그 현재가치가 크게 영향을 받기 때문이다. 그런데 현실적으로 기계, 즉 자본재의 물리적인 내구연한이 길다고 하더라도, 기술개발 경쟁이 급속하게 이루어지는 상황에서는 기계의 실제 경제적 수명이 매우 짧아질 수 있다. 이러한 현실을 고려할 때 자본재의 내구연한은 매우 짧다고 생각할 수 있으므로, 자본재의 수요가격은 이자율 변동에 대하여 대단히 비탄력적으로 반응한다고 할 수 있다. 즉, 이자율 변화에 대하여 자본재 수요곡선의 이동폭은 그리 크지 않을 것이다.

한편 자본재 공급의 가격탄력성은 자본재 산업의 비용조건에 따라 그 크기가 결정된다. 자본재 산업에서 수확체감의 법칙이 작용하여 자본재 생산의 증가에 따라 한계비용이 급격히 상승하면 공급곡선의 기울기도 커져서 자본공급의 가격탄력성이 낮아진다. 즉, 자본재 가격이 상승하더라도 자본재 공급량의 증가는 그리 크지 않을 것이다.

05 2기간만 존재하는 경제에서 기업의 생산가능곡선과 기업가의 효용함수가 다음과 같이 주어져 있다.

- **생산가능곡선** : $Y_2 = 120 - \frac{1}{120} Y_1^2$
- **효용함수** : $U(C_1, C_2) = C_1^{1/3} \cdot C_2^{2/3}$

그리고 대부자금시장에서 이자율 20%로 자금의 대부와 차입이 자유롭다고 한다.

(1) 이때 기업의 생산 및 투자, 기업가의 소비 및 효용 수준은 얼마인가? 그리고 결정된 투자의 현재가치와 내부수익률은 각각 얼마인가?

해답 기업의 기간 간 최적생산 (Y_1^*, Y_2^*)는 한계전환율(marginal rate of transformation ; MRT)과 이자율이 일치하는 점에서, 기간 간 최적소비 (C_1^*, C_2^*)는 한계대체율과 이자율이 일치하는 점에서 결정된다. 이때 기업의 (재고)투자는 생산과 소비의 차이로 정의할 수 있다. 재고품의 경우에도 대부자금시장의 이자율과 동일한 수준에서 대부와 차입이 가능하다고 가정한다. 우선 기간 간 최적생산 (Y_1^*, Y_2^*)를 구해 보자.

$$MRT_{Y_1, Y_2} \equiv -\frac{\Delta Y_2}{\Delta Y_1} = \frac{1}{60} Y_1 = 1 + r = 1.2$$

위의 식에서 $Y_1^* = 72$를 얻을 수 있고, 이를 생산가능곡선에 대입하면 $Y_2^* = 76.8$이다. 따라서 기업의 기간 간 소비에 대한 예산제약식은 다음과 같다.

$$C_1 + \frac{C_2}{1+r} = Y_1 + \frac{Y_2}{1+r} = 72 + \frac{76.8}{1.2} = 136$$

이제 예산제약 하에서의 기간 간 최적소비 (C_1^*, C_2^*)를 도출하기로 한다. 시점 간 한계대체율은 1기와 2기 소비 간 한계효용의 비율로 구할 수 있다.

그림 8-5-1

기업의 최적 생산과 소비

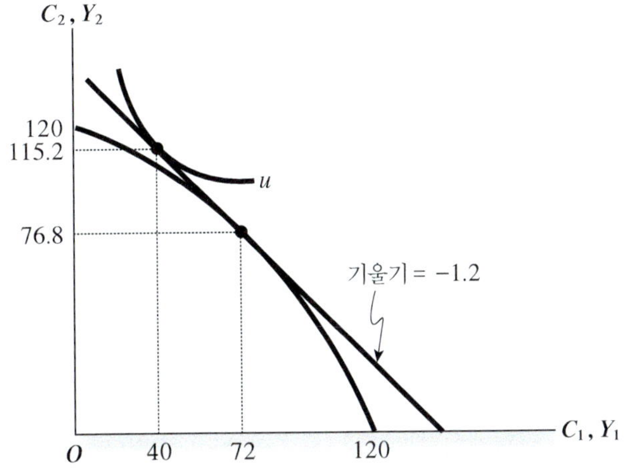

$$MRS_{C_1,C_2} \equiv \frac{MU_{C_1}}{MU_{C_2}} = \frac{\frac{1}{3}\left(\frac{C_1}{C_2}\right)^{-\frac{2}{3}}}{\frac{2}{3}\left(\frac{C_1}{C_2}\right)^{\frac{1}{3}}} = \frac{1}{2}\frac{C_2}{C_1} = 1 + r = 1.2$$

위의 식에서 도출된 $C_2 = 2.4C_1$의 관계를 예산제약식에 대입하면 최적소비 $(C_1^*, C_2^*) = (40, 115.2)$를 구할 수 있다. 이때 효용수준은 $U = (40^{\frac{1}{3}})(115.2^{\frac{2}{3}}) \simeq 81$이 된다. 그리고 기업의 (재고)투자는 1기 생산과 1기 소비의 차이, 즉 $Y_1 - C_1 = 72 - 40 = 32$이다. 이상의 최적 생산 및 소비 결정과정을 그림으로 표현하면 〈그림 8-5-1〉과 같다.

이제 투자의 순현재가치(net present value ; *NPV*)와 내부수익률(internal rate of return ; *IRR*)을 계산해 보자. 순현재가치는 투자로부터 발생하는 순편익(편익 − 비용)의 현재가치를 모두 합한 값이므로, $NPV = (C_1 - Y_1) + \frac{(C_2 - Y_2)}{(1+r)} = (40 - 72) + \frac{(115.2 - 76.8)}{1.2} = 0$이다. 내부수익률은 투자편익의 현재가치와 투자지출을 같도록 하는 할인율을 의미하므로 $(Y_1 - C_1)(1 + IRR) = (C_2 - Y_2)$, 즉 $(72 - 40)(1 + IRR) = 115.2 - 76.8 = 38.4$에서 $IRR = 20\%$를 얻을 수 있다. 재고품의 대차시장에 적용되는 이자율이 대부자금시장과 동일한 수준이기 때문에 (재고)투자의 순현재가치는 0으로, 내부수익률은 시장이자율과 동일하게 도출된다.

(2) 시장이자율이 10%로 하락하였다면 기업의 투자결정은 어떻게 변화하는가? 그리고 이때 투자의 현재가치와 내부수익률은 각각 얼마인가?

해답 문제 (1)과 같은 방법으로 기업의 최적 생산과 소비, 투자를 구하면 된다. 시장이자율이 10%로 하락할 경우 최적생산 $(Y_1^*, Y_2^*) = (66,\ 83.7)$, 최적소비 $(C_1^*, C_2^*) \simeq (44.4,\ 107.4)$로 구해지므로 투자는 66 − 44.4 = 21.6이다. 이때 투자의 순현재가치와 내부수익률을 계산해 보면, $NPV = 0$, $IRR = 10\%$이다.

(3) 위의 질문 (1)과 (2)의 결과를 비교하고, 투자이론에 비추어 설명하라.

해답 문제 (1)과 문제 (2)의 결과를 비교해 보면, 시장이자율이 20%에서 10%로 하락할 때 투자는 32에서 21.6으로 감소하였다. 이러한 결과는 투자를 이자율의 감소함수로 상정한 케인즈의 투자이론과 배치된다. 케인즈의 국민소득결정이론에서는 소비가 이자율과 무관하게 결정되지만, 위의 문제 (1)과 (2)에서는 이자율이 하락하면 현재소비의 가치가 미래소비의 가치보다 상대적으로 커지므로 현재소비가 증가하였다. 또한 이 문제에서는 생산이 이자율의 증가함수로 나타났는데, 이는 이자율이 상대적으로 낮을 경우 현재 생산물의 가치가 미래 생산물의 가치보다 상대적으로 낮기 때문에 현재생산을 줄이기 때문인 것으로 해석할 수 있다. 따라서 이자율이 하락할 때 생산은 감소하고 소비는 증가하므로 투자가 감소하게 된다.

chapter 9

실물부문의 일반균형

01 다음 사항이 실질총수요곡선의 기울기에 각각 어떠한 영향을 미치는지 설명하라.

(1) 한계소비성향의 증가

해답 실질이자율의 감소는 소비와 투자를 증가시키므로 총수요곡선은 우하향한다. 그런데 한계소비성향의 증가로 총생산(소득)이 증가할 때 소비가 더 크게 증가한다면 실질총수요곡선은 더 완만해진다.

(2) 현재소비에 대한 이자율의 기간 간 대체효과의 증가

해답 이자율이 하락하면 기간 간 대체효과에 의해 현재소비가 증가하여 총수요가 증가한다. 이때 현재소비에 대한 이자율의 기간 간 대체효과가 증가하면 이자율 하락 시 총수요가 더 크게 증가하여 실질총수요곡선은 디 완만해진다.

(3) 투자가 이자율에 비탄력적으로 될 때

해답 이자율이 하락하면 소비와 투자가 증가하여 총수요가 증가한다. 만약 투자가 이자율에 비탄력적이면 이자율 하락 시 총수요가 작게 증가하여 실질총수요곡선의 기울기가 가파르게 된다.

02 아래의 변화가 가져오는 실질총수요곡선 이동의 방향과 크기를 구하라.

(1) 미래소득의 증가

해답 본 교재 9장(2.1 총수요, pp.234~236)에서 살펴보았듯이, 생산물에 대한 수요만 있으면 그 공급은 자동적으로 충족된다는 가정 하에서 주어진 외생변수의 변화에 따른 현재 총지출의 변화(ΔE)는 다음과 같이 현재 실질총수요의 변화(ΔY^d)를 가져온다.

$$\Delta Y^d = \left(\frac{1}{1-MPC}\right)\Delta E$$

여기서 MPC는 평생 부에 대한 한계소비성향을 나타낸다.

먼저 미래소득의 증가 ΔY_2는 평생 부를 $\frac{\Delta Y'}{1+r}$만큼 증가시킨다. 그 결과 현재소비가 ΔC만큼 증가한다면 위 식에서 $\Delta E = \Delta C$이므로 주어진 실질이자율 수준에서 실질총수요곡선이 $\Delta Y^d = \left(\frac{1}{1-MPC}\right)\Delta C$만큼 우측이동한다.

(2) 미래 총요소생산성의 증가

해답 미래 총요소생산성의 증가는 미래의 자본한계생산성을 증가시킨다. 그 결과 현재투자가 ΔI만큼 증가한다면 위 식에서 $\Delta E = \Delta I$이므로 주어진 실질이자율 수준에서 실질총수요곡선이 $\Delta Y^d = \left(\frac{1}{1-MPC}\right)\Delta I$만큼 우측이동한다.

(3) 현재 자본량의 감소

해답 한계생산이 체감하는 생산함수에 대하여 현재 자본량의 감소는 자본의 한계생산성을 상승시키며, 이때 투자가 ΔI만큼 증가한다면 문제 (2)와 유사하게 실질총수요곡선이 $\Delta Y^d = \left(\frac{1}{1-MPC}\right)\Delta I$만큼 우측이동한다.

03 노동공급이 실질임금의 증가함수일 뿐만 아니라 실질이자율 및 정부지출의 증가함수일 때 정부지출의 증가가 실질총공급곡선의 이동에 미치는 영향을 설명하라.

해답 먼저 노동공급이 실질이자율의 증가함수인 경우 재화시장의 실질총공급곡선은 본 교재 〈그림 9-7〉에서와 같이 우상향하게 된다. 또한 노동공급이 정부지출의 증가함수일 때 정부지출의 증가는 본 교재 〈그림 9-8〉에서와 같이 실질총공급곡선의 우측이동을 가져온다.

04 노동공급이 실질임금의 증가함수일 뿐만 아니라 실질이자율 및 정부지출의 증가함수일 때 다음 충격이 각각 현재 총생산(국민소득), 고용, 실질임금, 소비, 투자에 미치는 영향을 분석·설명하라.

(1) 현재 총요소생산성의 증가

해답 노동공급이 실질이자율의 증가함수인 경우 재화시장의 실질총공급곡선은

그림 9-4-1

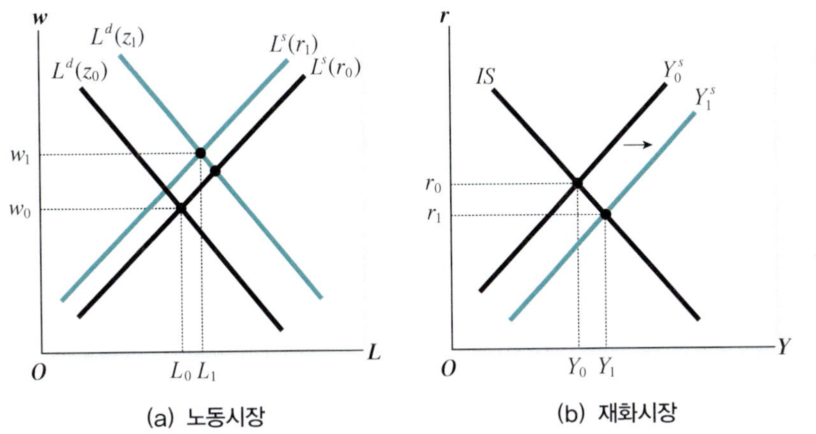

현재 총요소생산성의 증가

본 교재 〈그림 9-7〉에서와 같이 우상향하게 된다. 따라서 현재 총요소생산성의 증가는 본 교재 9장(4.1 현재 생산성 충격)에서와 유사하게 〈그림 9-4-1〉의 (a)에서 노동수요곡선을 우측으로 이동시키고 (b)에서 우상향하는 실질총공급곡선의 우측이동을 가져온다. 그 결과 균형총생산이 증가하고 실질이자율은 하락한다. 한편 이자율의 하락은 미래노동에 비해 현재노동의 가치를 상대적으로 감소시키므로 (a)에서 노동공급곡선이 좌측으로 이동한다($L^s(r_0) \to L^s(r_1)$). 9장(2.2 노동시장의 균형과 총공급)에서 언급했듯이 경험적으로 노동공급의 이자율탄력성이 작기 때문에 이자율 하락에 따른 노동공급곡선의 좌측이동은 비교적 작고, 따라서 균형고용과 실질임금은 실질총공급곡선이 수직인 본 교재의 〈그림 9-13〉에서와 같이 각각 증가, 상승한다. 총지출을 구성하는 소비, 투자, 정부지출도 〈그림 9-13〉에서와 같이 각각 증가, 증가, 불변한다.

(2) 미래 총요소생산성의 증가

해답 미래 총요소생산성의 증가는 본 교재 4절(4.2 미래 생산성 충격)에서와 유사하게 현재투자를 증가시키므로 〈그림 9-4-2〉의 (b)에서 실질총수요곡선을 우측으로 이동시킨다. 그 결과 균형총생산과 실질이자율이 각각 증가, 상승한다. 한편 이자율의 상승은 미래노동에 비해 현재노동의 가치를 상대적으로 증가시키므로 (a)에서 노동공급곡선이 우측으로 이동한다($L^s(r_0) \to L^s(r_1)$). 따라서

그림 9-4-2

미래 총요소생산성의 증가

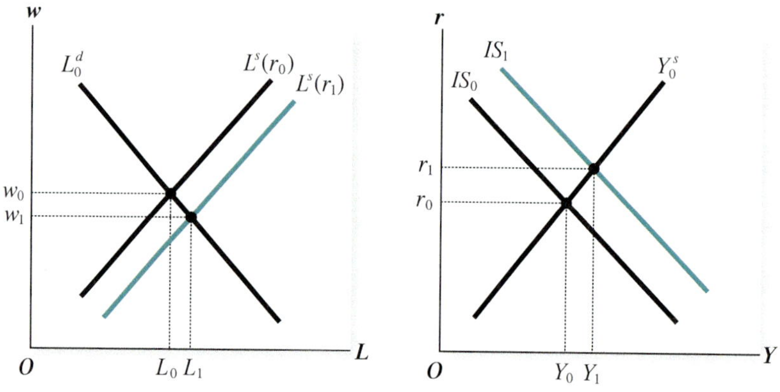

(a) 노동시장 (b) 재화시장

균형고용이 증가하고 실질임금은 하락한다. 이자율 상승은 소비와 투자의 감소를 가져온다. 그러나 미래 총요소생산성 증가에 따른 투자의 증가폭이 이자율 상승에 따른 투자의 감소폭보다 크기 때문에 투자는 증가한다. 정부지출은 주어진 외생변수로서 변하지 않는다.

(3) 정부지출의 증가

해답 정부지출의 증가는 본 교재 4절(4.3 정부지출의 증가)에서와 같이 〈그림 9-4-3〉의 (b)에서 실질총수요곡선을 우측으로 이동시킨다. 또한 정부지출의 증가는 소비자의 조세부담을 증가시키므로 음의 소득효과에 의해 〈그림 9-4-3〉의 (a)에서 노동공급이 $L_0(r_0)$에서 $L_1(r_0)$으로 증가하고, 이에 따라 총생산도 증가함에 따라 (b)에서 실질총공급곡선이 우측으로 이동한다. 이때 실질총수요곡선의 우측이동이 실질총공급곡선의 우측이동보다 더 크다고 가정하면 균형총생산과 실질이자율이 각각 증가, 상승한다. 한편 이자율의 상승은 미래노동에 비해 현재노동의 가치를 상대적으로 증가시키므로 (a)에서 노동공급곡선이 우측으로 이동한다($L_1(r_0) \to L_1(r_1)$). 따라서 균형고용이 증가하고 실질임금은 하락한다. 이자율 상승은 소비와 투자의 감소를 가져온다. 실질총공급곡선이 수직인 본 교재의 〈그림 9-15〉와 달리 민간지출이 정부지출의 증가에 의해 완전히 구축되지 않고 부분적으로만 구축된다.

그림 **9-4-3**

정부지출의 증가

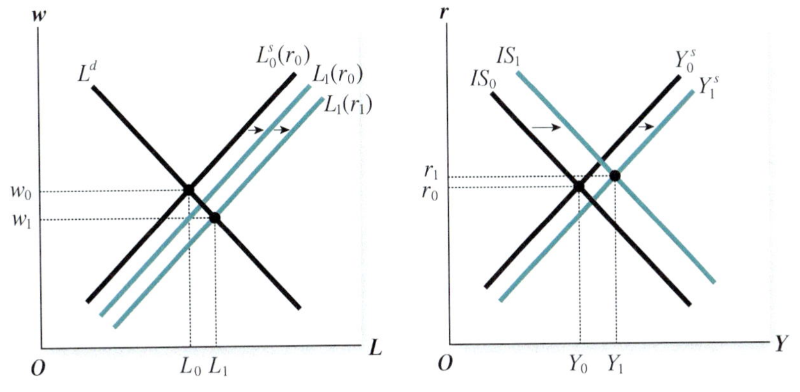

(a) 노동시장 (b) 재화시장

05 개별 소비자의 선호가 변하여 현재여가를 줄이고 재화소비를 늘린다고 하자. 이것이 현재 총산출량, 고용, 실질임금, 소비, 투자에 미치는 영향을 설명하라.

해답 여기서는 노동공급이 실질이자율의 증가함수임을 고려하여 우상향하는 실질총공급곡선을 가정한다. 노동공급이 실질이자율의 영향을 받지 않아서 실질총공급곡선이 수직선이 되는 경우의 분석은 더 단순하고 질적으로 크게 다르지 않으므로 독자에게 맡긴다. 개별 소비자의 선호가 변하여 현재여가를 줄인다면(즉, 노동공급을 늘린다면), 〈그림 9-5〉의 (a)에서 노동공급곡선은 $L_1^s(r_1)$에서 $L_2^s(r_1)$으로 우측이동하고, 고용의 증가는 생산함수를 따라 산출량을 증가시키며, 그 결과 (b)에서 재화시장의 실질총공급곡선을 Y_1^s에서 Y_2^s로 우측이동시킨다. 한편 재화소비 증가로 총수요곡선도 Y_1^d에서 Y_2^d로 우측이동한다. 이로 인하여 실질이자율의 변화는 불확실하나 총생산(또는 국민소득)과 고용은 증가한다. 〈그림 9-5〉는 총수요곡선 이동폭보다 총공급곡선의 이동폭이 커서 실질이자율이 하락하는 상황을 나타내고 있다. 이와 같이 실질이자율이 하락하면 투자는 증가하고 소비도 선호의 변화까지 포함하여 증가할 것이다. 한편 이자율의 하락은 미래노동에 비해 현재노동의 가치를 상대적으로 감소시키므로 (a)에서 현재의 노동공급곡선을 $L_2^s(r_2)$로 좌측이동시킨다.

그림 9-5

여가 감소와 소비 증가의 효과

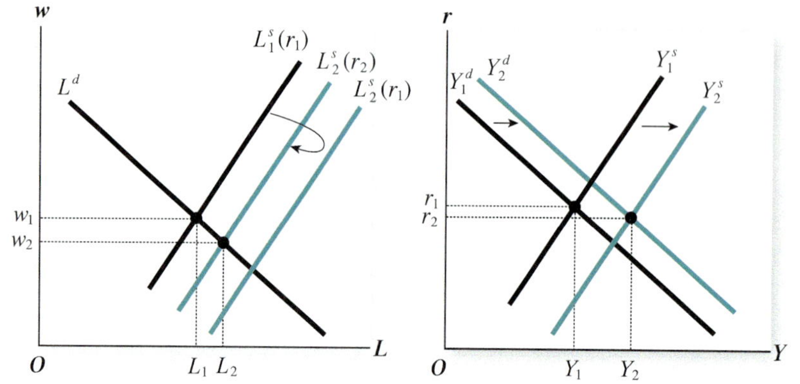

(a) 노동시장 (b) 재화시장

06 최근 경제위기 극복과정에서 재정지출의 증가와 재정적자 확대로 국가채무가 중요한 문제로 등장함에 따라 아래와 같은 주장들이 제기되고 있다.

> **갑** : 정부가 국채 발행을 통해 지출을 증가시키면 재화와 용역에 대한 수요를 증가시켜 생산과 고용의 증가로 이어지게 될 것이다. 물론 이 과정에서 이자율이 상승하여 민간투자가 위축될 수도 있지만 전체적으로 현세대는 소비와 고용이 늘어나 혜택을 받게 될 것이다. 그러나 이 부채를 갚아야 될 미래세대는 그 부담을 짊어지게 될 것이다.
>
> **을** : 만일 정부가 빚을 내어 지출을 늘려 경기를 부양시킨다면, 단기적으로 국민들의 소득과 민간소비가 늘어난다고 생각하겠지만 그것은 오산이다. 국민들의 소득이 일시적으로 늘어나더라도 언젠가는 정부가 부채를 갚기 위해 세금을 증가시킬 것을 알고 있기 때문에 그에 대비하여 소비를 늘리지 않을 것이다. 즉, 정부는 미래의 소득을 일시적으로 현재로 끌어당긴 것에 불과하므로, 이를 알고 있는 국민들이 소비를 늘리지 않을 것이기 때문에 적자재정의 경기부양효과는 거의 없다.

(1) 국가채무가 개인저축, 국민저축, 실질금리에 미치는 파급효과를 설명하라.

해답 본 교재 9장(3. 대부자금시장의 균형)의 대부자금시장(loanable fund market)

그림 9-6-1

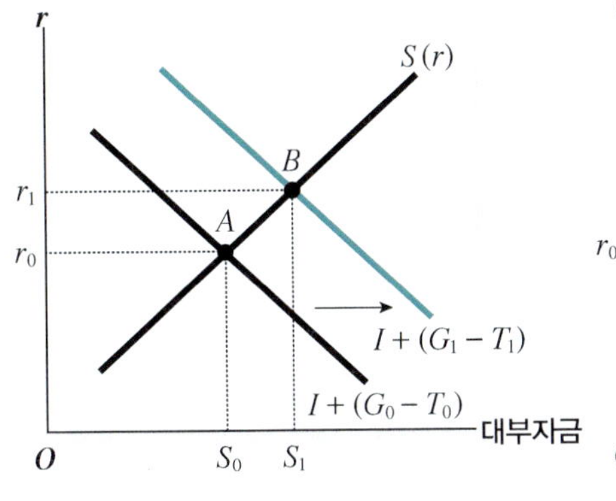

(a) 갑의 견해

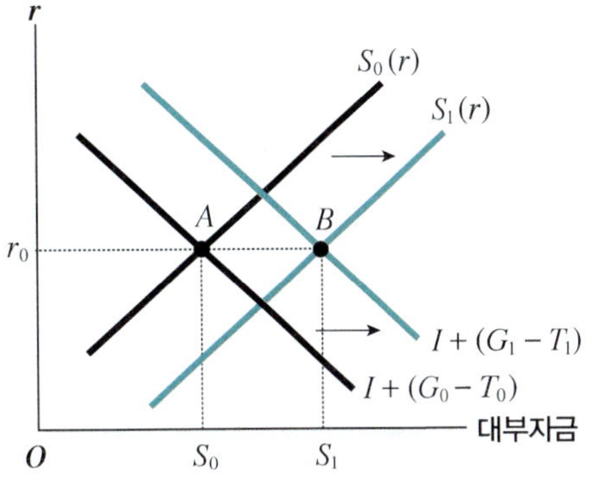

(b) 을의 견해

모형을 이용하여 국가채무의 영향을 분석한다. 단, 여기서는 정부저축($T-G$)을 대부자금 공급에 포함시키지 않고, 대신 정부차입($G-T$)을 대부자금 수요에 포함시켜 분석한다.

① 갑의 견해

갑의 견해에 따르면, 국채 발행을 통한 정부지출의 증가는 국민소득(Y)을 증가시키고 소비(C)를 늘리므로, 〈그림 9-6-1〉 (a)의 대부자금 공급($S=Y-C-T$)곡선에는 큰 변화가 없을 것이다(일반적으로 $\Delta Y-\Delta C>0$이나 이에 따른 저축, 즉 대부자금 공급의 증가폭이 작고 최종 결과에도 영향을 미치지 못한다). 반면 정부의 재정적자 확대로 대부자금 수요($I+(G-T)$)곡선은 우측이동하게 되며, 그 결과 실질이자율이 상승하게 된다. 따라서 민간저축($S=S(r)$, $S'>0$) 역시 증가하며, 국민저축($S+(T-G)$)은 감소하게 된다.

② 을의 견해

을의 견해에 따르면, 국민들은 정부의 재정적자 확대에 대응하여 소비(C)를 크게 줄이며, 따라서 민간저축($S=Y-C-T$)이 증가하게 된다. 구체적으로 〈그림 9-6-1〉의 (b)에서 정부의 재정적자 확대로 대부자금 수요($I+(G-T)$)곡선이 우측이동하는데, 그 이동폭은 소비 감소에 따른 대부자금 공급($S=Y-C-T$)곡선의 우측이동 폭과 같아지게 된다. 그 결과 실질이자율은 변하지 않고, 민간저축은 큰 폭으로 증가($S_0 \to S_1$)하며, 국민저축($S+(T-G)$)은 변하지 않는다.

(2) 국채 발행으로 인한 부담이 미래 세대로 전가되는 세대 간 형평성 문제가 제기된다. 이를 중첩세대모형과 리카도 대등정리로 설명하라.

해답 한 세대의 동일한 경제주체들이 청년 · 중년 · 노년의 세 기간을 생존한다고 하자. 국채 발행의 세대 간 전가 문제를 설명하기 위해 현세대에게 6억원의 국채를 발행하고 미래 세대로부터 거두어들인 조세로 국채를 상환하는 경우를 상정하자.

표 9-6-1

세대(미래 세대) \ 손익	현세대	미래 세대	계
노년	+2		+2
중년(노년)	−1(= −3 + 2)	+1(= −2 + 3)	0
청년(중년)	−1(= −3 + 2)	+1(= −2 + 3)	0
(청년)		−2	−2

현세대에서 6억원의 국채를 발행하면 상환을 받을 수 있는 청년과 중년 세대만이 각각 3억원만큼씩 구매할 것이다. 이러한 국채 발행을 통해 정부는 6억원 규모의 재정정책을 수행할 것이고, 이로 인한 편익은 각 세대에 2억원씩 돌아갈 것이다. 위의 두 효과를 종합한 것이 [표 9-6-1]의 두 번째 열("현세대")에 해당한다.

시간이 흘러 미래 세대가 되면 정부는 지난 세대에 발행한 국채를 조세를 통해 상환하려 할 것이므로, 이때의 각 세대는 각 2억원씩의 조세를 부담하여야 한다. 그런데 이때의 노년과 중년은 지난 세대에 매입한 국채에 대하여 각 3억원씩을 상환받을 것이다. 위의 두 효과를 종합한 것이 [표 9-6-1]의 세 번째 열("미래 세대")에 해당한다.

[표 9-6-1]의 마지막 열("계")을 통하여 국채 발행의 세대 간 전가를 확인할 수 있다. 구체적으로 국채 발행은 미래 세대의 청년으로부터 현세대의 노년층으로 소득을 이전(transfer)시키는 역할을 하므로, 세대 간의 형평성 문제가 존재할 수 있다.

그러나 미래 전망적(forward-looking)인 현세대가 미래 세대에게 추가 조세부담을 유산으로 남긴다면 리카도 대등정리에 의해 국채 발행은 세대 간 형평성 문제를 야기하지 않을 것이다.

(3) 국가채무의 효율적 관리방안에 대하여 설명하라.

해답 국가채무 관리의 근본적 방안은 무엇보다도 재정건전성 회복을 하는 것이다. 또한 효율적인 관리방안은 OECD의 다른 국가의 사례에서 보듯 재정 관련 법체계 및 관리조직 정비 등의 다양한 제도를 개선하는 것이다. 이를 구체적으로 살펴보면 다음과 같다.

① 국가채무의 연차별 목표를 설정하여 철저히 관리하고 중앙정부 및 지방자치단체의 연차별 목표 달성 여부를 평가하여 국민들에게 공표한다.
② 예산낭비 사례 근절을 위한 시민 예산감시 활동이 강화되어야 하고 공기업의 경영혁신이 이루어져야 한다.
③ 정부가 채무 보증한 금융구조조정 지원 공적자금을 최대한 회수하여 향후 국민 조세부담이 늘어나지 않도록 철저히 관리할 필요가 있다.
④ 대규모 자연재해 또는 심각한 대내외 여건 변화 등 불가피한 경우를 제외하고는 추경편성을 제한한다.
⑤ 정부지출의 상한선을 설정함으로써 재정규율을 확립한다.

(2009년 행정고시 기출문제)

07 주 5일 근무제 도입과 함께 경제주체들이 여가와 소비를 늘린다고 하자. 이것이 우리나라 경제의 총산출량, 고용, 실질임금, 소비, 투자 등에 미치는 효과를 분석하라.

해답 여기서도 노동공급이 실질이자율의 증가함수임을 고려하여 우상향하는 실질총공급곡선을 가정한다. 노동공급이 실질이자율의 영향을 받지 않아서 실질총공급곡선이 수직선이 되는 경우의 분석은 더 단순할 뿐 아니라 질적으로 크게 다르지 않으므로 독자에게 맡긴다. 주 5일 근무제의 도입으로 경제주체들이 여가를 증가시킬 경우, 〈그림 9-7〉에서 노동공급곡선이 좌측으로 이동하여 고용이 감소하고, 이는 재화시장에서 실질총공급곡선을 좌측으로 이동시킨다. 한편 주 5일 근무제로 경제주체들이 소비를 늘릴 경우, 실질총수요곡선은 우측으로 이동한다. 그 결과 재화시장에서 실질이자율이 상승함에 따라 기간간 대체효과에 의해 현재노동공급이 증가하므로 노동공급곡선이 우측으로 이

그림 9-7

주 5일 근무제의 효과

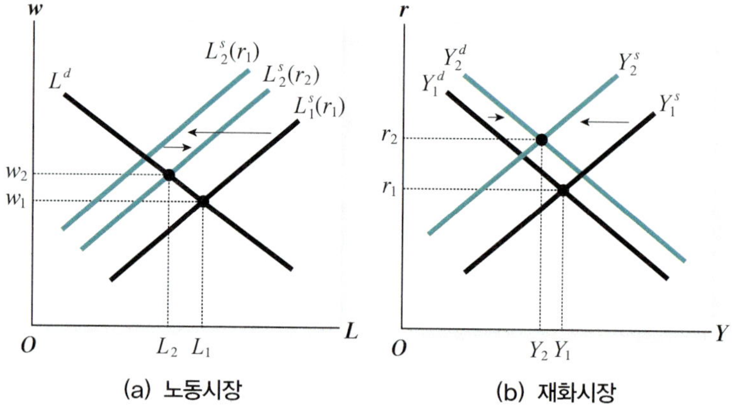

동한다. 이러한 노동공급의 증가가 상대적으로 작다는 경험적 사실을 고려하면, 여가 선호에 따른 노동공급 감소가 더 크게 나타나므로 고용이 감소하고 실질임금은 상승한다. 고용이 감소하므로 총생산도 감소하고, 실질이자율 상승에 따라 투자도 감소한다. 다만 소비의 경우에는 주 5일 근무제의 영향으로 증가하는 측면과 실질이자율 상승에 따라 감소하는 측면이 동시에 나타나므로 증감 여부가 불확실하다.

08 우리나라는 최근 구조조정과 고령화 등에 따른 사회복지지출이 증가하면서 재정적자폭이 늘어나고, 그 결과 국가채무가 증가하고 있다.

(1) 이러한 재정적자의 증가와 국가채무의 증가가 국내소비와 투자에 미치는 영향을 분석하여 설명하라.

해답 첫째, 국가채무 문제는 일시적인 정부지출 축소 및 세율 인상으로는 해결하기 어려우므로 장기간에 걸쳐 정부지출을 줄이면서 조세를 늘릴 수밖에 없는데, 이는 납세자인 경제주체들의 평생 부가 감소하는 것을 의미한다. 따라서 평생 부의 일정 부분으로 결정되는 소비가 감소할 것이다.

둘째, 기존 GDP 대비 국가부채 비율이 일정 수준을 넘어서면 부채가 증가함에 따라 시장에서 평가하는 국가부도확률이 높아지며, 국채 금리는 위험 프리미엄 증가와 함께 상승하고 이는 이자지급 부담을 가중시키는 악순환을 가져온다. 또한 1장(2.3 균형국민소득의 결정)에서 배운 $(S_p - I) + (T - G) = X - Q$와 20장(1.1 금융거래표)에서 살펴볼 $(S_p - I) + (T - G) = X - Q = \Delta NFA$에 따르면 민간저축의 투자 초과분$(S_p - I)$이 주어져 있을 때 재정적자$(T - G < 0)$는 경상수지 적자$(X - Q < 0)$와 순해외자산 감소$(NFA < 0)$를 의미한다. 이러한 순해외자산의 감소는 대외지급능력의 감소를 가져오면서 해당 국가의 위험 프리미엄이 높아지고 불확실성이 증가하여 국제금융시장에서 투자자들이 이 국가의 국채 매입을 꺼리게 되므로 결국 재정위기에 직면할 수 있다. 이러한 국내 금리 상승과 불확실성의 증대는 투자를 위축시킬 것이다.

(2) 리카도 대등정리가 성립하는가? 성립하지 않는다면 그 이유는 무엇인가?

해답 리카도 대등정리는 성립하지 않는다. 리카도 대등정리는 정부지출 수준이 일정하게 주어졌을 때 정부지출의 재원조달방법의 변화가 민간부문의 경제활동에 아무런 영향을 주지 못한다는 것이다. 그러나 여기서는 사회복지지출이 포함된 넓은 의미의 정부지출(government outlays) 수준이 일정하다는 가정이 충족되지 않는다. 즉, 문제에서는 구조조정과 고령화 등에 따라 사회복지지출이 증가하고 있다고 가정하고 있다.

09 최근 중동 상황의 불안정으로 인한 원유가격의 상승은 수송비용의 상승과 원유를 원료로 사용하는 재화들의 생산비용을 증가시킬 것으로 예상되고 있다. 이에 따라 원유가격의 상승이 국가경제의 생산성(평균생산성 및 한계생산성)을 하락시킨다고 가정하자.

해답 아래 (1)~(2)의 분석에서는 노동공급이 실질이자율의 증가함수임을 고려하여 우상향하는 실질총공급곡선을 가정한다. 노동공급이 실질이자율의 영향을 받지 않아서 실질총공급곡선이 수직선이 되는 경우의 분석은 더 단순할 뿐 아니라 질적으로 크게 다르지 않으므로 독자에게 맡긴다.

(1) 원유가격의 상승이 일시적일 것으로 예상된다고 할 때, 실질이자율, 실질소득, 실질소비, 실질투자, 고용 등에 미치는 효과를 분석하라.

해답 원유가격의 상승에 직면하여 기업들은 생산과정에서 원유를 덜 쓰게 되고, 이는 원유와 보완적인 관계를 갖는 노동의 한계생산성 감소를 가져오므로 생

그림 9-9-1

원유가격의 일시적인 상승

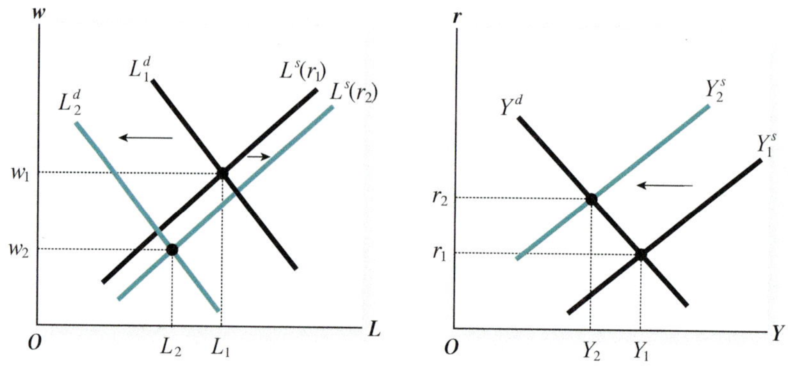

(a) 노동시장 (b) 재화시장

산함수를 비례적으로 하방이동시킨다. 이에 따라 〈그림 9-9-1〉의 (a)에서 노동의 한계생산성곡선에 해당하는 노동수요곡선이 왼쪽으로 이동하면서 고용이 감소하고 산출량도 감소한다. 이러한 변화는 (b)에서 실질총공급곡선을 왼쪽으로 이동시키므로 실질이자율이 상승하고, 이로 인해 소비와 투자가 모두 감소한다.

한편 실질이자율이 상승함에 따라 현재노동의 가치가 상대적으로 증가하면서 노동공급이 (a)에서 $L^s(r_2)$로 증가한다. 노동생산성의 감소에 따른 노동수요곡선의 좌측이동을 동시에 고려하면 일반적으로 고용은 감소 또는 증가할 수 있다. 그러나 실질이자율의 노동공급효과가 상대적으로 작다는 경험적 사실로부터 노동수요곡선의 좌측이동이 더 큰 것으로 가정하면, 고용과 소득 모두 감소할 것이다.

(2) 원유가격의 상승이 영구적일 것으로 예상된다면, (1)의 경우에 비해 실질이자율과 실질소득에 미치는 영향은 어떻게 달라지는가?

해답 원유가격의 상승이 영구적으로 예상될 경우, 기업은 미래에 원유를 덜 쓰게 될 것이므로 원유와 보완적인 관계를 갖는 자본의 한계생산성 하락을 예상하면서 현재투자를 줄일 것이다. 따라서 원유가격의 영구적인 상승은 〈그림 9-9-2〉에서 실질총수요곡선을 좌측으로 이동시킨다. 원유가격의 상승이 영구적일 때에도 일시적 상승 때와 마찬가지로 노동수요가 감소하여 실질총공

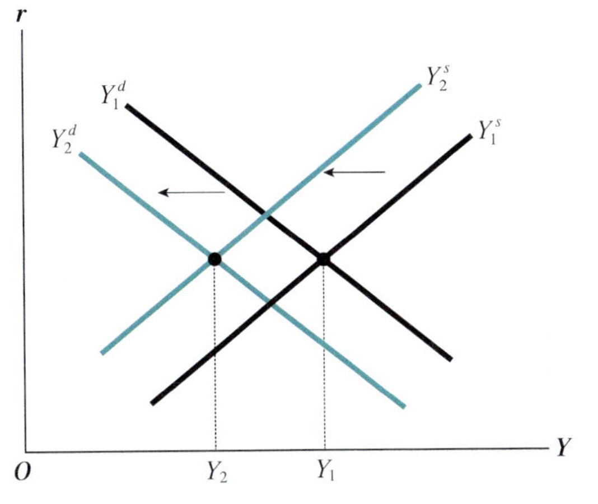

그림 9-9-2
원유가격의 영구적인 상승

급곡선이 좌측으로 이동한다. 두 곡선의 이동을 종합하여 볼 때, (1)의 경우에 비해 실질이자율의 상승폭은 축소되는 반면, 실질소득의 감소폭은 더욱 확대된다. (한편 현재 및 미래의 생산성 하락에 따른 평생 부의 감소로 인해 현재소비가 감소하고 노동공급이 증가할 수 있다. 그러나 이 두 효과는 경험적으로 최종 결과, 즉 실질이자율 상승폭 축소와 실질소득 감소폭 확대에 큰 영향을 미치지 못하므로 여기서는 무시하기로 한다.)

(2002년 외무고시 기출문제 일부 변형)

10 최근 경기침체에서 벗어나기 위한 다각적인 정책대안이 모색되고 있다. 이 중 경기회복을 촉진하기 위한 재정정책으로서 조세감면정책과 적자재정을 수반한 정부지출 증가정책의 상대적 효과에 대하여 논란이 일고 있다.

(1) 정부지출을 변화시키지 않고 조세를 감면시킬 경우의 거시경제적 효과에 대하여 지지와 비판의 시각에서 논하라.

해답 정부가 이번 기에 G만큼의 재화를 단위당 P의 가격으로 구입하고, 지난 기에 발행해 이번 기에 만기가 된 채권 B_{-1}에 대한 원금과 명목이자 $(1+R_{-1})B_{-1}$을 지급한다고 하자. 그리고 이러한 정부지출(government outlays)의 재원은 조세수입 PT, 채권 발행 B, 또는 화폐 발행 $(M-M_{-1})$을 통해서 조달된다고 하

자. 이상은 다음의 정부 예산제약식으로 요약된다.

$$PG + (1 + R_{-1})B_{-1} = PT + B + (M - M_{-1})$$

여기서 조세(T)는 가계소득세, 기업법인세 및 소비세 등의 형태로 부과된 총조세를 의미한다.

위의 정부예산식에서 정부지출을 변화시키지 않고 조세를 감면하는 경우 국채 발행을 증가시키거나 화폐 발행을 증가시켜야 함을 알 수 있다. 여기서는 분석의 단순화를 위해 조세감면에 따른 재원부족이 모두 국채의 추가 발행으로 충당된 경우를 상정한다.

13장 연습문제 20(소득세 · 법인세 인하 정책)에서도 논의되겠지만, 조세감면을 지지하는 견해로서 케인즈학파에 따르면 소득세 및 법인세 인하는 각각 소비와 투자의 증가로 촉발된 승수효과를 통해 총수요를 증가시킬 수 있다. 반면에 6장(4. 조세와 리카도 대등정리)에서 논의했듯이 미래 전망적 소비자를 가정하는 새고전학파의 리카도 대등정리에 의하면 민간 경제주체는 주어진 정부지출 하에서 현재의 조세삭감과 국채 발행을 통한 재원조달을 미래 조세부담의 증가로 인식한다. 따라서 정부지출 수준이 변하지 않을 때 재원조달방법의 변화는 민간의 소비선택에 아무런 영향을 주지 못하므로 이 정책의 총수요 증대효과는 없다고 본다. 그리고 공급 측면의 충격을 중시하는 실물적 경기변동이론에 의하면 불황이든 호황이든 경기변동은 주어진 경제 전체의 충격에 대한 경제주체의 동태적 최적화의 결과이므로 경기안정화 정책으로서 정부의 총수요정책은 비효율을 초래한다. 따라서 이 같은 정부의 총수요정책이 지양되어야 한다고 주장한다.

(2) 적자재정을 수반하는 정부지출의 증가가 가져올 거시경제적 효과에 대하여 지지와 비판의 시각에서 논하라.

해답 정부 예산제약식 $PG + (1 + R_{-1})B_{-1} = PT + B + (M - M_{-1})$에서 적자재정을 수반하는 정부지출의 증가는 조세 증가, 국채 발행 또는 통화 발행의 증가를 가져올 것이다. 여기서는 분석의 단순화를 위해 정부지출의 증가가 모두 국채의 추가 발행으로 충당된 경우를 상정한다.

우선 정부지출 증가의 효과를 지지하는 시각으로서 본 교재 13장(4.2 재정정책)에서 살펴볼 케인즈학파에 의하면, 정부지출의 증가는 승수효과에 의해 총수요를 증대시킴으로써 경기를 부양할 수 있다. 한편 본 교재 9장(4.3 정부지출의 증가)에서 논의했듯이 신고전학파 또는 새고전학파에 의하면, 정부지출의 증가는 실질이자율 상승을 통해 소비와 투자를 감소시킨다. 이러한 구축효과(crowding-out effect)가 정부지출 증가의 총수요 확장효과를 완전히 상쇄함으로써 결국 총수요를 증대시키지 못한다.

끝으로 리카도 대등정리는 정부지출 수준이 일정하다는 가정 하에서의 논의이므로 이 경우는 성립하지 않음을 유의할 필요가 있다.

(3) 균형재정을 유지하기 위해 조세를 증액시키는 동시에 정부지출을 증가시키는 경우 거시경제적 효과에 대하여 설명하라.

해답 정부 예산제약식 $PG+(1+R_{-1})B_{-1}=PT+B+(M-M_{-1})$에서 균형재정을 유지하는 조세 증액과 정부지출의 증가는 국채 발행의 증가나 통화량의 증가를 유발하지 않는다.

우선 균형재정정책이 효과가 있다는 견해로서 전통적 케인즈학파를 들 수 있다. 즉, 균형재정을 유지하면서 조세를 증액시키면 균형재정승수 효과를 통해 총수요 증대효과를 갖게 된다. 직관적으로 정부지출의 증가는 그 전체가 바로 총수요의 증가로 이어지는 반면, 조세가 증가한다고 해서 소비가 그 증가분만큼 감소하는 것은 아니다. 이는 한계소비성향이 1보다 작기 때문이다. 조세부담 증가분의 일부는 소비의 감소로, 나머지는 저축의 감소로 나타난다. 이때 소비의 감소분만이 총수요의 크기에 영향을 미친다. 따라서 조세의 증가와 동시에 정부지출을 같은 규모로 늘리면 총수요가 증가하며, 이로 인해 국민소득도 증가한다.

한편 새고전학파의 경우 (2)에서와 마찬가지로 정부지출의 증가가 세금 증가로 이어지든 국채 발행 증가로 이어지든 소비자의 평생 부를 동일하게 감소시킨다. 따라서 균형재정을 유지하는 조세 증액과 정부지출의 증가는 (2)의 경우와 동일한 거시경제적 효과를 가져온다.

(2005년 외무고시 기출문제 일부 변형)

11 다음 명제의 참, 거짓을 밝히고 그 이유를 간략히(5줄 이내) 서술하라.

(1) 리카도 대등정리에 의하면 주어진 정부지출에 대하여 현재조세가 증가하는 경우 현재저축이 감소하고 현재소비가 증가한다.

해답 거짓.

평생 부가 변하지 않으므로 현재조세의 증가는 현재저축만 감소시킬 뿐 현재소비는 변화시키지 않는다.

(2) 미래소득의 감소, 현재 정부지출의 일시적 감소, 미래 총요소생산성의 감소는 각각 현재의 실질총수요곡선을 좌측으로 이동시킨다.

해답 참.

미래소득의 감소는 현재소비를 줄이고 미래 총요소생산성의 감소는 현재투자를 줄이므로 현재의 실질총수요곡선이 좌측이동한다.

chapter 10

화폐와 물가수준

01 어떤 경제의 통계가 다음 표와 같이 조사되었다. 이를 이용하여 다음 문항들에 답하라.

명목국민소득	200조원
실질국민소득	150조원
실질경제성장률 (전년 대비)	5%
실업률	4.5%
물가상승률 (전년 대비)	3%
실질이자율	1.5%
통화량	100조원
총저축률 (명목국민소득 대비)	30%
현금통화비율 (예금 대비)	8%
법정지급준비율 (예금 대비)	2%
초과지급준비율 (예금 대비)	0.8%

(1) 화폐유통속도와 마샬의 k를 각각 계산하라.

해답 본 교재 10장(1. 화폐수량설 : 통화량과 물가)의 교환방정식 $MV = PY$에서 PY = (물가수준) × (실질국민소득) = (명목국민소득) = 200조원이며, M = (통화량) = 100조원이므로 $V = \frac{PY}{M} = \frac{\text{명목국민소득}}{\text{통화량}} = \frac{200}{100} = 2$이다. 따라서 마샬의 k는 $k = \frac{1}{V} = \frac{1}{2}$이다.

(2) 본원통화의 규모를 계산하라.

해답 예금 대비 현금통화비율(k), 예금 대비 지급준비율(z)이 주어진 경우 통화량(M)과 본원통화(H)의 관계는 다음과 같다(도출 과정은 아래 [참고]에 있음).

$$M = \left(\frac{k+1}{k+z}\right)H = mH$$

주어진 표에서 $k = 0.08$, $z = 0.02 + 0.008 = 0.028$이므로 통화승수는 $m =$

$\frac{1+k}{k+z} = \frac{1+0.08}{0.08+0.028} = \frac{1.08}{0.108} = 10$이고, 본원통화는 $H = \frac{1}{m} \cdot M = \frac{1}{10} \cdot 100 = 10$(조원)이다.

[참고]

통화량(M)은 현금통화(C)와 예금통화(D)의 합으로 정의된다.

$$M = C + D = kD + D = (k+1)D$$

여기서 k는 (예금 대비) 현금보유비율을 나타낸다. 한편 본원통화(H)는 현금통화(C)와 지급준비금(R)의 합으로 정의된다.

$$H = C + R = kD + zD = (k+z)D$$

여기서 z는 (예금 대비) 지급준비율을 나타낸다. 이 식으로부터 $D = \frac{H}{k+z}$를 앞의 식에 대입하면 다음과 같이 본원통화와 예금통화 간의 관계가 도출된다.

$$M = \left(\frac{k+1}{k+z}\right)H$$

(3) 중앙은행이 100억원의 통화안정증권을 민간에 매각한다면, 다른 조건이 일정하다고 할 때 통화량은 얼마나 증가 또는 감소하는가?

해답 100억원의 통화안정증권 매각은 공개시장운영의 일종이므로 본원통화를 100억원 감소시킨다. $\Delta M = m \cdot \Delta H$이므로 본원통화 감소분 100억원과 통화승수 10을 대입하면 전체적으로 감소한 통화량은 1,000억원이다($\Delta M = -1{,}000$억원).

(4) 중앙은행이 법정지급준비율을 7.5%로 높임에 따라 은행들은 초과지급준비율을 0.1%포인트 낮춘다면, 다른 조건이 일정하다고 할 때 통화량은 몇 % 상승 또는 하락하는가?

해답 k의 값은 8%로 일정하며 $z = (0.02 + 0.008) \rightarrow (0.075 + 0.007)$로 바뀌게 되므로, 바뀐 값을 위의 문제 (2)의 통화승수식에 대입하면 새로운 통화승수는 $m = \frac{1+k}{k+z} = \frac{1+0.08}{0.08+0.082} = \frac{1.08}{0.162} = \frac{20}{3}$이 된다. 변화 이전의 통화승수가 10이었으므로 본원통화 변화량이 일정하다는 전제 하에 통화량은 약 33.3% 감소하게 된다.

(2008년 입법고시 기출문제)

02 현금자동인출기계(ATM)의 증가가 화폐수요와 물가수준에 미치는 영향을 설명하라.

해답 ATM 기계 수의 증가는 거래적 화폐수요의 감소를 가져온다. 이러한 화폐수요의 감소는 물가수준의 상승을 가져오는데, 이는 본 교재 10장(5. 화폐시장의 균형과 충격 분석)의 〈그림 10-5〉를 이용하여 쉽게 확인할 수 있다.

03 일반균형모형에서 미래에 예상되는 통화성장률의 증가가 현재 총산출량, 고용, 실질임금, 명목이자율과 물가수준에 미치는 영향을 설명하라.

해답 미래에 예상되는 통화성장률의 증가는 사람들의 미래 기대인플레이션을 일시적으로 증가시킨다. 이러한 기대인플레이션의 증가는 피셔방정식에 의해 주어진 실질이자율 수준에서 명목이자율을 증가시켜 현재 화폐수요를 감소시킨

그림 **10-3**

미래 통화성장률 증가의 효과

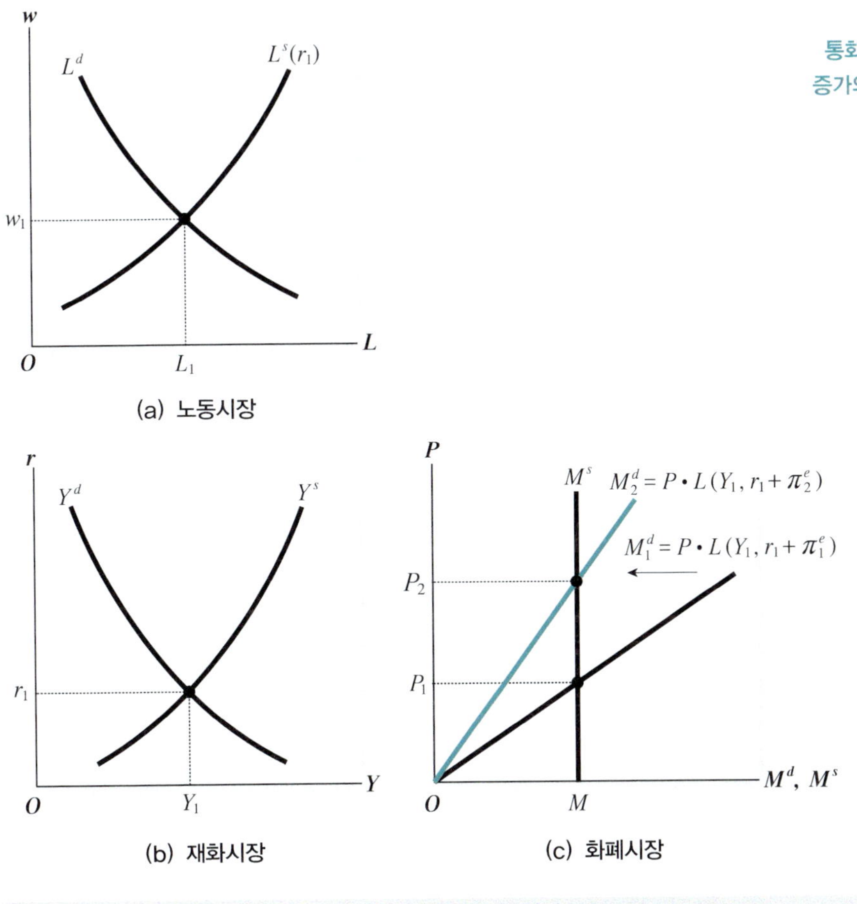

그림 10-4

화폐수요의 이자율탄력성과 통화정책의 유효성

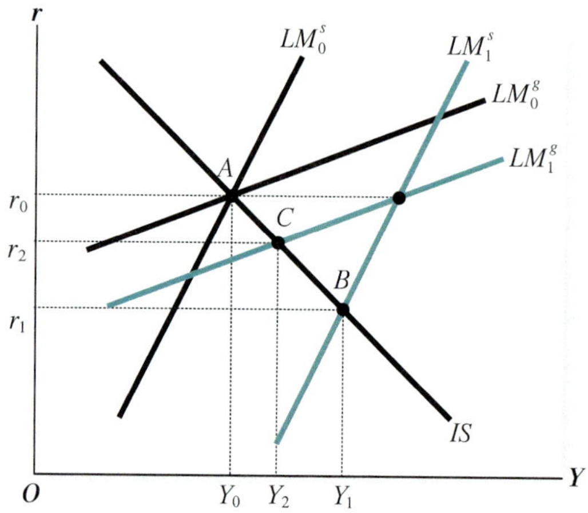

다. 따라서 미래에 예상되는 통화성장률의 증가는 〈그림 10-3〉의 (c)에서와 같이 현재 물가수준만 상승시킨다.

04 통화정책의 유효성과 화폐수요의 이자율탄력성 사이의 관계를 설명하라.

해답 먼저 본 교재 10장 1절(화폐수량설 : 통화량과 물가, pp.261~262)과 5절(화폐시장의 균형과 충격 분석, p.276)에서 논의했듯이 화폐수요가 이자율에 대해 탄력적이면, 주어진 물가수준에서 화폐공급(M)의 증가는 이자율을 하락시키고 화폐수요와 화폐유통속도(V)는 각각 크게 증가, 감소한다. 만약 V의 감소가 M의 증가와 같다면 MV는 일정하므로 $MV = PY$에서 명목국민소득 PY는 원래 수준에서 변동하지 않는다. 즉, 화폐수요(또는 화폐유통속도)의 이자율탄력성이 크면 화폐공급의 증가가 총지출에 아무런 영향을 미치지 못한다. 실제로 케인즈는 화폐유통속도 또는 그 역수인 화폐수요가 이자율의 영향을 크게 받아 불안정하다는 점을 강조한 반면, 프리드먼은 화폐수요가 이자율에 관계없이 매우 안정적이라고 주장하였다.

또한 본 교재 13장(4.1 통화정책)에서 자세히 살펴볼 새케인즈학파의 *IS-LM* 모형을 이용하여 화폐수요의 이자율탄력성과 통화정책의 유효성 사이의 관계를 설명할 수 있다. 예를 들어 확장적 통화정책은 〈그림 10-4〉와 같이 *LM*곡선의 기울기가 가파를수록 그 효과가 커진다. 주어진 화폐공급의 증가에 대하여 *LM*곡선의 기울기가 가파른 경우(화폐수요의 이자율탄력성이 작은 경우)에는 국민소득이 $(Y_1 - Y_0)$만큼 증가하는 반면, *LM*곡선의 기울기가 완만한 경우(화폐수요의 이자율탄력성이 큰 경우)에는 국민소득이 $(Y_2 - Y_0)$만큼만 증가한다. 이것은 화폐수요의 이자율탄력성이 클수록 화폐수요가 통화량 증가를 빠르게 흡수해 이자율 하락효과가 작게 나타나기 때문이다.

(1998년 외무고시 기출문제 일부 변형)

05 2008년 금융위기와 경기침체에 대응하여 미 연준은 저금리 정책을 유지하면서 국채 및 민간부문의 특정 자산의 매입을 통해 시중에 유동성을 공급하는 양적완화정책을 2009년과 2010년 두 차례에 걸쳐 시행하였다. 그리고 2011년 9월에는 단기국채를 매도하고 장기국채를 매입하는 오퍼레이션 트위스트 정책을 시행하였다. 일반균형모형(또는 실질총수요 · 실질총공급 모형)을 이용하여 미 연준의 양적완화정책이 국민소득, 소비, 투자, 고용, 실질임금, 실질이자율, 그리고 물가수준에 미치는 영향을 분석 · 설명하라.

해답 본 교재 9～10장의 일반균형모형을 이용한 분석에 앞서 노동공급이 실질이자율의 증가함수임을 고려하여 우상향하는 실질총공급곡선을 가정한다. 노동공급이 실질이자율의 영향을 받지 않아서 실질총공급곡선이 수직선이 되는 경우의 분석은 질적으로 크게 다르지 않으므로 독자에게 맡긴다. 양적완화정책이란 중앙은행의 정책금리가 제로 수준에 가까워진 상황에서 국채 및 민간부문의 특정 자산을 직접 매입하여 시중에 본원통화를 공급하는 정책을 말한다. 이는 먼저 〈그림 10-5〉의 (c)에서 화폐공급곡선의 우측이동$(M_1^s \rightarrow M_2^s)$을 가져온다. 한편 양적완화의 기본 목적은 금리인하를 통한 경기부양이 여의치 않은 상황에서 직접적인 유동성공급을 통해 경제활동을 진작시키고 디플레이션을 억제하는 것이다. 이는 다음과 같은 경로를 통해 작동할 것으로 기대되었다. 첫째, 본원통화 공급의 증가는 은행의 대출 증가 등 신용창출로 이어지면서 소비와 투자를 촉진할 수 있다. 둘째, 시중의 풍부한 유동성이 주식시장과 주택시장 등으로 유입되어 자산가격이 상승하면 가계부문의 부가 증가되어 소비가 진작될 수 있다.

〈그림 10-5〉에서 소비와 투자의 증가로 인해 실질총수요곡선이 우측이동하면서$(Y_1^d \rightarrow Y_2^d)$ 국민소득이 증가하고 실질이자율이 상승한다. 실질이자율 상

그림 10-5

양적완화정책

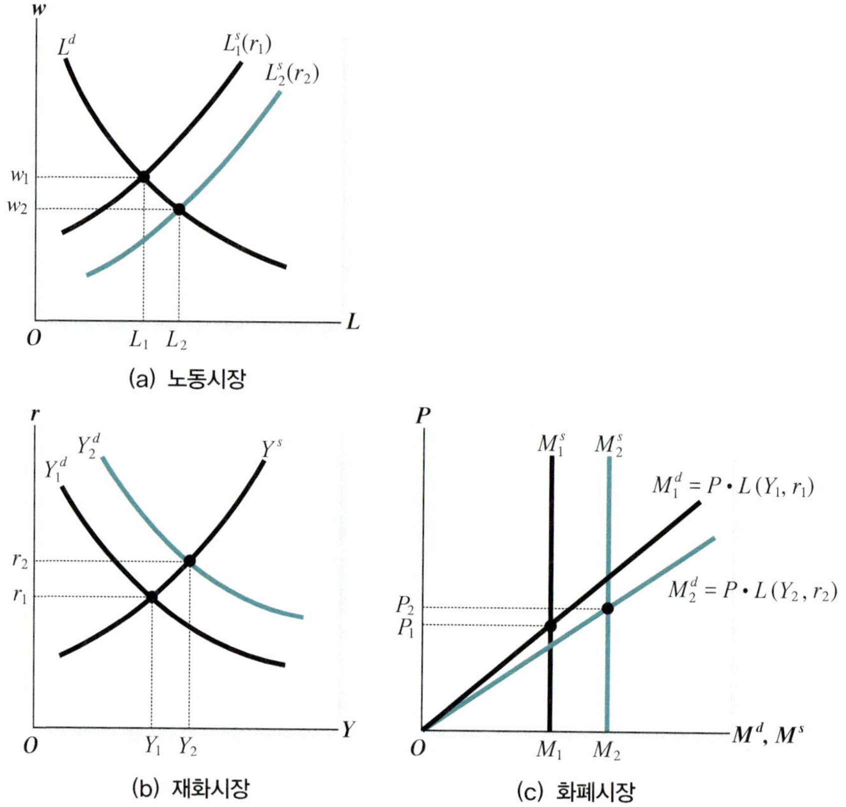

승은 소비와 투자를 감소시키는 요인으로 작용하므로 양적완화정책에 따른 소비 · 투자의 증가폭이 일부 축소된다. 한편 실질이자율 상승에 따라 현재노동의 가치가 미래노동에 비해 상대적으로 증가하므로 노동공급곡선은 우측이동한다($L_1^s(r_1) \to L_2^s(r_2)$). 따라서 고용은 증가하고 실질임금은 하락한다. 끝으로 화폐수요의 소득탄력성이 상대적으로 크다고 가정하면 소득 증가에 따라 화폐수요는 증가하고($M_1^d \to M_2^d$) 본원통화 공급의 증가는 화폐공급의 증가를 가져온다($M_1^s \to M_2^s$). 이때 화폐공급의 증가폭이 화폐수요의 증가폭보다 크다고 보면 물가수준은 상승한다.

06 일반균형모형을 이용하여 다음이 각각 거시경제의 국민소득, 소비, 투자, 고용, 실질 임금, 실질이자율, 물가수준에 미치는 영향을 분석 · 설명하라.

해답 아래 (1)~(2)의 일반균형모형 분석에서는 노동공급이 실질이자율의 증가 함수임을 고려하여 우상향하는 실질총공급곡선을 가정한다. 노동공급이 실질 이자율의 영향을 받지 않아서 실질총공급곡선이 수직선이 되는 경우의 분석은 질적으로 크게 다르지 않으므로 독자에게 맡긴다.

(1) 미래 총요소생산성의 일시적 증가

해답 8장(2.2 투자)에서 자세히 알아보았듯이 미래 총요소생산성의 증가는 현재 투자의 증가를 가져온다. 또한 미래 총요소생산성 증가에 따른 미래소득의 증가는 현재소비를 증가시킨다. 〈그림 10-6〉에서 투자의 증가로 인해 총수요곡

그림 **10-6**

미래 총요소생산상의 일시적 증가

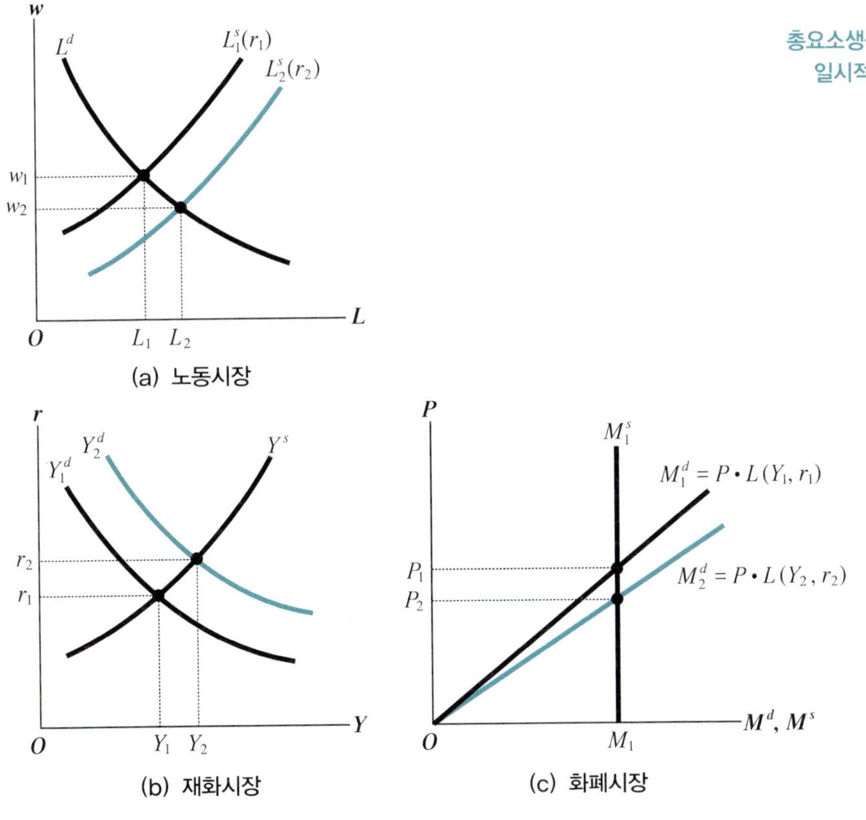

선이 우측이동하면서($Y_1^d \to Y_2^d$) 국민소득이 증가하고 실질이자율이 상승한다. 실질이자율 상승은 소비와 투자를 감소시키는 요인으로 작용하므로 미래 총요소생산성 증가에 따른 소비 · 투자의 증가폭이 일부 축소된다. 한편 실질이자율 상승에 따라 현재노동의 가치가 미래노동에 비해 상대적으로 증가하므로 노동공급곡선은 우측이동한다($L_1^s(r_1) \to L_2^s(r_2)$). 따라서 고용은 증가하고 실질임금은 하락한다. 끝으로 화폐수요의 소득탄력성이 상대적으로 크다고 가정하면 소득 증가에 따라 화폐수요는 증가하고($M_1^d \to M_2^d$) 주어진 화폐공급 하에서 물가수준은 하락한다.

(2) (1)과 동시에 체크카드 등 대체지불수단이 널리 보급되는 경우

해답 체크카드 등 대체지불수단이 널리 보급되는 경우 소비자들의 거래적 화폐수요가 감소하므로 〈그림 10-6〉에서 소득 증가에 따른 화폐수요 증가폭을 축소시킨다. 따라서 대체지불수단 보급에 따른 화폐수요의 감소폭에 따라 물가수준은 상승, 불변, 하락할 수 있다. 한편 고전적 이분성(classical dichotomy) 하에서 이러한 물가수준의 변화는 실물부문에 아무런 영향을 미치지 않는다.

07 일본은행은 2013년 1월에 디플레이션과 엔고를 해소하기 위한 2% 물가상승률 목표의 조기 달성을 위해 무제한 양적완화정책을 결정하였다. 이를 근간으로 하는 '아베노믹스'를 향후 지속해 가면서 2014년 4월에는 소비세 인상을 앞두고 있다. 일반균형모형(또는 실질총수요 · 실질총공급 모형)을 이용하여 소비세 인상이 국민소득, 소비, 투자, 고용, 실질임금, 실질이자율, 그리고 물가수준에 미치는 영향을 분석 · 설명하라.

해답 여기서도 노동공급이 실질이자율의 증가함수임을 고려해 우상향하는 실질총공급곡선을 가정한다. 노동공급이 실질이자율의 영향을 받지 않아서 실질총공급곡선이 수직선이 되는 경우의 분석은 질적으로 크게 다르지 않으므로 독자에게 맡긴다. 소비세 인상은 현재소비의 감소를 가져오므로 〈그림 10-7〉에서 총수요곡선이 좌측이동하면서($Y_1^d \to Y_2^d$) 국민소득이 감소하고 실질이자율이 하락한다. 실질이자율 하락은 소비와 투자를 증가시키는 요인으로 작용하므로 소비세 인상에 따른 소비의 감소폭이 일부 축소된다. 한편 실질이자율 하락에 따라 현재노동의 가치가 미래노동에 비해 상대적으로 감소하므로 노동공급곡선은 좌

그림 10-7

소비세 인상

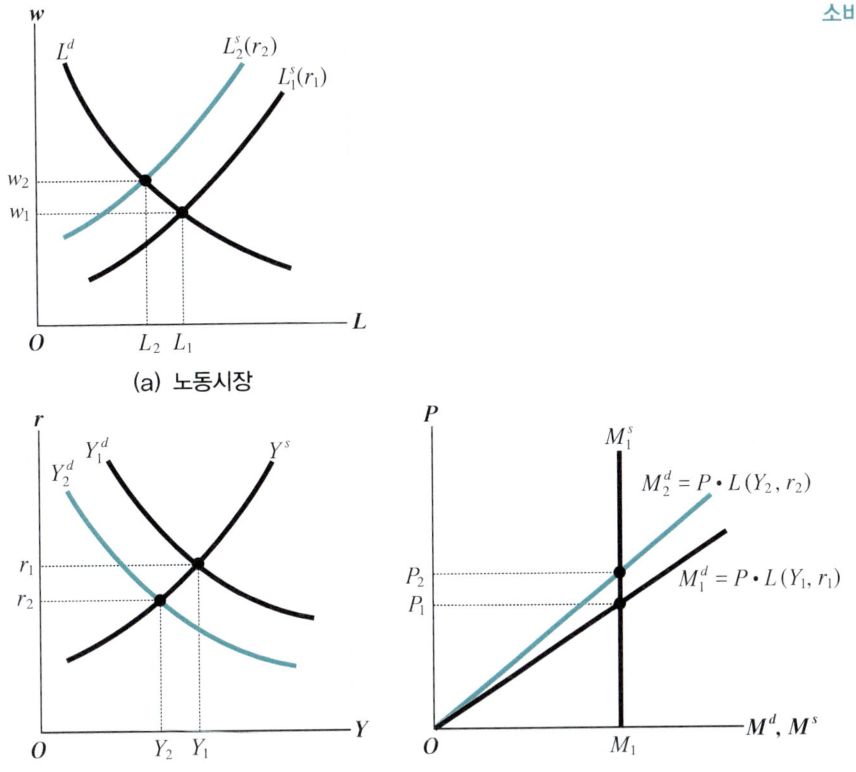

(a) 노동시장 (b) 재화시장 (c) 화폐시장

측이동한다($L_1^s(r_1) \rightarrow L_2^s(r_2)$). 따라서 고용은 감소하고 실질임금은 상승한다. 끝으로 화폐수요의 소득탄력성이 상대적으로 크다고 가정하면 소득 감소에 따라 화폐수요는 감소하고($M_1^d \rightarrow M_2^d$) 주어진 화폐공급 하에서 물가수준은 상승한다.

08 다음 명제의 참, 거짓을 밝히고 그 이유를 간략히 서술하라 : "일반균형모형에서 현재 총요소생산성의 일시적 증가는 현재 실질이자율의 하락, 소비 · 고용 · 투자의 증가, 그리고 실질임금 · 물가수준의 상승을 가져온다."

해답 거짓.

총요소생산성의 일시적 증가는 노동의 한계생산성을 증가시킴으로써 노동수요곡선이 우측이동하고 그 결과 실질총공급곡선도 우측이동한다. 따라서 국민소득이 증가하고 실질이자율이 하락한다. 실질이자율의 하락으로 소비와 투자는 증가한다. 이자율의 노동공급효과가 상대적으로 작다면 노동수요의 증가로 고용은 증가하고 실질임금은 상승한다. 국민소득 증가와 실질이자율 하락으로 화폐수요가 증가하므로 물가수준은 하락한다.

09 화폐수요이론에 관한 다음 질문에 순차적으로 답하라.

(1) 포트폴리오 이론을 활용하여 토빈의 투자적 화폐수요이론을 설명하고, 이자율 변화에 따라 화폐수요가 어떻게 변할지 그림으로 나타내라.

해답 토빈은 투자자들의 효용이 포트폴리오 기대수익($\overline{\pi}$)의 증가함수이고, 포트폴리오 수익의 표준편차로 나타낸 위험(σ_π)의 감소함수라고 가정하였다. 즉, 예상수익이 높고 위험도가 낮을수록 투자자의 효용은 증가하는데, 이러한 효용함수는 다음과 같이 표현할 수 있다.

$$U = U(\overline{\pi}, \sigma_\pi) \quad (U_\pi > 0, U_{\sigma_\pi} < 0)$$

이 효용함수는 〈그림 10-9-1〉의 (a)에서 우상향하는 무차별곡선으로 나타낼 수 있다.

이 투자자의 문제는 주어진 총자산 W와 투자기회라는 제약조건 하에서 효용수준을 극대화하는 증권보유비율 α와 화폐보유비율 $(1-\alpha)$를 선택하는 것이다. 증권과 화폐로 구성된 포트폴리오의 투자기회궤적을 (a)에 나타내기 위해 포트폴리오의 기대수익과 위험 간의 관계식을 도출해 보자.

먼저 위험자산인 증권의 명목수익률(R)은 시장이자율(r)에 자본이득률(g)을 더한 값($R = r + g$)으로 결정된다. 이때 시장이자율은 고정되어 있고, 자본이득률은 평균이 0, 표준편차가 σ_g인 확률변수라고 하면, 명목수익률의 평균 $\overline{R}$ 및 표준편차 σ_R은 각각 $\overline{R} = r$, $\sigma_R = \sigma_g$로 표현된다.

이때 총자산 W 중 αW만큼은 증권으로, $(1-\alpha)W$만큼은 화폐로 보유하는 경우 포트폴리오의 수익은 $\Pi = \alpha WR$이 된다. 따라서 포트폴리오의 기대수익 $\overline{\pi}$ 및 표준편차 σ_π는 각각 다음과 같이 표현된다.

$$\overline{\pi} = \alpha W\overline{R} = \alpha Wr,$$
$$\sigma_\pi = \alpha W\sigma_R = \alpha W\sigma_g$$

이를 기대수익($\overline{\pi}$)과 위험(σ_π) 사이의 관계식으로 정리하면 다음과 같다.

그림 10-9-1

토빈의 포트폴리오 이론

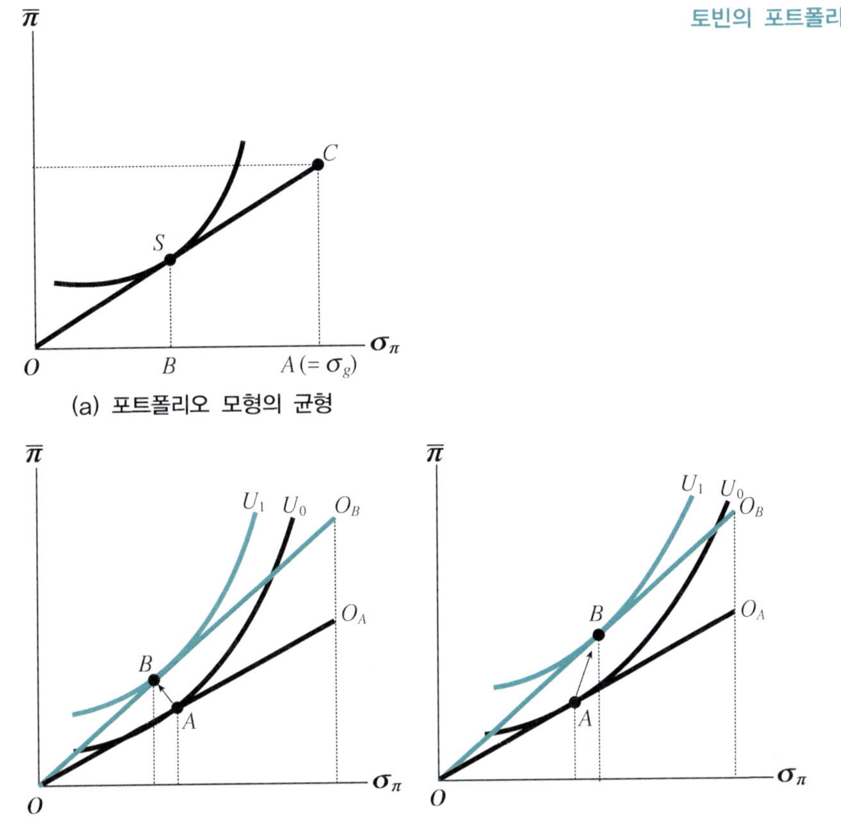

(a) 포트폴리오 모형의 균형

(b) 이자율 변화가 화폐수요에 미치는 영향 (소득효과 > 대체효과)

(c) 이자율 변화가 화폐수요에 미치는 영향 (소득효과 < 대체효과)

$$\bar{\pi} = \left(\frac{r}{\sigma_g}\right)\sigma_\pi$$

위 관계식은 (a)에서 CO로 표시되는 직선 형태의 기회궤적으로 나타낼 수 있다.

(a)에서 점 O는 수익의 평균과 표준편차가 0이 되는 점으로 모든 자산을 화폐로 보유하는 것이고, 점 C는 수익의 평균과 표준편차가 가장 높은 점으로 모든 자산을 증권으로 보유하는 것이다. 증권과 화폐로 구성된 최적 포트폴리오는 무차별곡선과 기회궤적이 서로 접하는 점 S에서 결정된다. 이때 투자가는 총자산 W의 $\frac{OB}{OA}$만큼을 증권으로, $\frac{BA}{OA}$만큼을 화폐로 보유할 것이다.

이 모형을 응용하여 이자율의 변화가 투자자의 화폐수요에 미치는 영향을 분석해 보자. 우선 이자율의 상승은 투자자가 직면하는 기회궤적의 기울기($\frac{r}{\sigma_g}$)

를 가파르게 한다. (b)와 (c)에서 기회궤적이 O_A에서 O_B로 상승하면, 투자자의 균형점은 A에서 B로 바뀌게 된다.

이자율 상승으로 투자자의 효용이 증가하는 것은 당연하지만, 화폐수요가 늘었는지 줄었는지는 명확하게 말할 수 없다. 화폐수요의 증감은 (b)와 (c)처럼 이자율 상승에 따른 소득효과와 대체효과의 크기에 따라 결정되기 때문이다. 구체적으로 이자율 상승의 대체효과는 투자자들이 평균수익률이 높은 증권 보유를 선호하는 효과를 의미하는 반면, 소득효과는 위험기피적인 투자자들이 위험자산인 증권 보유를 줄이고 무위험자산인 화폐수요를 증가시키는 효과를 의미한다. 예를 들어 (b)는 이자율 상승의 소득효과가 대체효과보다 큰 경우로서 총자산 중 화폐보유비율이 증가하는 반면, (c)는 대체효과가 소득효과보다 큰 경우로서 화폐보유비율이 감소한다. 일반적으로 이자율 변화에 대한 화폐보유량의 변화는 투자자의 효용함수 형태 또는 무차별곡선의 모양에 따라 다르게 결정된다.

(2) "보몰-토빈의 거래적 화폐수요이론에 따르면 화폐수요의 소득탄력성은 1보다 작다. 다시 말해, 소득에 관한 한 화폐수요에는 규모수익이 존재한다"는 언급에 대해 논평하라.

해답 보몰-토빈의 거래적 화폐수요이론에 따르면 총비용을 최소화하는 평균화폐보유액(M^d)은 다음과 같다.

$$M^d = \sqrt{\frac{bY}{2r}}$$

화폐시장이 균형인 상태에서 통화당국이 통화량을 2배로 증가시켰다고 하자. 이때 화폐시장이 균형상태가 되기 위해서는 주어진 이자율 수준에서 화폐수요도 2배로 증가해야 한다. 위의 식에서 화폐수요가 2배로 증가하기 위해서는 주어진 이자율에서 소득이 4배로 증가해야만 한다. 이것은 화폐수요의 소득탄력성이 $\frac{1}{2}$로서 1보다 작다는 뜻이다.

이 논리를 조금 확장해 보면, 사회 전체의 화폐수요는 소득분배상태에 의해서도 영향을 받는다는 것을 알 수 있다. 총소득이 일정할 때 그것이 소수의 사람들에게 집중될수록 전체 화폐수요는 작아진다. 즉, 한 사람에게 소득이 집중되었을 때의 거래적 화폐수요가 그 소득을 두 사람이 균등하게 나누어 갖고 있을 때의 거래적 화폐수요보다 작다는 뜻이다(예를 들어 A와 B 2명으로 구성된 경제의 GDP가 똑같이 200원이라 해도 '100원+100원인 경제'와 '200원+0원인 경제'의 화폐수요는 다르다. 전자의 화폐수요가 후자의 화폐수요보다 크다).

(3) 화폐수요이론의 역사적 변천과정을 소개하라.

해답 20세기 초 피셔 등에 의해 정립된 고전학파의 화폐수량설은 화폐의 가치저장기능을 무시하고 교환기능만을 고려했다. 반면 케인즈는 1930년대 대공황을 겪으면서 화폐가 교환의 매개수단일 뿐만 아니라, 불확실한 미래와 현재를 연결하는 고리로서 가치의 저장수단이라는 점을 중시하였다. 케인즈의 이러한 견해는 그의 『일반이론』에서 투자적 화폐수요가 이자율의 감소함수라는 형태로 구체화되었다.

이에 대해 프리드먼은 대공황시기에 통화량이 급격히 감소했다는 실증분석을 제시하면서, 명목소득과 통화량 간의 비례관계를 나타내는 화폐수량설이 여전히 현실을 잘 설명한다고 주장했다. 그러나 그는 고전적인 화폐수량설에 케인즈의 견해를 도입함으로써 보다 정교한 형태의 신화폐수량설을 발전시켰다.

(서울대학교 경제학부 1996학년도 대학원 입시문제 및 1995년 행정고시 기출문제 변형)

10 전경련의 모씨는 한국 경제가 당면한 불경기의 주된 원인이 고비용, 특히 높은 이자율 때문이며, 이자율이 높은 이유는 정부가 통화량을 너무 경직적으로 공급하기 때문이라고 주장한다. 그는 이러한 주장의 증거로서 "우리나라의 화폐유통속도는 미국의 그것에 비해 훨씬 더 빠르다"는 견해를 제시하며, "이것은 우리나라의 화폐공급량이 적정 수준에 비해 턱없이 부족함을 나타내는 것이다"라는 주장을 편다. 이러한 논거에 따라 그는 국가경쟁력을 회복하려면 우선 화폐공급을 대폭 늘려야 한다고 주장한다.

(1) 다음 자료를 활용하여 이 재계인사의 주장이 타당한지 설명하라. 단, ○○년도가 최근 10년간의 추세를 대표한다고 가정하자.

- ○○년 한국의 명목 국내총생산량 = 306조원
- 한국의 총통화량(M2) = 133조원
- 미국의 명목 국내총생산량 = 6조 380억 달러
- 미국의 총통화량(M2) = 3조 4천 940억 달러

해답 화폐수량설의 교환방정식 $MV = PY$에 주어진 자료들을 대입하면, 한국의 유통속도(V_K)와 미국의 유통속도(V_A)를 각각 다음과 같이 계산할 수 있다.

$$V_K = \frac{₩306조}{₩133조} \simeq 2.30 \quad V_A = \frac{\$60,380억}{\$34,940억} \simeq 1.73$$

계산결과에 따르면 한국의 유통속도가 미국의 유통속도보다 높다. 이러한 결과를 화폐수량설에 입각하여 단순하게 평가한다면, 한국의 화폐공급량이 미국의 그것에 비해 적다고 할 수 있다. 즉, 한국의 이자율이 높은 것은 화폐공급이 부족하기 때문이며, 부족한 화폐량을 보충하기 위해 화폐유통속도(V)가 높아졌다는 주장을 할 여지가 있다.

그러나 이러한 단순한 비교가 타당성을 갖기 위해서는, 우선 두 나라의 산출량이 정상 산출수준에 머물러 있음을 가정해야 한다. 그러나 현실경제가 이러한 전제를 충족하고 있다고 보기는 어렵다. 또한 한국의 총통화 개념과 미국의 총통화 개념은 그것이 포괄하는 금융상품의 범위에서 차이가 있다. 게다가 두 나라의 지불관습이나 경제운영 행태가 다르기 때문에 유통속도가 상이할 수도 있다. 따라서 이 둘을 일률적으로 비교하기에는 무리가 있다.

(2) 이자율이 높기 때문에 화폐유통속도가 높다는 이론적 근거는 무엇이며, 그 주장의 타당성에 대해 논하라.

해답 본 교재 10장 5절(화폐시장의 균형과 충격 분석, pp.275~276)에서 살펴보았듯이 화폐공급이 화폐수요와 일치하는, 즉 $M^s = M^d = P \cdot L(Y, R)$인 화폐시장의 균형에서 화폐유통속도는 다음과 같이 결정된다:

$$V = \frac{PY}{M^s} = \frac{PY}{P \cdot L(Y, R)} = \frac{Y}{L(Y, R)}$$

여기서 실질화폐수요 $L(Y, R)$은 이자율(R)의 감소함수이므로 화폐유통속도 V는 이자율의 증가함수가 된다. 따라서 이자율이 상승하면 화폐유통속도가 높아진다.

(3) 모씨의 주장대로 이자율이 높기 때문에 화폐의 유통속도가 높다고 하자. 그렇다면 그의 주장대로 통화량을 증가시키면 이자율도 낮아지고 유통속도도 감소할지 논하라. 단, 이 질문에 답하기 위해 필요한 가정과 개념들을 정확히 서술하라.

해답 문제에서 제기된 재계인사의 주장은 먼저 통화량 증가가 이자율을 낮추고,

이후 이자율 하락이 유통속도를 감소시킨다는 것이다.

우선 통화량 증가를 통해 이자율을 낮출 수 있는지에 대해 생각해 보자. 단기적으로 통화량 증가는 화폐의 초과공급을 가져와 이자율 수준을 낮출 수 있다. 그러나 이러한 이자율 하락이 궁극적으로 실물부문의 상황을 반영한 것이 아니라면, 이는 곧 물가 상승을 통해 상쇄될 것이다. 본 교재 14장 1절(〈그림 14-2〉 화폐공급 증가의 효과)에서 살펴보겠지만, 이자율과 소득 (r, Y) 평면에서 통화팽창으로 LM곡선이 우측이동하였다가 물가수준과 소득 (P, Y) 평면에서의 물가 상승으로 LM곡선이 다시 제자리로 돌아갈 수 있다는 분석을 통해서 이해할 수 있을 것이다.

이번에는 이자율 하락이 화폐유통속도를 감소시킨다는 주장에 대해 검토해 보자. 프리드먼으로 대표되는 통화주의자들은 이자율과 화폐유통속도 사이에 안정적인 관계가 존재한다고 주장한다. 그러나 실제로 이자율과 화폐유통속도 간에는 매우 불안정한 관계가 존재한다는 실증연구가 제시되고 있다. 게다가 다양한 금융상품이 계속 공급되고 있는 상황에서 유통속도는 불안정해지고 있으며, 이자율과의 관계에서도 변동성이 계속 확대되고 있다. 이와 같이 이자율과 유통속도 사이에 매우 불안정한 관계가 관찰된다면, 문제에서 제시된 재계인사의 주장은 현실적으로 한계가 있다.

(4) 모씨의 주장에 동의하지 않는다면, 한국의 이자율이 높은 이유는 무엇인지 의견을 제시하라.

해답 이자율 상승은 화폐공급의 감소뿐만 아니라 화폐수요의 증가에 의해서도 발생할 수 있다. 즉, 한국의 이자율이 높은 것은, 재계인사의 주장과는 달리, 화폐공급 측면이 아닌 화폐수요 측면에서 그 원인을 찾을 수 있다. 이러한 관점을 설명하기 위해 이 문제가 출제되었던 1997년 이전의 우리나라 상황을 생각해 보자. 장기적으로 적정한 실질이자율이 경제성장률 수준에서 결정되어야 하는 것으로 가정하면, 적정한 명목이자율 수준은 그 경제의 경제성장률에 물가상승률을 더한 값으로 표현될 수 있다.

한국은 1970년대 후반부터 수출호조와 투자 급증 등으로 국내경기가 과열됨에 따라 자금수요가 폭증하면서 고금리 시대가 시작되었다. 따라서 이와 같은 고금리는 빠른 경제성장과 높은 물가 상승 속도를 반영한 것으로 풀이될 수 있다. 게다가 한국은 정부주도형 경제성장의 과정에서 대기업의 과다차입 경향이 계속 확대되었다. 이러한 경향은 결국 한국 경제의 이자율 수준을 적정 수준 이상으로 상승시키는 결과를 가져왔다.

이처럼 한국의 이자율 수준이 실물부문의 경제성장률을 초과하게 된 이유가 자금의 수요 측면에 있다면, 한국의 이자율을 낮추려는 노력은 통화공급의 증대를 통해서가 아니라 화폐수요의 건전화 · 정상화에서 찾아야 할 것이다.

(5) 한국은행에서는 이자율을 낮추려면 자본자유화를 서둘러야 한다는 의견을 제시하고 있다. 한국은행의 의견에 대해 그 타당성과 문제점을 간략히 지적하라.

해답 1980년대에 금융혁신과 금융자유화가 급격하게 확산되면서 금리자유화와 자본자유화의 논의가 활발하게 전개되었다. 금융시장 건전성과 국가경제의 효율성을 제고하고 고금리의 상황에서 자본자유화를 통해 자금공급을 늘리자는 것이 이러한 주장의 요지였다. 즉, 미시적으로는 투자안의 건전성 심사기능이 강조되는 선진적인 자금의 유입을 통해 금리의 자원배분기능을 활성화함으로써 관치금융과 과다차입의 경영풍토를 지양하고, 거시적으로는 해외자금의 유입을 통해 금리의 경기조절기능을 강화시킬 필요가 있다는 것이다.

그러나 자본자유화를 기반으로 외국자본 유입을 통해 금리를 조절하려는 시도는 자칫 환율의 급격한 변동을 유발하고, 이와 맞물려 국내 금융시장의 불안정성을 더욱 확대시킬 위험을 내포하고 있다. 뿐만 아니라 국내이자율이 해외이자율에 비해 높다고 해서 자본자유화만으로 외국자본이 유입되어 금리가 낮아질 것으로 기대하기도 어렵다. 외환시장의 환율이 불안정하고 국내 실물부문의 건전성이 확보되지 못하면, 외국자금의 유입보다는 오히려 국내 자금의 해외유출을 부채질할 수 있기 때문이다.

(서울대학교 경제학부 1997학년도 대학원 입시문제)

chapter 11

단기적 경기변동의 주요 사실

01 3장 연습문제 1번과 동일

02 3장 연습문제 2번과 동일

03 3장 연습문제 3번과 동일

04 다음은 암스트롱(Philip Armstrong)과 글린(Andrew Glyn) 및 해리슨(John Harrison)이 세계 자본주의 역사에 대해 1991년에 서술한 *Capitalism since 1945* 라는 책의 제12장 〈Overheating〉에 수록된 한 문단이다. 이 글을 읽고 다음 질문에 답하라.

> 선진국들은 1968년과 1969년 사이에 동시적으로 완만한 경기후퇴를 경험했다. 하지만 언제 그랬냐는 듯 1972년과 1973년 초반에 세계 자본주의는 급속한 성장기를 되찾았다. 이 시기에 총생산은 7%, 공업생산은 10% 증가했다. 이러한 '미니붐(mini-boom)'은 경기성장 둔화에 대한 우려를 잠재우기에 충분했다. …… (중략) …… 그러나 미니붐은 한 시대의 종말을 보여주었다. 미니붐은 경기침체와 스태그플레이션, 그리고 대량실업이 시작되기 직전의 마지막 경기상승기였다.

(1) 경기호황기와 비교하여 경기불황기에 경제성장률, 실업률, 인플레이션율 등 여러 가지 거시경제지표들은 어떤 특징을 갖는지 설명하라.

해답 일반적으로 경기호황기에는 산업시설 가동률이 높아 산출수준이 전반적으로 높아지면서 경제성장률이 상승한다. 따라서 일자리도 늘어나면서 고용인구가 증가하여 실업률도 하락하기 마련이다. 한편 이 시기에는 통화량이 증가하고 거래가 활발해지면서 물가수준이 상승하기 쉽다.

반면에 경기불황기에는 산업시설 가동률이 낮아지면서 재고가 쌓이고, 산출수준이 전반적으로 하락하여 경제성장률이 하락한다. 따라서 기업의 투자가 위축되면서 일자리를 잃는 노동자들이 늘어나 실업률도 증가한다. 한편 이 시

기에는 경제 전반에 거래가 위축되면서 물가상승률이 둔화되는 경향이 있다.

이러한 거시경제지표들의 특징 중 물가수준의 경기순응성(즉, 경기호황기에 상승하고 불황기에 하락하는 경향)은 호황 또는 불황이 소비 · 투자 등 수요 측면의 충격에 의해 촉발되는 경우 나타난다. 반면에 호황 또는 불황의 원인이 국제 유가 변동 등 공급 측면의 충격인 경우 물가수준은 호황기에 하락하고 불황기에 상승하는 경기역행성을 보인다.

(2) 이 글에 설명된 것처럼, 역사적으로 볼 때 경기호황 뒤에는 거의 예외없이 경기불황이 뒤따른다. 자본주의 경제의 순환적 변동이 발생하는 원인이 무엇인지 생각해 보라.

해답 자본주의 경제에서 발견되는 경기변동의 일정한 규칙성에 대한 연구는 과거부터 지금까지 끊임없이 진행되고 있다. 일반적으로 경기변동의 순환은 크게 세 가지로 구분된다. 먼저 약 40개월을 주기로 관찰되는 키친순환(Kitchin cycle)은 재고의 변동에 따라 발생하는 것으로 알려져 있다. 약 9년 반을 주기로 발생하는 쥬글러순환(Juglar cycle)은 개별적 기술혁신과 같은 요인에 의해 발생한다. 한편 약 50년을 주기로 관찰되는 콘드라티에프 파동(Kondratief wave)은 철도, 전기 등과 같은 자본주의 경제의 모습을 뒤바꾸는 대발명에 기인하는 것으로 알려져 있다.

한편 이와 같이 경험적 관찰을 통해 경기변동을 연구하는 흐름과 함께, 경제주체들의 행위를 분석하여 경기변동의 원인과 그것이 지속되는 과정을 규명하려는 연구의 흐름이 이어져 왔다. 그 결과 경기변동의 원인을 각각 ① 민간기업의 투자지출 변화 등 수요 측면의 실물적 충격, ② 통화량 변화와 같은 화폐적 충격, ③ 정보의 불확실성에 기인한 경제주체들의 기대변화, ④ 기술이나 생산성 변화와 같은 공급측 요인, ⑤ 선거와 같은 정치적 변화에 기인한 정치적 측면, ⑥ 해외부문 충격에 의한 파급효과 등에서 찾는 이론들이 전개되고 있다. 이에 대한 자세한 논의는 제7장(거시경제의 총수요 · 총공급 모형)과 제10장(거시경제의 일반균형)에서 소개될 것이다.

(3) 역사적으로 볼 때 자본주의는 경기호황과 경기불황을 주기적으로 경험하면서도 지속적으로 성장해 왔다. 경제성장은 어떤 요인에 의해 어떤 방식으로 진행되는지에 대해 생각해 보라.

해답 제2장(1. 장기적 경제성장)에서 알아보았듯이 자본주의 경제는 순환적 변동을 겪으면서도 장기적으로는 지속적인 성장을 이룩해 왔다. 일반적으로 경제성장은 실질GDP 혹은 1인당 실질GDP의 증가로 정의되는데, 제2차 세계대전 이후 세계 경제의 성장은 매우 괄목할 만한 수준이었다.

종전에는 경제성장의 원동력을 자본 · 노동과 같은 생산요소의 양적 증가에서 찾는 견해가 많았다. 그러나 이것만으로는 지속적인 경제성장을 설명하는 데 한계가 있었기 때문에 최근에는 기술진보와 같은 요인으로 설명하려는 경향이 강하다.

chapter 12

새고전학파의 경기변동모형

01 실물경기변동모형을 이용하여 미래에 새로운 기술혁신이 도래할 것이라는 발표가 현재 총산출량, 소비, 투자, 고용, 실질임금, 실질이자율, 명목이자율, 그리고 물가 수준에 미치는 영향을 설명하라.

해답 먼저 본 교재 12장 1절(1.1 총요소생산성 충격과 경기변동)의 실물경기변동모형에서 노동공급이 실질이자율의 증가함수임을 고려하여 우상향하는 실질총

그림 12-1

미래 총요소생산성 증가의 효과

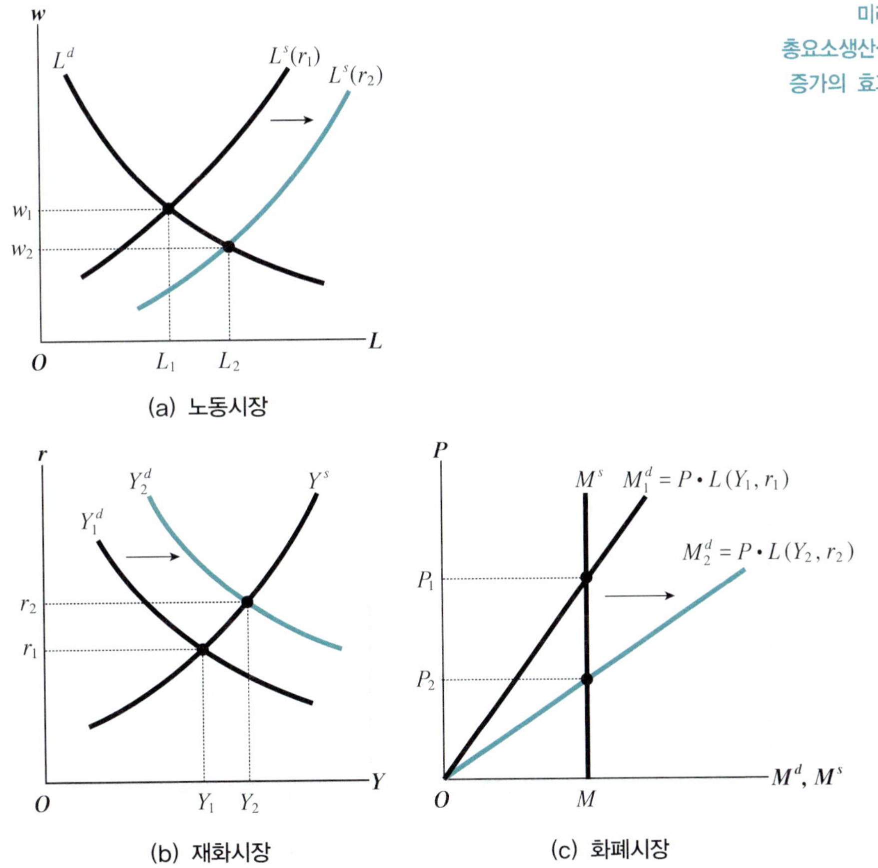

(a) 노동시장

(b) 재화시장

(c) 화폐시장

공급곡선을 가정한다. 노동공급이 실질이자율의 영향을 받지 않아서 실질총공급곡선이 수직선이 되는 경우의 분석은 질적으로 크게 다르지 않으므로 독자에게 맡긴다. 미래에 새로운 기술혁신의 도래에 따른 미래의 총요소생산성 증가는 현재 투자수요를 증가시켜 〈그림 12-1〉에서 현재 총수요곡선을 우측으로 이동시킨다. 따라서 총생산과 실질이자율이 증가하고, 실질이자율이 증가함에 따라 현재노동의 가치가 미래노동의 가치에 비해 상대적으로 증가하면서 현재노동공급이 $L^s(r_2)$로 증가한다. 현재 노동수요곡선은 변화가 없기 때문에 높은 실질이자율로 인한 노동공급곡선의 이동은 실질임금을 감소시킨다. 즉, 미래 총요소생산성의 증가는 현재 총생산(또는 국민소득)과 실질이자율을 증가시키는 반면, 실질임금을 감소시킨다. 한편 소득 증가는 화폐수요를 증가시키는 반면, 실질이자율 상승은 화폐수요를 감소시킨다. 만약 화폐수요가 이자율 상승보다 소득 증가에 더 민감하게 반응하여 화폐수요가 증가한다면, 현재 물가수준은 감소할 것이다.

02 실물경기변동모형을 이용하여 지진과 해일(tsunami)에 따른 자본파괴가 거시경제의 국민소득, 소비, 투자, 고용, 실질임금, 실질이자율, 그리고 물가수준에 미치는 영향을 분석·설명하라.

해답 여기서도 노동공급이 실질이자율의 증가함수임을 고려하여 우상향하는 실질총공급곡선을 가정한다. 노동공급이 실질이자율의 영향을 받지 않아서 실질총공급곡선이 수직선이 되는 경우의 분석은 독자에게 맡긴다. 지진과 해일에 따른 자본스톡의 감소는 노동의 한계생산성을 감소시키므로 〈그림 12-2〉에서 노동수요곡선이 좌측이동하고($L_1^d \to L_2^d$), 이에 따라 실질총공급곡선도 좌측이동한다($Y_1^s \to Y_2^s$). 그 결과 국내총생산이 감소하고($Y_1 \to Y_2$) 실질이자율은 상승한다($r_1 \to r_2$). 실질이자율이 상승하므로 소비와 투자는 감소한다. 한편 실질이자율 상승에 따라 현재노동의 가치가 미래노동에 비해 상대적으로 증가하므로 노동공급곡선은 우측이동한다($L_1^s \to L_2^s$). 이자율 상승이 노동공급에 미치는 기간 간 대체효과가 상대적으로 작다고 가정하면, 고용은 감소하고($L_1 \to L_2$) 실질임금은 하락한다($w_1 \to w_2$). 끝으로 소득 감소와 이자율 상승은 화폐수요를 감소시키므로($M_1^d \to M_2^d$) 물가수준은 상승한다($P_1 \to P_2$).

그림 12-2

자본스톡의 감소

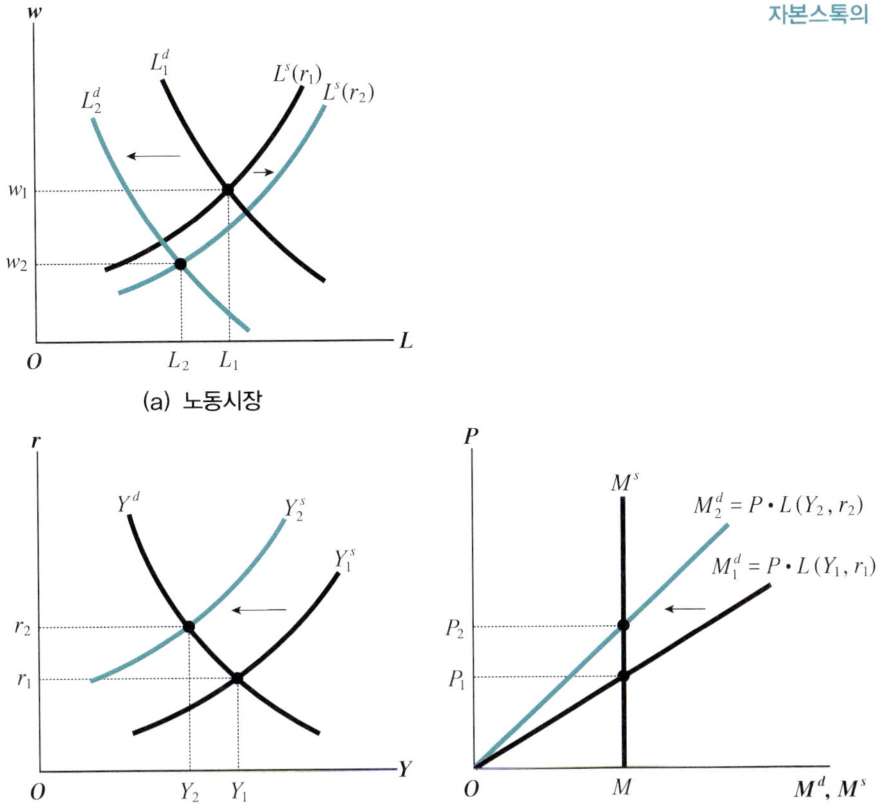

(a) 노동시장

(b) 재화시장

(c) 화폐시장

03 총요소생산성의 일시적 증가가 거시경제의 국민소득, 소비, 투자, 고용, 실질임금, 실질이자율, 그리고 물가수준에 미치는 영향을 다음 이론을 이용하여 각각 분석 · 설명하라.

해답 아래 (1)~(2)의 분석에서는 노동공급이 실질이자율의 증가함수임을 고려하여 우상향하는 실질총공급곡선을 가정한다. 노동공급이 실질이자율의 영향을 받지 않아서 실질총공급곡선이 수직선이 되는 경우의 분석은 더 단순할 뿐 아니라 질적으로 크게 다르지 않으므로 독자에게 맡긴다.

그림 **12-3-1**

총요소생산성의 일시적 증가 : 루카스의 화폐경기변동이론

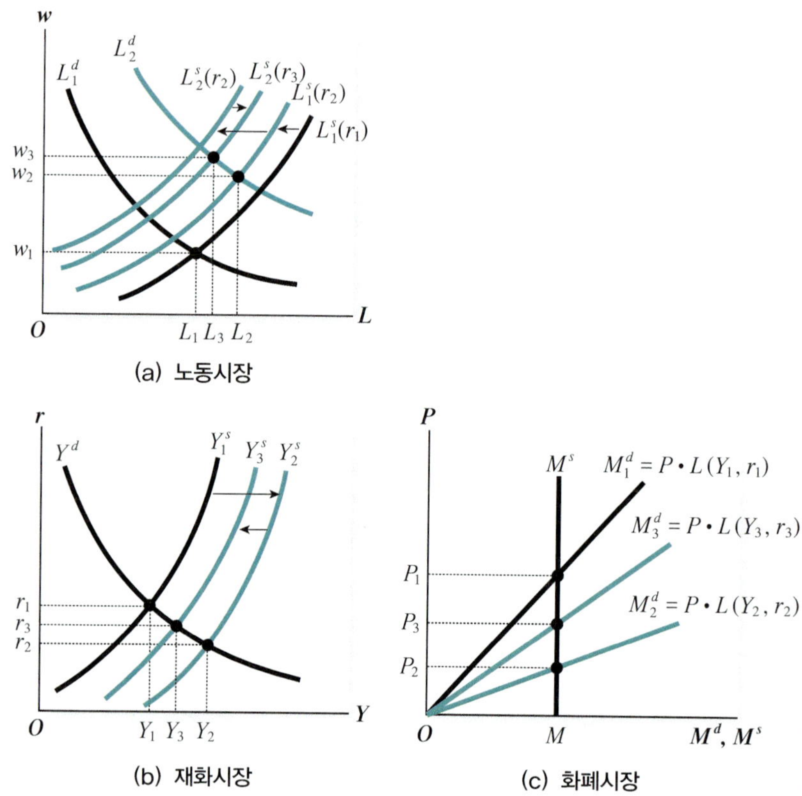

(1) 루카스의 화폐경기변동이론

해답 루카스의 화폐경기변동이론에서 총요소생산성의 일시적 증가는 〈그림 12-3-1〉에서 노동수요곡선을 우측이동시킨다($L_1^d \rightarrow L_2^d$). 이에 따라 실질총공급곡선이 우측이동하므로($Y_1^s \rightarrow Y_2^s$) 실질이자율은 하락한다($r_1 \rightarrow r_2$). 실질이자율 하락으로 현재노동의 가치가 미래노동에 비해 상대적으로 감소하면서 노동공급이 $L_1^s(r_1)$에서 $L_1^s(r_2)$로 감소한다. 이때 이자율의 노동공급효과가 상대적으로 작다는 경험적 사실을 받아들이면 고용과 국내총생산은 모두 증가한다($L_1 \rightarrow L_2$, $Y_1 \rightarrow Y_2$). 한편 소득 증가와 실질이자율 감소에 따른 화폐수요 증가로 물가수준은 하락한다($P_1 \rightarrow P_2$). 이는 명목임금($W = Pw$)를 감소시키는데, 물가수준의 변화에 대한 불완전한 정보 하에서 소비자는 명목임금의 하락을 실질임금(w)의 하락으로 착각하여 노동공급이 $L_1^s(r_2)$에서 $L_2^s(r_2)$로 감소한다. 이러한 고용의

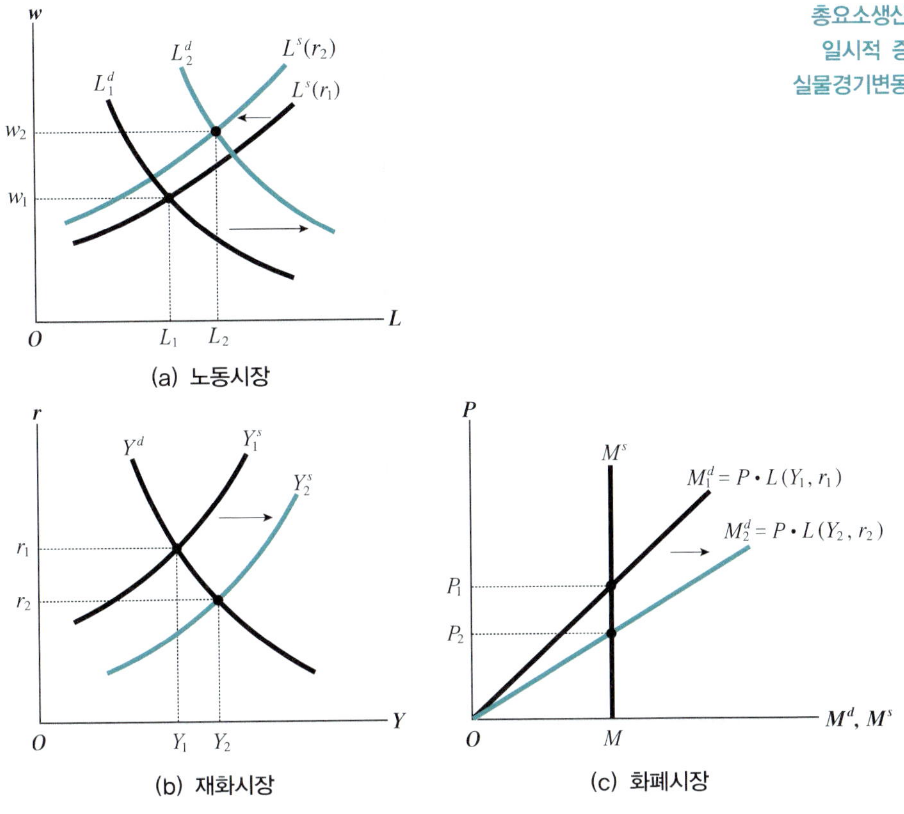

그림 10-3-2

총요소생산성의 일시적 증가 : 실물경기변동이론

감소는 생산함수를 따라 산출량을 감소시키므로 실질총공급곡선이 좌측이동한다($Y_2^s \rightarrow Y_3^s$). 그 결과 국내총생산은 Y_3로 증가폭이 일부 축소되고 실질이자율도 r_3로 하락폭이 줄어든다. 이에 따라 화폐수요의 증가폭 역시 일부 축소된다. 실질이자율의 변화로 노동공급곡선은 $L_2^s(r_2)$에서 $L_2^s(r_3)$로 이동한다. 최종적으로 국내총생산과 고용은 증가하고 실질이자율은 하락하며, 실질이자율 하락에 따라 소비와 투자는 증가한다. 또한 실질임금은 상승하고 물가수준은 하락한다.

(2) 실물경기변동이론

해답 총요소생산성의 증가는 생산함수를 비례적으로 상방이동시키므로 〈그림 12-3-2〉에서 노동의 한계생산곡선에 해당하는 노동수요곡선이 L_1^d에서 L_2^d로 우측이동하면서 고용량이 증가하고, 따라서 산출량도 증가한다. 이러한 변화는 실질총공급곡선을 Y_1^s에서 Y_2^s로 우측이동시키므로 실질이자율이 하락하고, 실질총수요곡선을 따라서 소비와 투자가 모두 증가한다.

한편 이자율이 하락함에 따라 현재노동의 가치가 미래노동에 비해 상대적으로 감소하면서 현재노동공급이 〈그림 12-3-2〉의 (a)와 같이 $L^s(r_1)$에서 $L^s(r_2)$로 감소한다. 동시에 총요소생산성의 증가에 따른 노동수요곡선의 우측이동을 고려하면, 일반적으로 균형고용량은 증가 또는 감소할 수 있다. 그러나 이자율의 기간 간 대체효과에 의한 노동공급 감소가 총요소생산성 증가에 의한 노동수요 증가보다 상대적으로 작다는 경험적 사실을 받아들이면 균형고용량은 증가하고 산출량(또는 소득)도 증가할 것이다. 아울러 소득 증가와 이자율 하락은 〈그림 12-3-2〉의 (c)와 같이 화폐수요를 M_1^d에서 M_2^d로 증가시키므로, 주어진 화폐공급 수준에서 물가수준은 P_1에서 P_2로 하락할 것이다.

04 다음 명제의 참, 거짓을 밝히고 그 이유를 간략히 서술하라.

(1) 실물경기변동모형에서 총요소생산성의 지속적 감소는 실질임금의 하락과 물가수준의 하락을 가져온다.

해답 거짓.

총요소생산성의 지속적 감소는 노동의 한계생산성 감소에 따른 노동수요 감소로 실질총공급곡선을 좌측이동시키는 한편 현재투자를 감소시키므로 실질총수요곡선을 좌측이동시킨다. 이때 ① 실질총공급곡선의 이동이 상대적으로 크다면 국민소득은 감소하고 실질이자율은 상승한다. 국민소득의 감소와 실질이자율의 상승은 화폐수요를 감소시키므로 물가수준은 상승한다. 반대로 ② 실질총수요곡선의 이동이 상대적으로 크다면 국민소득은 감소하고 실질이자율은 하락한다. 그러나 이 경우에도 일반적으로 화폐수요의 소득탄력성이 이자율탄력성보다 크므로 화폐수요가 감소하면서 물가수준은 상승한다. (참고로 이자율의 노동공급효과가 상대적으로 작다면 실질임금은 노동수요의 감소로 두 경우 모두 하락한다.)

(2) 화폐경기변동모형에서 예상치 못한 통화량 감소의 결과 실질임금의 하락과 실질이자율의 상승을 가져온다.

해답 거짓.

화폐경기변동모형에서 예상치 못한 통화량 감소로 물가수준이 하락하는 경우 노동자들은 물가 하락에 따른 명목임금 하락을 실질임금 하락으로 착각하게 된다. 그 결과 노동시장에서 노동공급이 감소하고 실질총공급곡선이 좌측으로 이동한다. 따라서 실질임금과 실질이자율이 모두 상승한다.

05 어떤 경제의 대표적 소비자의 효용함수와 대표적 기업의 생산함수는 다음과 같다.

- **효용함수** : $U = \ln\left(C - \frac{2}{3}BL^{1.5}\right)$
- **생산함수** : $Y = AL^{0.5}K^{0.5}$

여기서 C, L, K, A는 각각 소비, 노동, 자본, 생산성을 나타내며, B는 노동의 비효용성을 결정하는 모수이다. 소비자가 공급하는 노동 한 단위에 대한 실질임금은 w, 자본 한 단위에 대한 실질임대료는 r이다. 자본은 일정하며 모든 시장은 완전경쟁시장이다. 다음 물음에 답하라.

(1) 노동수요 및 노동공급함수를 도출하라.

해답 노동수요는 8장(2.1 노동수요)에서 살펴보았듯이 노동한계생산(MP_L)이 주어진 실질임금(w)과 같아지는 수준에서 결정된다.

$$MP_L = 0.5AL^{-0.5}K^{-0.5} = w \Rightarrow L^d = \left(\frac{A}{2w}\right)^2 K$$

노동공급은 7장(1.1 효용함수와 예산제약)에서 살펴보았듯이 소비자의 여가와 소비 간 한계대체율 또는 노동과 소비 간 한계대체율($-\frac{U_L}{U_C}$)과 실질임금(w)이 같아지는 수준에서 결정된다.

$$-\frac{U_L}{U_C} = \frac{BL^{0.5}}{1} = w \Rightarrow L^s = \left(\frac{w}{B}\right)^2$$

(2) $B = 5$, $K = 1$일 때, A가 40에서 90으로 증가하면 균형실질임금, 균형노동, 균형산출은 어떻게 변화하는지 답하라.

해답 노동시장의 균형은 (1)에서 도출한 노동수요와 노동공급이 일치하는 상태에서 이루어진다.

$$L^d = L^s \Rightarrow \left(\frac{A}{2w}\right)^2 K = \left(\frac{w}{B}\right)^2$$

위 식에 먼저 $B=5$, $K=1$을 대입한 뒤 균형실질임금(w)에 대해 나타내면 다음과 같다.

$$w = (2.5A)^{0.5}$$

이때 균형노동은 다음과 같이 결정된다.

$$L^d = L^s = L = \left(\frac{w}{5}\right)^2$$

따라서 $A=40$에서 $A=90$으로 증가하면 균형실질임금, 균형노동, 균형산출은 각각 $w=10$, $L=4$, $Y=80$에서 $w=15$, $L=9$, $Y=270$으로 증가한다.

(3) (2)의 결과를 이용하여 실물경기변동론이 경기변동의 정형화된 사실을 어떻게 설명할 수 있는지 논하라.

해답 총요소생산성 증가에 따른 균형산출, 균형노동의 증가와 균형실질임금의 상승은 경기변동의 정형화된 사실 중 총생산과 노동 간, 그리고 총생산과 실질임금 간 경기순응성을 잘 설명한다.

(2021년 행정고시 기출문제)

chapter 13

새케인즈학파의 경기변동모형

01 단기적으로 가격이 고정되어 있을 때 소비함수와 투자함수가 다음과 같이 주어졌고, 정부지출은 0이라고 하자. 다음 질문에 답하라.

- **소비함수** : $C = 500 + 0.7Y$
- **투자함수** : $I = 1{,}200$

해답 위와 같은 소비함수, 투자함수로 구성된 모형은 케인즈가 『고용, 이자 및 화폐의 일반이론(The General Theory of Employment, Interest and Money)』에 처음 소개한 거시경제모형으로서 케인즈의 소득 · 지출 모형이라고도 한다. 이 모형은 본 교재 13장에서 살펴본 새케인즈학파의 거시경제모형과 달리, 현재소비를 단순히 현재소득만의 함수로 가정한다. 이는 실질적으로 가계소비자가 저축과 차입을 못하는 경우를 가정한 것으로 볼 수 있다.

이 모형에 따르면 단기적으로 재화나 서비스에 대한 수요가 있으면 공급은 자동적으로 충족된다는 가정 하에, 균형국민소득은 실질적으로 재화시장의 총지출에 의해 결정된다. 즉, 균형국민소득은 재화시장의 균형식 $Y = C + I + G = c(Y - T) + \bar{I} + \bar{G}$로부터 다음과 같이 결정된다:

$$Y = \frac{1}{1-c}(\bar{I} + \bar{G} - cT)$$

여기서 $\frac{1}{1-c}$을 케인즈 소득 · 지출 모형의 승수(multiplier)라 한다.

(1) 균형국민소득을 구하라.

해답 위에 주어진 소비함수와 투자함수를 폐쇄경제의 재화시장 균형조건 $Y = C + I + G$에 대입한 뒤 다음과 같이 균형국민소득을 구할 수 있다.

$$Y = C + I + G = 500 + 0.7Y + 1{,}200 \Rightarrow Y = 5{,}666.67$$

소비함수와 투자함수가 이자율과 무관하게 결정되기 때문에 재화시장의 균형을 의미하는 IS곡선이 수직선의 형태로 나타남을 알 수 있다.

(2) 다른 요인은 불변이고 소비함수에서 Y의 계수가 0.7에서 0.5로 감소했다고 하자. 균형국민소득을 구하고 (1)과의 차이를 설명하라.

해답 한계소비성향이 0.7에서 0.5로 감소할 때 (1)과 동일한 방식으로 균형국민소득을 다음과 같이 구할 수 있다.

$$Y = C + I + G = 500 + 0.5Y + 1,200 \Rightarrow Y = 3,400$$

따라서 한계소비성향의 감소는 균형국민소득을 감소시킨다. 이는 한계소비성향의 감소가 소득 증가에 의해 유도되는 소비의 감소를 가져오기 때문이다.

(3) 왜 통화량이 균형국민소득에 아무런 영향을 미치지 않는지 설명하라.

해답 (1)과 (2)에서 알 수 있듯이 균형국민소득이 이자율 수준에 관계 없이 결정되는데, 이는 통화량의 변화가 이자율 변화를 통해 소비 또는 투자에 아무런 영향을 미치지 않고, 따라서 균형국민소득에도 아무런 영향을 미치지 않는다.

02 $IS-LM$ 모형에서 재화시장과 화폐시장이 불균형상태로부터 균형으로 회복되는 과정을 설명하라.

해답 IS곡선의 우측에서는 재화 및 서비스(아래에서는 줄여서 '재화'라 함)에 대한 초과공급이 존재하며, 좌측에서는 재화에 대한 초과수요가 존재한다. 그런데 재화에 대한 초과공급이 존재할 때에는 국민소득이 감소하려는 경향이 있고, 재화에 대한 초과수요가 존재할 때에는 국민소득이 증가하려는 경향이 있다. 마찬가지로 LM곡선의 윗부분에서는 이자율이 하락하려 하고, LM곡선의 아랫부분에서는 이자율이 상승하려는 경향이 있다. 그러므로 재화시장의 불균형은 국민소득이 조정하며 화폐시장의 불균형은 이자율이 조정한다고 가정할 수 있다.

이로부터 우리는 경제의 상황을 (Y, r) 평면에서 9가지로 구분할 수 있다. 각각의 상황에서 경제의 운동방향을 나타내면 〈그림 13-2〉와 같다. 균형점(E)에서는 이자율과 국민소득이 움직이지 않는다. E보다 우측의 LM곡선 상(A)에서는 화폐시장은 균형상태이고 재화시장은 초과공급상태이므로 이자율은 변동하지 않고 국민소득이 감소할 것이다. LM곡선의 윗부분과 IS곡선의 우측부분의 교집합(B)에서는 화폐시장의 초과공급과 재화시장의 초과공급으로 인해 이자율이 하락하고 국민소득도 감소하므로 불균형상태의 경제는 앞

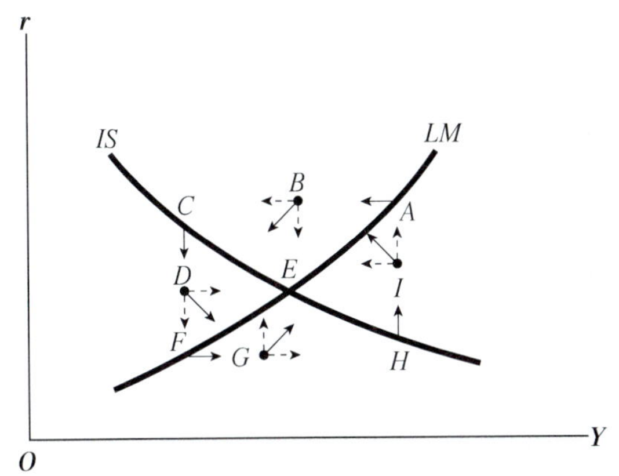

그림 13-2

IS−*LM* 모형의 불균형 조정

의 두 가지 힘에 의해 움직인다. 각각의 경우 경제상황에 따른 이자율과 국민소득의 변동방향은 〈그림 13−2〉에서 실선의 화살표로 나타낼 수 있다.

03 소비함수가 다음과 같이 주어졌다고 하자. 이 장에서 소개된 새케인즈학파의 *IS*−*LM* 모형에서 가정한 소비함수와 어떻게 다른지 설명하라. 특히 어떤 경우에 소비함수가 아래와 같이 단순화된 형태를 띠는지 직관적으로 설명하라.

소비함수 : $C = 700 - 0.5r + 0.7(Y - T)$

해답 본 교재 6장(5. 소비함수)에서 도출한 소비함수는 이자율의 감소함수, 현재 및 미래 소득의 증가함수, 그리고 현재 및 미래 정부지출의 감소함수이다: $C = C(r, Y, Y', G, G')$. 반면에 위에 주어진 소비함수에 따르면 소비는 미래소득(Y')과 미래 정부지출(G') 등 미래변수의 영향을 받지 않는다. 이러한 단순화된 형태는 소비자들이 합리적이고 미래전망적이라기보다는 근시안적 소비행태를 가정한 것으로 볼 수 있다.

04 소비함수가 위와 같이 주어졌을 때 리카도 대등정리가 성립하는가? 직관적으로 설명하라.

해답 소비자들이 근시안적 소비행태를 보이는 경우 리카도 대등정리가 성립하지 않는다. 예를 들어 위에 주어진 소비함수에 따르면 현재조세 삭감(T의 감소)은 현재소비를 증가시키게 된다. 이는 소비자들이 평생조세부담을 고려하기보다는 단기적으로 현재의 조세삭감만을 고려하여 소비 선택을 하기 때문이다.

05 단기적으로 물가수준이 1에 고정되어 있다. 정부는 아무 역할을 하지 않고(즉, $G = T = 0$), 중앙은행은 통화량(M)을 자유롭게 바꾼다고 하자. 소비함수, 투자함수, 그리고 실질화폐수요함수는 다음과 같다.

- **소비함수** : $C(Y-T, H) = -1 + 0{:}5(Y-T) + 0.5H$
- **투자함수** : $I(r) = 3 - 0.5r$
- **실질화폐수요함수** : $L(r, Y) = 2 + Y - r$

소비는 이제 가처분소득뿐만 아니라 집값(H)의 함수라는 점에 주목하라.

(1) 집값이 어떤 경로를 통해 가계의 소비지출에 영향을 미칠 수 있는지 직관적으로 설명하라.

해답 위에 주어진 소비함수에 따르면 부동산의 가격(H) 상승이 부 효과(wealth effect)에 의해 가계소비를 증가시킬 수 있다. 또한 가계가 소유한 부동산의 담보가치도 높아져 은행으로부터 대출을 받기 쉬워지고, 이를 소비재원으로 활용할 수도 있다.

(2) 위의 소비함수, 투자함수가 우리가 이 장에서 가정했던 소비함수 및 투자함수와 어떻게 다른지 설명하라.

해답 본 교재 6장(5. 소비함수)에서 도출한 소비함수는 이자율의 감소함수, 현재 및 미래 소득의 증가함수, 그리고 현재 및 미래 정부지출의 감소함수이다: $C = C(r, Y, Y', G, G')$. 위에 주어진 소비함수에 따르면 현재소비가 미래변수의 영향을 받지 않는 반면에 부동산 가격(H)의 영향을 받음으로써 자산가격 변화에 따른 부 효과(wealth effect)를 나타내고 있다.

본 교재 8장(2.2 투자)에서 도출한 투자함수는 이자율의 감소함수, 미래 총요소생산성의 증가함수, 초기 자본량의 감소함수이다: $I = I(r, z', K)$. 반면에 위의 투자함수는 단순히 이자율의 감소함수를 가정하고 있다. 따라서 본 교재

13장의 3~6절에서 소개한 새케인즈학파 모형과 달리 미래 경제여건의 변화가 현재의 의사결정과 현재의 시장균형에 영향을 미치지 않는다.

(3) *IS*곡선을 나타내는 식을 도출하라. (가능하면 Y는 좌변에, 다른 변수들과 파라미터들은 우변에 위치시키자). 그 식을 바탕으로 집값 상승이 *IS*곡선을 어떻게 이동시키는지 설명하라.

해답 *IS*곡선은 재화시장의 균형을 나타내는 국민소득(Y)과 이자율(r)의 조합을 의미하므로 재화시장의 균형식 $Y = C + I + G$에 주어진 소비함수와 투자함수, $G = T = 0$을 대입한 뒤 Y에 대해서 정리하면 다음과 같은 *IS*곡선식이 도출된다:

$$Y = C(Y - T, H) + I(r) + G = (-1 + 0.5(Y - 0) + 0.5H) + (3 - 0.5r) + 0$$
$$\Rightarrow Y = -r + H + 4$$

위 *IS*곡선식에 따르면 집값(H)의 상승은 *IS*곡선을 우측으로 이동시킨다.

(4) *LM*곡선을 나타내는 식을 도출하라. (가능하면 Y를 좌변에, 다른 변수들과 파라미터들은 우변에 위치시키자). 그 식을 바탕으로 통화공급의 증가가 *LM*곡선을 어떻게 이동시키는지 설명하라.

해답 *LM*곡선은 화폐시장의 균형을 나타내는 국민소득(Y)과 이자율(r)의 조합을 의미하므로 화폐시장의 균형식 $\frac{M}{P} = L(r, Y)$에 주어진 실질화폐수요함수와 $P = 1$을 대입한 뒤 Y에 대해서 정리하면 다음과 같은 *LM*곡선식이 도출된다:

$$M = 2 + Y - r \Rightarrow Y = r + M - 2$$

위 *LM*곡선식에 따르면 통화공급(M)의 증가는 *LM*곡선을 우측으로 이동시킨다.

(5) $M = 1$이라 가정하고 (1)과 (2)에서 도출한 *IS*곡선과 *LM*곡선을 수평 및 수직 절편을 정확히 표시한 (Y, r) 평면에 그리자. 이 *IS*−*LM* 모형을 이용해 집값의 하락이 경제에 미치는 영향을 분석하라.

해답 〈그림 13-5-5〉에서 초기에 경제가 점 A에서 균형상태에 있다고 하자. 집값 하락에 따라 *IS*곡선이 좌측으로 이동하여 재화시장과 화폐시장의 동시균형이 점 B로 이동한다. 그 결과 균형국민소득과 균형이자율이 각각 감소, 하락한

그림 13-5-5

집값의 하락

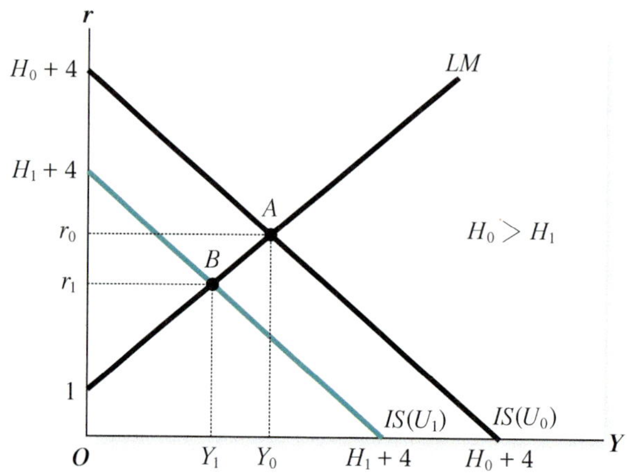

다. 국민소득 감소는 집값 하락과 함께 소비를 감소시키는 반면, 이자율 하락은 투자를 증가시킬 것이다.

(6) $M=1$과 $H=0$이라고 가정하고 단기균형에서 산출량과 실질이자율을 구하라.

해답 (3)과 (4)에서 각각 도출한 *IS*곡선식과 *LM*곡선식에 $H=0$, $M=1$을 대입한 후 Y와 r에 대해서 풀면 다음과 같이 재화시장과 화폐시장의 동시균형을 가져오는 산출량과 실질이자율을 구할 수 있다.

$$\textbf{\textit{IS}곡선}: Y=-r+4,\ \textbf{\textit{LM}곡선}: Y=r-1$$
$$\Rightarrow Y=1.5,\ r=2.5$$

06 정부가 미래에 지출(G')을 늘리겠다고 발표했다. 다만 현시점에서 조세(T)의 변화는 없다. 새케인즈학파 모형을 이용하여 현재 시점의 국민소득, 소비, 투자, 실질이자율, 고용, 물가수준에 미치는 영향을 분석하고 설명하라. 만약 이 장에서의 가정과 달리, 금융시장의 마찰이 너무 커서 가계가 차입과 저축을 못 한다면 결과가 어떻게 달라지는가?

해답 본 교재 6장(5. 소비함수)에서 도출한 소비함수와 같이 현재소비가 미래 정부지출(G')의 감소함수라면, 현재조세의 변화 없이 미래 정부지출의 증가는 곧

그림 13-6

미래 정부지출의 증가

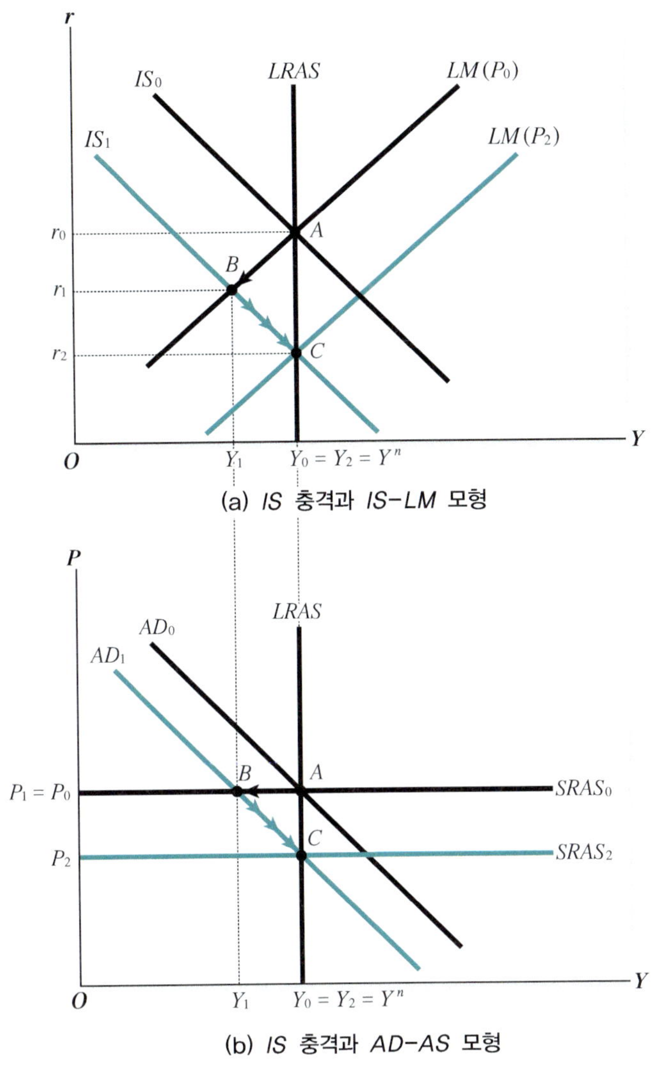

미래조세의 증가를 의미한다. 이에 대비하여 가계는 현재저축을 늘리고 소비를 줄인다. 이러한 현재소비의 감소는 〈그림 13-6〉의 (a)에서 *IS*곡선을 좌측으로 이동시킨다. *IS*곡선과 *LM*곡선이 교차하는 점 *B*에서 단기균형이 이루어지므로 총생산은 단기적으로 자연산출량보다 작아지면서 경기침체가 발생한다. 이때 실질이자율의 하락은 투자를 증가시킬 뿐 아니라 소비도 증가시켜 미래 정부지출 증가에 따른 소비 감소를 일부 상쇄한다.

〈그림 13-6〉의 (b)는 $AD-AS$ 그래프에서 같은 상황을 보여준다. 물가수준은 단기총공급곡선 $SRAS_0$에 의해 제시되는 P_0에 고정된다. IS곡선이 이동하면 AD곡선이 같은 방향으로 이동하므로 총생산은 감소한다($Y_0 \rightarrow Y_1$). 이때 $IS-LM$ 그래프와 $AD-AS$ 그래프에서 총생산은 같은 양만큼 감소한다. 이 단기균형에서는 기업이 가격을 내리지 못하므로, 가격을 신축적으로 조정할 수 있을 때 선택하는 최적 생산량, 즉 Y''보다 적은 양을 생산 · 판매한다. 한편 총요소생산성이 불변하고 물적자본이 단기적으로 고정된 상황에서 기업이 줄어든 수량(Y_1)의 재화를 생산하는 데 필요한 노동투입이 감소하므로 노동시장에서는 고용이 감소하고 실질임금이 하락한다.

장기적으로는 기업이 수요 감소에 반응하여 가격을 내리면서 물가수준이 서서히 하락하고 (b)에서 $SRAS$곡선이 아래로 이동함에 따라 균형점이 총수요곡선(AD)을 따라 움직인다. 마침내 물가수준이 P_2에 도달하면서 경제도 장기균형인 점 C에 도달한다. 물가수준이 P_1에서 P_2로 점진적으로 하락함에 따라 (a)에서 LM곡선이 오른쪽으로 이동하게 되고, 균형점은 IS곡선을 따라 이동하다가 결국 장기균형점 C에 도달한다. 이때 실질이자율의 추가 하락은 소비와 투자의 추가적인 증가를 통해 미래 정부지출 증가에 따른 소비 감소를 완전히 상쇄한다.

한편 가계가 차입과 저축을 못하는 경우에 미래 정부지출의 증가는 현재 시점의 국민소득, 소비, 투자, 실질이자율, 고용, 물가수준에 아무런 영향을 미치지 않을 것이다.

07 새케인즈학파 모형을 이용하여 미래 총요소생산성(z')의 증가가 현재 시점의 국민소득, 소비, 투자, 실질이자율, 고용, 물가수준에 미치는 영향을 분석하고 설명하라. 만약 이 장에서의 가정과 달리, 금융시장의 마찰이 너무 커서 가계가 차입과 저축을 못 한다면 결과가 어떻게 달라지는가?

해답 본 교재 8장(2.2 투자)에서 도출한 투자함수와 6장(5. 소비함수)에서 도출한 소비함수에 따르면 미래 총요소생산성(z')의 증가는 현재투자의 증가와 미래소득의 증가에 기인한 현재소비의 증가를 가져온다. 이러한 투자와 소비의 증가는 〈그림 13-7〉의 (a)에서 IS곡선을 우측으로 이동시키고, IS곡선과 LM곡선이 교차하는 점 B에서 단기균형이 이루어진다. 이때 실질이자율의 상승에 따른 소비와 투자의 감소는 미래 총요소생산성 증가에 따른 소비와 투자의 증가

그림 13-7

미래 총요소생산성의 증가

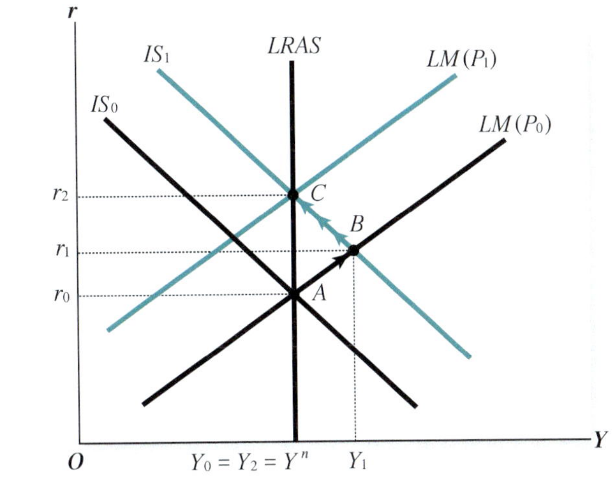

(a) *IS*–*LM* 모형

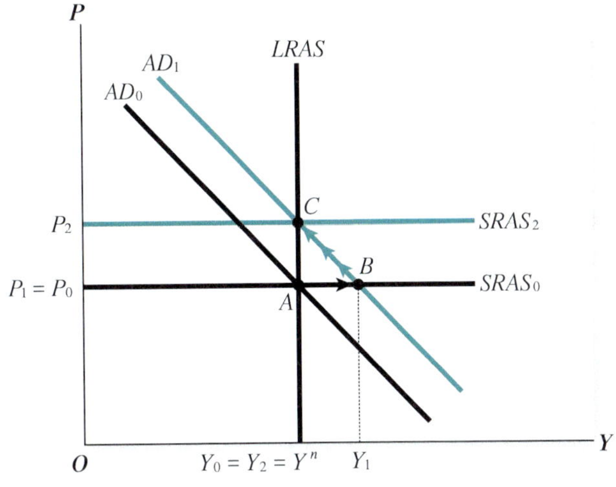

(b) *AD*–*AS* 모형

를 일부 상쇄한다.

〈그림 13-7〉의 (b)에서 *AD*곡선은 *IS*곡선과 같은 방향으로 이동하므로 총생산은 증가한다($Y_0 \rightarrow Y_1$). 이 단기균형에서는 기업이 가격을 올리지 못하므로, 가격을 신축적으로 조정하는 경우에 선택하는 자연산출량(Y^n)보다 많은 양을 생산한다. 한편 총요소생산성이 불변하고 물적자본이 단기적으로 고정된 상황에서 기업이 늘어난 수량(Y_1)의 재화를 생산하는 데 필요한 노동투입이 증가하므로 노동시장에서는 고용이 증가하고 실질임금이 상승한다.

장기적으로는 기업이 수요 증가에 반응하여 가격을 올리면서 물가수준이 서서히 상승하고 (b)에서 *SRAS*곡선이 위로 이동하면서 균형점이 *AD*곡선을 따라 움직인다. 마침내 물가수준이 P_2에 도달하면서 경제도 장기균형인 점 *C*에 도달한다. 물가수준이 P_1에서 P_2로 상승함에 따라 *LM*곡선이 왼쪽으로 이동하면서 균형점은 *IS*곡선을 따라 이동하여 결국 장기균형점 *C*에 도달한다. 이때 실질이자율의 추가 상승은 소비와 투자의 추가적인 감소를 통해 미래 총요소생산성 증가에 따른 소비와 투자 증가를 완전히 상쇄한다.

한편 가계가 차입과 저축을 못하는 경우에는 소비함수가 $C = Y - T$가 되고 총저축은 $S = Y - C - G = T - G$가 된다. 총저축이 외생적으로 고정되어 있으므로 미래 총요소생산성 증가에 따른 기업의 투자수요 증가는 실제 투자의 증가로 이어지지 않고 실질이자율의 상승만 가져온다. 위의 소비함수($C = Y - T$)와 같이 한계소비성향이 1인 경우에는 *IS*곡선이 수평이 되며, 미래 총요소생산성 증가는 *IS*곡선의 상방이동을 가져오면서 단기적으로 총생산, 소비가 증가하고 실질이자율이 상승한다(이는 독자가 직접 그려 보기 바란다). 투자는 변하지 않는데, 이는 z'의 증가로 인한 기업의 투자수요 증가가 실질이자율의 상승으로 인한 투자수요 감소에 의해 완전히 상쇄되기 때문이다. 장기적으로는 가격이 조정되면서 가계의 차입 · 저축이 자유로운 경우와 유사하게 장기균형으로 수렴한다.

이제 좀 더 현실적인 경우, 즉 현재소비가 현재 가처분소득의 증가함수이면서 한계소비성향이 1보다 작은 경우, 예를 들어 $C = 0.7(Y - T)$를 가정하자. 이 경우에는 *IS*곡선이 여전히 우하향하므로 가계의 차입 · 저축이 완전히 자유로운 경우, 즉 〈그림 13-7〉과 실질적으로 동일한 결과를 도출할 수 있다. 다만 미래 총요소생산성(z') 증가에 따른 미래소득(Y')의 증가는 현재소비의 증가를 가져오지 못한다. 따라서 (a)에서 *IS*곡선의 우측이동은 오로지 z'의 증가에 따른 투자 증가에 기인한다.

08 비트코인(bitcoin)의 출현이 화폐수요의 증가를 가져올지 감소를 가져올지 불분명하다고 하자. 각각의 경우에 비트코인의 출현이 국민소득, 소비, 투자, 실질이자율, 고용, 물가수준에 미치는 영향을 설명하라.

해답 본 교재 13장(3.2 화폐시장의 균형 : *LM*곡선)에서 도출한 *LM*곡선에 의하면 비트코인 출현에 따른 화폐수요의 감소는 〈그림 13-8〉의 (a)에서 *LM*곡선의

그림 13-8

비트코인 출현에 따른 화폐수요의 감소

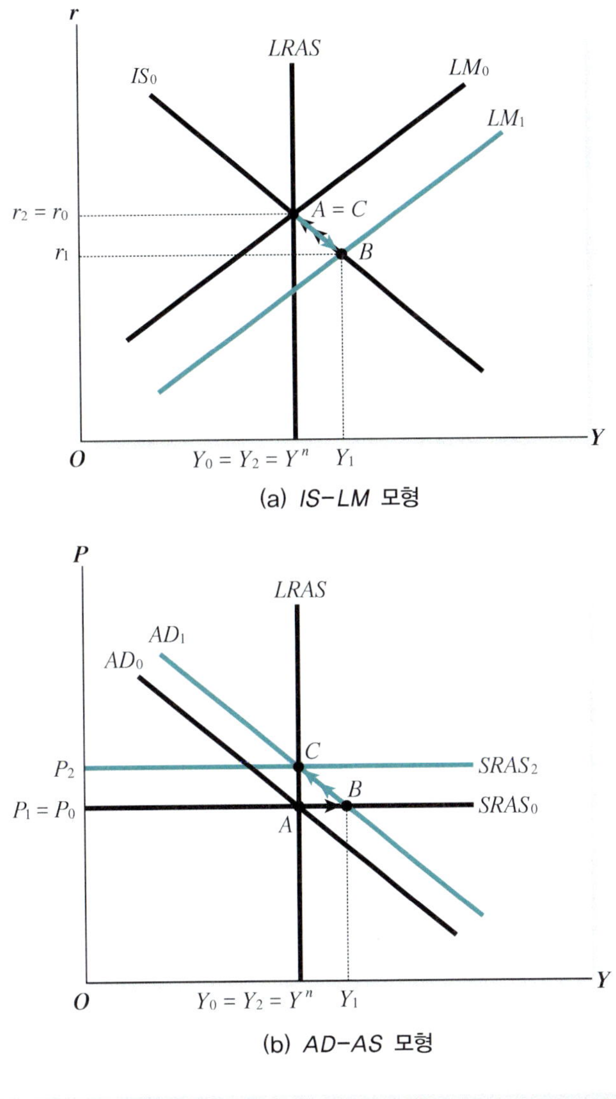

우측이동을 가져오고, 그 결과 점 *B*에서 단기균형이 이루어진다. 이때 실질이자율의 하락은 소비와 투자를 증가시킨다. 이는 (b)에서 *AD*곡선의 우측이동을 의미하고, 이때 *IS*–*LM* 그래프와 *AD*–*AS* 그래프에서 총생산은 같은 양만큼 증가한다($Y_0 \rightarrow Y_1$). 이 단기균형에서는 기업이 가격을 올리지 못하므로, 가격을 신축적으로 조정하는 경우의 자연산출량(Y^n)보다 많은 양을 생산한다. 한편 총요소생산성이 불변하고 물적자본이 단기적으로 고정된 상황에서 기업이 늘어난 수량(Y_1)의 재화를 생산하는 데 필요한 노동투입이 증가하므로 노동시장에서는 고용이 증가하고 실질임금이 상승한다.

장기적으로는 기업이 수요 증가에 반응하여 가격을 올리면서 물가수준이 서서히 상승하고 (b)에서 $SRAS$곡선이 위로 이동하면서 균형점이 총수요곡선(AD)을 따라 움직인다. 결국 물가수준이 P_2에 도달하면서 경제도 장기균형인 점 C에 도달한다. 또한 물가수준이 P_1에서 P_2로 점진적으로 상승함에 따라 (b)에서 LM곡선이 왼쪽으로 이동하고 균형점이 IS곡선을 따라 이동하면서 결국 장기균형점 C에 도달한다. 이때 실질이자율의 상승은 소비와 투자의 감소를 통해 화폐수요 감소에 기인한 소비와 투자 증가를 완전히 상쇄한다.

한편 비트코인의 출현에 따라 화폐수요가 증가한다면 위의 분석과 정확히 반대의 결과를 가져올 것이다.

09 화폐수요함수가 다음과 같이 소득의 함수가 아니라 가처분소득의 함수로 주어졌다. (여기서 $T=G$로 가정한다.)

$$M = PL(r, Y-G)$$

새케인즈학파 모형을 이용하여 현재 정부지출(G)의 증가가 국민소득, 소비, 투자, 실질이자율, 고용, 물가수준에 미치는 영향을 분석하고 설명하라.

해답 현재 정부지출의 증가는 먼저 〈그림 13-9〉의 (a)에서 IS곡선을 우측으로 이동시킨다. 또한 10장(4. 화폐수요)에서 도출한 화폐수요함수에 의하면 정부지출 증가에 따른 가처분소득의 감소는 화폐수요를 감소시키므로 LM곡선을 우측으로 이동시킨다. 여기서 IS곡선이 LM곡선보다 더 큰 폭으로 우측이동한다고 가정하면 점 B에서 단기균형이 이루어진다. 이때 실질이자율의 상승은 소비와 투자의 감소를 가져온다.

〈그림 13-9〉의 (b)에서 AD곡선은 IS곡선, LM곡선과 같은 방향으로 이동하는데, 이때 $IS-LM$ 그래프와 $AD-AS$ 그래프에서 총생산은 같은 양만큼 증가한다($Y_0 \rightarrow Y_1$). 이 단기균형에서는 기업이 가격을 올리지 못하므로, 가격을 신축적으로 조정할 수 있을 때 생산하는 자연산출량(Y^n)보다 많은 양을 생산한다. 한편 총요소생산성이 불변하고 물적자본이 단기적으로 고정된 상황에서 기업이 늘어난 수량(Y_1)의 재화를 생산하는 데 필요한 노동투입이 증가하므로 노동시장에서는 고용이 증가하고 실질임금이 상승한다.

그림 13-9

정부지출의 증가 : 화폐수요가 가처분소득의 함수인 경우

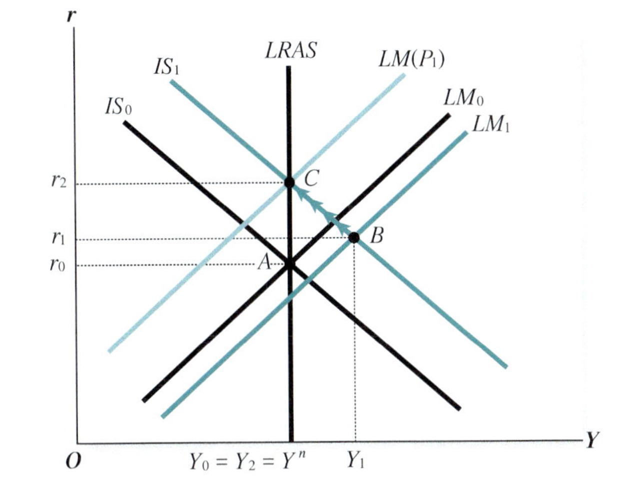

(a) *IS*–*LM* 모형

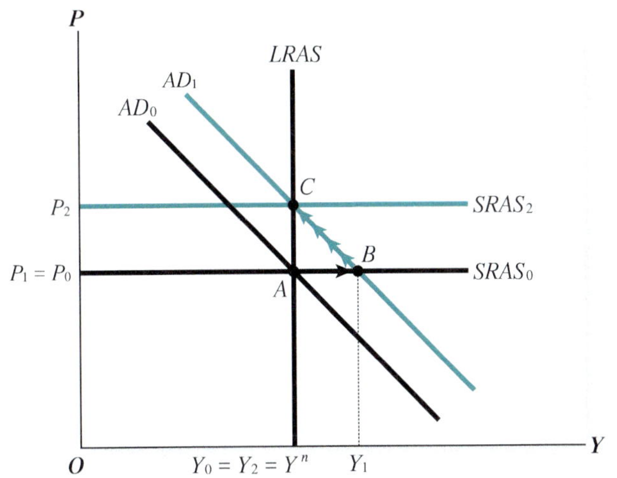

(b) *AD*–*AS* 모형

장기적으로는 기업이 수요 증가에 반응하여 가격을 올리면서 물가수준이 서서히 상승하고 (b)에서 *SRAS*곡선이 위로 이동하면서 균형점이 총수요곡선(*AD*)을 따라 움직인다. 결국 물가수준이 P_2에 도달하면서 경제도 장기균형인 점 *C*에 도달한다. 또한 물가수준이 P_1에서 P_2로 점진적으로 상승함에 따라 (b)에서 *LM*곡선이 왼쪽으로 이동하고 균형점이 결국 장기균형점 *C*에 도달한다. 이때 실질이자율의 추가 상승은 소비와 투자를 추가적으로 감소시키면서 정부지출의 외생적인 증가를 완전히 상쇄한다.

그림 13-10

총요소생산성의 증가

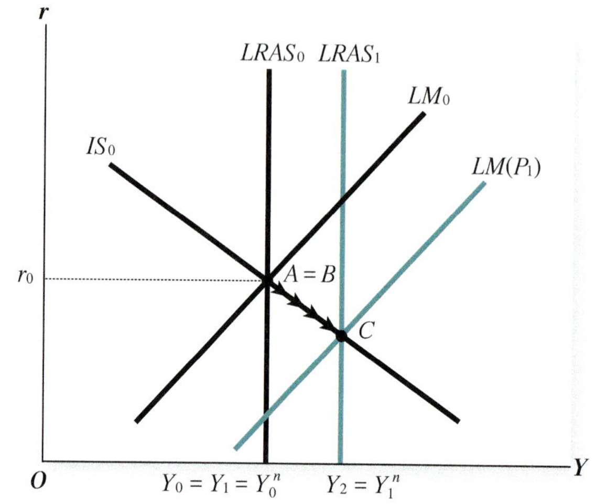

(a) *IS*–*LM* 모형

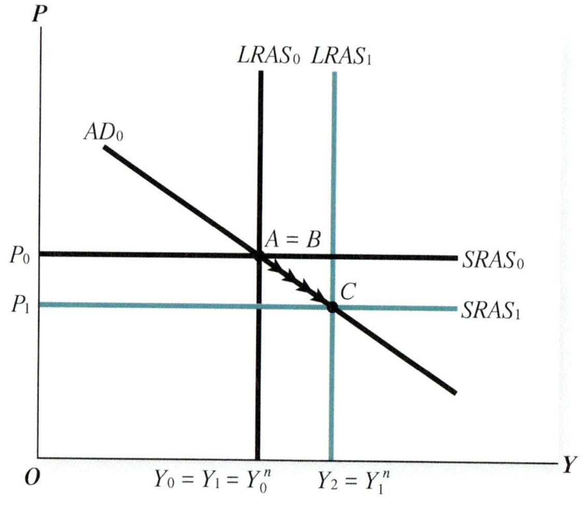

(b) *AD*–*AS* 모형

10 새케인즈학파의 *IS*–*LM*–*AD*–*AS* 그래프를 이용하여 총요소생산성(z) 증가가 경제에 미치는 단기 효과와 장기 효과를 설명하라.

해답 현재 총요소생산성의 증가는 자연산출량(Y^n)을 증가시키므로($Y_0^n \rightarrow Y_1^n$) 〈그림 13−10〉에서 *LRAS*곡선의 우측이동을 가져온다. 또한 총요소생산성의 증가는 기업이 주어진 수량의 재화를 생산하기 위해 이전보다 더 적은 생산요소를 필요로 한다. 이는 생산비용의 감소를 통해 기업이 설정하는 가격의 하락을 가져올 것이다. 그러나 단기적으로 기업이 가격을 내리지 못하므로 〈그림 13－10〉의 (b)에서 단기균형은 주어진 물가수준 P_0에서 수평인 단기총공급곡선 $SRAS_0$와 AD곡선이 만나는 점 A에서 그대로 유지되고, (a)의 IS–LM 그래프에서도 초기 균형점 A가 그대로 유지된다. 그 결과 단기적으로는 기업이 가격을 신축적으로 조정할 수 있을 때 선택하는 자연산출량(Y_1^n)보다 작은 양(Y_0)을 생산함에 따라 총산출갭($Y_1^n - Y_0$)이 증가한다. 한편 물적자본이 단기적으로 고정된 상황에서 총요소생산성 증가에 따라 기업이 주어진 수량(Y_0)의 재화를 생산하는 데 필요한 노동투입이 감소하므로 노동시장에서는 고용이 감소하고 실질임금이 하락한다.

장기적으로 기업이 생산비용 감소를 반영하여 가격을 내리면서 물가수준이 서서히 하락함에 따라 (b)에서 $SRAS$곡선이 아래로 이동하고 균형점이 총수요곡선(AD)을 따라 움직이면서 결국 물가수준이 P_1인 점 C에서 장기균형을 이룬다. 물가수준이 P_0에서 P_1으로 점진적으로 하락함에 따라 (a)에서 LM곡선이 오른쪽으로 이동하게 되고, 균형점은 IS곡선을 따라 이동하면서 결국 장기균형점 C에 도달한다. 이때 실질이자율의 하락은 소비와 투자를 각각 증가시킨다.

11 정부가 감세한다고 하자(T 감소). 새케인즈학파 모형을 이용해서 국민소득, 소비, 투자, 실질이자율, 고용, 물가수준에 미치는 영향을 분석하고 설명하라. 이 장의 모형에서 가정한 대로 가계가 저축과 차입을 자유롭게 할 수 있는 경우와 저축과 차입을 못 하는 경우를 구분해서 분석하라.

해답 본 교재 6장(4. 재정정책과 리카도 대등정리)에서 살펴보았듯이 정부지출이 일정하고 가계가 주어진 이자율 수준에서 저축과 차입을 자유롭게 할 수 있는 경우 현재조세 삭감은 미래조세 증가에 대비하여 가계소비자가 저축을 늘리는 것 이외에 아무런 영향을 미치지 않는다.

가계가 저축과 차입을 못 하는 경우 소비함수는 $C = Y - T$가 되고, 이때 한계소비성향은 1이 된다. 이와 같은 극단적인 경우를 고려하기 전에 한계소비성향이 1보다 작은 경우, 예를 들어 소비함수가 $C = 0.7(Y - T)$인 경우를 먼저 살펴보자. 현재조세 삭감이 현재 가처분소득의 증가를 통해 현재소비의 증가를 가져오므로 〈그림 13－11〉의 (a)에서 IS곡선이 우측으로 이동하고, IS곡선과 LM곡선이 만나는 점 B에서 단기균형이 이루어진다. 이는 (b)에서 AD곡선의 우측이동을 의미하므로 총생산이 증가한다($Y_0 \rightarrow Y_1$). 이때 (a)에서 실질이자

그림 13-11

조세삭감 : 저축 · 차입을 자유롭게 못하는 경우

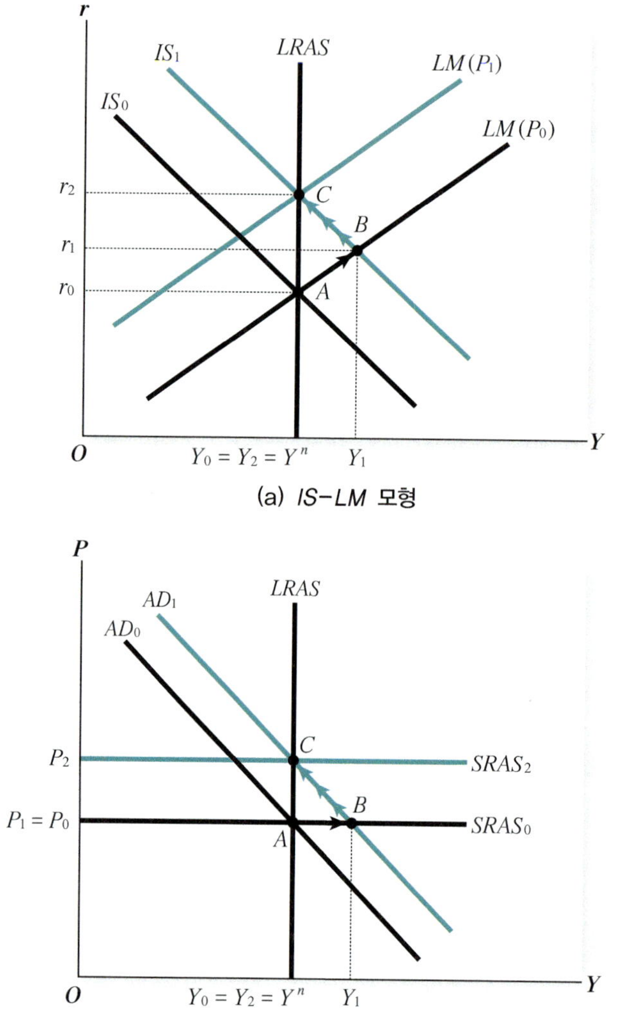

(a) *IS*–*LM* 모형

(b) *AD*–*AS* 모형

율의 상승은 투자의 감소를 가져온다. 이 단기균형에서는 기업이 가격을 올리지 못하므로, 가격을 신축적으로 조정할 수 있을 때 생산량을 나타내는 자연산출량(Y^n)보다 많은 양을 생산한다. 한편 총요소생산성이 불변하고 물적자본이 단기적으로 고정된 상황에서 기업이 더 많은 수량(Y_1)의 재화를 생산하는 데 필요한 노동투입이 증가하므로 노동시장에서는 고용이 증가하고 실질임금이 상승한다.

장기적으로는 기업이 수요 증가에 반응하여 가격을 올리면서 물가수준이

그림 13-12-1

화폐공급의 내생성과 *LM* 곡선

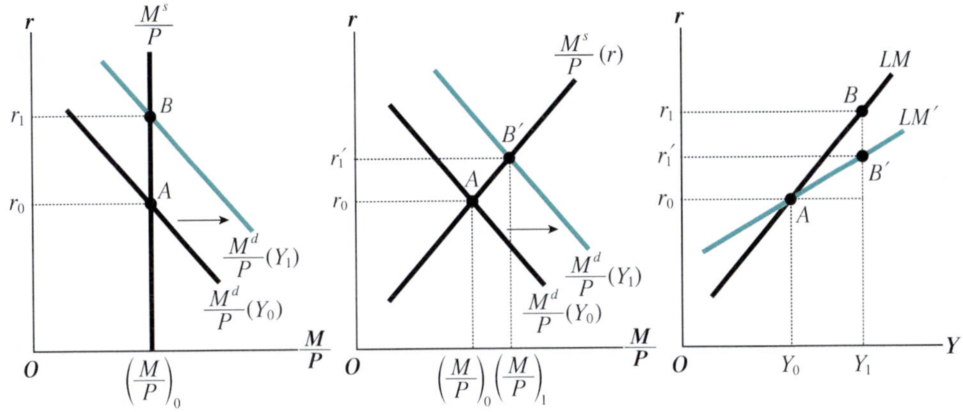

(a) 화폐공급이 외생적인 경우 (b) 화폐공급이 이자율의 증가함수 (c) *LM*곡선의 변화

서서히 상승하고 (b)에서 *SRAS*곡선이 위로 이동하면서 균형점이 *AD*곡선을 따라 움직인다. 마침내 물가수준이 P_2로 상승하면서 경제도 장기균형인 점 *C*에 도달한다. 끝으로 물가수준이 P_1에서 P_2로 상승함에 따라 *LM*곡선이 왼쪽으로 이동하면서 균형점은 *IS*곡선을 따라 결국 장기균형점 *C*에 도달한다. 이때 실질이자율의 추가 상승은 투자를 추가적으로 감소시키면서 조세삭감에 따른 소비의 증가를 완전히 상쇄한다.

한편 한계소비성향이 커질수록 *IS*곡선이 점점 평평해지고, 한계소비성향이 1이 되면 *IS*곡선은 수평이 된다. 결과는 한계소비성향이 1보다 작은 경우와 실질적으로 동일하다. 즉, 단기적으로 총생산과 소비는 증가하고 투자는 감소한다. 장기적으로는 가격이 조정되면서 장기균형으로 수렴한다.

12 화폐공급이 이자율의 증가함수인 경우 *LM* 곡선의 변화와 확장적 재정정책 및 통화정책의 효과를 분석 · 설명하라.

해답

(1) *LM*곡선의 변화

실질화폐공급($\frac{M^s}{P}$)이 이자율의 증가함수인 경우 이자율에 따른 실질화폐공급을 나타내는 곡선은 〈그림 13-12-1〉의 (b)에서 우상향하게 된다. 이

그림 13-12-2

화폐공급의 내생성과 거시경제정책

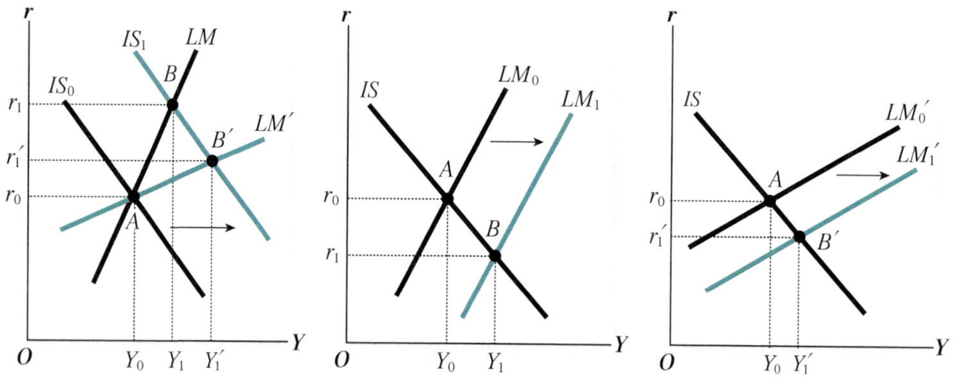

(a) 확장적 재정정책

(b) 확장적 통화정책 : 화폐공급이 외생적인 경우

(c) 확장적 통화정책 : 화폐공급이 이자율의 증가함수인 경우

때 국민소득이 증가($Y_0 \rightarrow Y_1$)하여 화폐수요가 증가하면 실질화폐수요($\frac{M^d}{P}$)가 〈그림 13-12-1〉의 (a)와 (b), 즉 실질화폐공급이 외생적인 경우와 이자율의 증가함수인 경우 모두 동일한 폭만큼 우측이동하게 된다. 그 결과 (b)와 같이 실질화폐공급이 이자율의 증가함수인 경우 이자율 상승폭이 더 작아짐($r_1' - r_0 < r_1 - r_0$)을 알 수 있다.

따라서 〈그림 13-12-1〉의 (c)에서 동일한 소득 상승($Y_0 \rightarrow Y_1$)에 대해 실질화폐공급이 이자율의 증가함수인 경우의 LM곡선(LM')이 실질화폐공급이 외생적으로 일정하게 주어지는 경우의 LM곡선(LM)에 비해 더 완만한 형태를 갖는다.

(2) 정책효과의 분석

먼저 확장적 재정정책으로 인해 〈그림 13-12-2〉의 (a)와 같이 IS곡선이 우측이동($IS_0 \rightarrow IS_1$)한다고 하자. 실질화폐공급이 이자율의 증가함수인 경우 LM곡선이 보다 완만(LM')하기 때문에 국민소득은 실질화폐공급이 외생적인 경우에 비해 더 크게 증가($Y_0 \rightarrow Y_1'$)한다.

이제 확장적 통화정책으로 인해 〈그림 13-12-2〉의 (b)와 (c)에서 LM곡선이 각각 우측이동($LM_0 \rightarrow LM_1$, $LM_0' \rightarrow LM_1'$)한다고 하자. 이때 실질화폐공급

이 이자율의 증가함수라면 실질화폐공급이 외생적으로 일정하게 주어진 경우에 비하여 국민소득의 증가폭이 더 작게($Y_0 \to Y_1'$) 된다. 따라서 화폐공급이 내생적인 경우 재정정책의 효과는 증대되는 반면, 통화정책의 효과는 감소한다.

13 정부가 균형재정($\overline{G} = T$)을 유지하면서 정부지출을 증가시킬 때 균형재정승수를 도출하라.

해답 먼저 5번과 유사하게 소비함수, 투자함수, 실질화폐수요함수를 각각 다음과 같이 가정한다:

소비함수 : $C = c(1-t)Y \quad (0 < c,\ t < 1)$

투자함수 : $I = \overline{I} - br \quad (b > 0)$

실질화폐수요함수 : $\frac{M^d}{P} = \bar{l} + kY - hr \quad (k,\ h > 0)$

그리고 정부지출은 $G = \overline{G}$와 같이 외생적으로 주어진다고 가정한다. 위 소비함수와 투자함수, 정부지출을 재화시장의 균형식에 대입하면 $Y = C + I + G = (1-t)Y + \overline{I} - br + \overline{G}$가 된다. 여기에 균형재정($\overline{G} = T = tY$)을 대입하여 국민소득($Y$)에 대해 정리한 뒤 화폐시장의 균형식 $\frac{M^s}{P} = \frac{\overline{M}}{P} = \frac{M^d}{P} = \bar{l} + kY - hr$과 결합하면 다음과 같은 균형국민소득이 도출된다.

$$Y = \frac{1}{1 - c + b\left(\frac{k}{h}\right)}\left[(1-c)\overline{G} + \overline{I} + \frac{b}{h}\left(\frac{\overline{M}}{P} - \bar{l}\right)\right]$$

이제 독립투자($\overline{I}$)와 독립화폐수요($\bar{l}$) 및 실질화폐공급($\frac{\overline{M}}{P}$)이 불변인 상황에서 정부지출($\overline{G}$) 증가에 대한 균형국민소득의 증가분, 즉 균형재정승수(balanced budget multiplier)는 다음과 같다.

$$\frac{\Delta Y}{\Delta G} = \frac{1-c}{1 - c + b\left(\frac{k}{h}\right)}$$

분자 $(1-c)$에서 1은 정부지출의 증가, 그리고 $-c$는 조세 증가로 인한 소비 감소에 기인한다.

14 다음 표에 주어진 $IS-LM$ 모형의 수식을 이용하여 물음에 답하라.

소비	$C = 50 + 0.8(Y - T)$
순조세	$T = -30 + 0.2Y$
투자	$I = 200 - 50r$
정부지출	$G = 200$
화폐공급	$M^s = 800$
물가수준	$P = 1$
수출	$X = 250$
수입	$Q = 60 + 0.14Y$
거래적 화폐수요	$l_t(Y) = 0.6Y$
투자적 화폐수요	$l_s(r) = 220 - 20r$

(1) IS, LM 곡선의 식을 도출하라. 주어진 물가수준에서 화폐시장과 재화시장의 동시균형을 가져오는 이자율과 국민소득수준을 구하라.

해답 표에 주어진 수식을 재화시장의 균형식 $Y = C + I + G + (X - Q)$에 대입하면 다음과 같은 IS곡선식이 도출된다.

$$r = 13.28 - 0.01Y$$

같은 방식으로 표에 주어진 수식을 화폐시장의 균형식 $\frac{M^s}{P} = \frac{M^d}{P} = l_t(Y) + l_s(r)$에 대입하면 다음과 같은 LM곡선식이 도출된다.

$$r = -29 + 0.03Y$$

주어진 물가수준에서 재화시장과 화폐시장의 동시적 균형을 가져오는 이자율과 국민소득은 IS곡선과 LM곡선이 만나는 점에서 결정되므로, 위에서 도출한 IS곡선식과 LM곡선식으로부터 균형이자율 = 2.71, 균형국민소득 = 1,057이 된다.

(2) 위에서 본원통화 = 200, 통화승수 = 4라고 하자. 한계소득세율이 0.2에서 0.25로 증가하고 통화승수가 2로 감소하는 경우 균형이자율과 소득수준을 구하라.

해답 한계소득세율이 0.2에서 0.25로 증가하면 순조세식이 $T = -30 + 0.25Y$로 바뀌고, 통화승수가 2로 감소하면 통화공급은 400(= 2 × 200)이 된다. 앞의 (1)과 동일한 방식으로 IS곡선식과 LM곡선식을 다시 도출하면 각각 $r =$

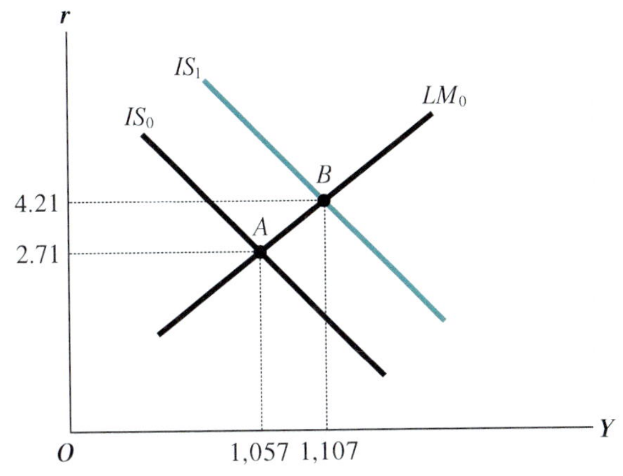

그림 13-14-3

정부지출의 증가

13.28 − 0.0108Y와 $r = -9 + 0.03Y$가 된다. 따라서 재화시장과 화폐시장의 동시적 균형을 가져오는 이자율과 국민소득은 각각 7.39와 546.07이 된다.

(3) 정부지출이 200에서 300으로 증가하는 경우 균형이자율과 소득수준을 구하라. IS–LM 승수의 값을 구하고, 케인즈의 소득 · 지출 모형의 승수보다 더 작은 이유를 설명하라. 이 경우 구축효과에 의해 투자는 얼마만큼 감소하는가?

해답 정부지출(G)이 200에서 300으로 증가하는 경우 재화시장의 균형을 나타내는 IS곡선식은 $r = 15.28 - 0.01Y$가 된다. 앞의 (1)에서 도출한 LM곡선과의 교차점에서 균형이자율과 국민소득은 각각 4.21과 1,107이 된다. 이때 IS–LM 승수값은 $\frac{1}{[1-0.8(1-0.2)+0.14+50(0.6/20)]} = 0.5$로서, 케인즈의 소득 · 지출 모형(수출 · 수입 포함)의 승수인 2보다 작은 값을 갖게 된다. IS–LM 승수가 더 작은 이유는 정부지출의 증가로 이자율이 상승하고 투자가 감소함에 따라 국민소득 증가분의 일부가 감소하기 때문이다. 한편 이자율이 상승함에 따라 투자는 64.5(= 200 − 50 × 2.71)에서 −10.5 (= 200 − 50 × 4.21)로 감소하나, 실제로 음(−)의 투자는 불가능하므로 0으로 감소한다.

(4) 순조세 $T = -30 + 0.2Y$에서 30은 음(−)의 조세 또는 정부의 이전지출을 의미한다. 이제 (3)에서 늘어난 정부지출만큼 이전지출을 감소시키는 경우 균형소득과

정부예산의 변화를 구하라.

해답 (i) 정부지출(G)이 200에서 300으로 증가하고, 이전지출이 100만큼 감소하는 경우 $T = -(30-100) + 0.2Y = 70 + 0.2Y$, $G = 300$이 된다. 이 결과를 $Y = C + I + G + (X - Q)$에 대입해 풀면 IS곡선은 $r = -0.01Y + 13.68$로 구해진다. (1)에서 구한 LM곡선 $r = -29 + 0.03Y$와의 교차점을 구하면 소득은 10만큼 증가하여 1,067이 된다.

(ii) 최초 정부예산($T_0 - G_0$)은 $T_0 = -30 + 0.2Y_0 = -30 + 0.2 \times 1{,}057 = 181.4$와 $G_0 = 200$으로부터 $T_0 - G_0 = -18.6$(적자)이 된다. 그리고 정부지출 증가와 이전지출 감소 후 정부예산($T_1 - G_1$)은 $T_1 = 70 + 0.2Y_1 = 70 + 0.2 \times 1{,}067 = 283.4$와 $G_1 = 300$으로부터 $T_1 - G_1 = -16.6$(적자)이 된다. 즉, 정부예산의 적자폭이 2만큼 감소한다.

15 A국의 거시경제모형이 아래와 같이 주어진 경우 다음 질문에 답하라.

> $C = 200 + 0.75(Y - T)$ $\quad$ $I = 200 - 25r$
>
> $G = T = 100$ $\quad$ $\left(\dfrac{M}{P}\right)^d = Y - 100r$
>
> $M = 1{,}000$
>
> (단, $C, T, Y, I, r, G, P, \left(\dfrac{M}{P}\right)^d, M$은 각각 소비, 조세, 소득, 투자, 이자율, 정부지출, 물가수준, 실질화폐수요, 그리고 명목화폐공급을 나타낸다)

(1) $P = 2$일 때 균형소득과 균형이자율은?

해답 재화시장의 균형을 의미하는 IS곡선과 화폐시장의 균형을 의미하는 LM곡선은 각각 다음의 관계식을 통해 구할 수 있다.

$$IS\text{곡선}: Y = C(Y-T) + I(r) + G = 200 + 0.75(Y-T) + 200 - 25r + G$$
$$= 200 + 0.75(Y - 100) + 200 - 25r + 100$$
$$LM\text{곡선}: \left(\frac{M}{P}\right)^d = \frac{1{,}000}{2} = Y - 100r$$

따라서 위 두 식을 풀면 균형소득은 $Y = 1{,}100$, 균형이자율은 $r = 6$을 구할 수 있다(균형이자율의 단위는 %).

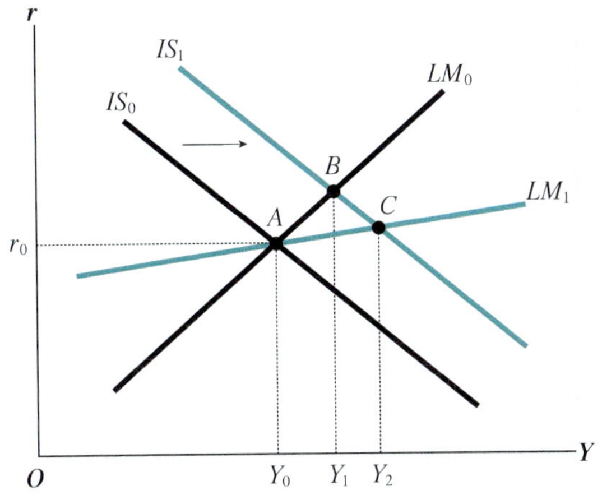

그림 13-15-3

구축효과의 크기와 LM곡선

(2) $P=2$이고 정부지출(G)이 100에서 150으로 증가했을 때 승수효과와 구축효과의 결과로 나타나는 소득의 변화분은 각각 얼마인가?

해답 정부지출(G)이 100에서 150으로 증가했을 때 앞의 (1)에서와 같은 방법으로 IS곡선과 LM곡선을 구하면 다음과 같다.

$$IS\text{곡선}: Y=200+0.75(Y-100)+200-25r+150$$

$$LM\text{곡선}: 500=Y-100r$$

이때 재화시장과 화폐시장의 동시균형에서 균형소득은 $Y=1{,}200$, 균형이자율은 $r=7$을 구할 수 있다. 이때 승수효과로 인한 소득의 증가분은 $\frac{1}{1-0.75}\times(150-100)=200$이 된다. 하지만 (1)의 결과와 비교했을 때 정부지출의 증가로 인한 최종소득의 증가는 $100(=1{,}200-1{,}100)$이다. 따라서 이자율 증가($r=6 \rightarrow r=7$)로 발생한 구축효과에 의해 국민소득이 100만큼 감소한 것이다.

(3) (2)의 상황에서 구축효과의 크기가 커지기 위해서는 현재의 화폐수요로부터 어떠한 변화가 선행되어야 하는가? 이를 화폐시장 균형 방정식을 이용하여 설명하라.

해답 구축효과의 크기가 커진다는 것은 정부지출로 인한 국민소득의 최종 증가가 작아진다는 것을 의미한다. 따라서 〈그림 13-15-3〉에서처럼 IS곡선이 우측으로 이동하는 경우($IS_0 \rightarrow IS_1$) LM곡선이 더 가파를수록 구축효과가 커지면서 최종 국민소득이 더 작아진다($Y_2 < Y_1$). 이때 화폐시장의 균형인 LM곡선의 기울기가 가파르다는 것은 화폐시장 균형 방정식에서 이자율 앞의 계수가 0에 가깝다는 것인데, 이는 화폐수요가 이자율에 매우 비탄력적이라는 것을 의미한다.

(2013년 행정고시 기출문제)

16 총수요를 구성하는 소비, 투자, 정부지출에 대해 아래의 상황을 고려하여 질문에 답하라.

(1) 총수요가 $E = C(Y-T) + I(r) + G$이고 조세가 정액세($T = \overline{T}$)일 때, G와 T가 동일한 양만큼 증가한다면 IS 곡선은 어떻게 변화할지 설명하라. 케인즈의 소득·지출 모형과 $IS-LM$ 모형에서 각각 균형재정승수를 도출하라. 국민소득은 정부지출 증가분만큼 증가하는가? 그 이유를 설명하라.

해답 먼저 13번에서와 동일한 소비함수, 투자함수, 실질화폐수요함수를 가정한다(단, 조세를 소득세 대신에 정액세로 가정한다). 정부지출 증가분만큼 조세 증가분도 동일하게 증가하는 경우 IS곡선이 어떻게 변화할지를 살펴보기 위해서 재화시장의 균형식을 다음과 같이 변화분으로 나타낸다.

$$Y = c(Y-T) + \overline{I} - br + \overline{G}$$
$$\Delta Y = c(\Delta Y - \Delta T) + \Delta\overline{I} - b\Delta r + \Delta\overline{G}$$
$$\Leftrightarrow (1-c)\Delta Y = (1-c)\Delta\overline{G} \quad (\text{여기서} \quad \Delta\overline{I} = \Delta r = 0,\ \Delta\overline{G} = \Delta T)$$

따라서 균형재정승수는 $1(=\frac{\Delta Y}{\Delta \overline{G}})$이 되고, IS곡선은 정부지출 증가분($\Delta\overline{G}$)만큼 우측으로 이동하게 된다.

이제 투자를 단순히 독립투자($\overline{I}$)로 가정한 케인즈의 소득·지출 모형과 재화시장·화폐시장의 동시균형을 나타내는 $IS-LM$ 모형에서 각각 균형재정승수를 도출해 보자. 먼저 케인즈의 소득·지출 모형에서 균형식은 $Y = c(Y-T) + \overline{I} + \overline{G}$로 주어진다. 이 식에 균형재정($\overline{G} = T = \overline{T}$)을 대입한 뒤 소득($Y$)에 대해서 정리하면 다음의 균형소득결정식이 도출된다.

$$Y = \frac{1}{1-c}[\overline{I} + (1-c)\overline{G}]$$

위의 식에 의하면 투자지출이 불변인 상황에서 정부지출이 증가할 때 소득은

$\Delta\overline{G}$의 $\frac{1-c}{1-c}=1$배만큼 증가한다. 따라서 균형재정승수는 1이다.

반면 $IS-LM$ 모형에서는 정액세를 고려한 재화시장 균형식 $Y=c(Y-T)+\overline{I}+\overline{G}$에 화폐시장의 균형을 나타내는 LM곡선식을 대입하면 균형소득이 다음과 같이 결정된다.

$$Y=\frac{1}{1-c+b\left(\frac{k}{h}\right)}\left[(1-c)\overline{G}+\overline{I}+\frac{b}{h}\left(\frac{\overline{M}}{P}-\overline{l}\right)\right]$$

위 식에 의하면 독립투자와 통화량 및 독립화폐수요가 불변인 상황에서 균형재정승수는 다음과 같다.

$$\frac{\Delta Y}{\Delta\overline{G}}=\frac{1-c}{1-c+b\left(\frac{k}{h}\right)}$$

LM곡선의 기울기 $\left(\frac{k}{h}\right)$가 0인 경우가 아니라면 $IS-LM$ 모형에서의 균형재정승수는 1보다 작다. 즉, 케인즈의 소득 · 지출 모형과 달리 화폐시장을 고려한 $IS-LM$ 모형에서는 국민소득이 정부지출 증가분만큼 증가하지 않는다. 이것은 정부지출의 증가에 따른 소득 증가가 이자율 상승으로 인한 투자 감소로 일부 축소되는 구축효과가 발생하기 때문이다.

(2) 조세가 $T(Y)=tY$ $(0<t<1)$와 같이 소득의 함수인 경우, IS곡선의 기울기는 어떻게 변화하는가?

해답 조세가 정액세인 경우와 소득세인 경우에는 각각 총수요 구성식이 다음과 같이 달라진다. 따라서 IS곡선의 기울기를 구하려면 각각의 식을 다음과 같이 변화분으로 나타내어 계산하면 된다.

〈정액세〉	〈소득세〉
$Y=c(Y-T)+\overline{I}-br+\overline{G}$	$Y=c(1-t)Y+\overline{I}-br+\overline{G}$
$\frac{\Delta r}{\Delta Y}=-\frac{1-c}{b}$	$\frac{\Delta r}{\Delta Y}=-\frac{1-c(1-t)}{b}$

이때 각각 구해진 IS곡선의 기울기는 전자가 후자보다 작다는 것을 쉽게 알 수 있다. 따라서 정액세가 소득세로 변화하면 IS곡선의 기울기는 더욱 가팔라짐을 알 수 있다. 이것은 소득세의 경우 소득 증가에 따라 조세가 증가하여 소득순환 과정에서 누출되는 부분이 커지기 때문이다.

(3) 소비가 소득뿐만 아니라 실질 부($\frac{A}{P}$)에 의해서도 영향을 받는다고 하자. 이때 물가수준 하락은 실질 부의 증가를 의미한다. 이러한 점을 고려하여 *IS*곡선이 어떻게 변화할지 설명하고, (Y, r) 평면이 아닌 (P, r)평면에서 *IS*곡선을 도출하라.

해답 소비가 소득뿐만 아니라 실질 부($\frac{A}{P}$)에 의해서도 영향을 받는다면 유동성 함정(liquidity trap) 빠진 경제에서도 물가 하락을 통해 균형국민소득 수준이 증가할 수 있음을 보여주는 것이 바로 피구효과(Pigou effect)이다. 유동성 함정과 통화정책 및 재정정책의 효과에 대한 자세한 논의는 본 교재 15장(제로금리 하한과 유동성 함정)을 참고하길 바란다. 우선 소비가 실질 부의 영향도 받는 경우 재화시장 균형식은 다음과 같이 표현될 수 있다.

$$Y = C\left(Y, \frac{A}{P}\right) + I(r) + G$$

이처럼 피구효과를 고려하면 재화시장의 균형을 나타내는 *IS*곡선은 (Y, r) 평면에서 보다 완만한 기울기를 갖게 된다. 이것은 이자율 하락에 따라 투자가 증가할 뿐만 아니라 민간이 보유한 정부채권의 가치가 상승하여 실질 부의 증가로 소비도 증가하기 때문이다.

한편 이러한 균형식을 (P, r) 평면에서 나타내면, (Y, r) 평면에서와 마찬가지로 우하향하는 *IS*곡선을 도출할 수 있다. 우선 (P, r) 평면에서는 이자율과 물가수준 이외의 변수는 외생변수로 취급된다. 이때 이자율이 상승하면 투자가 감소하므로 재화시장이 균형을 회복하기 위해서는 소비가 증가해야만 한다. 그런데 주어진 국민소득수준에서 소비가 증가하기 위해서는 실질 부가 증가해야 하는데, 이를 위해서는 물가수준이 하락해야 한다. 결국 재화시장에서 균형을 유지하려면 이자율 상승과 물가 하락이 대응되므로 (P, r) 평면에서도 우하향하는 *IS*곡선을 도출할 수 있다.

한편 (P, r) 평면에서의 *LM*곡선도 (Y, r) 평면에서와 마찬가지로 우상향하는 형태를 갖는다. 물가수준이 상승하여 실질화폐공급이 감소할 때 이자율이 상승해 화폐수요가 감소해야만 화폐시장의 균형을 유지할 수 있기 때문이다. 그러나 경제가 유동성 함정에 빠져 있을 때에는 *LM*곡선이 (P, r) 평면에서 수평선의 형태로 나타나게 된다. 이것은 물가변화에 따라 실질화폐공급이 변화해도 모두 화폐수요로 흡수되어 이자율이 변화하지 않기 때문이다.

문제 (3)의 유동성 함정 상황과 피구효과의 상황을 반영하여 *IS*곡선과 *LM*

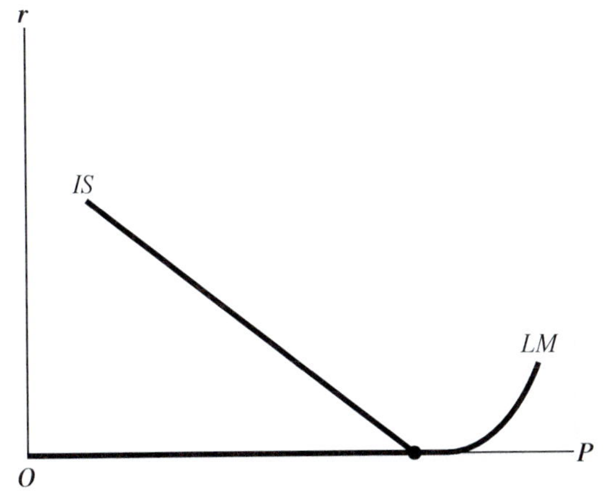

그림 13-16-3

피구효과와 (P, r) 평면에서의 $IS-LM$ 곡선

곡선을 (P, r) 평면에 나타낸 것이 〈그림 13-16-3〉이다.

17 다음 질문에 답하라.

(1) 총수요가 소비와 투자로만 구성된 단순한 케인즈 모형을 상정하자. 여기서 독립적인 투자 증가의 승수를 구하고, 소득의 증가폭을 (Y, E) 평면에 나타내라.

해답 초기에 경제가 장기균형 상태에서 국민소득(총생산)이 자연산출량 수준과 같다고 가정하자(즉, $Y_0 = Y^n$). 총수요가 소비와 투자로만 구성되었다고 가정하는 가장 단순한 케인즈의 소득 · 지출 모형을 상정하자. 그리고 소비는 소득의 증가함수이며 투자는 독립투자로만 구성되었다고 가정하면, 총수요를 다음과 같이 표현할 수 있다.

$$Y = C(Y) + I = cY + \bar{I}$$

이때 독립투자 증가의 효과를 살펴보기 위해 이 식을 변화분으로 나타내면 다음과 같은 투자승수를 구할 수 있다.

$$\Delta Y = c\Delta Y + \Delta\bar{I} \Leftrightarrow (1-c)\Delta Y = \Delta\bar{I} \Leftrightarrow \frac{\Delta Y}{\Delta\bar{I}} = \frac{1}{1-c}$$

〈그림 13-17-1〉에서 독립지출 증가의 투자승수배만큼 균형국민소득이 증가함을 볼 수 있다.

그림 13-17-1

독립투자의 증가 : 케인즈의 소득 · 지출 모형

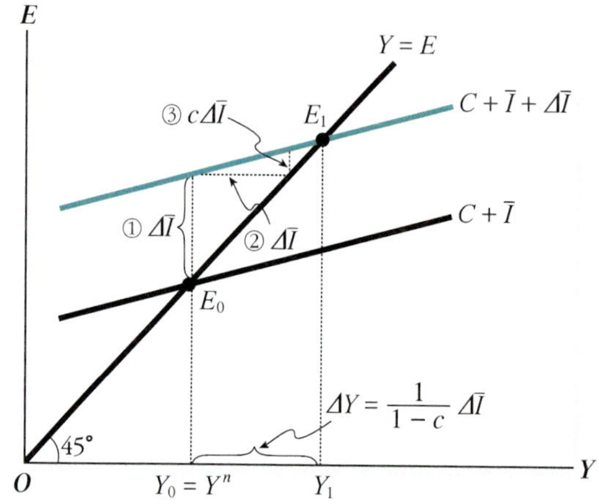

(2) 총수요의 구성요소 중 투자가 이자율의 감소함수라면, 문제 (1)에서 구한 승수는 어떻게 달라지는가? 두 가지 승수의 크기를 (Y, r) 평면을 이용하여 비교하라.

해답 이자율을 고려하여 총수요를 분석하려면 재화시장과 화폐시장을 동시에 살펴보아야 한다. 이자율은 재화시장에서 투자에 영향을 미치기도 하지만 화폐시장에서 화폐수요에도 큰 영향을 주기 때문이다. 먼저 5번 또는 16번에서와 동일한 소비함수와 투자함수, 실질화폐수요함수를 가정하면 재화시장과 화폐시장의 균형식은 각각 다음과 같이 표현되며, 이를 각각 *IS*곡선과 *LM*곡선으로 나타낼 수 있다.

재화시장의 균형(*IS*곡선) : $Y = cY + \bar{I} - br$

화폐시장의 균형(*LM*곡선) : $\frac{\overline{M}}{P} = \bar{l} + kY - hr$

독립투자지출의 증가($\Delta\bar{I}$)에 따른 효과를 살펴보기 위해서 실질통화공급($\frac{\overline{M}}{P}$)과 독립화폐수요($\bar{l}$)가 일정한 것으로 가정하고 각 식을 변화분으로 나타내면 화폐시장을 고려한 투자승수를 쉽게 구할 수 있다.

$$\Delta Y = c\Delta Y + \Delta\bar{I} - b\Delta r,\ 0 = k\Delta Y - h\Delta r$$

$$\left[1 - c + b\left(\frac{k}{h}\right)\right]\Delta Y = \Delta\bar{I} \Leftrightarrow \frac{\Delta Y}{\Delta\bar{I}} = \frac{1}{1 - c + b\left(\frac{k}{h}\right)}$$

여기서 분모의 $b\left(\frac{k}{h}\right)$부분이 0보다 크므로 화폐시장까지 고려한 문제 (2)의

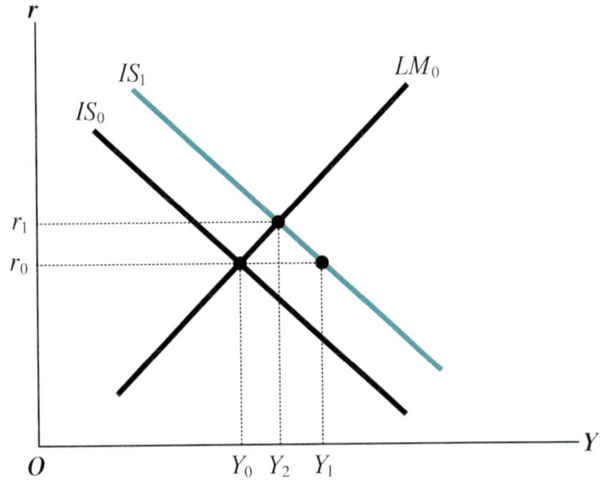

그림 13-17-2

독립투자의 증가 : $IS-LM$ 모형

승수는 재화시장만 고려한 문제 (1)의 승수보다 작음을 알 수 있다.

이제 두 가지 승수의 크기를 (Y, r) 평면에서 〈그림 13-17-2〉를 통해 비교해 보자. 〈그림 13-17-2〉에서 독립투자지출이 증가하면 재화시장의 균형을 반영하는 IS곡선이 IS_0에서 IS_1으로 우측이동한다. 여기서 화폐시장을 고려하지 않는다면 주어진 이자율 수준 r_0에서 균형국민소득은 $\Delta Y = \frac{1}{1-c}\Delta\bar{I}$ 만큼 증가하게 된다. 이것은 문제 (1)의 〈그림 13-17-1〉에 표현된 Y_1과 동일한 수준이다. 그러나 화폐시장의 초과수요를 조정하는 과정에서 이자율이 상승하는 효과를 고려하면, 균형국민소득은 이자율 상승에 따른 투자 감소로 $\Delta Y = \frac{1}{1-c+b\left(\frac{k}{h}\right)}\Delta\bar{I}$ 만큼만 증가하게 된다.

결국 새로운 균형국민소득 수준은 문제 (1)의 Y_1보다 작은 Y_2에 그치게 된다. 이것은 문제 (1)의 투자승수$\left(\frac{1}{1-c}\right)$가 문제 (2)의 투자승수 $\frac{1}{1-c+b\left(\frac{k}{h}\right)}$ 보다 크기 때문이다.

(3) 총수요가 물가의 감소함수라는 사실을 고려하면 문제 (2)에서 구한 승수는 어떻게 변화하는가? 이를 (Y, r) 평면과 (Y, P) 평면을 이용하여 비교하라.

해답 폐쇄경제에서 재화시장의 균형을 반영하는 IS곡선과 화폐시장의 균형을 반영하는 LM곡선을 연립하여 계산하면 물가수준과 산출량의 관계를 나타내는

그림 13-17-3

독립투자의 증가: *AD*−*AS* 모형

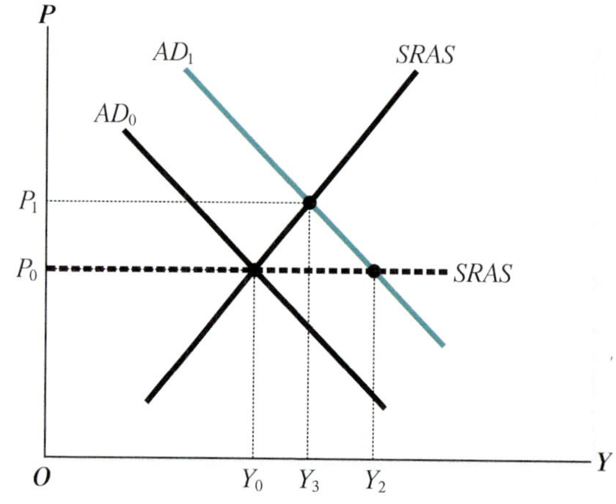

총수요곡선(*AD*)을 도출할 수 있다. 따라서 총수요곡선은 재화시장과 화폐시장의 동시균형을 나타낸다. 이때 일반적으로 (Y, P) 평면에서 총수요곡선은 우하향하는 기울기를 갖고, 단기총공급곡선(*SRAS*)은 우상향하는 기울기를 갖는다. 우상향하는 단기총공급곡선의 도출과 이를 이용한 분석은 본 교재 14장(필립스곡선과 기대) 2~3절을 참고하길 바란다. 이것을 나타낸 것이 〈그림 13-17-3〉이다.

이때 독립투자지출이 증가하면 총수요 측면을 반영하는 *AD*곡선이 이동한다. 즉, 〈그림 13-17-3〉에서 *AD*는 AD_0에서 AD_1으로 이동한다. 여기서 본 교재 13장 6절(*IS*−*LM*−*AD*−*AS* 모형과 장 · 단기 분석)에서와 같이 단기적으로 모든 기업들이 가격을 경직적으로 유지하여 단기총공급곡선(*SRAS*)이 고정된 물가수준 P_0에서 수평이라고 가정하면 균형국민소득은 Y_2까지 증가한다. 이것은 문제 (2)의 〈그림 13-17-2〉에 표현된 Y_2와 동일한 수준이다. 그러나 일반적으로 가격을 조정하는 일부 기업들이 수요 증가에 반응하여 가격을 올리면서 물가수준이 상승하는 것을 고려하면, 균형국민소득 수준은 Y_3까지만 증가하게 된다. 이것은 물가수준 상승으로 실질통화공급($\frac{M}{P}$)이 감소하여 이자율 상승과 투자 감소가 발생하였기 때문이다.

(4) 장기적으로 상황변화가 물가에 모두 반영된다면, 문제 (3)에서 구한 승수는 어떻게 변화하는가? 이를 (Y, P) 평면을 이용하여 설명하고, 아울러 (Y, r) 평면

과 (Y, E) 평면에서는 어떤 변화가 나타나는지 보여라.

해답 장기적으로는 단기총공급곡선($SRAS$)이 수평이거나 우상향하는 경우 모두 균형국민소득이 자연산출량 수준으로 수렴하면서 물가수준과 실질이자율이 상승한다. 먼저 연습문제 9번의 〈그림 13-9〉 또는 11번의 〈그림 13-11〉에서와 같이 모든 기업들이 단기적으로 가격을 경직적으로 유지하는 경우, 장기적으로는 기업들이 수요 증가에 반응하여 가격을 올리면서 물가수준이 서서히 상승한다. 그 결과 (Y, P) 평면에서 수평인 $SRAS$곡선이 위로 이동하면서 균형점이 AD곡선을 따라 움직이고 마침내 경제가 장기균형인 자연산출량 수준에 도달한다. 또한 물가수준이 상승함에 따라 (Y, r) 평면에서 LM곡선이 왼쪽으로 이동하면서 균형점은 IS곡선을 따라 결국 장기균형에 도달한다. 이때 실질이자율의 추가 상승은 투자를 추가적으로 감소시키면서 독립투자지출 증가를 완전히 상쇄한다. 이는 〈그림 13-17-1〉의 (Y, E) 평면에서 총지출직선 $C+\bar{I}+\Delta\bar{I}$의 하방이동과 함께 총수요가 초기의 E_0 수준으로 감소하는 것을 의미한다.

일부 기업들이 단기적으로 가격을 조정하여 단기총공급곡선($SRAS$)이 우상향하는 경우에도 거의 동일한 장기적 조정과정을 보인다. 이에 대해서는 14장 3절(3.1 총수요 충격)과 연습문제를 참고하길 바란다.

(5) 공급 측면에 애로(bottle neck)가 존재하여 총공급 증가가 불가능할 때의 승수를 구하라.

해답 공급 측면의 애로는 단기총공급곡선($SRAS$)이 수직인 형태로 나타낼 수 있다. 이 경우에는 총수요곡선이 우측으로 이동해도 물가수준만 상승할 뿐 균형국민소득 수준은 변하지 않는다.

18 일반적으로 소득이 증가하면 소비지출이 늘어나며, 이것은 생산을 자극한다. 이때 기업은 기존의 생산설비를 확장시켜야 하는데, 이것은 투자를 통해 이루어진다. 이와 같은 소득, 즉 생산의 증가와 투자 사이의 관계를 가속도원리(accelerator principle)라고 한다. 이러한 가속도원리를 응용하여 투자가 다음과 같이 이자율의 감소함수이면서 동시에 소득의 증가함수라고 하자.

$$I=\bar{I}-br+vY \qquad (b>0,\ v>0)$$

(1) 케인즈의 소득 · 지출 모형에서 투자승수를 구하라.

해답 케인즈의 소득 · 지출 모형에서는 이자율을 고려하지 않으므로, 투자함수가 소득의 증가함수임을 이용하여 균형식을 다시 쓰면 $Y = c(Y - tY) + \bar{I} - br + vY + \bar{G}$가 된다. 이 식을 소득($Y$)에 대해서 정리하면 다음과 같은 균형소득결정식이 도출된다.

$$Y = \frac{1}{1 - c(1-t) - v}(\bar{I} + \bar{G})$$

따라서 독립지출의 증가에 대해서 소득은 독립지출 증가분의 $\frac{1}{1 - c(1-t) - v}$배만큼 증가한다. 즉, 이때 승수는 $\frac{1}{1 - c(1-t) - v}$이다.

(2) IS곡선을 도출하고, $v = 0$인 경우와 비교하여 설명하라.

해답 투자가 이자율의 감소함수이면서 동시에 소득의 증가함수임을 고려할 때 재화시장의 균형식은 $Y = c(1-t)Y + \bar{I} - br + vY + \bar{G}$가 된다. 이 식을 이자율($r$)에 대해서 정리하면 다음과 같은 IS곡선이 도출된다.

$$r = \frac{\bar{I} + \bar{G}}{b} - \frac{[1 - c(1-t) - v]}{b}Y$$

새로운 IS곡선의 세로축 절편은 $v = 0$인 경우와 동일하지만, 기울기가 $-\frac{1 - c(1-t)}{b}$에서 $-\frac{1 - c(1-t) - v}{b}$로 보다 완만해졌다.

(3) IS–LM 균형소득을 도출하고, $v = 0$인 경우와 비교하여 설명하라.

해답 위의 (2)에서 도출한 IS곡선식에 17번에서와 동일한 LM곡선 $\frac{\bar{M}}{P} = \bar{l} + kY - hr$을 대입하면 다음과 같은 균형소득이 도출된다.

$$Y = \frac{1}{1 - c(1-t) - v + b\left(\frac{k}{h}\right)}\left[\bar{G} + \bar{I} + \left(\frac{b}{h}\right)\left(\frac{\bar{M}}{P} - \bar{l}\right)\right]$$

승수의 크기가 $\frac{1}{1 - c(1-t) + b\left(\frac{k}{h}\right)}$에서 $\frac{1}{1 - c(1-t) - v + b\left(\frac{k}{h}\right)}$로 증가하므로 IS–LM 균형소득은 $v = 0$인 경우보다 더 크게 증가한다.

19 가상경제의 정부가 경기부양을 위해 1인당 백만원의 상품권을 국민들에게 무료로 제공하고 6개월 이내에 사용하지 않으면 휴지조각이 될 것이라고 선언하였다.

그림 13-19-1

상품권 제공과 정액세 삭감

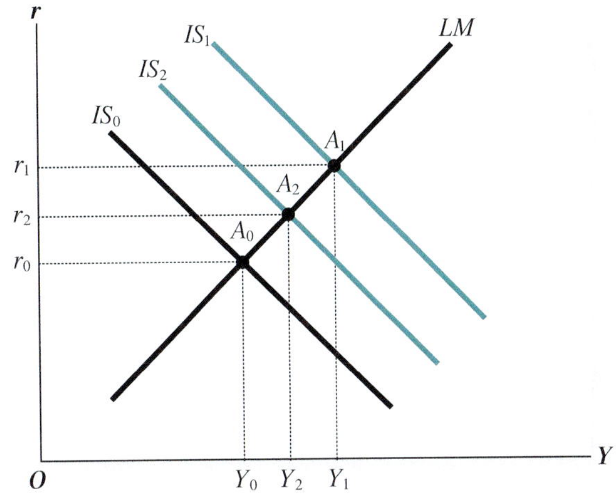

(1) 정부가 선언한 대로 상품권을 무료로 제공했을 때 나타나는 경제적 효과를 *IS*–*LM* 모형을 이용하여 분석하라.

해답 17번에서와 동일한 *IS*–*LM* 모형을 이용하여 분석한다. 먼저 1인당 백만원의 상품권을 국민들에게 무료로 제공하는 것은 정부지출 중 이전지출에 해당한다. 그런데 국민들은 상품권의 일부를 저축할 수 없고 반드시 6개월 이내에 이를 사용해야 하므로, 이러한 정책은 제공된 상품권의 규모만큼 정부구입이 증가한 것과 동일하다. 따라서 상품권 무료제공은 〈그림 13–19–1〉에서 *IS*곡선을 우측이동시키고($IS_0 \rightarrow IS_1$), 새로운 균형은 점 A_1에서 이루어진다. 새로운 균형에서 균형국민소득은 Y_1으로 증가하고, 균형이자율은 r_1으로 상승한다. 이전지출의 크기를 ΔG라고 하면, 소득의 증가분($Y_1 - Y_0$)은 ΔG의 정부지출승수배, 즉 $\dfrac{\Delta G}{1-c(1-t)+b\left(\dfrac{k}{h}\right)}$로 구해진다.

(2) 상품권을 제공하는 대신에 국채를 발행하여 1인당 백만원씩 정액세를 삭감해 주었을 때 나타나는 효과를 *IS*–*LM* 모형을 이용하여 분석하고, 그 효과를 (1)의 상품권 제공의 경우와 비교하라.

해답 상품권을 제공하는 대신 1인당 백만원씩 정액세를 삭감해 주는 경우($\Delta G = -\Delta T$)에도 〈그림 13–19–1〉에서 *IS*곡선은 우측으로 이동한다($IS_0 \rightarrow IS_2$). 새로운 균형을 점 A_2라 하면 점 A_2에서 균형소득은 Y_2로 증가하고, 균형이자율도 r_2로 상승한다. 정액세를 삭감하는 경우에는 다음과 같이 소득이 정액세의 조세승수배만큼 증가한다.

$$\frac{-c}{1-c(1-t)+b\left(\frac{k}{h}\right)}\times(-\Delta T)=\frac{c}{1-c(1-t)+b\left(\frac{k}{h}\right)}\times\Delta G$$

그러나 $0<c<1$이므로 상품권을 제공하는 경우보다 소득의 증가폭이 작다($Y_1>Y_2$). 이는 정액세를 삭감하는 경우에 상대적으로 IS곡선의 이동폭이 작게 나타남을 의미하므로, 이자율 상승폭 역시 (1)의 경우에 비해 작다($r_1>r_2$).

요약하면, 상품권을 제공하는 것이 정액세를 삭감하는 것보다 경기부양효과가 크게 나타난다. 그러나 전자의 경우에 이자율의 상승폭이 더 크게 나타나므로 상대적으로 민간투자를 더 위축시킬 우려가 있다.

(3) 위의 (2)의 국채 발행을 통한 정액세 삭감이 경기를 부양시키는 효과가 있기 위하여 필요한 전제조건을 3가지만 예시하고 각각에 대하여 설명하라.

해답 **(a) IS곡선이 수평이 아니어야 한다.**

IS곡선이 이자율에 완전탄력적인 경우 IS곡선은 수평이 되는데, 이 경우 감세정책을 비롯한 재정정책은 균형국민소득 수준을 변화시키지 못한다.

(b) LM곡선이 수직이 아니어야 한다.

마찬가지로 화폐수요의 이자율탄력성이 0에 가까우면 LM곡선은 수직선의 형태를 띠게 되고, 이는 완전한 구축효과를 유발하여 재정정책을 무력하게 만든다.

(c) 물가 상승이 일어나지 않거나 일어나더라도 소폭으로 이루어져야 한다.

$IS-LM$ 모형에서는 물가변화를 고려하지 않고 있다. 만일 감세로 인한 총수요 증대가 물가 상승을 야기한다면, 정액세 삭감은 IS곡선을 우측이동시키는 것과 동시에 실질통화량($\frac{M^s}{P}$)을 감소시켜 LM곡선을 좌측으로 이동시킨다. 따라서 국채 발행을 통한 정액세 삼각이 경기를 부양시키기 위해서는 이러한 물가 상승이 억제되어야 한다.

끝으로, 리카도 대등정리(Ricardian equivalence theorem)가 성립하지 않는 경우 주어진 정부지출 하에서 국채 발행을 통한 정액세 삭감이 소비를 증가시키는 효과가 있을 것이다. 이에 대한 자세한 논의는 본 교재의 6장(4.3 리카도 대등정리의 한계)을 참고하라.

(2001년 행정고시 기출문제 일부 변형)

20 경기침체기에 있는 A국은 경기활성화를 위해 소득세 및 법인세 인하 정책을 단행하였다.

(1) 소득세 및 법인세 인하 정책이 소비, 투자 및 국민소득을 증가시키는 효과가 있다는 주장을 이론적으로 설명하라.

해답 먼저 연습문제 11번에서 논의했듯이 본 교재 13장의 새케인즈학파 모형에서 가계가 저축과 차입을 못하여 현재소비가 단순히 현재소득의 함수로 결정되는 경우, 소득세 인하는 현재 가처분소득의 증가를 통해 현재소비의 증가를 가져오고 승수효과를 통해 국민소득의 증가를 가져올 수 있다. 또한 가계가 주어진 이자율 수준에서 저축과 차입을 자유롭게 할 수 있는 경우에도 가계의 소비나 기업의 투자에 직접 영향을 주는 소득세 · 법인세 인하에 대해서는 리카도 대등정리가 성립하지 않는다(본 교재 6장(4.3 리카도 대등정리의 한계) 참고 바람). 따라서 소득세 및 법인세 인하는 소비 · 투자의 증가를 통해 국민소득의 증가를 가져올 수 있다.

한편 1970년대 후반부터 미국에서는 래퍼(Arthur Laffer), 펠드스타인(Martin Feldstein) 등에 의해 공급 측면과 미시적 접근을 중시하는 공급 측면 경제학(supply-side economics)이 대두되었다. 공급 측면 경제학은 조세 측면에서 근로 및 이윤에 대한 세율이 지나치게 높으면 근로의욕, 투자의욕을 해쳐 생산과 소득이 줄어든다고 본다. 노동에 대한 소득세 부담이 커지면 근로자가 받는 실제 임금과 기업이 지불하는 임금 사이에 격차가 커질 것이다. 이는 임금 인상 요구의 원인이 되므로 기업은 고용을 그만큼 줄이려는 유인을 갖게 되고 근로자는 노동공급을 줄여 결국 생산과 소득이 감소할 것이다. 기업이윤에 대한 법인세 부담이 커지는 경우에도 마찬가지 이유로 투자의욕이 저해된다. 따라서 세금이 과중한 경제에서 세율을 낮추면 동기유발을 통해 생산 및 경제성장을 촉진할 수 있다는 것이다. 그리고 국민소득이 높아짐에 따라 세율이 낮아졌어도 세수는 오히려 증가한다.

그림 13-20-1

공급 측면 경제학의 래퍼곡선

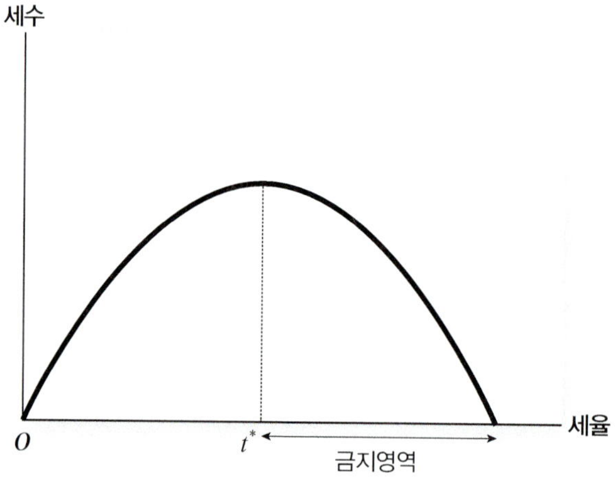

〈그림 13-20-1〉에서 보는 것처럼 세율이 0으로부터 점차 올라가면 일정 한도 내에서는 세수도 증가하지만, 세율이 t^* 이상으로 오르면 오히려 사람들의 근로의욕을 해쳐서 소득 자체가 줄어들기 때문에 소득의 함수인 세수도 줄어든다. 따라서 그림에서 세율이 t^* 이상이 되는 경우 세수를 늘리기 위해서는 세율을 오히려 줄여야 한다. 이 곡선을 주창한 학자의 이름을 따서 래퍼곡선(Laffer curve)이라고 부른다.

(2) 이에 반해 소득세 및 법인세 인하 정책은 효과가 없다는 주장에 대해 이론적으로 설명하라.

해답 본 교재 9~10장의 신고전학파(또는 새고전학파) 모형에서 가격이 신축적으로 조정되고 노동공급이 실질이자율의 영향을 받지 않는다고 가정하면 (Y, r) 평면에서 실질총공급곡선이 실질이자율에 관계없이 수직선이 된다. 〈그림 13-20-2〉의 (a)에서 소득세 및 법인세 인하에 따른 소비와 투자의 증가는 총지출선을 상방으로 이동시키고, 이는 (b)의 실질총수요곡선을 우측으로 이동시킨다. 이때 수직인 실질총공급곡선은 이동이 없으므로 재화시장의 새 균형에서 총생산(국민소득)은 변하지 않고 실질이자율만 상승하게 된다. 이러한 실질이자율 상승은 소비와 투자를 감소시키므로 (a)에서 총지출선을 원래 위치로 하방이동시킨다. 최종적으로 소득세 및 법인세 인하에 기인한 소비 · 투

그림 13-20-2

소득세 및 법인세 인하

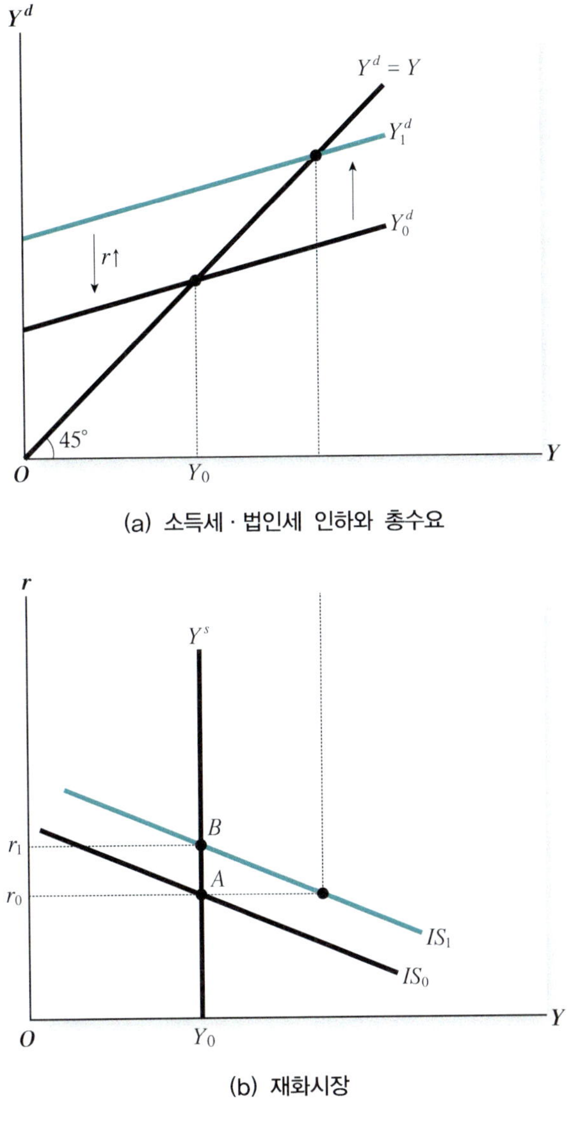

자의 증가가 실질이자율 상승에 따른 소비 · 투자의 감소에 의해 상쇄되면서 총지출의 구성과 국민소득 모두 변화가 없다.

한편 공급주의자들의 래퍼곡선은 이론적으로뿐만 아니라 실증적으로도 많은 문제점을 내포하고 있다는 지적을 받았다. 먼저 근로소득세율을 낮추면 사람들이 노는 시간을 줄이고 더 많이 일해서 세후(稅後) 소득을 올릴 수 있다.

그러나 이러한 세후 소득의 증가는 소득효과로 인해 오히려 노동시간이 줄어들 수도 있다는 것이다.

실제로 공급경제학의 이론에 따라 1980년대 초 레이건 정부와 2001년 부시 정부가 대규모 감세정책을 추진하였다. 그러나 감세정책으로 사람들이 더 열심히 일하는 결과는 나타나지 않았다. 오히려 세율 인하로 인한 조세수입의 감소는 1980년대와 1990년대, 그리고 최근의 재정적자 문제를 야기한 근본 원인이 되었다. 끝으로 미국 경제의 세율이 〈그림 13-20〉의 t^* 수준을 넘어서고 있는지는 알 수 없으며, 조세삭감이 생산 · 저축 · 투자를 증가시키더라도 동시에 소비수요를 자극하여 인플레이션을 유발할 수도 있다. 미국 경제의 래퍼곡선에 대한 한 연구에 의하면 미국의 세수입을 극대화시키는 세율(t^*)은 약 79%로서 당시 평균소득세율보다 3배 이상 높은 수준이었다고 한다.

(2012년 행정고시 기출문제)

chapter 14

필립스곡선과 기대

01 기대가 부가된 단기총공급곡선 모형을 이용하여 다음이 각각 국민소득, 소비, 투자, 고용, 이자율, 실질임금, 물가수준에 미치는 영향을 분석 · 설명하라.

(1) 자산가격 하락

해답 〈그림 14-1-1〉에서 경제는 초기에 점 A와 같은 장기균형에 있으며, 총생산 Y_0은 완전고용산출량 수준 Y^n과 동일하고 물가수준 P_0은 예상물가수준 P_0^e와 같다고 하자. 이제 자산가격이 갑작스럽게 하락했다고 하자. 먼저 자산가격 하락은 주어진 실질이자율에서 소비의 감소를 가져오고, 이는 〈그림 14-1-1〉의 (a)에서 IS곡선을 좌측으로 이동시킨다. 그 결과 IS곡선과 LM곡선이 교차하는 점 B에서 단기균형이 이루어지므로 총생산이 Y_1으로 감소한다. 이때 실질이자율의 하락은 투자를 증가시킬 뿐 아니라 소비도 증가시켜 자산가격 하락에 따른 소비 감소를 일부 상쇄한다.

주어진 물가수준에서 총생산 감소($Y^n \rightarrow Y_1$)는 〈그림 14-1-1〉의 (b)에서 총수요곡선(AD)을 좌측으로 이동시키고($AD_0 \rightarrow AD_1$), 그 결과 우상향하는 단기총공급곡선 $SRAS_0$를 따라서 물가수준이 하락하고($P_0 \rightarrow P_1$) 총생산이 감소한다($Y_0 \rightarrow Y_1'$). 이때 물가 하락은 (a)에서 LM곡선의 우측이동($LM_0 \rightarrow LM_1$)을 가져온다. 한편 가격을 신축적으로 조정하는 기업들은 물가 하락과 총생산 감소에 반응하여 가격을 내리는 반면, 가격이 경직적인 기업들은 사전에 이러한 물가 하락을 예상하지 못했기 때문에 자산가격 하락이 발생한 시점에 예상물가수준은 여전히 이전 수준(P_0^e)에 머물고 즉각 조정되지 않는다. 따라서 단기총공급곡선($SRAS$)은 이동하지 않고 그 결과 단기 균형총생산이 자연산출량 수준 Y^n보다 작은 Y_1'이 된다. 한편 총요소생산성이 불변하고 물적자본이 단기적으로 고정된 상황에서 기업이 줄어든 수량(Y_1')을 생산하는 데 필요한 노동투입이 감소하므로 노동시장에서는 고용이 감소하고 실질임금이 하락한다.

장기적으로는 모든 경제주체들이 예상물가수준을 하향 조정하면서 가격이

그림 **14-1-1**

자산가격의 하락

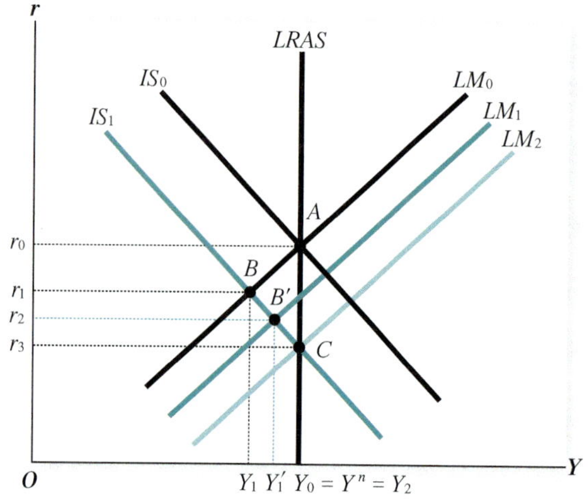

(a) *IS*–*LM* 모형

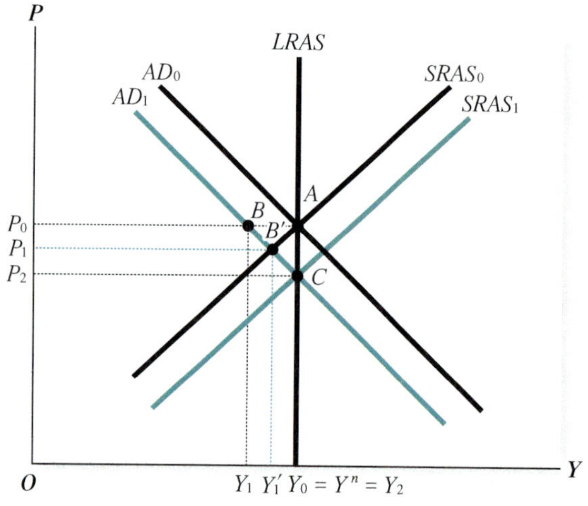

(b) *AD*–*AS* 모형

경직적인 기업들도 가격을 이전보다 낮은 수준에 설정한다. 그 결과 (b)에서 *SRAS*곡선이 아래로 이동($SRAS_0 \rightarrow SRAS_1$)함에 따라 균형점이 총수요곡선 AD_1을 따라 움직이고, 결국 물가수준이 P_2로 하락하면서 경제도 장기균형인 점 *C*에 도달한다. 물가수준이 P_1에서 P_2로 점진적으로 하락함에 따라 (a)에서 *LM* 곡선이 오른쪽으로 이동하게 되고($LM_1 \rightarrow LM_2$), 균형점은 IS_1을 따라 이동하여 결국 장기균형점 *C*에 도달한다. 이때 실질이자율의 추가 하락은 소비와 투자의 추가적인 증가를 통해 자산가격 하락에 따른 소비 감소를 완전히 상쇄한다.

(2) 재정위기

해답 재정위기가 발생하면 정부는 재정적자 축소를 위해 조세를 늘리고 정부지출을 줄일 것이다. 이는 곧 재정긴축을 의미한다. 따라서 〈그림 14-1-1〉의 자산가격 하락과 유사하게 재정위기에 따른 조세 증가와 정부지출 감소는 먼저 *IS*곡선의 좌측이동을 가져온다. 그 결과 단기적으로 총생산, 고용이 감소하고 실질이자율, 물가수준, 실질임금은 하락한다. 그리고 이자율 하락은 투자와 소비를 증가시킨다. 장기적으로도 〈그림 14-1-1〉의 분석과 마찬가지로 *SRAS*곡선이 아래로 이동하면서 결국 점 *C*에서 장기균형을 이루게 된다. 여기서 실질이자율의 추가 하락은 소비와 투자의 추가적인 증가를 통해 재정긴축에 따른 정부지출 감소를 완전히 상쇄한다.

(3) 경기부양책(실업수당 증가와 세금 인하)

해답 〈그림 14-1-3〉에서 경제는 초기에 점 *A*와 같은 장기균형에 있으며, 총생산 Y_0은 완전고용산출량 수준 Y^n과 동일하고 물가수준 P_0은 예상물가수준 P_0^e와 같다고 하자. 세금 인하와 정부이전지출의 한 형태인 실업수당 증가는 확장적 재정정책을 의미한다. 이제 예상하지 못한 재정확장이 발생했다고 하자. 이는 〈그림 14-1-3〉의 (a)에서 *IS*곡선을 우측으로 이동시킨다. 그 결과 *IS*곡선과 *LM*곡선이 교차하는 점 *B*에서 단기균형이 이루어지므로 총생산이 Y_1으로 증가한다. 이때 실질이자율의 상승은 투자를 감소시킬 뿐 아니라 소비도 감소시켜 재정확장에 따른 소득 증가에 기인한 소비 증가를 일부 상쇄한다.

주어진 물가수준에서 총생산 증가($Y^n \rightarrow Y_1$)는 〈그림 14-1-3〉의 (b)에서 총수요곡선(AD)을 우측으로 이동시키고($AD_0 \rightarrow AD_1$), 그 결과 우상향하는 단기총공급곡선 $SRAS_0$를 따라서 물가수준이 상승하고($P_0 \rightarrow P_1$) 총생산이 증가한다($Y_0 \rightarrow Y_1'$). 이때 물가 상승은 (a)에서 *LM*곡선의 좌측이동($LM_0 \rightarrow LM_1$)을 가져온다. 한편 가격을 신축적으로 조정하는 기업들은 물가 상승과 총생산 증가에 반응하여 가격을 올리는 반면, 가격이 경직적인 기업들은 사전에 이러한 물가 상승을 예상하지 못했기 때문에 확장적 재정정책이 시행된 시점에 예상물가수준은 여전히 이전 수준에 머물고 즉각 조정되지 않는다. 따라서 단기총공급곡선

그림 14-1-3

확장적 재정정책

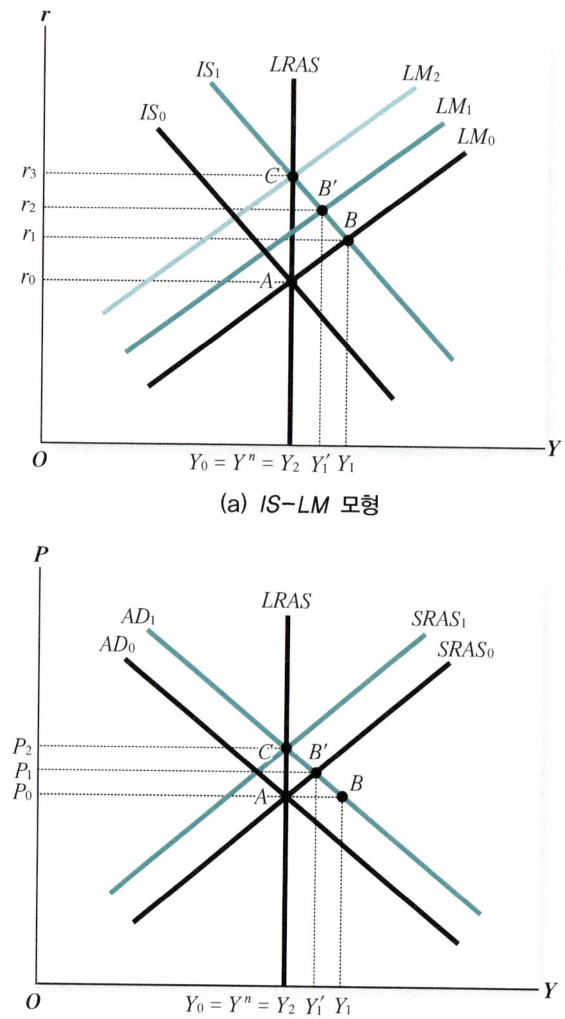

(a) *IS–LM* 모형

(b) *AD–AS* 모형

(*SRAS*)은 이동하지 않고 그 결과 단기 균형총생산이 자연산출량 수준 Y^n보다 큰 Y_1'이 된다. 한편 총요소생산성이 불변하고 물적자본이 단기적으로 고정된 상황에서 기업이 늘어난 수량(Y_1')을 생산하는 데 필요한 노동투입이 증가하므로 노동시장에서는 고용이 증가하고 실질임금이 상승한다.

장기적으로는 모든 경제주체들이 예상물가수준을 상향 조정하면서 가격이 경직적인 기업들도 가격을 이전보다 높은 수준에 설정한다. 그 결과 (b)에서

*SRAS*곡선이 위로 이동($SRAS_0 \rightarrow SRAS_1$)함에 따라 균형점이 총수요곡선 AD_1을 따라 움직이고, 결국 물가수준이 P_2로 상승하면서 경제도 장기균형인 점 *C*에 도달한다. 물가수준이 P_1에서 P_2로 상승함에 따라 (a)에서 *LM*곡선이 왼쪽으로 이동하게 되고($LM_1 \rightarrow LM_2$), 균형점은 IS_1을 따라 이동하여 결국 장기균형점 *C*에 도달한다. 이때 실질이자율의 추가 상승은 소비와 투자의 추가적인 감소를 통해 경기부양을 위한 정부지출 증가를 완전히 상쇄한다.

(2002년 입법고시 기출문제 일부 변형)

(4) 양적완화정책과 소비세 인상의 동시 시행

해답 예상하지 못한 양적완화정책과 소비세 인상이 동시에 시행되었다고 하자. 본 교재 15장(제로금리 하한과 유동성 함정)에서 자세히 살펴보겠지만, 이자율이 제로 수준에 가까운 유동성 함정(liquidity trap) 상황에서 양적완화정책을 통해 시중에 유동성 공급이 증가하면 경제주체들의 기대인플레이션이 상승한다($\pi_0^e \rightarrow \pi_1^e$). 이는 제로금리 하한에 의해 결정되는 실질이자율의 하한을 낮추므로 〈그림 14-1-4〉에서 *LM*곡선의 평평한 부분을 아래로 이동시키는 효과를 가져온다. 또한 양적완화를 통한 본원통화 증가는 은행의 대출 증가 등 신용창출을 통해 소비와 투자를 촉진할 수 있다. 반면에 소비세 인상은 소비를 위축시키므로 일반적으로 소비 · 투자의 변화에 따른 *IS*곡선의 이동은 불확정적이다. 여기서는 서로 상쇄되는 요인으로 인해 *IS*곡선은 이동하지 않는다고 가정한다. 그 결과 *IS*곡선과 *LM*곡선이 교차하는 점 *B*에서 단기균형이 이루어지고 실질이자율이 낮아지면서 소비와 투자가 증가함에 따라 총생산이 Y_1으로 증가한다.

주어진 물가수준에서 총생산 증가($Y^n \rightarrow Y_1$)는 〈그림 14-1-4〉의 (b)에서 수직인 총수요곡선(*AD*)을 우측으로 이동시키고($AD_0 \rightarrow AD_1$), 그 결과 우상향하는 단기총공급곡선 *SRAS*를 따라서 물가수준이 상승하고($P_0 \rightarrow P_1$) 총생산이 증가한다($Y_0 \rightarrow Y_1$). 이때 물가 상승은 (a)에서 *LM*곡선의 좌측이동($LM_0 \rightarrow LM_1$)을 가져온다. 한편 가격을 신축적으로 조정하는 기업들은 물가 상승과 총생산 증가에 반응하여 가격을 올리는 반면, 가격이 경직적인 기업들은 사전에 이러한 물가 상승을 예상하지 못했기 때문에 확장적 재정정책이 시행된 시점에 예상물가수준은 여전히 이전 수준에 머물고 즉각 조정되지 않는다. 따라서 단기총

그림 14-1-4

양적완화정책과
소비세 인상

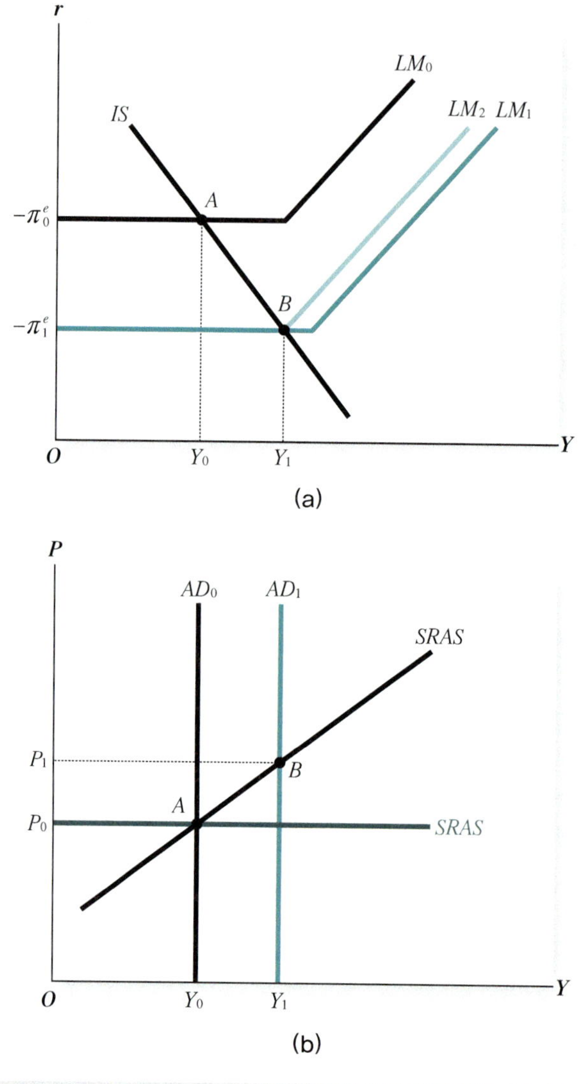

공급곡선($SRAS$)은 이동하지 않는다. 물가수준이 P_0에서 P_1으로 상승함에 따라 (a)에서 LM곡선이 왼쪽으로 이동한다($LM_1 \rightarrow LM_2$). 한편 총요소생산성이 불변하고 물적자본이 단기적으로 고정된 상황에서 기업이 늘어난 수량(Y_1)을 생산하는 데 필요한 노동투입이 증가하므로 노동시장에서는 고용이 증가하고 실질임금이 상승한다.

(5) 가계, 기업, 정부 및 금융부문의 과다부채

해답 과다한 가계부채는 원리금상환 부담 증대로 소비 위축을 초래하고, 이에 따라 '채무부담 증가 → 소비 위축 → 소득 축소 → 채무부담 증가'의 악순환이 나타날 우려가 있다. 둘째, 부채수준이 과다한 기업은 자금 조달 및 상환에 어려움을 겪게 되어 이윤극대화보다는 부채 최소화를 우선시하면서 투자가 위축될 수 있다. 셋째, 정부부채가 과다할 경우에는 경기침체에 대한 정책대응 등 정부의 통상적인 재정활동에 부담을 줄 수 있다. 넷째, 가계 및 기업의 과다부채 문제는 금융기관의 건전성 악화로 이어질 가능성도 있다. 특히 금융기관 건전성 악화가 가계 및 기업에 대한 자금공급 위축으로 이어져 이들 부문의 부실도 증대되면서 경기침체 및 금융불안을 초래할 수 있다. (이에 대한 자세한 논의는 20장(4.2 과다부채의 생성 메커니즘)을 참조하기 바람.)

이러한 가계소비, 기업 투자 및 정부지출 감소는 〈그림 14-1-1〉의 자산가격 하락과 유사하게 먼저 *IS*곡선의 좌측이동을 가져온다. 그 결과 단기적으로 총생산, 고용이 감소하고 실질이자율, 물가수준, 실질임금은 하락한다. 그리고 이자율 하락은 투자와 소비를 증가시킨다. 장기적으로도 〈그림 14-1-1〉의 분석과 마찬가지로 *SRAS*곡선이 아래로 이동하면서 결국 점 *C*에서 장기균형을 이루게 된다. 여기서 실질이자율의 추가 하락은 소비와 투자의 추가적인 증가를 통해 과다부채에 따른 총지출 감소를 완전히 상쇄한다.

02 한국 경제가 경기후퇴, 인플레이션, 대외수지 악화 등으로 어려움을 겪고 있다고 하자. 그 원인으로서 국제 유가 상승, 선진국 불황, 과도한 가계부채, 북핵 위기 등 다양한 요인이 제시되고 있으며, 일부에서는 경기회복을 위한 금리인하의 필요성을 제기하고 있다고 하자.

(1) 기대가 부가된 단기총공급곡선을 이용하여 한국 경제의 모습을 보이되, 앞에서 나열한 각각의 요인이 두 곡선에 어떻게 영향을 미치는지 설명하라.

해답 국제 유가 상승은 본 교재 14장(3.2 총공급 충격)에서 논의했듯이 기업의 생산비용 상승을 통해 재화의 명목가격, 즉 물가 상승을 가져옴으로써 〈그림 14-2〉에서 단기총공급곡선을 좌측으로 이동시킨다($SRAS_0 \rightarrow SRAS_1$). 반면 선진국 불황, 과도한 가계부채, 북핵 위기는 모두 총수요에 부정적인 충격으로 작용한

그림 14-2

국제 유가 · 선진국 불황 · 가계부채 · 북핵 위기의 영향

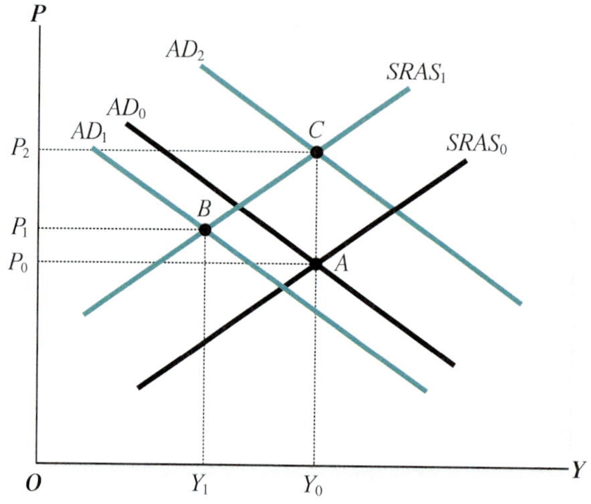

다. 선진국 불황은 선진국의 수입 감소, 즉 우리나라의 순수출 감소를 가져오고 (개방경제모형에 대한 자세한 내용은 본 교재 16장을 참고하길 바람), 과도한 가계부채는 가계의 차입을 제약하는 동시에 이자부담을 가중시킴으로써 소비를 위축시킨다. 마찬가지로 북핵 위기는 경제의 불확실성을 증대시켜 투자를 감소시킨다. 따라서 이 세 요인은 모두 총수요곡선을 좌측으로 이동시킨다($AD_0 \rightarrow AD_1$).

〈그림 14-2〉에서 최초의 균형을 점 A라고 하자. 이때 총수요곡선과 단기총공급곡선이 모두 좌측으로 이동하면, 새로운 균형은 점 B에서 달성되고 국내총생산은 Y_1으로 감소한다. 이때 물가수준의 변화는 양 곡선 이동폭의 상대적 크기에 따라 달라지는데, 최근 한국 경제가 인플레이션과 대외수지 악화를 겪고 있다고 했으므로 부정적인 공급충격이 부정적인 수요충격보다 더 크게 작용하여 물가가 상승한 것으로 볼 수 있다.

(2) 경기회복을 위한 금리인하정책의 효과와 그에 수반된 부작용을 총수요 · 총공급곡선으로 설명하라.

해답 경기회복을 위한 금리인하를 위해서는 화폐공급을 증가시켜야 하므로 금리인하정책은 총수요곡선을 우측으로 이동시킨다($AD_1 \rightarrow AD_2$). 만일 최초의 국내총생산(Y_0)을 회복하는 수준만큼 통화량이 증가한다면, 경기후퇴는 억제

될 수 있지만 물가수준이 P_2까지 상승하는 부작용이 발생한다.

(3) 경기변동을 공급의 측면에서 인식하고자 하는 입장에서 바람직한 거시경제정책은 무엇인가? 그 이유를 설명하라.

해답 본 교재 12장 1절에서 살펴보았듯이 실물적 경기변동이론은 경기변동 요인으로 공급 측면에서의 기술충격을 강조하고 있다. 이 이론에서는 경기변동을 이러한 기술충격에 대한 개별 경제주체들의 동태적 최적화 및 시장청산의 결과로 나타나는 균형현상으로 본다. 즉, 불황이든 호황이든 경기변동은 주어진 경제 전체의 충격에 대한 경제주체들의 최적선택의 결과이므로 경기변동을 완화시키기 위한 정부의 총수요관리정책은 오히려 비효율성을 초래한다는 것이다. 따라서 경기변동을 공급의 측면에서 인식하는 입장에서는 정부의 인위적인 총수요관리정책은 지양되어야 한다.

(2003년 외무고시 기출문제 일부 변형)

03 *IS–LM* 모형과 기대가 부가된 단기총공급곡선 모형을 이용하여 다음 질문에 답하라.

(1) 최근에 발생한 원유 등 원자재 가격의 상승이 경제성장에 영향을 줄 수 있다는 판단으로 통화공급을 증대시켜 이자율 하락을 유도하는 정책을 실시하고자 한다. 이때 정책의 효과를 *IS–LM* 모형을 이용하여 설명하라.

해답 〈그림 14–3–1〉의 (a)에서 중앙은행이 통화공급을 증가시키면 *LM*곡선이 우측이동한다. 이때 초기 균형점 *A*에서 화폐시장의 초과공급이 발생하고, 그 결과 이자율이 하락하여 최종 균형은 점 *B*에서 달성된다. 따라서 중앙은행의 통화공급 증가는 국민소득 증가($Y_0 \rightarrow Y_1$), 이자율 하락($r_0 \rightarrow r_1$)과 이로 인한 소비와 투자 증가를 가져온다. 이러한 투자 증가에 따른 물적자본 축적은 장기적으로 경제성장을 촉진시킬 것이다.

(2) 통화공급을 증대시켰을 때 이자율 하락보다는 소득 증가의 정도가 상대적으로 크게 나타나는 경제상황은 어떤 경우인지 *IS–LM* 모형을 이용하여 설명하라.

해답 통화공급을 늘리면 *IS*곡선을 따라 이자율이 하락하고 소득이 증가하는데, 이자율 하락의 정도보다 소득 증가의 정도가 더 크기 위해서는 〈그림 14–3–

그림 14-3-1

통화공급 증가의 효과

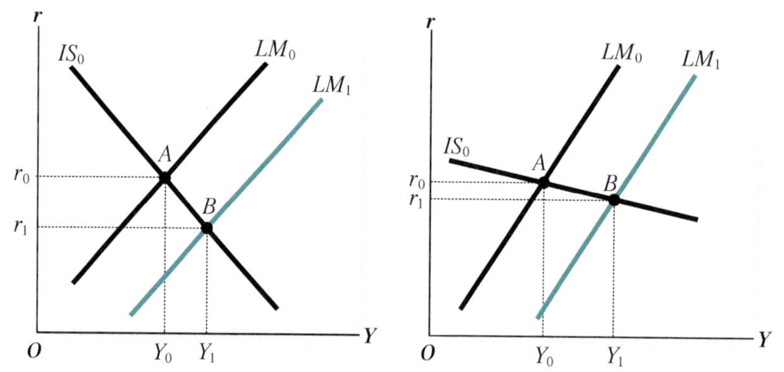

(a) 재화시장과 화폐시장 (b) 소득 증가가 상대적으로 큰 경우

1〉의 (b)와 같이 *IS*곡선이 완만해야 한다. 즉, 소비와 투자가 이자율에 대해 매우 민감해야 한다. 이와 같이 *IS*곡선이 완만할 때 통화공급이 증가하면, 이자율은 소폭 하락하는 반면 소득은 상대적으로 크게 증가한다. 이는 가계소비와 기업의 투자가 금리 변화에 민감해져서 이자율이 조금만 내려도 소비·투자를 많이 늘리기 때문이다.

(3) *IS*−*LM* 모형의 한계점은 물가 상승을 고려하지 않는다는 점이다. 만약 *AD*−*AS* 모형으로 확장하여 분석하는 경우 정책효과가 소득 증가보다는 물가 상승으로만 나타날 수도 있고 그렇지 않을 수도 있다. 각각의 경우를 그래프를 이용하여 설명하라.

해답 본 교재 14장(2.1 가격경직성 모형)에서 살펴보았듯이 가격을 경직적으로 유지하는 기업이 없다면 〈그림 14-3-2〉의 (b)와 같이 단기총공급곡선(*SRAS*)은 자연산출량(또는 잠재산출량), 즉 $Y_0 = Y^n$에서 수직선이 되고 장기총공급곡선(*LRAS*)과 일치한다. 이때 통화팽창의 효과는 물가 상승으로만 나타난다. 〈그림 14-3-2〉의 (a)에서 통화공급의 증가로 *LM*곡선이 우측이동하면($LM_0 \rightarrow LM_1$) 주어진 물가수준(P_0) 하에서 총수요가 Y_1까지 증가하고, 이는 (b)에서 총수요곡선의 우측이동($AD_0 \rightarrow AD_1$)을 가져온다. 그 결과 수직인 단기총공급곡선 상의 점 *C*에서 균형이 이루어지는데, 이때 국민소득은 변하지 않고 물가수준

그림 14-3-2

정책효과가 물가 상승으로만 나타나는 경우

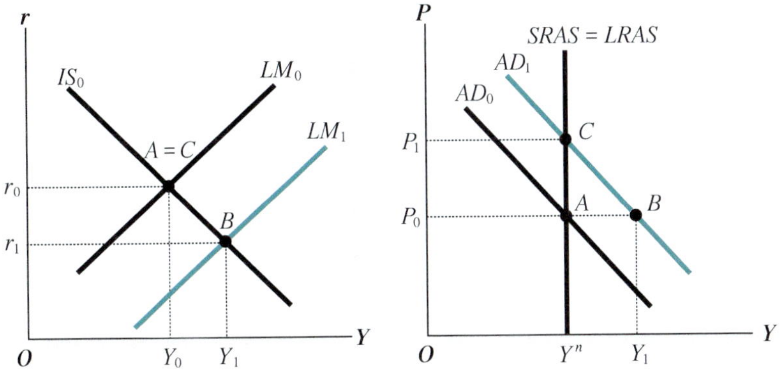

(a) 재화시장과 화폐시장 (b) 총수요와 총공급

그림 14-3-3

정책효과가 물가 상승과 소득 증가를 동시에 유발하는 경우

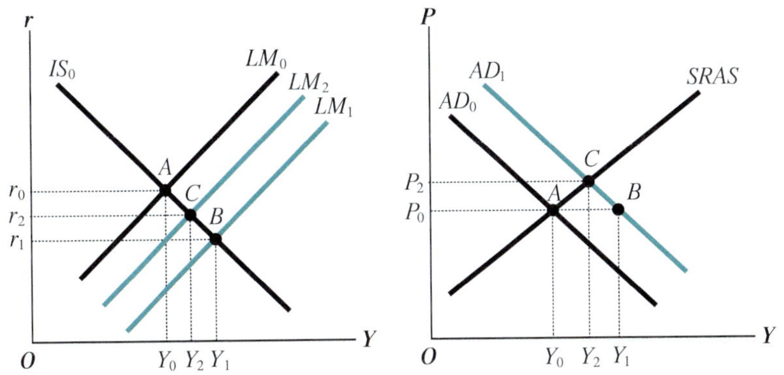

(a) 재화시장과 화폐시장 (b) 총수요와 총공급

만 큰 폭으로 상승한다. 이러한 물가 상승은 명목화폐수요를 증가시켜 (a)에서 *LM*곡선이 좌측이동하고($LM_1 \rightarrow LM_0$) 점 *A*에서 최종 균형이 달성된다.

반면 단기에서 가격을 신축적으로 조정하는 기업이 있다면 단기총공급곡선(*SRAS*)은 〈그림 14-3-3〉의 (b)와 같이 우상향한다. 이때 확장적 통화정책 및 이에 따른 *LM*곡선의 우측이동($LM_0 \rightarrow LM_1$)과 총수요곡선의 우측이동($AD_0 \rightarrow AD_1$)은 물가수준을 상승시킬 뿐만 아니라 소득수준도 증가시킨다. 이와 같은 물가 상승은 명목화폐수요를 증가시켜 *LM*곡선을 좌측이동시킨다($LM_1 \rightarrow LM_2$).

(4) 현시점의 경제가 잠재생산량에 가까운 상태라면 이자율 하락에 의한 경기부양 정책이 적절한가를 *AD*−*AS* 모형을 이용하여 설명하라.

해답 현시점의 경제가 잠재생산량에 가까운 상태라면 이 경제의 총공급곡선은 잠재생산량 수준에서 수직이 된다. 이때 이자율 하락을 유도하는 확장적 통화정책은 〈그림 14−3−2〉에서와 같이 국민소득을 증가시키지 못하고 물가수준만을 상승시킬 것이므로 경기부양책으로 적절하지 않다고 볼 수 있다.

(2008년 행정고시 기출문제)

04 다음 물음에 답하라.

(1) 거시경제를 분석하는 모형 설정에서 고전학파와 케인즈학파의 기본 가정의 차이를 설명하라.

해답 두 학파는 시장기구의 자기조정능력(self-correcting mechanism)에 대한 믿음에 차이를 갖고 있다. 케인즈학파는 시장이 단기적으로 가격을 통해 불균형을 조정하는 능력이 완벽하지 않으며, 수량을 통하여 불균형이 조정된다고 생각한다. 반면 고전학파는 단기에서도 시장기구의 가격조정을 통해 불균형이 해소된다고 본다. 즉, 두 학파는 가격변수의 경직성에 대해 견해의 차이를 보이고 있다.

또한 케인즈학파는 이자율에 민감하게 반응하는 화폐수요를 중시하여 *LM* 곡선이 수평이라 보는 반면, 고전학파는 화폐수요가 이자율에 반응하지 않고 소득에만 의존하므로 *LM*곡선이 수직이라 본다. 이 밖에 케인즈학파는 이자율에 비탄력적인 투자를 상정하므로 *IS*곡선이 수직이라 본다. 이러한 고전학파와 케인즈학파의 견해를 각각 계승, 발전시킨 새고전학파와 새케인즈학파의 거시경제모형은 각각 본 교재 9～12장과 13～16장을 참고하기 바란다.

(2) 확대재정정책이 소득, 물가, 이자율, 고용에 미치는 효과를 *IS*−*LM* 모형과 기대가 부가된 단기총공급곡선 모형으로 분석하고 양자의 차이를 비교 · 설명하라.

해답 ① ***IS*−*LM* 분석** : 본 교재의 13장(pp.346～347)에 자세히 설명되어 있음.

② ***AD*−*AS* 분석** : 본 교재의 14장(pp.376～379)에 자세히 설명되어 있음.

그림 14-4-3

증세정책

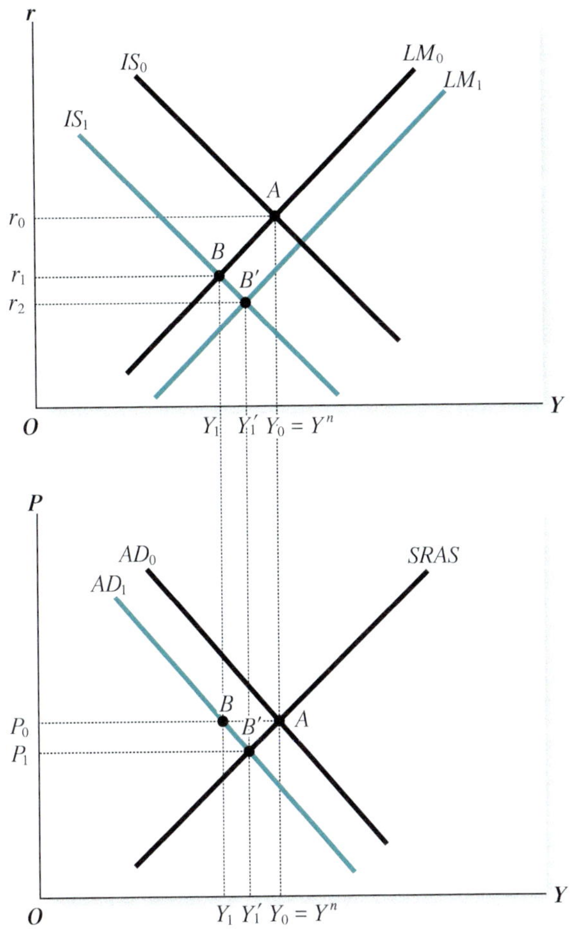

(3) 만약 정부가 소득세 누진율을 상승시키기로 했다면 어떠한 경제적 효과를 예상할 수 있겠는가? 케인즈학파와 공급 중시 경제학파 간의 견해차이를 비교 · 설명하라.

해답 먼저 가계가 주어진 이자율 수준에서 저축과 차입을 자유롭게 할 수 있는 경우에도 왜곡조세(distortionary tax)인 소득세 누진율 상승은 가계의 소비에 직접 영향을 미치므로 리카도 대등정리가 성립하지 않는다(본 교재 6장(4.3 리카도 대등정리의 한계) 참고 바람). 이러한 증세정책은 1번의 (3)에서 살펴본 조세 인하와 정부이전지출의 증가와 반대방향의 정책으로 볼 수 있다. 소득세 누진율 상승은 먼저 소비의 감소를 가져오므로 〈그림 14-4-3〉의 (a)에서 *IS*곡선을 좌측으로 이동시킨다($IS_0 \rightarrow IS_1$). 그 결과 IS곡선과 LM곡선이 교차하는 점 B에서 단기균형이 이루어지므로 총생산이 Y_1으로 감소한다. 이때 실질이자율의 하락은 투자를 증가시킬 뿐 아니라 소비도 증가시켜 증세에 기인한 소비 감소를 일부 상쇄한다.

주어진 물가수준에서 총생산 감소($Y^n \rightarrow Y_1$)는 〈그림 14-4-3〉의 (b)에서 총수요곡선을 좌측으로 이동시키고($AD_0 \rightarrow AD_1$), 그 결과 우상향하는 단기총공급곡선 $SRAS$를 따라서 물가수준이 하락하고($P_0 \rightarrow P_1$) 총생산이 감소한다($Y_0 \rightarrow Y_1'$). 이때 물가 하락은 (a)에서 LM곡선의 우측이동($LM_0 \rightarrow LM_1$)을 가져온다. 한편 가격을 신축적으로 조정하는 기업들은 물가 하락과 총생산 감소에 반응하여 가격을 내리는 반면, 가격이 경직적인 기업들은 사전에 물가 상승을 예상하지 못했기 때문에 증세정책이 시행된 시점에 예상물가수준은 여전히 이전 수준에 머물고 즉각 조정되지 않는다. 따라서 단기총공급곡선($SRAS$)은 이동하지 않고 그 결과 단기 균형총생산이 자연산출량 수준 Y^n보다 작은 Y_1'이 된다. 한편 총요소생산성이 불변하고 물적자본이 단기적으로 고정된 상황에서 기업이 감소한 수량(Y_1')을 생산하는 데 필요한 노동투입 또한 감소하므로 노동시장에서는 고용이 감소하고 실질임금이 하락한다.

케인즈학파가 거시경제의 총수요 측면을 중시한 반면, 공급 측면 경제학(supply-side economics)에서는 개별 경제주체가 어떤 동기와 기대를 가지고 노동과 투자를 하는가에 관심을 가진다. 즉, 케인즈학파가 수요 측면과 거시적 접근을 중시하는 반면, 공급 측면 경제학에서는 공급 측면과 미시적 접근을 중시한다고 볼 수 있다.

공급 측면 경제학은 조세 측면에서 근로 및 자본에 대한 세율이 지나치게 높으면 근로의욕, 투자의욕을 저해하여 생산과 소득이 줄어든다고 본다. 예를 들어 근로소득세 부담이 커지면 노동자가 받는 실제 임금과 기업이 지불하는 임금 사이에 격차가 커질 것이다. 이는 노동자들이 임금인상을 요구하는 원인이 되므로, 기업은 고용을 그만큼 줄이려는 유인을 갖게 되고 근로자는 노동공급을 줄여 결국 생산과 소득이 감소할 것이다. 자본에 대한 조세부담이 커지는 경우에도 유사한 이유로 투자의욕이 저하되어 생산과 소득의 감소를 가져올 것이다. 공급 측면 경제학의 기본 철학은 200년 전의 고전학파와 같은 것이고 오늘날 새고전학파에 의해 발전되어 왔다.

(2006년 행정고시 기출문제 일부 변형)

05 경기변동의 진폭을 줄이고 경제를 안정시키는 처방을 논할 때, 총공급곡선의 기울기에 관하여 학파 간에 견해가 다르다. 폐쇄경제에서 우하향하는 총수요곡선을 가정하고, 1) 총공급곡선이 수직일 때, 2) 총공급곡선이 우상향일 때로 구분하여 다음에 답하라.

(1) 총공급곡선의 기울기에 관한 학파 간의 이론적 배경, 고찰기간, 요소시장상황 및 물가에 대한 기대형성이론 등에 대하여 비교·설명하라.

해답 고전학파의 경우 모든 시장에서 신축적인 가격과 보장된 수요는 생산요소의 완전고용을 가져오기 때문에 국민소득 또는 GDP는 완전고용 소득수준에 머물게 되므로 총공급곡선은 완전고용 수준의 GDP(잠재 GDP 또는 자연산출량)에서 수직선이 된다. 실제로 국민소득은 장기적으로 노동·자본 등 생산요소 투입의 증가와 기술진보 등 총공급 측면의 요인들에 의해 지속적으로 증가해 왔다는 점에서 고전학파의 총공급곡선은 거시경제의 장기총공급곡선으로 해석할 수 있다.

케인즈는 고전학파와 달리 노동자들이 단기적으로 노동공급 결정에 필수적인 물가에 대한 정보가 부족하여 명목임금의 변화를 실질임금의 변화로 착각하는 화폐환상을 갖는다고 보았다. 또한 노동시장에서는 명목임금이 하방경직적이어서 노동의 초과공급(즉, 실업)이 지속될 수 있다는 것이다. 이상의 두 가지 관측에 기초하여 우상향하는 단기총공급곡선이 도출된다. 케인즈는 일반적으로 시장에서 가격이 불균형을 조정하지 않고 수량이 불균형을 조정한다고 생각했다. 이러한 세계에서는 재화시장에서 발생하는 총수요의 변동이 산출량의 급격한 변화를 초래할 수 있으므로, 정부가 정책개입으로 총수요의 급격한 변동을 완화해야 한다고 주장했다.

본 교재 14장(2.1 가격경직성 모형)에서 자세히 살펴보았듯이 케인즈학파의 견해를 발전시킨 새케인즈학파는 단기적으로 물가수준과 총생산에 반응하여 가격을 신축적으로 조정하는 기업뿐 아니라 이전의 예상물가수준에 따라 가격을 경직적으로 유지하는 기업이 존재하는 경우 우상향하는 단기총공급곡선을 도출했다. 그리고 가격을 신축적으로 조정하는 기업이 많아질수록 단기총공급곡선이 가팔라진다고 보았다.

한편 밀턴 프리드먼으로 대표되는 통화주의자들은 총수요관리정책의 단기적 유효성을 인정한다는 점에서는 고전학파적 사고를 일부 완화하였다. 그러나 그들은 고전학파와 같이 장기적으로 임금이나 물가가 신축적으로 조정되어 시장이 균형을 회복하면, 정부의 역할이 민간의 경제활동에 안정된 기반을 제공하는 데 국한되어야 한다고 주장했다. 즉, 단기에는 총공급곡선이 우상향할 수 있으나 비교적 빠른 시간에 수직에 가까워진다고 보았다. 이에 대한 자세한 내용은 본 교재 14장(5. 적응적 기대와 자연실업률가설)을 참고하기 바란다.

본 교재 14장(2.2 불완전정보 모형)에서 살펴보았듯이 급진적 통화론자라 할 수 있는 새고전학파의 루카스는 신축적 가격조정과 경제주체들의 합리적 기대를 가정하고 예상치 못한 물가수준의 변화에 대한 예상착오에 근거하여 우상향하는 단기총공급곡선을 도출하고 이러한 예상착오가 해소됨에 따라 총공급곡선이 빠른 시간에 수직선에 가까워진다고 보았다.

(2) 확장재정정책을 펼 때, 그 효과를 비교 · 설명하라.

해답 본 교재 9장(4.3 정부지출의 증가), 14장(3.1 총수요 충격)과 연습문제 13장 9번, 14장 1번의 (3), 8번의 (4)을 참고하기 바람.

(3) 확장금융정책을 펼 때, 그 효과를 비교 · 설명하라.

해답 본 교재 10장(5.1 현재 화폐공급의 증가), 14장(3.1 총수요 충격; 5.1 자연실업률가설과 정책시사점; 6. 합리적 기대와 필립스곡선)과 연습문제 14장 3번의 (3), 7번의 (2), 8번의 (4)를 참고하기 바람.

(2012년 행정고시 기출문제)

06 어떤 경제의 총생산함수가 다음과 같을 때, 아래 질문에 답하라.

$$Y = 20\sqrt{L}$$

(1) 노동수요함수를 도출하라.

해답 이윤극대화를 추구하는 기업은 노동 한 단위를 추가적으로 고용하여 생산한 제품을 판매하여 얻을 수 있는 수익, 즉 노동의 한계생산가치($VMP_L = P \cdot MP_L$)와 노동 한 단위의 추가적인 고용에 드는 비용, 즉 명목임금(W)이 같아지는 수준에서 고용량을 결정한다. 즉, 기업의 노동수요곡선은 다음과 같은 조건을 만족한다.

$$W = P \cdot MP_L$$

주어진 총생산함수를 이용하여 이 조건을 충족시키는 노동수요함수를 도출하면 다음과 같다.

$$\frac{W}{P} = MP_L = \frac{10}{\sqrt{L}} \Leftrightarrow L = \frac{100}{(W/P)^2}$$

(2) 명목임금이 20으로 고정되어 있을 때, 기업이 생산하는 재화의 산출량과 물가수준 사이에는 어떤 관계가 있는지 설명하라.

해답 명목임금이 20으로 고정($W = 20$)되어 있다면, 주어진 물가수준(P)에서 고용(L)은 위에서 도출한 노동수요함수에 의해 $2\sqrt{L} = P$로 결정된다. 이 식을 총생산함수 $Y = 20\sqrt{L}$에 대입하면, 산출량과 물가수준 사이의 관계를 나타내는 단기총공급곡선은 다음과 같이 도출된다.

$$Y = 10P$$

이제 이 경제의 IS곡선과 LM곡선이 다음과 같이 주어졌다고 하자.

- ***IS*곡선** : $Y = 120 - 1500r$
- ***LM*곡선** : $\frac{\overline{M}}{P} = 0.5Y - 500r$

(3) 화폐공급($\overline{M}$)이 300일 때 총수요곡선을 도출하라.

해답 재화시장의 균형을 나타내는 IS곡선과 화폐시장의 균형을 나타내는 LM곡선이 주어졌을 때, 두 균형식에서 이자율(r)을 소거하면 다음과 같은 총수요곡선이 도출된다.

$$Y = \frac{360}{P} + 48$$

(4) 총수요 · 총공급 균형에서 물가, 산출량, 실질임금, 실질이자율이 각각 얼마인지 계산하라.

해답 (2)번에서 도출한 총공급곡선과 (3)번에서 도출한 총수요곡선이 교차하는 점에서 결정되는 균형산출량(또는 국민소득)은 약 88.6, 균형물가수준은 8.86이

그림 14-6-5

화폐공급의 감소

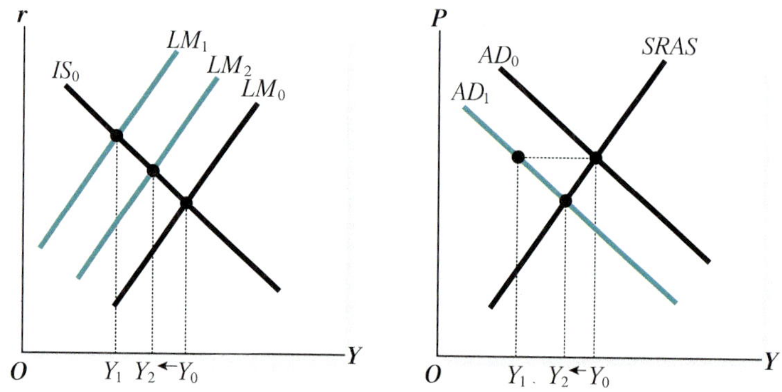

(a) *IS–LM* (b) *AD–AS*

된다. 한편 여기서 구해진 값을 *IS*곡선에 대입하면 실질이자율은 약 0.02가 되고, 이 값들을 문제 (1)에서 구한 노동수요함수에 대입하면 실질임금($\frac{W}{P}$)은 $\frac{20}{8.86} \simeq 2.26$이 된다.

(5) 화폐공급($\overline{M}$)이 135로 감소했다고 하자. 새로운 총수요 · 총공급 균형의 결정을 그림으로 나타내라.

해답 화폐공급이 300에서 135로 감소하면 〈그림 14-6-5〉의 (a)에서 *LM*곡선이 좌측으로 이동하고($LM_0 \rightarrow LM_1$), (b)에서 총수요곡선도 좌측으로 이동할 것이다($AD_0 \rightarrow AD_1$). 그 결과 총수요곡선은 $Y = \frac{162}{P} + 48$로 변화한다. 여기서 화폐공급의 감소로 균형국민소득 수준이 감소하고, 물가수준도 하락하는 것을 쉽게 확인할 수 있다. 이때 물가수준의 하락은 (a)에서 *LM*곡선을 추가로 우측 이동시킨다($LM_1 \rightarrow LM_2$).

07 루카스 등 새고전학파의 이론을 이용하여 다음 물음에 답하라.

(1) 단기총공급곡선이 우상향하는 이유를 설명하라.

해답 본 교재 14장(2.2 불완전정보 모형)에서 설명했듯이 기업의 의사결정에서 중요한 것은 다른 기업 상품가격과 자기 상품가격의 차이인 상대가격이다. 만약

시장에서 자신의 상품가격이 상대적으로 높게 형성된다면, 이것은 다른 기업의 상품에 비해 자신의 상품이 시장에서 상대적으로 높게 평가받음을 의미한다. 따라서 노동 투입을 증가시켜 보다 많은 상품을 생산하면 큰 이윤을 낼 수 있다. 이러한 상황에 처한 개별 기업의 공급곡선은 다음 식과 같다.

$$Y_i = Y_i^n + \gamma(P_i - P) \quad (\gamma > 0)$$

여기서 Y_i는 개별 기업 i의 산출량, Y_i^n는 이 기업의 정상적 산출수준, P_i는 이 기업의 상품가격, P는 경제 전체의 일반물가수준, 그리고 γ는 기업 i의 산출량이 상대가격 변화에 반응하는 정도를 나타낸다.

그러나 단기에서 개별 기업은 상대가격 변동과 일반물가수준 변동을 정확히 구별하기 힘들다. 이러한 불완전정보의 상황에서 각 기업들은 주어진 정보를 최대한 활용하여 일반물가수준을 합리적으로 예상하고, 이에 따라 산출량을 결정하려 할 것이다. 이처럼 기업의 물가에 대한 예상을 반영한 공급곡선은 다음 식으로 표현된다.

$$Y_i = Y_i^n + \gamma(P_i - P^e) \quad (\gamma > 0)$$

위 식에 따르면, 예상치 못하게 일반물가수준이 상승하면 개별 기업은 자사 제품 가격의 상승이 일반물가수준의 상승에 동반한 것으로 생각하지 않고, 자사 제품에 대한 선호가 늘어난 것으로 착각하여 생산량을 늘릴 수 있다. 이러한 개별 기업의 공급곡선을 모두 합하면 다음과 같은 경제 전체의 공급곡선이 도출된다.

$$Y^{AS} = Y^n + \gamma(P - P^e) \quad (\gamma > 0)$$

따라서 단기적으로는 기업의 물가수준에 대한 정보가 불완전하므로 실제 물가수준이 예상물가수준보다 커진다면($P > P^e$) 총공급곡선이 우상향하게 된다.

(2) 통화정책의 효과를 분석하라.

해답 통화정책을 예상한 경우와 예상치 못한 경우로 나누어 그 효과를 분석한다.

(a) 예상된 통화정책의 효과

〈그림 14-7-2〉의 (a)에서 확장적 통화정책이 사용되면 총수요곡선은 AD_0에서 AD_1으로 이동한다. 이때 만약 확장적 통화정책이 예상되었다면, 경제

그림 14-7-2

새고전학파의 총공급곡선 : 확장적 통화정책의 효과

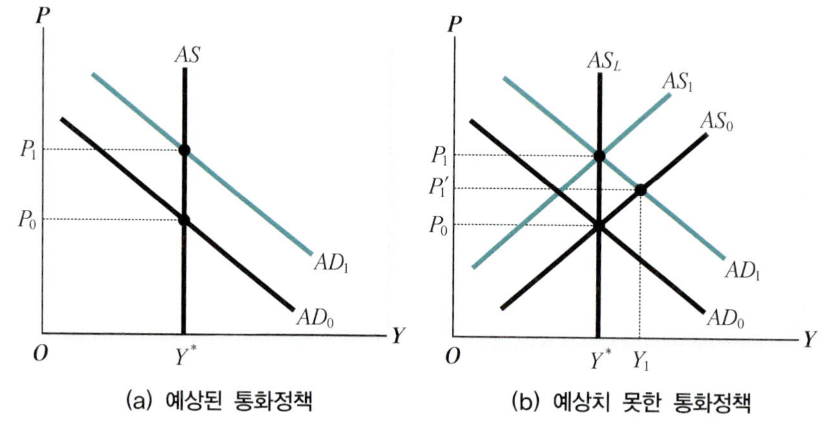

주체들은 정책이 가져올 효과를 미리 파악하고 이를 그들의 기대에 반영한다. 즉, 예상된 정책이라면 정책에 따른 물가변동이 이미 예상된 것이므로 $P_1 = P_1^e$이고, 따라서 루카스 공급곡선식은 $Y = Y^n$이 된다. 결국 총공급곡선은 잠재총생산 또는 완전고용 국민소득 수준(Y^n)에서 수직인 형태이며, 예상된 확장적 통화정책은 물가수준을 P_0에서 P_1으로 상승시킬 뿐 균형국민소득을 증가시키지 못한다. 이처럼 예상된 정책은 단기에서조차 실물부문에 아무런 영향을 줄 수 없다는 새고전학파의 주장을 정책무력성 명제(policy ineffectiveness proposition)라고 한다.

(b) 예상치 못한 통화정책의 효과

만약 확장적 통화정책이 예상하지 못했던 것이라면, 경제주체들이 정책 변화에 따른 물가 상승분을 자신의 물가예상에 미처 반영하지 못하므로 $P > P^e$가 성립한다. 따라서 〈그림 14-7-2〉의 (b)에서 루카스의 총공급곡선은 우상향하는 형태를 갖고, 예상치 못한 확장적 통화정책은 균형국민소득을 Y^n에서 Y_1으로 증가시킨다. 이때 예상치 못한 정책의 효과($Y_1 - Y^n$)가 얼마나 될지는 총공급곡선의 기울기에 달려 있다. 즉, 루카스의 공급곡선에서 γ값이 클수록 총공급곡선의 기울기가 완만해져서 정책효과가 커진다.

그러나 예상치 못한 통화정책이 효과를 갖더라도 그것은 오래 지속될 수 없다. 민간의 물가예상이 실제 물가수준을 반영하는 즉시, 단기총공급곡선은

AS_0에서 AS_1으로 상방이동하여 효과가 사라지기 때문이다. 다시 말해서 예상치 못한 통화정책은 단기적으로만 국민소득을 변화시킬 수 있다.

(2004년 행정고시 기출문제 일부 변형)

08 아래와 같이 주어진 총수요 · 총공급곡선을 이용하여 다음 질문에 답하라.

- **총수요곡선** : $Y_t = X_t + M_t - \alpha P_t + u_t$
- **총공급곡선** : $Y_t = Y^* + \gamma(P_t - P_t^e) + v_t$

여기서 X_t는 통화량 이외에 총수요에 영향을 미치는 요인, Y^*는 자연산출량, 그리고 u_t와 v_t는 평균이 0이고 일정한 분산을 갖는 상호 독립적인 오차항 또는 교란요인을 의미한다.

(1) 위 모형으로 소득 및 물가의 결정과정을 설명하려는 노력의 이론적 배경은 무엇인지 설명하라. 위 모형과 달리 케인즈학파가 우상향하는 총공급곡선을 도출하는 근거는 무엇이었는가?

해답 먼저 위의 총수요곡선은 연습문제 6번의 (3)에서와 같이 재화시장의 균형을 나타내는 *IS*곡선식과 화폐시장의 균형을 나타내는 *LM*곡선식을 결합하여 도출된다. 그리고 위의 (단기)총공급곡선은 본 교재 14장 2절(우상향하는 단기총공급곡선의 도출)에서 자세히 살펴보았듯이 새케인즈학파의 가격경직성 모형과 루카스의 불완전정보 모형에 근거하고 있다.

첫째, 새케인즈학파의 가격경직성 모형에 따르면 단기적으로 물가수준과 총생산에 반응하여 가격을 신축적으로 조정하는 기업뿐 아니라 이전의 예상물가수준에 따라 가격을 경직적으로 유지하는 기업이 존재하는 경우 경제 전체의 단기총공급곡선이 우상향하고, 가격을 신축적으로 조정하는 기업이 많아질수록 단기총공급곡선이 수직선에 가까워진다.

둘째, 루카스의 불완전정보 모형에 따르면 개별 기업은 불완전한 정보의 상황에서 자신에게 주어진 정보를 최대한 활용하여 일반물가수준을 합리적으로 예상하고, 이러한 예상물가수준 대비 자사 제품의 상대가격 변화를 파악하여 산출량을 결정한다. 이때 예상치 못한 일반물가수준의 변화는 개별 기업에게 자사 제품의 상대가격 변화로 잘못 인식(misperception)될 수 있다. 즉, 일반물가수준이 예상물가수준 이상으로 상승하면, 기업은 이를 상대가격 상승으로 착각하여 산출량을 증가시킬 수 있다. 이러한 현상은 기업이 합리적 기대(rational expectation)를 하는 경우에도 정보의 불완전성 때문에 발생할 수 있다. 결국 합리적 기대를 받아들이더라도, 재화시장에 존재하는 정보의 불완전성으로 인해 단기총공급곡선이 우상향할 수 있다는 것이다.

반면에 케인즈학파는 다음의 두 가지 조건 가운데 어느 하나라도 만족된다면 우상향하는 단기총공급곡선이 도출될 수 있다고 보았다.

첫째, 실제 노동시장에서는 명목임금이 단기적으로 하방경직성을 갖는다. 단기적으로 노동자들은 노동시장 여건(예를 들어 노동의 초과공급 상태)에 관계없이 그들의 명목임금이 낮아지는 것을 용인하지 않으며, 또한 노동계약은 수시로 이루어지는 것이 아니라 일정 기간을 단위로 체결되기 때문이다. 이때 물가가 상승하면 실질임금이 하락하므로 고용이 증가하고, 따라서 총생산도 증가한다.

둘째, 노동자들은 물가에 대한 정보가 부족해 물가수준이 변화해도 의사결정에 이를 충분히 반영하지 못하는 한계를 갖는다. 다시 말해서 노동자들이 화폐환상(money illusion)에 빠져 있으면, 물가수준 상승과 함께 명목임금이 상승할 때 이를 실질임금의 상승으로 착각하여 노동공급을 증가시킬 수 있다. 그 결과 고용과 총생산이 증가할 수 있다.

(2) 총공급곡선에서 γ값이 어떤 역할을 하는지, 그리고 그 크기가 무엇에 의해 결정되는지 설명하라.

해답 문제에 주어진 단기총공급곡선에서 계수 γ의 크기는 매우 중요한 의미를 갖는다. 예를 들어 〈그림 14-8-2〉에서 γ값이 0에 가깝다면 단기총공급곡선은 매우 가파른 기울기를 갖는 AS_1과 같은 형태를 띠고, γ값이 크다면 단기총공급곡선은 완만한 기울기를 갖는 AS_2와 같은 형태를 띠게 된다. 이때 예상치 못한 통화량 증가가 발생하여 총수요곡선이 AD_0에서 AD_1으로 이동하면, AS_1과 같은 단기총공급곡선에서는 총산출수준이 Y_1까지만 증가하는 반면, AS_2와 같은 단기총공급곡선에서는 총산출수준이 Y_2까지 증가하게 된다. 결국 γ값의 크기는 P와 P^e가 괴리될 때 실제 산출수준 Y가 자연산출량 또는 완전고용산출수준 Y^*로부터 이탈하는 정도를 결정한다.

그림 14-8-2

루카스 공급곡선의 기울기

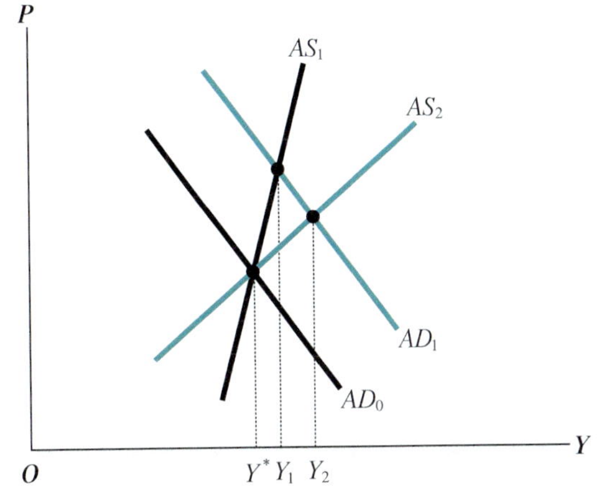

그렇다면 계수 "γ" 의 크기는 무엇에 의해 결정될까? 먼저 본 교재 14장(2.1 가격경직성 모형)에서 도출된 단기총공급곡선식 (14.4)에 따르면 계수 "γ"는 가격을 신축적으로 조정하는 기업들이 많을수록, 그리고 이들 기업의 가격 조정이 총산출갭($Y-Y^n$)에 민감하게 반응할수록 커진다. 둘째, 본 교재 14장(2.2 불완전정보 모형)에서 도출된 루카스 총공급곡선식 (14.7)에 따르면 γ값의 크기는 그 경제에서 과거에 정부가 예상치 못한 통화정책을 얼마나 빈번하게 사용했었는지에 영향을 받는다. 예상치 못한 통화정책의 사용이 빈번했던 나라에서는 기업들이 자기 상품가격이 상승할 때 이를 개별적 충격으로 파악하기보다는 일반물가수준의 변화로 파악하려는 경향이 있기 때문에 γ값이 작다. 이 밖에도 γ값은 그 경제 내에 존재하는 불확실성의 정도에 의해 영향을 받는다. 예를 들어 미래에 대한 불확실성이 만연한 경제에서는 기업들이 물가수준의 변화에 대해서 보수적으로 반응할 가능성이 크기 때문에 산출량이 거의 변하지 않고 γ값도 작아진다.

(3) 합리적 기대를 가정하고 균형소득 및 물가를 계산하라.

해답 우선 문제에서 $E(u_t)=0$이고, $E(v_t)=0$이다. 또한 합리적 기대를 가정하면 $E(P_t)\equiv P_t^e=P_t$이므로 총공급곡선에 기대값을 취하면 $E(Y_t)=Y^*$임을 알 수 있다. 한편 총수요곡선에 기대값을 취하면 다음과 같은 식을 얻을 수 있다.

$$E(Y_t) = E(X_t) + E(M_t) - \alpha E(P_t) + E(u_t)$$

여기서 $E(u_t) = 0$이고, $E(Y_t) = Y^*$이므로 예상 균형물가는 다음과 같이 결정된다.

$$E(P_t) = \frac{E(X_t) + E(M_t) - Y^*}{\alpha}$$

(4) 총수요 · 총공급의 균형식을 활용하여 통화정책 및 재정정책의 유효성에 대해 설명하라.

해답 총수요곡선으로부터 도출한 실제 물가수준에 대한 예상 오차($P_t - P_t^e$)는 다음과 같다.

$$P_t - P_t^e = \frac{-(Y_t - Y^*) + u_t}{\alpha}$$

이를 총공급곡선에 대입하면 산출량 갭($Y_t - Y^*$)은 다음과 같이 결정된다.

$$(1 + \frac{\gamma}{\alpha})(Y_t - Y^*) = \frac{\gamma}{\alpha}u_t + \nu_t$$

따라서 산출수준의 변화를 이끌어낼 수 있는 것은 궁극적으로 u_t 또는 ν_t이다. 여기서 총수요 충격을 나타내는 u_t는 예상치 못한 X_t와 M_t의 변화를 포함한다. 즉, 주어진 총공급곡선이 의미하는 바는, 예상치 못한 정책만이 실물부문에 영향을 미칠 수 있으며 예상된 정책은 아무런 효과를 갖지 못한다는 것이다.

09 어떤 경제가 다음과 같은 모형으로 주어져 있다고 하자.

• **소비** : $C = 300 + 0.5(Y - T) - 300r$	• **투자** : $I = 100 - 100r$
• **정부지출** : $G = 100$	• **조세** : $T = 100$
• **실질화폐수요** : $\frac{M^d}{P} = 0.5Y - 200r$	• **화폐공급** : $M^s = 6{,}300$
• **총공급함수** : $Y = Y^* + 0.5(P - P^e)$	• **자연산출수준** : $Y^* = 700$

(1) 총수요함수를 도출하라.

해답 총수요함수는 재화시장의 균형식인 *IS*곡선과 화폐시장의 균형식인 *LM*곡선을 통해 구할 수 있다. 주어진 조건에서 각각의 균형식은 다음과 같이 계산된다.

$$IS\text{곡선}: Y = C + I + G$$
$$= [300 + 0.5(Y - 100) - 300r] + (100 - 100r) + 100$$
$$\Leftrightarrow Y = -800r + 900$$
$$LM\text{곡선}: \frac{M^S}{P} = 0.5Y - 200r \Leftrightarrow \frac{6{,}300}{P} = 0.5Y - 200r$$

위의 두 균형식에서 이자율(r)을 소거하면 다음의 총수요함수를 구할 수 있다.

$$\text{총수요곡선}: Y = \frac{8{,}400}{P} + 300$$

(2) 총수요 · 총공급 균형에서 산출량(Y), 실질이자율(r), 물가(P), 소비(C), 투자(I)를 계산하라.

해답 주어진 문제에서 총공급함수와 총수요함수는 각각 다음과 같다.

$$\text{총수요곡선}: Y = \frac{8{,}400}{P} + 300$$
$$\text{총공급곡선}: Y = 700 + 0.5(P - P^e)$$

이때 장기에서 $P^e = P$가 됨을 고려하여 균형산출량과 균형물가수준을 계산하면 각각 다음과 같다.

$$Y = 700, \quad P = 21$$

이 값을 재화시장 균형식(IS곡선)과 화폐시장 균형식(LM곡선)에 대입하면 다음을 계산할 수 있다.

$$r = \frac{1}{4}, \quad I = 75, \quad C = 525$$

(3) 화폐공급량이 예상치 않게 6,500으로 증가했다고 하자. 주어진 예상물가수준에서 산출량, 물가, 실질이자율, 소비, 투자의 변화를 계산하라.

해답 화폐공급량이 종전의 6,300에서 6,500으로 증가하면, 총수요부문의 IS곡선은 변화하지 않지만 LM곡선이 변화한다. 이에 따라 총수요곡선은 다음과 같이 변화한다.

$$IS\text{곡선}: Y = -800r + 900$$
$$LM\text{곡선}: \frac{6{,}500}{P} = 0.5Y - 200r$$
$$\Rightarrow \text{총수요곡선}: Y = \frac{26{,}000}{3P} + 300$$

그림 14-9-4

예상된 화폐공급의 증가

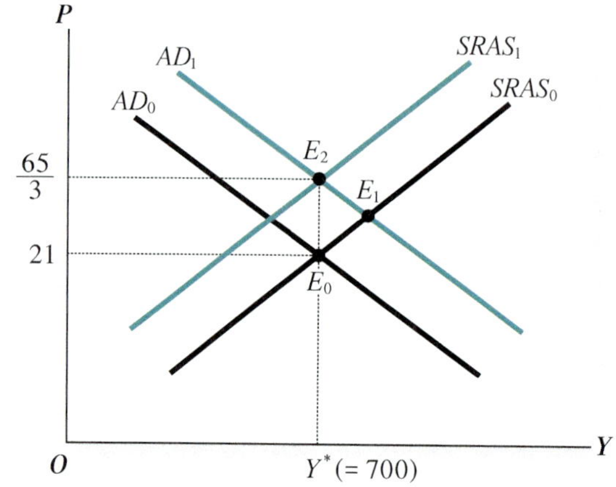

한편 화폐공급량이 예상치 못하게 증가했다면 예상물가수준은 화폐공급량이 6,300일 때의 수준인 $P^e = 21$로 유지될 것이다. 그러므로 총공급곡선은 다음과 같이 표현된다.

$$\textbf{총공급곡선} : Y = 700 + 0.5(P - 21)$$

앞의 총수요곡선과 총공급곡선으로부터 균형산출량과 균형물가수준이 각각 다음과 같이 결정된다.

$$Y \simeq 700.325, \quad P \simeq 21.649$$

이를 *IS*곡선과 *LM*곡선에 대입하면 다음을 계산할 수 있다.

$$r \simeq 0.249, \ C \simeq 525.285, \ I \simeq 75.04$$

(4) 시간이 경과하여 모든 사람들이 화폐공급량이 증가했다는 사실을 알게 되었다고 하자. 균형상태가 어떻게 변화할지 설명하라.

해답 경제주체들이 화폐공급량 증가를 인식하게 되면 이들의 예상물가수준은 실제 물가수준과 동일한 $P^e = 21.649$로 변화하고, 총공급곡선은 〈그림 14-9-4〉에서 $SRAS_1$으로 상방이동한다(참고로 점 E_0는 문제 (2)의 균형점을, 점 E_1은 문제 (3)의 새로운 균형점을, 점 E_2는 바로 이 장기균형점을 나타낸다). 이에 따라 균형산출량은 다시 $Y^* = 700$으로 회복하게 된다. 그러나 화폐공급량 증가로 총수요곡선이 AD_1으로 이동했기 때문에 새로운 균형물가수준은 이전의 $P^* = 21$보다 높은 $P^* = \frac{65}{3}$에서 형성된다.

(서울대학교 경제학부 1997학년도 대학원 입시문제)

10 어떤 경제모형(이하 기본 모형)이 다음과 같이 주어졌을 때, 다음 물음에 답하라.

> • **소비함수** : $C = 200 + 0.75(Y - T)$
>
> • **투자함수** : $I = 200 - 25r$
>
> • **실질화폐수요함수** : $\frac{M^d}{P} = Y - 100(r + \pi^e)$
>
> [Y는 국민소득, r은 실질이자율(%), G(정부지출) = 100, T(조세) = 100, M^s(통화량) = 1,000, π^e(기대물가상승률) = 0]

(1) 위의 기본 모형에서 총수요곡선을 수식으로 표현하라.

해답 총수요는 $Y = C + I + G = [200 + 0.75(Y - 100)] + (200 - 25r) + 100$으로 표현할 수 있다. 이때 화폐시장의 균형식 $\frac{M^s}{P} = \frac{M^d}{P} = Y - 100(r + \pi^e)$에서 $M^s = 1,000$, $\pi^e = 0$이므로 $r = 0.01Y - \frac{10}{P}$을 얻을 수 있다. 이 식을 총수요에 대입하면, (Y, P) 평면의 총수요곡선 $AD = 850 + \frac{500}{P}$을 도출할 수 있다.

(2) 기본 모형에 총공급부문을 아래와 같이 추가할 경우, 균형물가수준과 균형국민소득을 구하라.

> • **총생산함수** : $Y = 935 + 2N - 0.05N^2$
>
> • **노동공급함수** : $N^s = 9 + w$
>
> (N은 노동투입량, w는 실질임금)

해답 노동수요함수 $w = MP_N = 2 - 0.1N^d$와 노동공급함수 $N^s = 9 + w$를 노동시장의 균형식 $N^d = N^s$에 대입하면 균형고용량 $N^* = 10$을 얻을 수 있다. 균형고용량을 총생산함수에 대입하면 총공급량 $AS = 950$을 구할 수 있다. 따라서 $AD = AS$에서 균형물가수준 $P^* = 5$, 균형국민소득 $Y^* = 950$을 얻을 수 있다.

(3) 기본 모형에 루카스 공급곡선을 아래와 같이 추가한다(단, 위의 (2)에서 추가했던 부문은 제외). P^e(기대물가수준) = 3일 때, 단기균형에서 물가수준과 국민소득을

구하라.

> • **루카스 공급곡선** : $Y = Y^* + 75(P - P^e)$
> [Y^*(자연산출량) = 900]

해답 루카스 공급곡선 $Y = Y^* + 75(P - P^e) = 900 + 75(P - 3)$과 (1)에서 도출한 총수요곡선 $AD = 850 + \frac{500}{P}$이 일치하는 점에서 단기균형을 구할 수 있다. 두 식을 연립하여 풀면 $(3P + 5)(P - 4) = 0$, 즉 단기 균형물가수준(P_S)은 $-\frac{5}{3}$ 또는 4인데 물가수준은 음(−)의 값을 가질 수 없으므로 $P_S = 4$이다. 따라서 단기 균형국민소득 $Y_S = 975$을 얻을 수 있다.

(4) 위 (3)의 장기균형에서 물가수준, 기대물가수준 및 국민소득을 구하라.

해답 장기에서는 루카스 공급곡선이 자연산출량 수준에서 수직인 형태를 가지므로 장기 균형국민소득은 $Y_L = Y^* = 900$이다. 이를 (1)의 총수요곡선과 (3)의 루카스 공급곡선에 대입하면, 장기 균형물가수준 $P_L = 10$, 장기균형에서의 기대물가수준 $P_L^e = 10$을 얻을 수 있다.

(2011년 행정고시 기출문제)

11 어느 중앙계획형 사회주의 경제가 시장경제로의 체제전환을 하고 있다고 가정하자. 다음 물음에 답하라.

(1) "사회주의 경제는 가격통제 및 생산할당($P = \bar{P}, Y = \bar{Y}$) 등을 특징으로 하며, 그 결과 초과고용과 만성적인 공급부족(shortage economy)을 겪고 있다. 이러한 공급부족을 통화 발행으로 충당하여 통화과잉(monetary overhang) 현상이 나타나기도 한다." 이와 같은 사회주의 경제의 특성을 *IS–LM*, 노동시장균형 및 기대가 부가된 단기총공급곡선 모형을 이용하여 설명하라.

해답 사회주의 경제에서는 가격통제가 가능하므로 이자율과 명목임금(W)이 고정되어 있다고 하자. 가격통제와 생산할당이 존재하는 사회주의 경제는 〈그림 14-11-1〉의 (b)에서 점 A와 같다. 따라서 주어진 물가수준($\bar{P}$) 하에서 총수요는 점 B이므로 $(Y_0 - \bar{Y})$만큼의 공급부족(초과수요)이 발생한다. 이러한 초과수요는 이자율을 균형수준보다 높게 유지함으로써 해결할 수 있다. 즉, (a)에

그림 14-11-1

사회주의 경제와 시장경제로의 전환

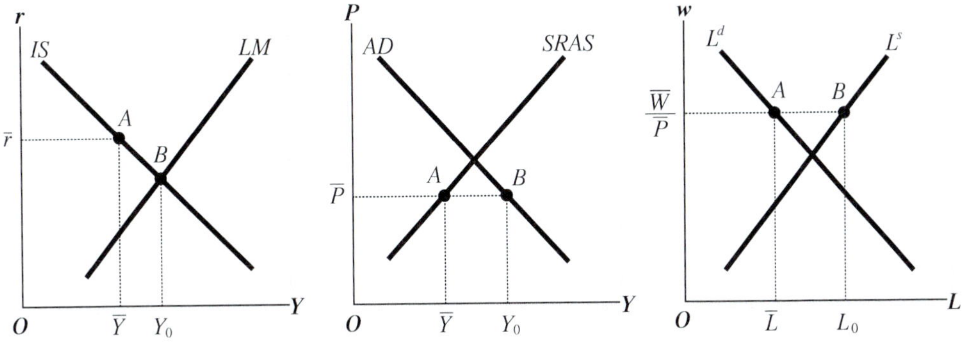

(a) 재화시장과 화폐시장 (b) 총수요와 총공급 (c) 노동시장

서 이자율을 균형수준보다 높은 $\bar{r}$로 통제하면 이 경제는 점 B에서 점 A로 이동하면서 초과수요가 사라진다. 그런데 점 A는 화폐공급이 화폐수요보다 많은 상태이다. 따라서 사회주의 경제의 초과수요 문제는 화폐의 초과공급을 통해 충당할 수 있는 것이다.

한편 (c)의 노동시장에서는 $\bar{Y}$의 산출량을 달성하는 데 필요한 고용량은 $\bar{L}$에 불과하지만, 명목임금이 $\bar{W}$로 고정되어 있기 때문에 $(L_0 - \bar{L})$만큼의 노동초과공급이 발생한다. 이때 사회주의 경제정책에 따라 실업자를 줄이려면 초과고용이 불가피하다.

(2) 시장경제로의 전환과정에서 가격자유화 정책을 추진할 경우 나타날 수 있는 체제전환경제(transition economy)의 초기 경제현상을 IS−LM, 노동시장균형 및 기대가 부가된 단기총공급곡선 모형을 이용하여 설명하라.

해답 가격자유화 정책을 추진할 경우, 〈그림 14−11−2〉의 (b)에서 이 경제는 가격통제 및 생산할당이 이루어지던 점 A에서 총수요와 총공급이 만나는 점 C로 이동한다. 따라서 총생산은 $\bar{Y}$에서 Y_1으로 증가하고 물가는 $\bar{P}$에서 P_1으로 상승한다. 이때 물가 상승으로 실질화폐공급($\frac{M^s}{P}$)이 감소하므로 (a)의 LM곡선이 좌측이동하면서($LM_0 \rightarrow LM_1$) 이자율이 통제되어 있던 수준에서 하락하게 된다($\bar{r} \rightarrow r_1$). 한편 총요소생산성이 불변하고 물적자본이 단기적으로 고정된

그림 **14-11-2**

시장경제로의 전환과정

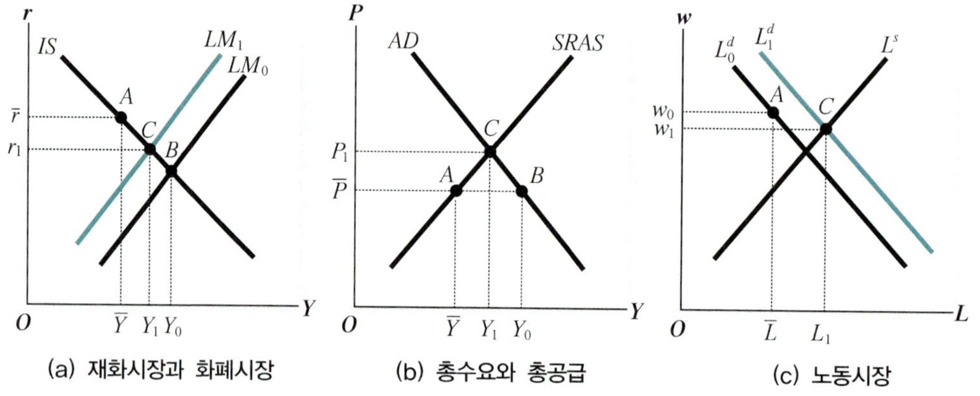

상황에서 기업이 늘어난 수량(Y_1)을 생산하는 데 필요한 노동수요가 증가한다($L_0^d \rightarrow L_1^d$). 그 결과 실질임금이 상승하지만($w_0 \rightarrow w_1$), 고용의 증감 여부는 불분명하다. 이는 사회주의 경제정책에 따라 실업자를 줄이기 위해 초과고용이 불가피했던 (1)의 결과를 통해 알 수 있다.

(3) 통화과잉(monetary overhang) 문제를 해소하기 위하여 기존 화폐 100단위를 새 화폐 1단위로 교환하고 화폐교환액의 한도를 설정하는 몰수형 화폐개혁을 실시하였다고 가정하자. 이와 같은 화폐개혁이 이자율, 물가, 소득 등에 미치는 효과를 설명하라.

해답 문제 (2)의 균형인 점 C에서 몰수형 화폐개혁을 실시한다고 하자. 몰수형 화폐개혁으로 명목화폐공급이 감소하면, 〈그림 14-11-3〉의 (a)에서 LM곡선이 좌측이동한다($LM_1 \rightarrow LM_2$). 그 결과 (b)에서 AD곡선이 좌측이동하면서($AD_0 \rightarrow AD_1$) 물가수준이 하락한다. 이때 물가 하락은 다시 화폐시장에서 실질화폐공급을 감소시켜 (a)의 LM곡선이 소폭 우측이동한다($LM_2 \rightarrow LM_3$). 이러한 과정을 거쳐 최종 균형은 점 E에서 이루어진다. 새로운 균형에서는 이자율이 상승하고($r_1 \rightarrow r_3$), 국민소득은 감소하며($Y_1 \rightarrow Y_3$), 물가수준은 하락한다($P_1 \rightarrow P_2$).

그림 14-11-3

몰수형 화폐개혁

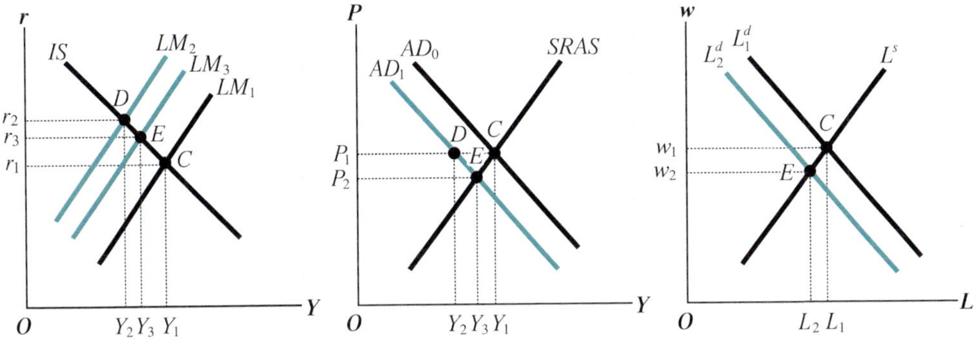

(a) 재화시장과 화폐시장 (b) 총수요와 총공급 (c) 노동시장

(4) 일반적으로 체제전환 과정에서 발생할 수 있는 신용경색(credit crunch) 현상을 설명하고, 그에 대한 대응방안을 설명하라.

해답 시장경제로의 전환 후 경제가 빠른 속도로 성장할 것으로 예상되므로 실물투자에 필요한 자금의 수요가 크게 늘어날 것이다. 그러나 체제전환경제에서는 주식시장, 채권시장 등 자본시장이 발달되지 않고 금융기관의 자금중개기능도 원활하게 작동하지 않기 때문에 자금의 공급이 수요 증가에 부응하기 어렵다. 따라서 시중에 유동성이 제대로 공급되지 못하는 신용경색 현상이 나타날 것이다.

이러한 신용경색을 근본적으로 해결하기 위해서는 국내 금융기관과 금융시장이 경제규모에 맞게 발달하여야 한다. 그러나 단기적으로 금융기관의 자금중개를 활성화시키는 것은 현실적으로 불가능하기 때문에 외국투자자본 유치, 차관 도입 등 외자를 적극 활용하는 방안을 모색할 필요가 있다.

(2010년 행정고시 기출문제 일부 변형)

12 거시경제정책의 과제는 실업과 인플레이션 관리라고 말할 수 있다. 그렇지만 알려진 바에 의하면 실업과 인플레이션의 상충관계로 인해 경제정책의 어려움이 가중되고 있다. 실업과 인플레이션의 상충관계, 그리고 총수요(*AD*) · 총공급(*AS*)곡선을 이용하여 다음 물음에 답하라.

그림 14-12-1

고전적 이분성과 화폐의 중립성

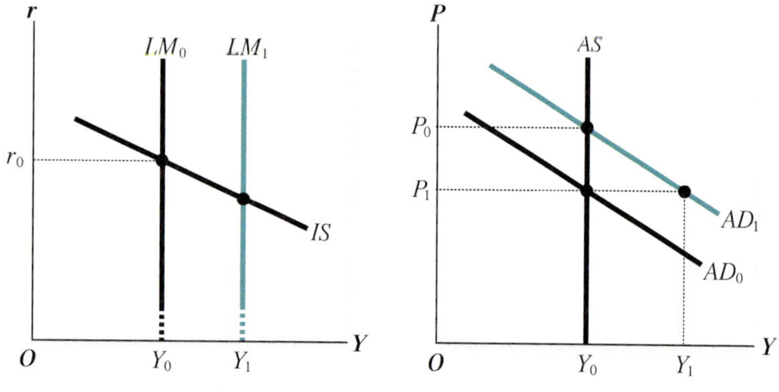

(a) IS−LM (b) 총수요 · 총공급

(1) "인플레이션은 언제, 어디서나 화폐적 현상"이라는 프리드먼의 주장을 고전학파 경제학의 이분성(classical dichotomy)과 화폐의 중립성 개념을 그림에 적절히 반영하여 설명하라.

해답 고전학파에서는 〈그림 14-12-1〉과 같이 총공급곡선이 자연산출량 또는 완전고용 국민소득수준($Y_0 = Y^n$)에서 수직선의 형태를 띤다. 이러한 상황에서 확장적 통화정책을 실시한다고 하자. 화폐공급이 증가하면 LM곡선이 우측이동하고($LM_0 \rightarrow LM_1$) 총수요곡선도 AD_0에서 AD_1으로 우측이동한다. 그러나 총수요의 증가로 물가수준이 P_0에서 P_1으로 상승함으로써 실질화폐공급($\frac{M^s}{P}$)이 감소하여 LM곡선은 원래의 위치로 복귀한다. 즉, 통화량 변화가 물가수준과 같은 명목변수만을 변화시키고 균형국민소득, 실질이자율 등 실질변수에는 아무런 영향을 미치지 못하는 화폐의 중립성이 나타난다. 이와 같은 화폐의 중립성은 실물 요인에 의해 움직이는 실물변수와 화폐적 요인에 따라 변화하는 명목변수를 구분하는 고전적 이분성에 기초하고 있기 때문에, 고전학파 세계에서의 인플레이션은 화폐적 현상이라 볼 수 있다.

(2) 원유가의 상승으로 인한 스태그플레이션이 발생할 경우 정책담당자들은 보통 재정정책이나 통화정책을 이용하여 총공급 충격을 상쇄시키려는 노력을 한다. 이와 같은 총공급곡선의 이동에 대응한 총수요관리정책이 물가와 산출량에 미치는 효과를 설명하라.

해답 본 교재의 14장(3.2 총공급 충격)에 자세히 설명되어 있음.

(3) 합리적 기대 모형은 물가 상승에 대한 경제안정화 정책일지라도 금융당국이 정책을 시행하는 것이 바람직하지 않다고 주장한다. 합리적 기대론의 이러한 주장을 뒷받침하는 근거를 제시해 보라.

해답 본 교재 14장 2～4절에서 배웠듯이 합리적 기대 하에서도 단기적으로는 가격경직성이나 불완전정보로 인해 인플레이션과 실업 사이의 상충관계가 존재할 수 있다. 여기서는 가격경직성 하에서 인플레이션과 실업 간 상충관계를 설명해보자. 정책당국이 인플레이션을 억제하기 위해 갑작스런 긴축적 재정정책이나 통화정책을 펼칠 경우 민간이 예상하지 못한 물가 하락이 발생하게 된다. 이때 단기에서 가격을 신축적으로 조정하는 기업은 물가 하락과 총생산 감소에 반응하여 가격을 낮추는 반면, 가격을 경직적으로 유지하는 기업은 사전에 이러한 물가 하락을 예상하지 못했기 때문에 가격 조정 대신에 생산 감소로 대응한다. 그 결과 단기적으로 총생산이 자연산출량보다 낮은 수준에서 이루어진다. 이는 총요소생산성이 불변하고 물적자본이 단기적으로 고정된 상황에서 고용의 감소, 즉 실업률의 증가를 가져온다. 이 밖에도 합리적 기대 하에서 민간이 정책당국을 신뢰하지 못하는 경우에는 인플레이션 억제정책이 기대인플레이션에 아무런 영향을 미치지 못하기 때문에 실업률이 증가하는 문제를 야기할 수 있다. (합리적 기대와 인플레이션 억제정책에 대해서는 본 교재 17장(1. 통화정책의 신뢰와 유효성)을 참고하기 바란다.)

(2010년 행정고시 기출문제 일부 변형)

13 1930년대 세계 대공황과 1990년대 일본의 불황기에 발생한 디플레이션에 대해 다음 물음에 답하라.

(1) 1930년대 미국과 1990년대 후반 일본에서 명목이자율은 제로 수준까지 떨어져 사실상 유동성 함정에 빠져 있었다. 유동성 함정 상황에서 통화정책의 유효성이 상실된다는 견해와 달리 일부 경제학자들은 유동성 함정에 빠지기 전에 신속하고 선제공격적인 대규모의 통화팽창을 통해 금리인하의 여력을 확보함으로써 유동성 함정에 빠지지 않도록 할 것을 제안했다. 기대인플레이션이 고려

그림 14-13-1

선제공격적인 대규모 통화정책 : 국민소득-명목이자율 평면

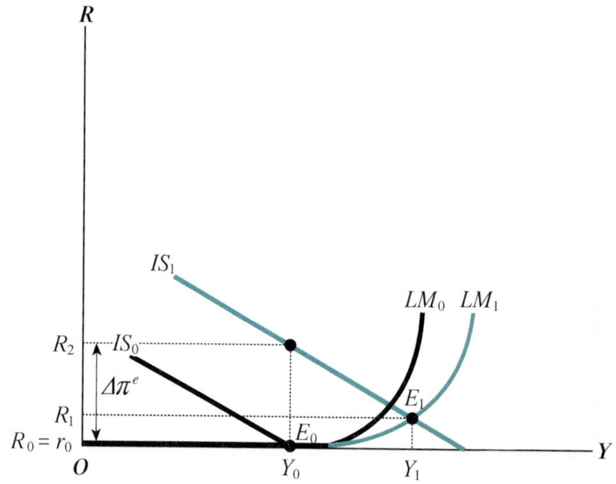

된 *IS*−*LM* 모형을 이용하여 이러한 정책대응의 효과를 설명하라.

해답 국민소득−실질이자율(Y, r) 평면 대신에 국민소득−명목이자율(Y, R) 평면에 *IS*−*LM* 모형을 나타낸 〈그림 14−13−1〉에서 최초 균형인 점 E_0는 유동성 함정에 빠진 상태를 나타낸다. 이 상황에서 신속하고 선제공격적인 대규모의 통화팽창을 실시할 경우 *LM*곡선이 우측으로 이동한다($LM_0 \rightarrow LM_1$). 이와 함께 기대인플레이션(π^e)이 상승하므로 실질이자율이 하락하게 되고, 그 결과 투자가 증가하여 *IS*곡선도 우측으로 이동하게 된다($IS_0 \rightarrow IS_1$). 따라서 새로운 균형은 IS_1곡선과 LM_1곡선이 만나는 점 E_1에서 이루어지고, 이 경제는 유동성 함정에서 벗어나게 된다. 〈그림 14−13−1〉에서 기대인플레이션율은 $\Delta\pi^e$만큼 상승하였지만, 명목이자율(R)은 ($R_1 - R_0$)만큼 소폭 상승하였으므로 실질이자율(r)이 하락하였음을 알 수 있다.

(2) 유동성 함정에서 통화정책의 유효성이 제약되는 것과 대조적으로 재정정책이 그 대안이 될 수 있으나 건전한 재정의 확보 없이는 경기부양을 위한 재정정책의 유효성에도 한계가 있다는 주장이 있다. 그 이유를 설명하라.

해답 본 교재 6장(4. 재정정책과 리카도 대등정리)의 논의와 유사하게 정부부채 누적으로 현재의 확대재정정책에 따른 적자보전을 위해 앞으로 조세 증가가 예상

그림 14-14

부채 축소와 부채디플레이션

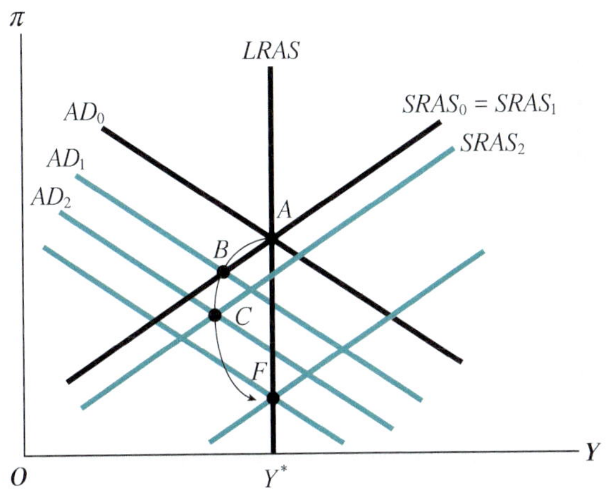

된다면, 소비자들이 소비를 줄이고 저축을 늘려 재정정책의 효과가 상쇄될 수 있다. 또한 확대재정을 위한 정부차입의 증가는 장기금리 상승을 초래하여 민간투자를 위축시키는 구축효과를 가져올 뿐만 아니라, 재정지출 확대에 의한 장기금리 상승은 환율하락을 초래하여 순수출을 감소시킬 수 있다.

14 부채를 과다하게 축적한 경제주체의 부채 축소가 급격하게 추진되면 경제 전체가 부채디플레이션의 악순환에 빠질 수 있다. 기대가 부가된 단기총공급곡선 모형을 이용하여 부채디플레이션의 진행과정을 예시하라. 이러한 상황에서 재정정책과 통화정책 등 거시경제정책의 유효성에 대해 논하라.

해답 부채를 과다하게 축적한 경제주체의 부채 축소가 급격하게 추진될 경우 총수요가 감소하게 된다. 이는 〈그림 14-14〉의 '인플레이션-국민소득' 평면에서 총수요곡선의 좌측이동으로 나타날 수 있다($AD_0 \rightarrow AD_1$). 이때 경제의 새로운 균형은 점 A에서 점 B로 이동하게 되는데 인플레이션이 감소하고 국민소득 역시 감소하게 된다. 경제주체들이 적응적 기대를 한다고 가정하면 점 B에서 경제주체들은 기대인플레이션을 낮추게 되고 그 결과 총수요곡선과 총공급곡선이 모두 하향이동하게 된다. 이런 과정은 국민소득이 잠재적 국민소득수준에 도달할 때까지 지속된다. 특히 점 A에서 점 B를 지나 점 C를 지나는 과정에서는 인플레이션이 감소하면서 동시에 국민소득이 감소하는 현상이 발생할 수 있다. 이렇게 경제에서 물가가 지속적으로 하락하면서 동시에 국민소득이 감소하는 연쇄적인 과정을 부채디플레이션이라고 한다.

구체적으로 수요의 측면에서 부채디플레이션은 실질임금와 실질금리를 상승시켜 고용과 생산의 감소, 그리고 투자 위축을 유발한다. 또한 공급 측면에서는 기업의 명목부채에 대한 실질 상환부담이 증가하면서 대차대조표가 악화되고 채무불이행 위험이 증가하게 된다. 이런 수요 · 공급 측면의 부정적인 결과가 지속되면서 디플레이션의 악순환이 나타나는 것이다.

한편 이런 상황에서 재정정책과 통화정책 등 거시경제정책은 총수요를 확장시켜 미래의 기대인플레이션을 조정함으로써 경제가 디플레이션의 악순환에서 벗어날 수 있게 할 수 있다. 하지만 재정정책의 경우 추가적인 정부부문의 부채가 발생할 수 있다는 점에서 문제가 발생할 수 있으며, 통화정책의 경우 현재 경제가 유동성 함정에 있을 때 추가적인 금리인하를 통해 총수요 진작을 할 수 없다는 점에서 문제가 있을 수 있다.

15 다음은 블라인더(Alan Blinder) 교수의 *Hard Heads, Soft Hearts*(1987)라는 책의 제2장 〈Striking a Balance between Unemployment and Inflation〉에 수록된 한 문단이다. 이 글을 읽고 질문에 답하라.

> 어떤 경제현상을 평가하는 가장 대표적인 척도는 효율성(efficiency)과 공평성(equity)이다. 실업과 인플레이션이라는 경제현상도 이 두 가지 기준에 따라 평가할 수 있다. …… (중략) …… 하지만 실업과 인플레이션을 동시에 억제하기란 쉽지 않다. 따라서 세계 각국의 정책당국은 이 둘 간에 적절한 타협점을 찾기 위하여 효율성과 공평성이라는 경제적 측면과 더불어 정치적 측면에서도 많은 논란을 벌이고 있다. 그러나 한 가지 안타까운 점은, 우리가 인플레이션의 해악에 대해서는 지나치게 과장하여 설명하는 반면, 실업의 해악에 대해서는 너무 과소평가하고 있다는 점이다.

(1) 실업이 '효율성'과 '공평성'의 측면에서 어떤 해악을 가져오는지 예를 들어 설명하라.

해답 실업은 효율성 측면에서 이용 가능한 사회적 자원의 상실을 의미한다. 만약 일할 의사가 있음에도 실업 상태에 놓인 사람들이 실제 생산에 참여했더라면 생산되었을 재화와 서비스가 누군가에 의해 사용될 수 있었을 것이기 때문이다. 따라서 실업의 발생으로 이용 가능한 생산요소가 모두 활용되지 못하여 실제 생산수준이 그 경제의 잠재산출량 수준에 미치지 못하게 되면 사회적으로 손실이 발생하는 것이다. 게다가 실업은 범죄 · 질병은 물론 정치적 불안정까지 초래할 수 있으므로, 경제 외적으로도 막대한 손실을 가져올 수 있다.

한편 형평성 측면에서 볼 때 상대적으로 능력이 떨어지는 사람일수록 실업 상태에 빠질 가능성이 크다. 따라서 실업률이 높아질수록 분배구조가 악화될 가능성이 크다. 게다가 고용 경험은 개인의 기술축적을 가능하게 하여 새로운 직장탐색에 도움이 되는데, 잦은 실업은 이를 어렵게 하여 결국 빈익빈 현상을 초래할 수 있다.

(2) 인플레이션이 '효율성'과 '공평성'의 측면에서 어떤 해악을 가져오는지 예를 들어 설명하라.

해답 화폐가치의 하락을 의미하는 인플레이션은 화폐자산 보유자로부터 실물자산 보유자에게로 부와 소득을 이전시키는 효과를 갖는다. 이처럼 부와 소득이 예상치 못한 인플레이션에 의해 불합리하게 재분배된다면 자본주의 경제의 보수체계(reward system)에 혼란이 발생할 수 있다. 이것은 경제주체들로 하여금 화폐자산 가치가 상대적으로 하락하고 실물자산 가치가 상대적으로 상승할 것이라는 기대를 형성하게 하여, 실물부문의 생산성과 같은 실질적인 요인과는 무관하게 실물자산의 과잉투자를 유발하기도 한다. 또한 장래에 대한 불확실성을 증폭시켜 불건전한 투기를 유발하고, 장기 대차계약의 성립을 방해하여 결국 장기적인 경제성장을 저해한다.

한편 예상치 못한 인플레이션으로 인한 부의 재분배 효과는 화폐자산의 채무자와 화폐자산의 채권자 사이에 발생하는데, 이러한 현상이 때로는 정부와 민간 사이의 부의 재분배로 귀결되기도 한다. 즉, 인플레이션은 현금 및 공채를 보유한 민간으로부터 그 발행자인 정부에게로 부를 이전시킨다. 그러한 의미에서 인플레이션은 화폐에 대해 부과되는 조세(inflation tax)라고 볼 수 있다.

(3) 매년 10%씩 상승하는 인플레이션과 0%와 20% 사이에서 불규칙하게 상승하는 인플레이션이 있다고 하자. 이 두 가지 인플레이션이 경제에 미치는 영향을 비교해서 설명하라.

해답 실제로 자본주의의 보수체계에 문제를 유발하는 것은 균등하게 상승하는 예상된 인플레이션이 아니라 불균등(uneven)하게 변화하는 예상치 못한 인플레이션이다. 모든 재화와 서비스에 대해 균등하게 상승하는 예상된 인플레이션은, 이에 대해 경제주체들이 미리 예견하고 준비할 수 있기 때문에 그 폐해가 크지 않을 수 있다. 즉, 경제주체들이 모두 합리적으로 행동한다고 할 때 인플레이션율이 10%로 정확하게 예견된다면 채무관계에서 이를 사전에 반영할 수 있기 때문이다.

반면 불균등하게 변화하는 예상치 못한 인플레이션은 효율성 측면에서 큰 문제를 가져올 수 있다. 여러 재화와 서비스 간의 가격변화 차이는 보수체계를 복잡하게 만드는데, 그것이 예상되지 못한 것이라면 그 폐해가 매우 크기 때문이다. 문제 (2)에서 언급한 인플레이션의 폐해는 대부분 예상치 못한 인플레이션의 경우에 해당되는 것이라고 볼 수 있다.

(4) 블라인더 교수가 마지막 밑줄 친 부분처럼 말한 이유가 무엇인지 생각해 보라.

해답 실업과 인플레이션이 모두 비재화(bads)의 성격을 갖기 때문에 이를 동시에 퇴치하는 것이 가장 바람직하다. 하지만 이 둘 간의 상충관계(trade-off) 때문에 정책담당자는 항상 선택의 문제에 직면하게 된다. 여기서 실업과 인플레이션 가운데 어떤 것을 더 심각한 것으로 생각하는가가 문제가 된다.

일반적으로 인플레이션은 일방적으로 모든 국민에게 손해라는 인식이 확산되어 있다. 미국의 포드(Gerald Ford) 전 대통령도 "인플레이션은 모든 국민에게 해당되는 문제지만, 실업은 단지 전체 국민의 6% 정도에만 해당되는 문제이므로, 정부는 인플레이션 퇴치에 더욱 신경을 써야 한다"고 말했다.

그러나 개별 경제주체가 한편으로는 구매자(채무자)로서, 다른 한편으로는 판매자(채권자)로서 경제활동을 영위한다는 사실을 간과해서는 안 된다. 예를 들어 어떤 제품의 가격이 상승했다면, 구매자 입장에서는 효용이 감소하지만 판매자 입장에서는 효용이 증가한다. 또한 채권자 입장에서는 인플레이션으로 손해를 보지만, 채무자 입장에서는 오히려 득을 볼 수 있다. 결국 인플레이션은 국민경제 전체적으로 보면 제로섬 게임(zero-sum game)에 그칠 수도 있다.

분배적 정의 차원에서도 실업문제의 중요성은 다시 한 번 강조되어야 한다. 한 예로 인플레이션율 상승보다는 실업률 상승에 의해 빈곤지수가 더욱 악화된다는 연구결과가 있다. 이것은 실업률 상승으로 가장 먼저 피해를 입는 사람들이 능력이나 인적자본 측면에서 열위에 놓인 소외계층일 가능성이 크기 때문이다. 반면 인플레이션으로 가장 큰 손해를 보는 사람들은 금융자산을 많이 보유하고 있는, 상대적으로 부유한 계층일 가능성이 크다. 이것은 인플레이션이 화폐자산의 채권자로부터 화폐자산의 채무자에게로 부를 이전하는 효과를 갖고 있기 때문이다.

16 어떤 경제에서 과거 10년간 화폐공급량은 매년 20%씩 증가하였으며, 실질 GNP는 7%씩 성장해 왔다고 하자. 다음 질문에 답하라.

(1) 과거 10년간 이 경제의 인플레이션율은 얼마이었겠는가? 이 질문에 답하기 위해서 필요한 가정들을 설명하라.

해답 화폐수량설($MV = PY$)은 판매된 재화의 가치(PY)가 화폐수취액(MV)과 일치한다는 단순한 항등관계에 몇 가지 가정을 추가함으로써 통화량(M)과 물가(P) 간 비례관계를 도출하는 이론이다. 화폐수량설의 교환방정식 $MV = PY$의 양변에 로그를 취한 뒤 시간에 대해 미분하면 각 변수의 증가율에 관한 다음의 식을 얻을 수 있다.

$$\dot{M} + \dot{V} = \dot{P} + \dot{Y}$$

화폐수량설이 성립하기 위해 필요한 추가적 가정 중 하나는 화폐의 유통속도(V)가 안정적인 값을 가져야 한다는 것이다. 즉, $\dot{V} = 0$이 성립되어야 한다. 이 가정은, 화폐의 유통속도는 한 경제의 거래제도나 거래관습에 의해 결정되는데, 이것들이 단기적으로 일정하다는 인식에 근거한다. 위 조건이 성립할 때, $\dot{M} = 20$이고 $\dot{Y} = 7$이면 $\dot{P} = 13(\%)$임을 쉽게 확인할 수 있다.

(2) 과거 10년간 이 경제의 총수요곡선과 총공급곡선이 매년 어떻게 이동했을지 그림으로 나타내고 그 이유를 설명하라.

해답 논의의 편의를 위해 총수요・총공급곡선이 각각 다음과 같다고 하자.

총수요곡선 : $Y_t = X_t + M_t - \alpha P_t$

단기총공급곡선 : $Y_t = Y^* + \gamma(P_t - P_t^e)$

그림 14-16-2

통화량 증가에 따른 동태적 변화의 예시

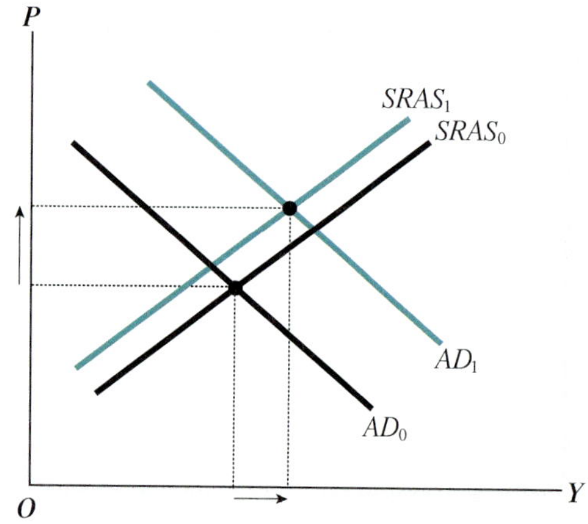

여기서 X_t는 통화량 이외에 총수요에 영향을 미치는 모든 요인이고, P_t^e는 예상물가수준이다.

이때 통화량 증가에 따른 동태적 변화의 한 과정을 (Y, P) 평면에 나타내면 〈그림 14-16-2〉와 같다. 여기서는 통화량(M_t) 증가에 따라 총수요곡선이 AD_0에서 AD_1으로 이동하고, 단기총공급곡선도 예상물가수준(P_t^e)의 상승에 따라 $SRAS_0$에서 $SRAS_1$으로 이동하는 상황이 묘사되어 있다. 이때 물가수준은 평균적으로 13%씩 상승하고, Y는 평균적으로 7%씩 증가해야 한다.

그런데 올해 통화당국은 민간이 예상하지 못하게 갑자기 화폐공급량 증가율을 20%에서 10%로 줄였다고 하자. 다음 질문에 계속 답하라.

(3) 경제주체들의 적응적 기대에서 위 정책의 변화가 가져올 장·단기 효과를 설명하라. 특히 정책변화 전·후의 실업률과 인플레이션율의 시간경로를 그려보라.

해답 〈그림 14-16-3〉과 같다.

(4) 경제주체들의 합리적 기대에서 (3)번 문제의 답이 어떻게 변화하는지 비교하여 설명하라. 특히 정책변화 전·후의 실업률과 인플레이션율의 시간경로를 예시하라.

그림 14-16-3

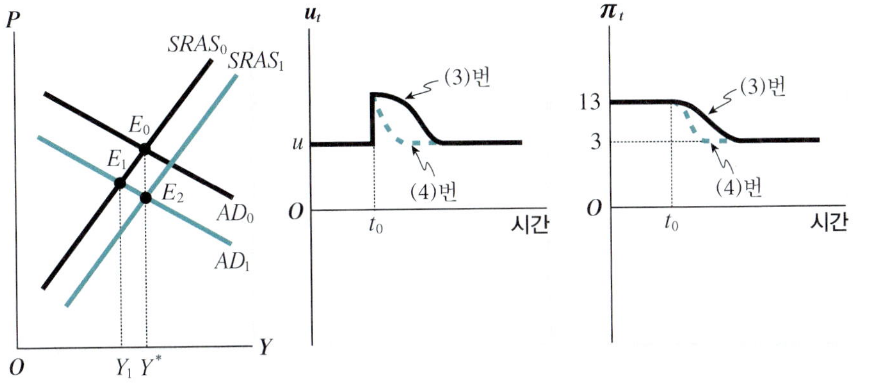

(a) 총수요와 총공급　　(b) 실업률의 시간경로　　(c) 인플레이션율의 시간경로

해답 통화당국이 예상치 못한 통화긴축(20%→10%)을 했을 때의 상황을 총수요·총공급곡선을 이용하여 나타낸 것이 〈그림 14-16-3〉의 (a)이다. 즉, 통화긴축으로 총수요곡선은 AD_0에서 AD_1으로 이동하지만, 정책효과가 경제주체들의 기대에 반영되지 못하여 단기총공급곡선은 $SRAS_0$를 유지한다. 이에 따라 단기균형은 점 E_1에서 형성된다. 이때 산출량은 Y_1으로, Y^*보다 작아진다. 물론 다른 조건이 변화하지 않고 단지 이 정책의 효과가 경제주체들의 기대에 반영되어 단기총공급곡선이 $SRAS_1$으로 하방이동하면, 이 경제의 최종 균형은 점 E_2에서 형성될 것이다. 여기서 산출량은 통화당국이 정책을 변경하기 이전인 Y^*로 복귀한다.

이때 경제주체들이 적응적 기대를 한다면, 점 E_1에서 E_2로 이동하는 데 많은 시간이 경과할 것이다. 이것은 경제주체들이 적응적 기대를 할 경우 과거의 예측오차가 점진적으로 조정되기 때문이다. 그러나 경제주체들이 합리적 기대를 한다면, 예상치 못한 정책으로 일시적으로는 점 E_1에서 균형이 형성되지만 곧바로 새로운 균형인 점 E_2로 이동하게 된다는 차이가 있다. 이것은 경제주체들이 합리적 기대를 할 경우, 예측에 있어 체계적인 오류를 범하지 않고 예상을 즉시 조정하기 때문이다. 정책변화 전·후의 실업률과 인플레이션율의 시간경로를 나타낸 그림 (b)와 그림 (c)에서 경제주체들이 적응적 기대를 할 경우("(3)번")에는 장기균형점으로 점진적 조정이 이루어지는 반면, 합리적 기대를 할 경우("(4)번")에는 신속하게 조정됨을 확인할 수 있다.

(서울대학교 경제학부 1995학년도 대학원 입시문제)

17 어떤 경제가 다음 식으로 표현될 수 있다고 가정하고, 다음 질문에 답하라.

- **총수요곡선** : $Y_t = 300 + 10(m_t - \pi_t)$
- **총공급곡선** : $Y_t = Y^* + (\pi_t - \pi_t^e)$
- **오쿤의 법칙** : $Y_t - Y^* = -2.5(u_t - u_n)$
- **자연산출수준** : $Y^* = 500$
- **자연실업률** : $u_n = 0.04$

(1) 이 경제의 총수요곡선은 정부지출(G), 조세(T) 등에 영향을 받지 않는 것으로 가정되어 있다. 이 경제의 $IS-LM$곡선의 모양을 추론하고, 그러한 $IS-LM$곡선이 도출되기 위한 충분조건의 예를 제시하라.

해답 총수요곡선이 정부지출과 조세 등의 영향을 받지 않고 화폐시장에 의해서만 영향을 받는 경제의 IS곡선과 LM곡선 모양은 다음과 같이 상정할 수 있다.

첫째, 극단적으로 LM곡선이 수직인 경우이다. LM곡선이 수직이면 정부지출 증가 또는 조세감면으로 IS곡선이 우측이동하더라도 이자율 상승에 따라 민간투자가 완전구축되어 총수요 수준은 변화하지 않는다. 이처럼 LM곡선이 수직선이 되는 경우는 화폐수요가 소득에만 반응하고 이자율의 변화에 전혀 반응하지 않는 상황이라고 할 수 있다.

둘째, 극단적으로 IS곡선이 수평인 경우이다. IS곡선이 수평이면 정부지출 증가 또는 조세감면은 IS곡선을 이동시키지 못한다. 이와 같이 IS곡선이 이동하지 않으면 총수요 수준이 변화하지 않는다. 소비와 투자의 이자율탄력성이 매우 큰 경우에는 이자율이 조금만 변해도 소비와 투자가 크게 변화하기 때문에 IS곡선은 평평한 기울기를 갖게 된다.

(2) 위 문제에서 제시한 우상향하는 총공급곡선을 설명할 수 있는 이론의 예를 하나만 설명하라.

해답 연습문제 8번의 (1)과 유사하게 위의 (단기)총공급곡선은 본 교재 14장 2

절(우상향하는 단기총공급곡선의 도출)과 4절(필립스곡선)에서 알아보았듯이 새케인즈학파의 가격경직성 모형과 루카스의 불완전정보 모형에 근거하고 있다. 예를 들어 새케인즈학파의 가격경직성 모형에 따르면 단기적으로 물가수준과 총생산에 반응하여 가격을 신축적으로 조정하는 기업뿐 아니라 이전의 예상물가수준에 따라 가격을 경직적으로 유지하는 기업이 존재하는 경우 경제 전체의 단기총공급곡선은 국민소득–물가수준 (Y, P) 평면에서 우상향하고, 가격을 신축적으로 조정하는 기업이 많아질수록 단기총공급곡선은 수직선에 가까워진다. 여기서는 단기총공급곡선을 물가수준 대신에 인플레이션율에 대해 나타낸 것이다(본 교재 pp.382～383 참조 바람).

(3) m_t가 장기간 30으로 유지되어 왔고, 앞으로도 계속 30으로 유지될 것으로 예상되고 있다. 이때 π_t, π_t^e, Y_t, u_t는 각각 얼마인지 계산하라.

해답 문제에서 총수요 · 총공급곡선은 다음과 같이 주어져 있다.

$$\textbf{총수요곡선} : Y_t = 300 + 10(m_t - \pi_t)$$

$$\textbf{총공급곡선} : Y_t = 500 + (\pi_t - \pi_t^e)$$

이때 통화공급변화율(m_t)이 30으로 일정하게 유지되어 왔다면, 실제 인플레이션율(π_t)이 민간 경제주체의 예상인플레이션율(π_t^e)에 정확히 반영되어 $\pi_t^e = \pi_t$가 되었을 것이다. 이 경우 이 경제의 실제 총생산(Y_t)은 자연산출수준($Y^* = 500$)이 된다. 이를 총수요함수에 대입하면 $\pi_t (= \pi_t^e) = 10$을 구할 수 있다. 이를 오쿤의 법칙에 대입하면 실제 실업률이 자연실업률($u_n = 0.04$)과 같게 됨을 확인할 수 있다.

(4) 예상치 못하게 m_t가 30.055로 증가했다고 하자. π_t, Y_t, u_t가 단기적으로 어떻게 변화할지 계산하라. 또한 그렇게 계산한 논리적 근거를 제시하라.

해답 통화공급변화율이 예상치 못하게 30.055로 증가하면, 예상인플레이션에 통화량 증가의 효과가 반영되지 못하므로 $\pi_t^e = 10$으로 유지된다. 이제 $\pi_t^e = 10$과 $m_t = 30.055$를 주어진 총수요 · 총공급곡선에 대입하면 다음과 같이 새로운 균형수준의 값을 얻을 수 있다.

$$\pi_t = 10.05, \quad Y_t = 500.05, \quad u_t = 0.02$$

이처럼 예상치 못한 통화공급 증가에 따라 총생산(Y_t)이 증가한 것은, 단기에서 가격을 경직적으로 유지하는 기업들이 이전의 예상인플레이션율에 기초하여 설정한 가격에서 추가적 조정 없이 생산 증가로 반응했기 때문이다. 이처럼 일시적으로 산출수준이 증가함으로써 실업률도 자연실업률 수준보다 감소하게 된다.

(5) 문제에서 주어진 식들을 바탕으로 필립스곡선을 도출하고, 그것이 갖는 의미를 설명하라.

해답 필립스곡선이란 실업률과 인플레이션율 간 역의 관계를 나타내는 식이다. 따라서 주어진 단기총공급곡선을 오쿤의 법칙에 대입하면 기대가 부가된 필립스곡선을 다음과 같이 도출할 수 있다.

$$\pi_t - \pi_t^e = -2.5\,(u_t - u_n) \Leftrightarrow \pi_t = \pi_t^e - 2.5\,(u_t - 0.04)$$

(서울대학교 경제학부 1996학년도 대학원 입시문제 일부 변형)

18 우리나라의 1997년 말 외환 · 금융위기에 대응하여 IMF는 구제금융과 함께 우리나라에 통화긴축과 재정긴축을 권고하였다. 자연실업률가설의 필립스곡선을 이용하여 이러한 긴축적 거시경제정책이 실업과 인플레이션에 미치는 단기적 · 장기적 영향을 각각 분석 · 설명하라. (단, 초기에 총산출량이 완전고용 수준의 장기균형 상태에 있다고 가정한다.)

해답 연습문제 23번 (1)의 〈그림 14－23－1〉에서와 같이 우리나라 경제는 긴축적 거시경제정책에 따라 최초 균형점 A로부터 B로 이동하면서 단기적으로 실업률이 상승($u_n \rightarrow u_1$)하고 인플레이션율이 하락($\pi_0 \rightarrow \pi_1$)한다. 그러나 장기적으로는 사람들이 인플레이션율을 완전히 예상함에 따라 경제는 자연실업률 수준으로 돌아오고 인플레이션율만 하락하는 점 C에서 균형을 이루게 된다.

19 미국의 공식 실업률(U3)이 2009년 9.3%에서 2014년(1 ~ 9월)에는 6.3%로 3%p 하락하였으며, 같은 기간 광의실업률도 16.3%에서 12.3%로 4.0%p 하락하였다. 이에 2014년 9월 미 연방공개시장위원회(FOMC)의 점도표(dot plot)에 제시된 2015년 기준금리 전망치는 1.375%로 나타났다.

(1) 당시 미 연준은 금리인상 시기 결정을 놓고 필립스곡선 상의 자연실업률 수준을 주목했다고 한다. 그 이유를 NAIRU 관점에서 설명하라.

해답 본 교재 14장(5.1 자연실업률가설과 정책시사점)에서 논의했듯이 실제 실업률이 자연실업률보다 낮아지는 경우 인플레이션이 가속화될 수 있고 자연실업률보다 높아지는 경우에는 인플레이션율이 지속적으로 하락할 수 있다. 반면에 실제 실업률이 자연실업률 수준일 때는 인플레이션율이 상승하거나 하락하지 않고 안정적으로 유지될 수 있다는 점에서, 1970년대 후반 케인즈학파는 자연실업률을 공급 측면에 교란요인이 없을 때 장기적으로 인플레이션 압력을 유발하지 않는 수준의 실업률, 즉 NAIRU(non-accelerating inflation rate of unemployment)로 해석하였고, 그 이후 통화정책의 기준지표로 이용되어 왔다. 즉, NAIRU로서 자연실업률 개념은 '실제 실업률이 자연실업률을 하회하는 경우에는 긴축적 통화정책을 실시하고, 그 반대의 경우에는 확장적 통화정책을 수행한다' 와 같은 단순한 통화정책 방식이 널리 보급된 배경이 되었다. 특히 물가안정이 주요 정책목표인 중앙은행의 입장에서 볼 때, 실업률 갭(실제 실업률 – 자연실업률)은 노동시장을 통한 인플레이션율 상승 압력을 평가할 수 있는 지표로서 유용할 뿐만 아니라, 통화정책 기조가 노동시장 수급불균형 해소에 부합하는지를 평가하는 데에도 유용하다. 따라서 당시 미 연준이 NAIRU로서 자연실업률 수준을 주목했던 이유는 실제 실업률이 자연실업률 수준에 근접하거나 도달하는 시점에 저금리 기조를 중단하고 금리인상을 단행하려는데 있었던 것으로 볼 수 있다.

(2) 일부 경제학자들은 필립스곡선에만 전적으로 의존하여 통화정책의 방향을 결정하는 것은 문제가 있다고 하는데, 그 근거를 설명하라.

해답 첫째, 자연실업률의 추정이 어렵다. 둘째, 통화정책의 효과가 2~3년의 시차를 두고 나타남에 따라 발생되는 불확실성이 존재한다. 셋째, 경제주체의 합리적인 기대로 인한 정책무력성이 나타날 수 있다. 이러한 이유들로 인해 일군의 경제학자들은 자연실업률과 실업률 간의 격차에 대한 통화정책의 즉각적인 대응에 부정적인 견해를 갖고 있다.

그림 14-21

디플레이션과 물가상승률 목표 달성

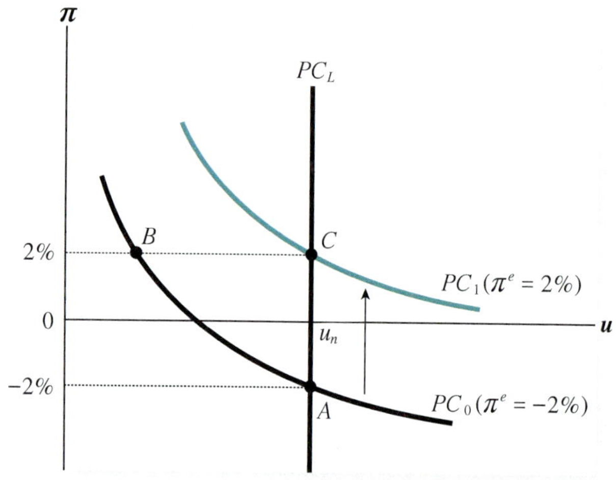

20 2008년 글로벌 금융위기와 세계 경기침체에 대응하여 여러 국가들이 유동성 공급을 대폭 늘림으로써 기준금리를 제로에 가까운 수준까지 인하하는 확장적 통화정책을 시행했다. 자연실업률가설의 필립스곡선을 이용하여 이러한 통화팽창이 실업과 인플레이션에 미치는 단기적 · 장기적 영향을 각각 분석 · 설명하라. (단, 초기에 총산출량이 완전고용 수준의 장기균형 상태에 있다고 가정한다.)

해답 본 교재 14장(pp.389~391)에 〈그림 14-8〉을 이용한 자세한 설명이 있음.

21 일본은행은 2013년 1월 금융정책결정회의에서 일본 경제의 고질적인 병폐인 디플레이션과 엔고를 해소하기 위해 2% 물가상승률 목표 설정과 이의 조기 달성을 위한 무제한 양적완화정책을 발표하였다. 일본은행의 금융정책결정회의에서 일부 심의위원들과 경제전문가들은 2% 물가상승률 목표 달성을 어렵다고 보았다. 자연실업률가설의 필립스곡선을 이용하여 이러한 주장의 근거를 설명하라.

해답 〈그림 14-21〉에서 2013년 당시 일본 경제가 자연실업률 수준에서 물가수준이 하락하고 있는 점 A에 있었다고 하자. 이때 물가상승률 2% 달성을 위해서 일본 경제가 양적완화정책을 통해 필립스곡선 $PC_0(\pi_e = -2\%)$ 위의 점 B에 다다를 수 있었다면 단기적으로 실업률이 하락하고 인플레이션율이 상승하면서 정책은 효과를 발휘할 수 있었을 것이다.

그러나 양적완화정책에 따라 일본 경제가 단기적으로 필립스곡선 상의 점 B로 이동하기 위해서는 소비, 투자를 포함한 총수요가 대대적으로 증가해야 하는데, 당시 일본 및 세계 경제여건을 종합해 볼 때 쉽지 않았을 것으로 보인다. 특히 자연실업률가설의 적응적 기대 하에서 장기적으로 물가상승률 2% 목표는 경제주체들이 실제 2% 인플레이션율을 경험한 후에나 기대인플레이션율 상향 조정을 통해서 달성 가능했을 것이다. 따라서 〈그림 14-21〉의 점 A에서 B로의 이동 자체가 현실적으로 어려운 상황에서 무제한 양적완화정책만을 통한 2% 물가상승률 목표 달성은 어려웠을 것으로 보인다.

22 다음과 같이 인플레이션율이 진행되어 왔다 하자.

연도	1999	2000	2001	2002	2003	2004	2005
인플레이션율	0%	0%	0%	2%	4%	6%	8%

t해에서 $t+1$해의 인플레이션에 관한 예상이 다음과 같은 적응적 기대에 의하여 이루어진다고 하자.

$$\pi^e_{t+1} = 0.7\pi_t + 0.3\pi_{t-1}$$

이럴 경우 각 해의 전년도에서 예상한 예상인플레이션율을 2002, 2003, 2004, 2005, 2006년에 대하여 구하고, 실제 인플레이션율과 체계적 오류가 있음을 설명하라. 그리고 합리적 기대에 의하면 2006년의 예상인플레이션율이 얼마일 것인지 설명하라.

해답 2002, 2003, 2004, 2005, 2006년에 대한 예상인플레이션율 및 예측오차는 다음 표와 같다.

연도	2002	2003	2004	2005	2006
예상인플레이션율(π^e_t)	0%	1.4%	3.4%	5.4%	7.4%
예측오차($\pi_t - \pi^e_t$)	2%	2.6%	2.6%	2.6%	

지속적으로 양의 값을 갖는 예측오차는 예상인플레이션율과 실제 인플레이션 간의 체계적 오류를 나타낸다. 즉, 양의 예측오차는 적응적 기대에 의해 도출된 예상인플레이션율이 실제 인플레이션율을 과소예측하고 있음을 의미한다.

만약 합리적 기대 하에서 2006년의 인플레이션율을 예측한다면, 과거와 현재에 실현된 인플레이션율뿐만 아니라 정부 및 중앙은행의 정책기조나 경제상황 등 모든 정보를 이용하여 예측을 하여야 한다. 예를 들어 2002~2005년에 걸쳐 나타난 지속적 인플레이션율 상승이 통화당국의 확장적 통화정책의 결과라면, 2006년의 예상인플레이션율은 이러한 정책기조를 반영하여 약 10%가 될 것으로 보인다.

(2006년 입법고시 기출문제 일부 변형)

23 유로존의 그리스, 스페인, 포르투갈, 이탈리아 등 과다채무국 정부가 만성적인 국가채무 문제를 해결하기 위해 정부지출을 줄이고 조세를 늘이는 재정긴축정책을 시행한다고 하자. (단, 초기에 총산출량이 완전고용 수준의 산출량(또는 잠재적 산출량)에서 장기균형 상태에 있다.)

(1) 자연실업률가설의 필립스곡선을 이용하여 이러한 재정긴축이 실업과 인플레이션에 미치는 단기적 · 장기적 영향을 각각 분석 · 설명하라.

해답 〈그림 14-23-1〉에서 경제가 초기에 인플레이션율이 π_0이고 실업률이 자연실업률 수준(u^n)에 있으며 기대인플레이션율이 실제 인플레이션율과 같은($\pi^e = \pi_0$) 장기균형점 A에 있다고 하자. 이 상태에서 정부가 재정긴축정책을 시행하면 총수요가 감소하면서 인플레이션율이 하락할 것이다. 이때 적응적 기대를 형성하는 경제주체들의 기대인플레이션은 재정긴축 이전 수준에 머물고 즉각 조정되지 않는다. 특히 가격을 경직적으로 유지하는 기업은 사전에 이러한 인플레이션율 하락을 예상하지 못했기 때문에 가격 조정 대신에 생산 감소로 대응한다. 그 결과 단기적으로 총생산이 자연산출량보다 낮은 수준에서 이루어진다. 이는 총요소생산성이 불변하고 물적자본이 단기적으로 고정된 상황에서 고용 감소, 즉 실업률의 증가를 가져온다. 이를 〈그림 14-23-1〉의 실업률-인플레이션율 평면에 나타내면, 단기적으로 초기 필립스곡선(또는 단기총공급곡선) PC_0의 이동 없이 총수요곡선이 우측으로 이동하고($AD_0 \rightarrow AD_1$), 그 결과 단기균형이 이루어지는 점 B에서 총생산이 자연산출량 수준보다 작고 실업률이 자연실업률보다 높아진다($u_1 > u^n$).

한편 점 B에서 인플레이션율이 π_1이므로 적응적 기대를 하는 경제주체들

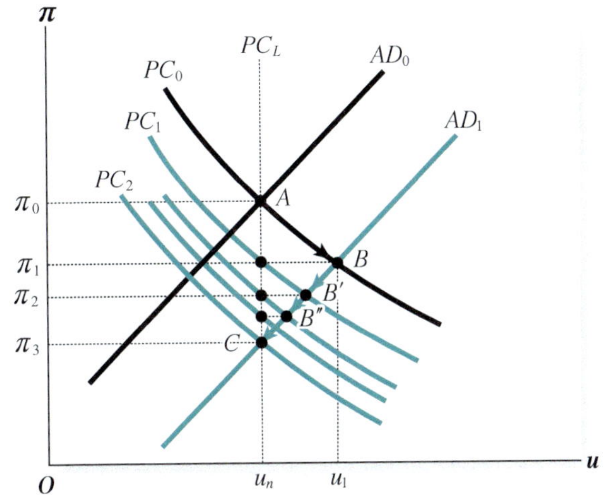

그림 14-23-1

자연실업률가설 : 재정긴축의 단기적 · 장기적 영향

은 다음 기의 인플레이션율을 초기 수준보다 낮은 $\pi^e = \pi_1$으로 예상한다. 이러한 기대인플레이션율의 하향조정은 필립스곡선을 PC_0에서 PC_1으로 하방이동시킨다. 이때 새 필립스곡선 PC_1이 장기 필립스곡선 PC_L 상에 있는 (u^n, π_1)을 지난다는 것을 그림에서 확인할 수 있다. 이제 다음 기의 단기균형은 AD_1과 PC_1이 만나는 점 B'에서 이루어지는데, 여기서 실제 인플레이션율(π_2)이 기대인플레이션율 π_1보다 낮으므로 경제주체들은 기대인플레이션율을 또 하향조정하고, 이에 따라 필립스곡선은 다시 한번 하방이동한다. 이런 과정을 여러 번 거치면서 기대인플레이션율과 실제 인플레이션율 사이의 갭은 차츰 줄어들고 경제는 장기균형점 C로 수렴하게 된다. 이때 실제 실업률은 자연실업률과 같아지고 기대인플레이션율 또한 실제 인플레이션율과 같아진다. 따라서 재정긴축정책의 시행 결과 단기적으로 실업률이 높아지지만 장기적으로는 자연실업률 수준으로 돌아가고 인플레이션율만 하락한다.

(2) (1)의 분석에서 미래인플레이션에 대한 기대 형성 방식, 즉 적응적 기대와 합리적 기대의 차이에 따른 재정긴축의 영향을 설명하라.

해답 적응적 기대 하에서 미래의 예상인플레이션율은 현재 인플레이션율과 같다 $(\pi^e = \pi_0)$. 따라서 이 경우 재정긴축은 (1)에서 분석한 바와 같이 단기적으로 인

그림 14-24-1

단기 필립스곡선의 이동

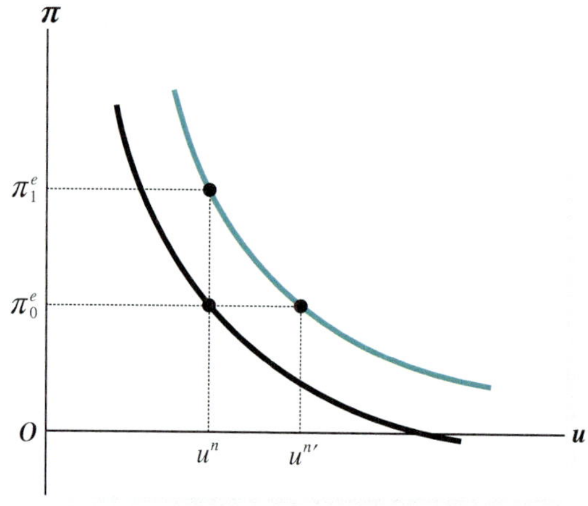

플레이션율을 낮추는 대신 실업을 증가시킨다($\pi_0 \to \pi_1$, $u^n \to u_1$). 이에 반해 합리적 기대 하에서는 재정긴축이 사전에 예상된 경우에 단기적으로도 실업률은 자연실업률 수준(u^n)을 유지하면서 인플레이션율만 π_3으로 하락한다. 다만 이러한 정책이 미리 예견된 것이 아니라면 재정긴축은 단기적으로 인플레이션율을 낮추고 실업률을 상승시킨다($\pi_0 \to \pi_1$, $u^n \to u_1$). 장기적으로는 미래인플레이션율을 완전히 예상할 수 있으므로 적응적 기대와 합리적 기대의 경우 모두 재정긴축정책이 인플레이션율을 하락시키는 효과만 나타난다($\pi_0 \to \pi_3$).

24 프리드먼과 펠프스의 기대인플레이션이 도입된 필립스곡선을 이용하여 다음 질문에 답하라.

$$\pi = \pi^e + h(u - u^n)$$

(1) 경제주체의 기대인플레이션 수준이나 경제 내의 자연실업률 수준이 상승하면 필립스곡선이 어떻게 변화할지 각각 그림으로 나타내라.

해답 기대가 부가된 필립스곡선 $\pi = \pi^e + h(u - u^n)$은 〈그림 14-24-1〉의 (a)와 같이 단기적으로 점 (π^e, u^n)을 지나는 우하향하는 곡선으로 표현된다. 이때 기대인플레이션 수준이 π_0^e에서 π_1^e로 상승하면 필립스곡선은 그 상승분만큼 상방이동하고, 자연실업률 수준이 u^n에서 $u^{n'}$으로 상승하면 그 상승분만큼 오른쪽으로 이동하게 된다.

(2) 경제주체들이 합리적 기대를 한다고 가정하자. (1)번 답을 토대로 정책당국이 확장적 통화정책을 시행하면 어떤 결과가 나타날지를 설명하라.

해답 본 교재 14장(pp.396~398)에 〈그림 14-9〉를 이용한 자세한 설명이 있음.

(3) 인플레이션 억제정책을 수행하는 방식으로 점진주의 전략과 급랭주의 전략이 있다. 이 두 가지 방식을 필립스곡선을 이용하여 설명하라.

해답 점진주의 전략(gradualism strategy)이란 정책당국이 통화증가율을 점진적으로 낮추어 인플레이션율을 억제하는 방법이다. 반면 급랭주의 전략(cold turkey strategy)이란 정책당국이 한꺼번에 통화증가율을 큰 폭으로 낮추는 방식이다. 이것을 표현한 것이 〈그림 14-24-3〉이다.

〈그림 14-24-3〉에서 상단 그림은 총수요 · 단기총공급곡선을 이용하여 표현한 것이고, 하단 그림은 필립스곡선을 이용하여 표현한 것이다. 이때 점진주의 전략에 따라 총수요곡선을 점차 하방이동시키면, 기대인플레이션율도 점진적으로 조정되면서 필립스곡선도 PC_0에서 PC_1, 그리고 PC_2로 점차 이동하면서 화살표의 경로를 따라 경제의 균형점이 이동할 것이다. 반면 급랭주의 전략에 따라 총수요곡선을 단번에 하방이동시키면, 이 경제는 PC_0를 따라 높은 실업을 경험하겠지만, 곧바로 화살표의 경로를 따라 새로운 균형점으로 이동한다.

급랭주의 전략은 정책당국의 인플레이션 억제에 대한 강한 의지를 보여주어 신뢰성 확보에 장점이 있다는 점에서 경제주체들의 기대인플레이션에 큰 영향을 줄 수 있다. 정책당국의 인플레이션 억제정책이 합리적 기대를 하는 경제주체들로부터 신뢰를 확보하면 필립스곡선이 PC_1으로 하방이동하고, 가격변수가 신축적으로 조정되면 균형이 점 E_0에서 E_2로 신속히 이동하여 희생비용(sacrifice cost) 없이 인플레이션을 낮출 수 있다는 것이다. 반면 정책당국의 인플레이션 억제정책이 신뢰를 확보하지 못하거나 또는 가격변수가 경직적이면, 경제는 점 E_1에 오래 머물게 되어 과도한 실업률 증가로 커다란 후생손실이 발생할 수 있다.

그림 14-24-3

점진적 · 급랭적 인플레이션 억제정책

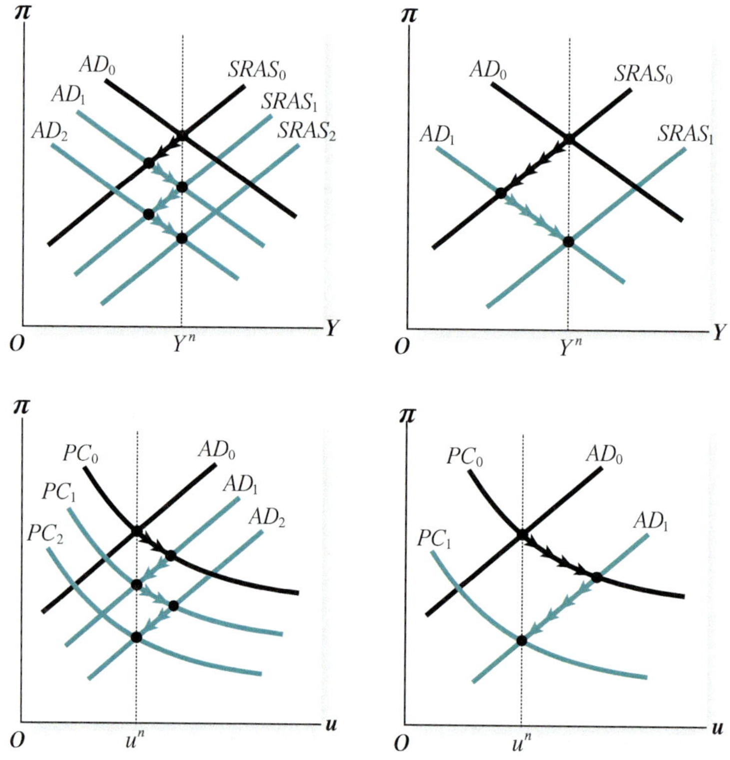

(a) 점진주의 전략 (b) 급랭주의 전략

25 정부부채에 관한 견해로 전통적 견해와 리카디언(Ricardian) 견해가 있다.

(1) 폐쇄경제에서 조세삭감에 따른 정부부채의 증가가 단기에 국민소득, 이자율, 투자에 미치는 영향에 대한 전통적 견해를 설명하라.

해답 여기서는 전통적 견해를 케인즈학파의 견해로 가정한다. 이는 본 교재 13~16장에서 살펴본 새케인즈학파의 거시경제모형에서 가계의 저축이나 차입이 불가능한 특수한 경우를 가정한 것으로 볼 수 있다. 〈그림 10-25-1〉에서 조세삭감 이전에 국가경제의 총생산이 장기균형산출량 수준(Y^*)에 있었다고 하자. 앞서 13장 연습문제 5번, 13~15번에서와 같이 전통적 케인즈학파의 견해에 의하면 소비는 가처분소득의 증가함수이다. 정부부채의 증가를 통

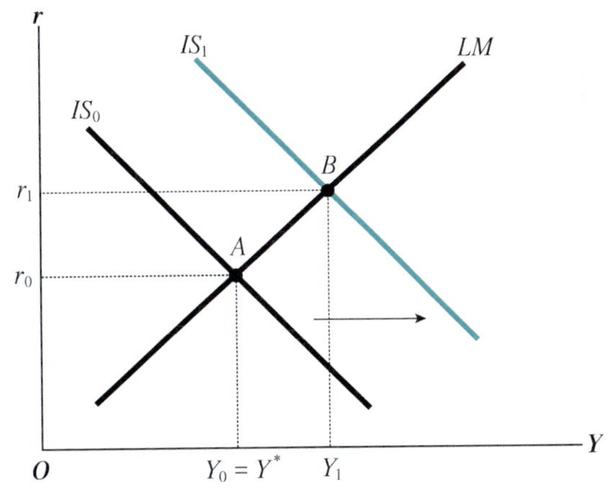

그림 14-25-1

조세삭감에 따른 정부부채 증가의 단기적 영향

한 조세삭감은 민간의 가처분소득을 증가시키므로, 〈그림 10-25-1〉에서 정부지출이 증가하는 경우와 같이 *IS*곡선이 오른쪽으로 이동하여 재화시장과 화폐시장의 동시균형점은 *A*에서 *B*로 이동한다(여기서 조세는 소득수준과 독립적인 정액세(lump sum tax)를 가정한다). 따라서 국민소득은 증가하며($Y_0 \rightarrow Y_1$), 이자율은 상승($r_0 \rightarrow r_1$)하고, 투자는 감소한다.

(2) 폐쇄경제에서 조세삭감에 따른 정부부채의 증가가 장기에 국민소득, 경제성장에 미치는 영향에 대한 전통적 견해를 설명하라.

해답 (1)에서 *IS*곡선이 오른쪽으로 이동한 결과 〈그림 10-25-2〉의 (b)에서 총수요곡선이 우측이동하므로, 단기의 총수요 · 총공급 균형은 점 *B*에서 성립한다. 한편 단기 균형에서 $P > P^e$가 성립하므로, 가격을 경직적으로 유지하는 기업이 장기적으로는 예상물가수준을 업데이트하고 이를 반영하여 가격을 인상함에 따라 단기총공급곡선이 상방이동하며, (b)의 점 *C*에서 새로운 장기균형이 성립한다. 이러한 과정에서 물가수준이 비교적 큰 폭으로 상승하게 되는데, 이는 실질통화공급을 감소시켜 〈그림 10-25-2〉의 (a)에서 *LM*곡선을 좌측이동시킨다.

요약하면, 정부부채의 증가를 통한 조세삭감은 장기적으로 국민소득을 증가시키지 못하며, 물가 및 이자율 상승을 가져온다. 그 결과 투자 감소는 자본

그림 14-25-2

조세삭감에 따른 정부부채 증가의 장기적 영향

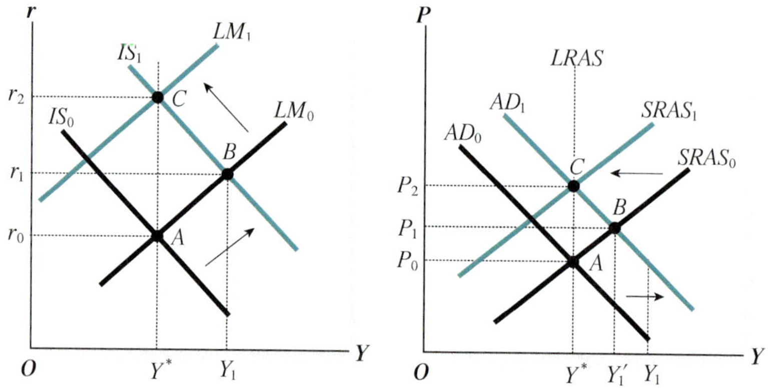

(a) 재화시장, 화폐시장 (b) 총수요 · 총공급

축적을 저해하여 경제성장에 부정적 영향을 미칠 수 있다.

(3) 소규모 개방경제에서 조세삭감에 따른 정부부채의 증가가 무역수지와 해외부채에 미치는 영향에 대한 전통적 견해를 설명하라.

해답 개방경제의 거시경제모형을 살펴본 16장에서 연습문제 4번의 분석 결과에 따르면 자본이동이 불완전하고 변동환율제도를 채택한 소규모 개방경제에서 가계의 저축이나 차입이 불가능한 경우 조세삭감은 현재소비의 증가를 가져오고, 이는 *IS*곡선의 우측이동을 가져온다. 따라서 국민소득과 실질이자율이 상승하게 되고, 실질이자율의 상승은 투자, 순자본유출, 환율, 순수출의 하락으로 이어진다. 여기서 순자본유출의 하락은 순해외자산의 감소 혹은 순해외부채의 증가를 의미한다.

(4) 1기와 2기를 사는 소비자의 예산제약식과 정부의 예산제약식을 이용하여 조세삭감에 따른 정부부채의 증가가 국민소득, 이자율, 투자, 경제성장, 무역수지, 해외부채에 미치는 영향에 관한 리카디언 견해를 설명하라. (단, 정부도 1기와 2기에만 존재하며, 화폐는 없다. Y_1과 Y_2는 각각 1기와 2기의 소득, C_1과 C_2는 각각 1기와 2기의 소비, T_1과 T_2는 각각 1기와 2기의 조세, G_1과 G_2는 각각 1기와 2기의 정부지출, r은 1기와 2기 사이의 실질이자율이다.)

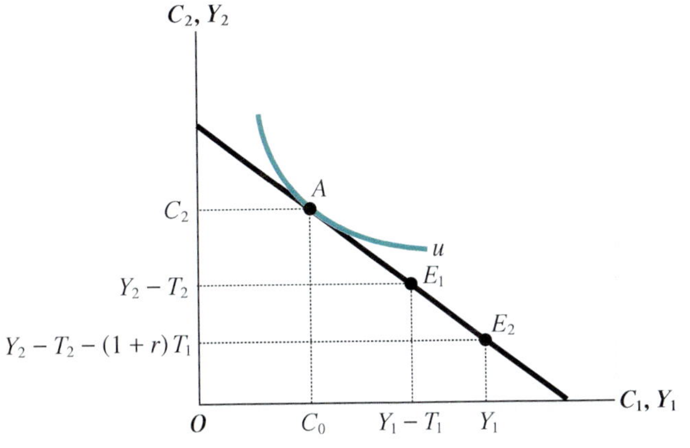

그림 **14-25-4**

조세삭감에 따른 정부부채 증가의 리카디언 견해

해답 리카디언 견해에 따르면 소비자는 다기간에 걸친 효용극대화를 통해 소비를 선택한다.

① 소비자의 예산제약식

1기 : $C_1 + S = Y_1 - T_1$

2기 : $C_2 = (Y_2 - T_2) + (1 + r)S$

앞의 두 예산제약식을 결합하면 다음과 같은 소비자의 평생예산제약식이 도출된다.

$$C_1 + \frac{C_2}{1+r} = (Y_1 - T_1) + \frac{(Y_2 - T_2)}{1+r}$$

② 정부의 예산제약식

1기 : $G_1 = T_1 + B$

2기 : $G_2 + (1 + r)B = T_2$

여기서 B는 국채 발행을 나타낸다. 이제 위 두 예산제약식을 결합하면 다음과 같은 정부의 평생예산제약식이 도출된다.

$$G_1 + \frac{G_2}{1+r} = T_1 + \frac{T_2}{1+r}$$

③ 리카디언 견해에 따른 소비선택

본 교재 6장(4. 재정정책과 리카도 대등정리)에서 자세히 논의되었듯이 조세

삭감 정책이 정부지출(G_1, G_2)의 변화를 수반하지 않는다면 〈그림 10-25-4〉와 같이 소비자의 예산제약식은 변하지 않으며, 조세삭감은 초기 부존소득점만 이동($E_1 \rightarrow E_2$)시킬 뿐 소비선택에는 아무런 영향을 미치지 못하고 실질이자율도 변하지 않는다. 따라서 투자 역시 불변하므로 자본축적의 변화가 없어 경제성장에도 영향이 없을 것이다. 환율 또한 불변하므로 무역수지와 순해외부채도 변함이 없을 것이다.

(2008년 행정고시 기출문제)

26 최근 유로지역을 포함한 여러 나라에 재정위기를 불러온 국가채무 문제를 해결하기 위해 정부지출을 줄이고 조세를 늘이는 재정긴축이 시행된다고 하자. 자연실업률가설의 필립스곡선을 이용하여 재정긴축이 실업률과 인플레이션에 미치는 단기적 · 장기적 영향을 각각 분석 · 설명하라. 미래 인플레이션 혹은 디플레이션에 대한 기대형성 방식, 즉 적응적 기대와 합리적 기대의 차이에 따라 분석결과는 어떻게 달라지는가? (단, 초기에 완전고용 수준의 산출량에서 장기균형 상태에 있다고 가정한다.)

해답 연습문제 23번 (1)~(2) 해설과 동일함.

27 사람들은 물가가 현재와 동일하게 계속 상승할 것이라는 적응적 기대를 한다고 가정한다(즉, $E_t(\pi_{t+1}) = \pi_t$). 우리나라 경제의 재화 및 용역의 수요방정식과 총공급곡선은 다음과 같다.

> • **재화 및 용역의 수요방정식** : $\hat{Y}_t = -2(r_t - \bar{r}) + \varepsilon_t$
> • **총공급곡선** : $\pi_t = E_{t-1}(\pi_t) + \hat{Y}_t$

$\hat{Y}_t$은 t시점의 GDP갭(%), r_t는 t시점의 실질금리(%), $\bar{r}$는 장기실질이자율(%), ε_t는 t시점의 총수요 충격을 가리킨다. 그리고 π_t는 t시점의 인플레이션율(%)을 나타낼 때 다음 물음에 답하라.

(1) 중앙은행 인플레이션 목표치가 π^*이고, 중앙은행 이자율 준칙은 $r_t - \bar{r} = \pi_t - \pi^*$와 같은 테일러 준칙(Taylor Rule)을 따른다고 가정하자. 이때 총수요곡선을 구하라.

해답 문제에서 재화 및 용역의 수요방정식은 *IS*곡선식을 나타내며, 테일러 준칙은 화폐시장의 균형을 나타내는 LM곡선식을 대체하는 것으로 볼 수 있다. 테일러 준칙을 재화 및 용역의 수요방정식에 대입하면 다음과 같이 총수요곡선을 나타내는 식이 도출된다:

$$\hat{Y}_t = -2(\pi_t - \pi^*) + \varepsilon_t$$

(2) 중앙은행 이자율 준칙이 $r_t - \bar{r} = \pi_t - \pi^*$와 같고 중앙은행 인플레이션 목표치($\pi^*$)가 3%이며, 총수요 충격이 없는 경우($\varepsilon_t = 0$)에 t시점에 형성되는 인플레이션율(π_t)과 GDP갭($\hat{Y}_t$)을 구하라.

해답 위에 주어진 총공급곡선식과 (1)에서 구한 총수요곡선식에 $E_{t-1}\pi_t = \pi_{t-1}$(적응적 기대)와 $\pi^* = 0.03$, $\varepsilon_t = 0$을 대입하면 다음과 같다:

총수요곡선 : $\hat{Y}_t = -2(\pi_t - 0.03)$

총공급곡선 : $\pi_t = \pi_{t-1} + \hat{Y}_t$

이제 총수요곡선과 총공급곡선이 교차하는 균형점을 찾기 위해 총수요곡선식을 총공급곡선식에 대입한 뒤 인플레이션율(π_t)에 대해 나타내면 다음과 같다:

$$\pi_t = \frac{\pi_{t-1} + 0.06}{3}$$

이를 다시 총수요곡선식에 대입하면 균형 GDP갭($\hat{Y}_t$)을 구할 수 있다:

$$\hat{Y}_t = 0.06 - \frac{2}{3}(\pi_{t-1} + 0.06)$$

(3) 중국 경제 위축으로 인해 우리나라 총수요 부문에 부정적인 충격(음(−)의 충격)이 발생하였다. 이때 인플레이션율과 GDP갭은 어떠한 영향을 받는지 설명하라.

해답 위 (2)에서와 동일한 방식으로 총수요 충격(ε_t)을 포함하여 균형 인플레이션율(π_t)과 GDP갭($\hat{Y}_t$)을 구하면 다음과 같다:

$$\pi_t = \frac{\pi_{t-1} + 0.06 + \varepsilon_t}{3}, \ \hat{Y}_t = 0.06 - \frac{2}{3}(\pi_{t-1} + 0.06) + \frac{\varepsilon_t}{3}$$

따라서 중국 경제 위축으로 인한 부정적 총수요 충격, 즉 ε_t의 감소는 인플레이션율 하락과 GDP갭 감소를 가져온다.

(2018년 외교관후보자 선발시험 기출문제)

28 어떤 경제의 거시경제 상황은 다음과 같다.

- **총수요곡선** : $Y_t = 300 + 10(m_t - \pi_t)$
- **총공급곡선** : $Y_t = Y^* + (\pi_t - \pi_t^e)$
- **오쿤의 법칙** : $Y_t - Y^* = -2.5(u_t - u_n)$

π_t, π_t^e, Y_t, u_t, m_t는 각각 인플레이션율, 기대인플레이션율, 총생산, 실업률, 통화증가율을 나타낸다. 단, 자연율 수준에서 총생산(Y^*)과 실업률(u_n)은 각각 500과 4%이고 인플레이션율, 통화증가율 및 실업률의 단위는 %이다. 다음 물음에 답하라.

(1) 통화증가율이 장기간 30%로 유지되어 왔고, 앞으로도 계속 30%로 유지될 경우 π_t, π_t^e, Y_t, u_t를 각각 구하라.

해답 연습문제 17번 (3)의 해설과 동일함.

(2) 예상치 못하게 통화증가율이 35.5%로 증가했다고 하자. 이때 π_t, Y_t, u_t가 단기적으로 어떻게 변화할지 계산하고, Y_t의 변화를 통화정책의 전달 경로 중 이자율 경로를 이용하여 설명하라.

해답 통화공급변화율이 예상치 못하게 35.5로 증가하면, 예상인플레이션에 통화량 증가의 효과가 반영되지 못하므로 $\pi_t^e = 10$으로 유지된다. 이제 $\pi_t^e = 10$과 $m_t = 35.5$를 주어진 총수요 · 총공급곡선에 대입하면 다음과 같이 새로운 균형 수준의 값을 얻을 수 있다.

$$\pi_t = 15,\ Y_t = 505,\ u_t = 2$$

통화정책의 전통적 이자율 경로(interest rate channel)는 다음과 같다:

$$M\uparrow \Rightarrow r\downarrow \Rightarrow \begin{matrix} C\uparrow \\ I\uparrow \end{matrix} \Rightarrow Y\uparrow$$

(3) 주어진 식으로부터 필립스곡선을 도출하고, 이에 내재된 인플레이션과 실업의 관계를 장 · 단기로 나누어 설명하라.

해답 위에 주어진 오쿤의 법칙을 총공급곡선식에 대입한 뒤 인플레이션율에 대해 나타내면 다음과 같은 필립스곡선이 도출된다:

그림 14-28-3

필립스곡선

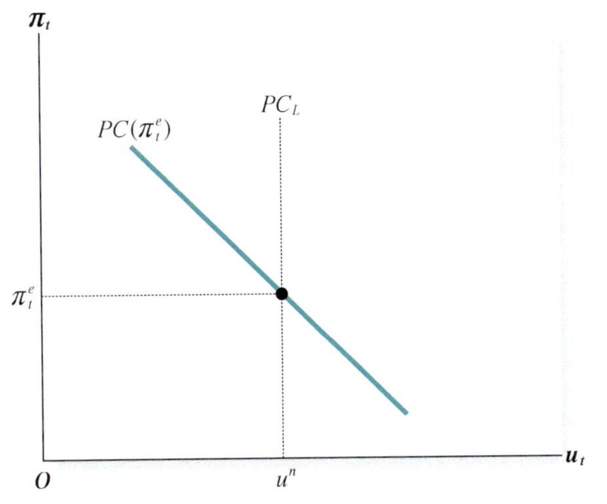

$$\pi_t = \pi_t^e - 2.5(u_t - u_n)$$

〈그림 14-28-3〉은 이 필립스곡선에 내재된 인플레이션과 실업의 관계를 자연실업률(u_n)에서 수직인 장기필립스곡선(PC_L)과 주어진 기대인플레이션율(π_t^e)에서 우하향하는 단기필립스곡선 $PC(\pi_t^e)$으로 나타내고 있다.

(2020년 행정고시 기출문제)

29 각 질문에 제시된 조건이 독립적이라고 할 때 다음 물음에 답하라.

- 유동성선호 모형에 따르면 화폐공급의 증가는 이자율을 낮추는 것으로 보이지만, 밀턴 프리드먼(Milton Friedman)은 이러한 유동성 효과는 전체적인 효과의 일부분에 불과하다고 보았다. 화폐공급의 증가는 다른 모든 조건이 일정하도록 놔두지 않으며, 이자율을 상승시키는 여타의 경제적 효과를 수반할 수 있다는 것이다. 화폐공급의 증가는 시간의 흐름에 따라 물가, 소득 및 기대인플레이션 효과를 수반하여 오히려 이자율을 상승시킬 가능성이 있다.
- 마샬(A. Marshall)과 피구(A. Pigou)로 대표되는 케임브리지 학파는 화폐수량이론을 통해 화폐의 유통속도가 일정하다고 가정하며, 명목 GDP는 통화량에 비례한다고 보았다.

그림 14-29-1

통화정책의 유동성 효과와 기대인플레이션 효과

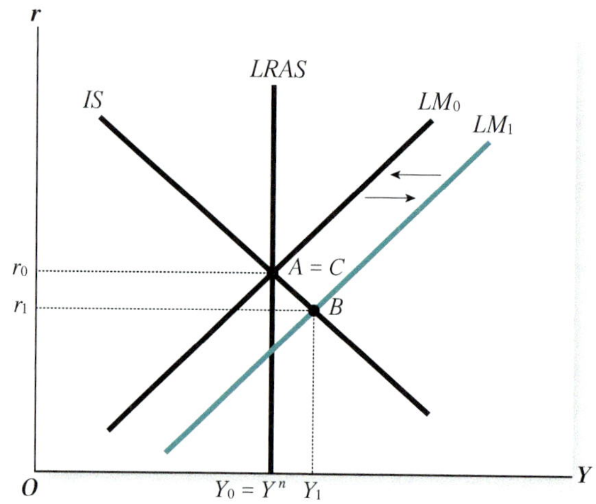

(a) *IS*-*LM* 모형

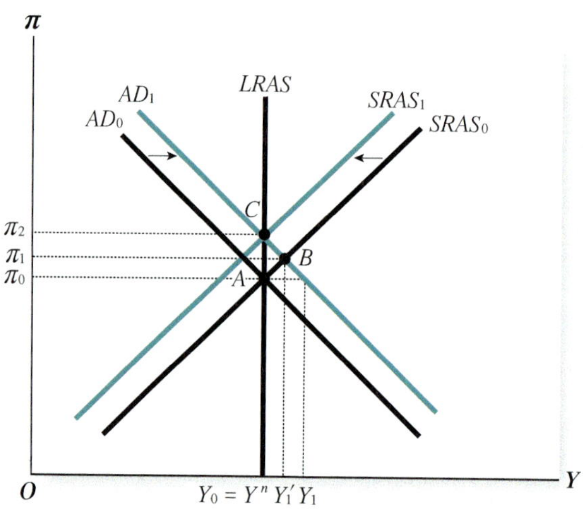

(b) *AD*-*AS* 모형

(1) 화폐공급의 증가로 인해 발생하는 유동성, 물가, 소득 및 기대인플레이션의 효과를 단기와 장기로 구분하여 균형 이자율에 미치는 영향을 설명하라.

해답 〈그림 14-29-1〉에서 경제는 초기에 점 *A*와 같이 장기균형에 있다고 하자. 점 *A*에서 총생산 Y_0은 완전고용산출량 수준 Y^n과 동일하고 인플레이션율 π_0은 기대인플레이션율 π_0^e와 동일하다($\pi_0^e = \pi_0$). 이제 중앙은행이 민간부문의 예상과 달리 화폐공급을 늘렸다고 하자. 〈그림 14-29-1〉의 (a)에서 화폐공급의 증가는 LM곡선의 우측이동을 가져온다. 그 결과 IS곡선과 LM곡선이 교차하는 점 B에서 단기균형이 이루어지므로 총생산(국민소득)이 Y_1으로 증가한다. 이때 실질이자율의 하락($r_0 \rightarrow r_1$)은 투자와 소비를 증가시킨다.

주어진 인플레이션율 수준에서 국민소득 증가($Y^n \rightarrow Y_1$)는 〈그림 14-29-1〉의 (b)에서 AD곡선의 우측이동($AD_0 \rightarrow AD_1$)을 가져오며, 이때 가격을 신축적으로 조정하는 기업들이 가격을 올리면서 인플레이션율이 상승한다($\pi_0 \rightarrow \pi_1$). 이는 (a)에서 LM곡선의 좌측이동($LM_1 \rightarrow LM_0$)을 가져온다. 한편 가격이 경직적인 기업들은 사전에 이러한 인플레이션율 상승을 예상하지 못했고, 일반적으로 새정보를 바로 업데이트하는 것은 아니기 때문에 화폐공급이 증가한 시점에 기대인플레이션율은 여전히 이전 수준에 머물고 즉각 조정되지는 않는다. 따라서 단기총공급곡선($SRAS$)은 이동하지 않고 그 결과 단기 균형총생산이 자연산출량 수준 Y^n보다 큰 Y_1'이 된다. 단기적으로 기대인플레이션율이 불변이므로 실질이자율 하락은 동일한 크기의 명목이자율 하락을 의미한다. 한편 총요소생산성이 불변하고 물적자본이 단기적으로 고정된 상황에서 기업이 늘어난 수량(Y_1')을 생산하는 데 필요한 노동투입이 증가하므로 노동시장에서는 고용이 증가하고 실질임금이 상승한다.

장기적으로는 가격이 경직적인 기업들을 포함하여 모든 경제주체가 정보를 업데이트하면서 기대인플레이션율이 상승한다. 그 결과 (b)에서 $SRAS$곡선이 상방이동함에 따라 균형점이 총수요곡선(AD)을 따라 움직인다. 마침내 인플레이션율이 π_2에 도달하면서 경제도 장기균형인 점 C에 도달한다. 인플레이션율이 π_1에서 π_2로 점진적으로 상승함에 따라 (a)에서 LM곡선이 왼쪽으로 이동하게 되고($LM_1 \rightarrow LM_0$), 균형점은 IS곡선을 따라 결국 장기균형점 C에 도달한다. 이때 실질이자율의 상승($r_1 \rightarrow r_0$)은 소비와 투자의 감소를 가져오며, 이는 화폐공급 증가에 따른 소비·투자의 증가를 완전히 상쇄한다. 장기적으로 실질이자율은 초기 균형수준으로 돌아가므로 명목이자율은 기대인플레이션율의 상승폭만큼 오르게 된다.

(2) A국의 물가, 소득 및 기대인플레이션 효과가 일정 시점 이후 유동성 효과를 압도한다고 할 때, 정책 당국이 궁극적으로 이자율 하락을 목표로 한다면 화폐공급 증가율을 어떻게 조절하는지와 이 과정에서 시간의 흐름에 따른 이자율의 변화를 그림을 이용하여 설명하라. (단, 초기의 이자율과 시간이 각각 세로축과 가

로축에 임의의 i^*와 T^*에 있다고 가정하자)

해답 장기적으로 실질이자율 및 실질GDP는 화폐공급의 영향을 받지 않으며, 기대인플레이션율과 실제 인플레이션율은 서로 같은 값으로 수렴하게 된다. 또한 장기적으로 유동성 효과가 미미하다고 가정한다면 화폐수량설에 따라 기대인플레이션율은 화폐공급 증가율과 같아지게 된다. 결국 장기적으로 명목이자율은 화폐공급 증가율에 의해 결정된다.

따라서 중앙은행이 궁극적·장기적으로 명목이자율 하락을 목표로 한다면 화폐공급 증가율을 낮추는 정책, 즉 디스인플레이션 정책을 공표하고 시행하여야 한다. 이는 단기적으로 실질이자율의 상승을 가져오고 주어진 기대인플레이션 하에서 명목이자율이 상승하지만, 시간이 지남에 따라 장기적으로 실질이자율이 원래 값으로 돌아가고 기대인플레이션은 하락하므로 명목이자율도 하락하게 된다. 이 결과는 세로축의 명목이자율(R)이 단기적으로 초기값(R^*)보다 높아졌다가 가로축의 시간(T)가 증가함에 따라 서서히 하락하여 궁극적으로 R^*보다 낮은 값으로 수렴하는 그래프로 표현할 수 있다.

(3) 이 경제의 지난해 경제지표가 다음과 같았다.

• **화폐공급 증가율** : 7%	• **실업률** : 4%
• **실질 경제성장률** : 4%	• **화폐 유통속도** : 일정

(g : 실질 경제성장률, $\bar{g}$: 잠재 경제성장률, u : 실업률, $\bar{u}$: 자연실업률)

정책 당국이 올해 인플레이션율을 1%로 낮추기 위한 정책을 시행할 경우 이에 따른 경제성장의 희생률은 1.5가 될 것으로 예상된다. 이 경제의 올해 실업률과 실질 경제성장률을 예측하라. (단, 오쿤의 법칙에 따라 실질 경제성장률과 실업률 간의 관계가 $(g-\bar{g})=-2(u-\bar{u})$으로 나타난다고 가정하자)

해답 화폐수량설의 교환방정식 $MV=PY$를 변화율 간의 관계로 나타낸 뒤 지난해 주어진 경제지표를 대입하면 다음과 같다:

$$\dot{M}+\dot{V}=\dot{P}+\dot{Y} \Leftrightarrow 7\%+0=\dot{P}+4\% \Leftrightarrow \dot{P}=3\%$$

인플레이션율 인하의 경제성장 희생률이 1.5라는 것은 인플레이션율 1% 인하가 경제성장률 1.5% 감소를 가져온다는 것을 의미한다. 지난 해 3% 인플레이션율을 올해 1%로 낮추기 위해서 경제성장률이 3% 하락할 것으로 예상된다. 따라서 올해 경제성장률은 4% − 3% = 1%일 것으로 예상되고, 반면에 올해 실업률은 오쿤의 법칙에 따라 작년에 비해 1.5%만큼 상승하여 4% + 1.5% = 5.5%일 것으로 예상된다.

(2021년 외교관후보자 선발시험 기출문제)

chapter 15

제로금리 하한과 유동성 함정

01 대침체 기간 동안 연방준비제도이사회는 양적완화(QE)를 시행했다. *IS*−*LM* 모형을 사용하여 QE의 효과를 설명하라.

해답 대침체(Great Recession) 기간 동안 미국 연방준비제도이사회(이하 "미 연준")가 기준금리를 제로금리 하한에 가깝게 설정하여 경제가 유동성 함정에 빠져 있는 상황을 가정하자. 이러한 상황에서 미 연준이 양적완화(quantitative easing ; QE)정책을 시행하는 경우 민간의 기대인플레이션율이 상승함에 따라 〈그림 15−1〉에서 *LM*곡선의 평평한 부분이 하방이동하게 된다. 한편 양적완화를 통한 본원통화 증가는 은행의 대출 증가 등 신용확장을 통해 소비와 투자를 촉진시켜 *IS*곡선의 우측이동을 가져온다. 이때 기대인플레이션율 상승에 의해 결정되는 *LM*곡선의 하방이동과 신용확장에 의해 결정되는 *IS*곡선의 우측이동이 충분히 크다면 경제는 유동성 함정으로부터 벗어나면서 단기균형이 점 *A*에서 점 *B*로 이동한다. 그 결과 균형국민소득이 증가하고 균형실질이자

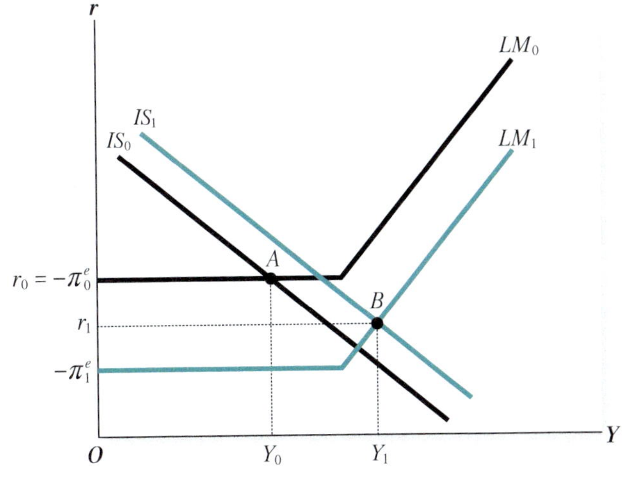

그림 15-1

대침체와 양적완화(QE)의 효과

율은 하락하며, 이는 다시 소비와 투자의 증가를 가져온다.

02 어떤 국가가 유동성 함정에 빠졌다고 하자. 이때 미래 생산성(z')의 하락이 국민소득, 소비, 투자, 고용에 미치는 영향을 설명하라.

해답 〈그림 15-2〉에서 경제가 점 A와 같이 LM곡선의 평평한 부분에 놓여 있다고 하자. 미래 생산성(z')의 하락은 현재투자를 감소시키고 미래소득의 감소를 통해 현재소비를 감소시킴으로써 IS곡선의 좌측이동($IS_0 \rightarrow IS_1$)을 가져온다.

그림 15-2

유동성 함정과 미래 생산성의 하락

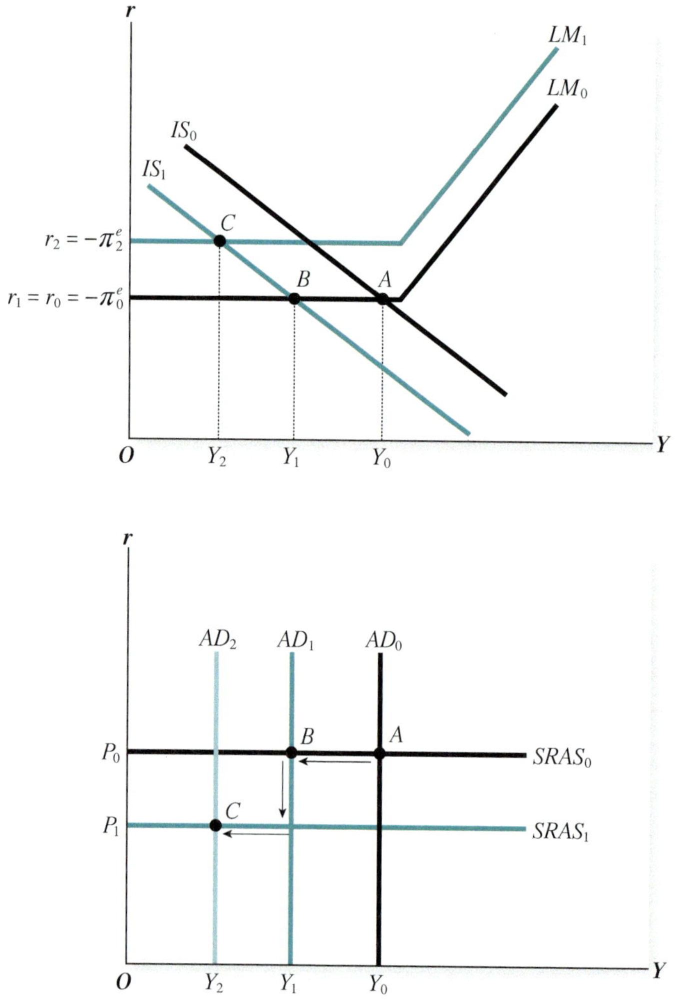

경제는 여전히 점 B와 같이 유동성 함정에 빠져 있으며 총수요 감소에 따른 경기위축 시 실질이자율은 하락하지 않아 상쇄효과가 발생하지 않는다. 그 결과 총생산(국민소득)이 IS곡선의 좌측 이동폭만큼 감소하는데, 이는 총수요곡선(AD)곡선과 IS곡선의 좌측 이동폭이 동일하다는 것을 의미한다.

〈그림 15-2〉에서 초기 총수요곡선(AD_0)이 $Y_0 = Y^n$에서 장기총공급곡선($LRAS$)과 같다고 가정하면, 총수요 감소에 따른 경기위축으로 인해 AD곡선이 좌측으로 이동하고($AD_0 \rightarrow AD_1$) 단기적으로 총생산이 자연산출량(Y^n) 수준보다 낮아진다. 장기적으로는 물가가 하락하여 단기총공급곡선($SRAS$)이 하방이동한다. 그러나 본 교재 15장(3. 제로금리 하한과 총수요곡선)에서 살펴보았듯이 유동성 함정 하에서는 총수요곡선이 수직선이 된다. 이때 $SRAS$곡선의 하방이동은 물가수준만 하락시킬 뿐 총생산에는 영향을 미치지 못하고 총수요는 여전히 자연산출량 수준보다 낮기 때문에 물가수준의 지속적인 하락을 초래한다.

이처럼 물가수준이 지속적으로 하락하게 되면 민간의 기대인플레이션율이 하락하게 되고 이로 인해 LM곡선의 평평한 부분이 상방이동하게 된다. 〈그림 15-2〉에서 경제는 점 C와 같이 경기위축이 악화됨에 따라 총수요곡선은 추가로 좌측이동($AD_1 \rightarrow AD_2$)하고 총생산은 더욱 감소한다. 결과적으로 경기침체와 디플레이션이 더 악화되어 경제는 디플레이션 나선(deflationary spiral)에 빠지게 된다. 결국 국민소득은 감소하고 기대인플레이션율 하락에 따른 실질이자율 상승은 소비를 감소시킨다. 투자 역시 실질이자율 상승과 미래 생산성 하락에 따라 감소한다. 한편 총생산이 지속적으로 감소하여 자연산출량 수준에서 점점 더 멀어짐에 따라 고용 또한 완전고용 수준보다 점점 더 낮아지고 비자발적 실업은 증가할 것이다.

03 어떤 국가에서 화폐수요함수가 $R > 0$일 때 $M^d = P(Y - 100R)$이고, $R = 0$일 때 〈그림 15-1〉에서처럼 수평선이라고 하자. 이 국가는 최근 심각한 금융위기를 겪었고, 그 결과 기대인플레이션이 0으로 유지되고 있다.

(1) 통화공급(M)과 물가수준(P)은 각각 10과 1로 고정되어 있다. $Y = 5$, $Y = 10$, $Y = 15$일 때 화폐수요함수를 나타내라(〈그림 15-1〉에서처럼 R은 수직축, M은 수평축에 있다). 특히 각각의 경우에서 꺾인 부분이 어딘지 표시하라. 또한 이 결과를 이용하여 LM곡선을 그려보자.

그림 15-3-1

*LM*곡선의 도출

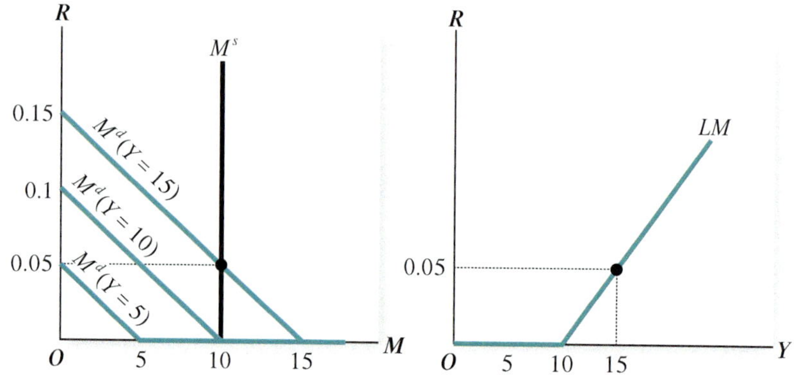

(a) 화폐시장 균형 (b) *LM* 곡선

해답 통화공급(M)과 물가수준(P)이 각각 $M=10$, $P=1$이므로 주어진 화폐수요함수($M^d = Y - 100R$)에서 Y가 10보다 작으면 균형이자율은 0이다. 반면 Y가 10 이상이면 균형이자율은 Y가 증가함에 따라 상승한다. 따라서 *LM*곡선은 〈그림 15-3-1〉에서와 같이 Y가 10보다 작은 경우 $R=0$에서 수평선의 형태로 나타나고 Y가 10 이상인 경우 우상향하는 형태로 나타난다.

(2) *IS*곡선이 $Y = 5 - 100r + G$로 주어졌다고 하자. *IS*–*LM* 그래프를 사용하여 정부지출 G가 0에서 5로 증가하는 확장적 재정정책의 효과를 분석하고, 정부지출의 승수를 구하라.

해답 단순화를 위해 기대인플레이션율(π^e)이 0이어서 실질이자율(r)과 명목이자율(R)이 같다고 가정하자. 정부지출(G)이 0에서 5로 증가하는 경우 *IS*곡선이 $IS(G=0)$에서 $IS(G=5)$로 우측이동한다. 이때 〈그림 15-3-2〉에서 정부지출이 증가하기 전 *IS*곡선과 증가한 후 *IS*곡선 모두 *LM*곡선이 수평인 부분과 교차하며, 이로 인해 균형국민소득은 *IS*곡선이 우측으로 이동한 만큼 증가한다. 즉, 정부지출승수는 1이다. 이는 재정확장이 충분히 크지 않아 경제가 유동성 함정에서 벗어나지 못하는 경우 재정확대에 따른 구축효과(crowding-out effect)가 발생하지 않기 때문에 재정확장은 강력한 안정화정책의 수단이 될 수 있음을 의미한다.

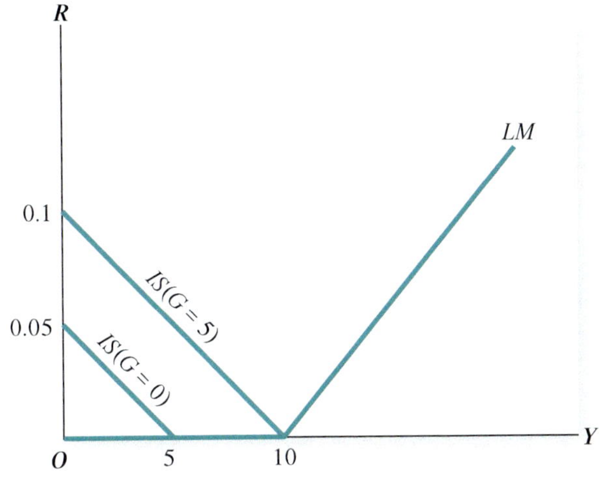

그림 15-3-2

확장적 재정정책의 효과

(3) 이제, 정부가 지출을 추가로 더 늘리는 것을 고려한다고 하자. 만약 G가 5에서 10으로 증가하면, 이러한 추가적인 재정팽창이 앞선 재정팽창만큼 효과적일까? 그래프로 분석하고 직관적으로 설명하라.

해답 〈그림 15-3-3〉에서 정부지출(G)이 5에서 10으로 증가하는 경우 IS곡선

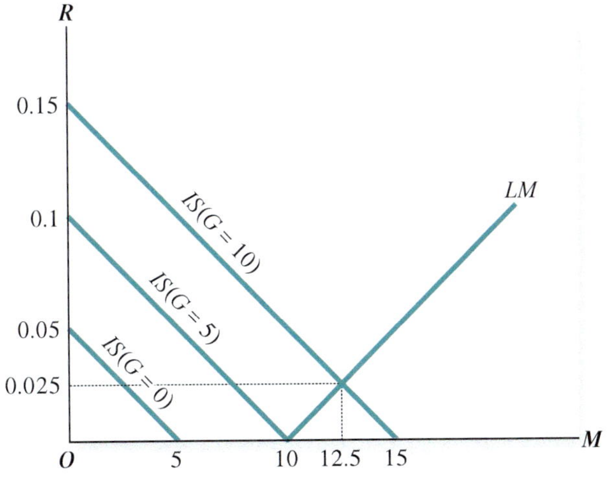

그림 15-3-3

추가 재정확장의 효과

이 $IS(G=5)$에서 $IS(G=10)$으로 우측이동한다. 이 경우에는 경제가 유동성 함정에서 벗어날 만큼 재정확장이 충분히 크기 때문에 우측으로 이동한 IS곡선이 LM곡선의 우상향하는 부분과 교차한다. 그 결과 균형국민소득이 증가할 뿐 아니라 균형이자율도 상승한다. 유동성 함정을 벗어나지 못하는 경우에 비해 균형국민소득의 증가폭이 작으므로 정부지출승수는 1보다 작다. 이는 이자율 상승으로 인한 구축효과가 재정확장의 효과를 일부 상쇄하기 때문이다.

04 케인즈의 투자적 화폐수요에 의하면 명목이자율이 0인 경우 화폐수요가 이자율에 대해 완전탄력적이 된다.

(1) 0의 명목이자율은 LM곡선의 기울기에 어떠한 영향을 미치는가?

해답 본 교재 15장(1. 제로금리 하한과 화폐시장)에서 살펴보았듯이 명목이자율(R)은 채권과 같이 이자가 지급되는 수익자산 대신 화폐를 보유하는 데 따르는 기회비용을 나타낸다. 따라서 제로금리 하한(zero lower bound ; ZLB), 즉 $R=0$에서 화폐 보유의 기회비용은 0인 반면, 화폐가 제공하는 유동성 편익은 양(+)이 된다. 그 결과 ZLB에서는 유동성이 낮고 이자를 받는 자산에 비해 화폐(유동성)에 대해 무한한 수요가 있다. 다시 말해서 제로금리 수준에서 화폐수요의 이자율 탄력성이 무한대가 되고, 화폐수요함수는 이자율에 대하여 수평인 형태로 나타난다. 따라서 소득 증가에 따라 화폐수요가 증가해도 이자율은 변하지 않고, LM곡선은 이자율에 대하여 수평인 형태로 그려진다. 이러한 상황을 유동성 함정(liquidity trap)이라 한다.

(2) 0의 명목이자율에서 통화당국의 확장적 통화정책이 $IS-LM$ 균형에 미치는 효과를 설명하라.

해답 본 교재 15장(4. 제로금리 하한과 통화정책)에서 살펴보았듯이 유동성 함정하에서 전통적 통화정책은 효과가 없다. 예를 들어 확장적 통화정책은 평평한 LM곡선을 우측으로 이동시킬 뿐 IS곡선을 이동시키지 못하므로 소득에 아무런 변화도 주지 못하기 때문이다. 직관적으로 제로금리 하한에서 화폐공급을 늘리면 사람들이 보유한 유동자산의 비중이 커지지만 금리가 더 이상 떨어질 수 없기 때문에 추가 유동성이 전통적인 금리경로를 통해 실물경제에 미치는 확장 효과가 없다. 이때 사전적 정책방향 제시(forward guidance)나 양적완화(quantitative easing)와 같은 비전통적 통화정책은 기대인플레이션율을 상승시킴으로써 유동성 함정으로부터 벗어나는 것을 가능하게 할 수 있다(자세한 내용은 본 교재 15장(6.2 비전통적 통화정책)을 참조). 이 밖에 13장 연습문제 16번 (3)에서도 살펴보았듯이 피구효과(Pigou effect)가 존재할 경우에는 유동성 함정 상황에서도 통화정책이 유효할 수 있다. 즉, 주어진 물가수준 하에서 통화량의 증가는 실질 부의 증가와 함께 소비의 증가를 가져와 *IS*곡선의 우측이동을 통해 총수요를 증가시킬 수 있다.

(3) 일본은행은 2013년 1월 금융정책결정회의에서 일본 경제의 고질적인 병폐인 디플레이션과 엔고를 해소하기 위해 2% 물가상승률 목표 설정과 이의 조기달성을 위한 무제한 양적완화정책을 발표하였다. 이러한 정책의 이론적 근거를 분석 · 설명하라.

해답 양적완화(quantitative easing ; QE)란 중앙은행의 정책금리(또는 기준금리)가 제로 수준에 도달한 상황에서 중앙은행이 국채 및 민간부문의 특정 자산을 직접 매입하여 시중에 본원통화를 공급하는 정책을 말한다. 이러한 양적완화의 기본 목적은 금리인하를 통한 경기부양이 여의치 않은 상황에서 유동성 직접 공급을 통해 경제활동을 진작시키고 디플레이션을 억제하는 것이다. 이는 이론적으로 다음과 같은 경로를 통해 작동한다. 첫째, (단기)정책금리와 달리 아직 0%에 도달하지 않은 각종 중장기 시장금리의 하락을 유도하는 효과가 있다. 둘째, 양적완화를 통한 대규모 유동성 증가로 경제주체들의 기대인플레이션이 상승한다. 이는 연습문제 1번의 〈그림 15-1〉에서와 같이 *LM*곡선의 평평한 부분을 아래로 이동시키는 효과를 가져오고 균형은 *IS*곡선을 따라 이동하면서 경기가 진작된다. 또한 양적완화를 통한 본원통화 증가는 은행의 대출 증가 등 신용창출을 통해 소비와 투자를 촉진할 수 있다는 점에서 *IS*곡선의 우측이동도 가져올 수 있다.

05 2008년 금융위기와 경기침체에 대응하여 미 연준은 정책금리를 제로 수준으로 낮추는 확장적 통화정책을 시행하였다. 케인즈는 이러한 제로금리에서는 추가적인 확장적 통화정책의 효과를 기대하기 어렵다고 주장하였다. (단, 폐쇄경제를 가정한다.)

(1) 이러한 상황에서 총수요곡선을 도출하라.

해답 본 교재 15장(3. 제로금리 하한과 총수요곡선, pp.417~419)에 〈그림 15-4〉를 이용한 자세한 설명이 있음.

(2) 이때 정부지출이 1조원 증가하는 경우 균형국민소득은 얼마만큼 증가하겠는가? 또한 (1)에서 도출한 총수요곡선은 얼마만큼 이동하겠는가?

해답 경제가 유동성 함정에 빠진 상황에서 정부지출이 1조원 증가하는 경우 *IS* 곡선이 우측으로 이동한다. 이때 *LM*곡선은 평평하기 때문에 이자율이 상승하지 않고 구축효과에 따른 소비와 투자 감소가 없다. 따라서 균형국민소득은 정부지출 1조원에 재정승수 $\frac{1}{1-c}$(c = 한계소비성향)을 곱한 $\frac{1}{1-c}$조원만큼 증가하고, 수직인 총수요곡선도 우측으로 $\frac{1}{1-c}$조원만큼 이동하게 된다.

06 서브프라임 모기지 사태 이후에 세계는 총수요 충격으로 인한 경기침체에 직면하고 있다. 많은 국가들은 현재의 경기침체를 극복하기 위해 유동성 확대정책을 사용하고 있다. 이 정책이 중요하게 사용되는 이유를 1930년대의 대공황 때와 비교하여 서술하라. 그리고 *AD-AS* 모형을 사용하여 이 정책의 타당성에 대하여 설명하라.

해답 폐쇄경제의 *IS-LM* 모형을 이용하여 대공황 때와 최근의 유동성 확대정책 효과를 비교해 보자.

① 대공황 당시의 경기부양 정책

대공황 당시 신용경색(credit crunch) 상황에서 투자는 이자율에 민감하게 반응하지 않으므로 〈그림 15-6-1〉에서와 같이 *IS*곡선은 비교적 가파른 모양을 갖는다. 이때 *LM*곡선의 이동을 가져오는 통화정책의 경기부양 효과는 제한적인 반면, *IS*곡선의 이동을 가져오는 재정정책의 경기부양 효과는 비교적 크게 나타나므로, 대공황 당시 대규모 재정정책이 이루어졌다.

이와 같은 거시경제정책의 상대적 유효성은 대공황 당시 제로에 가까운 명목금리 수준에서 *LM*곡선이 수평이 되는 유동성 함정으로도 설명할 수 있다. 즉, 〈그림 15-6-2〉와 같이 수평의 *LM*곡선 하에서 확장적 통화정책은 경기부양 효과가 없으나, 확장적 재정정책은 구축효과 없이 총수요를 비교적 큰 폭으로 증가시키므로 경기부양에 효과적이다.

그림 15-6-1

신용경색과 거시경제정책

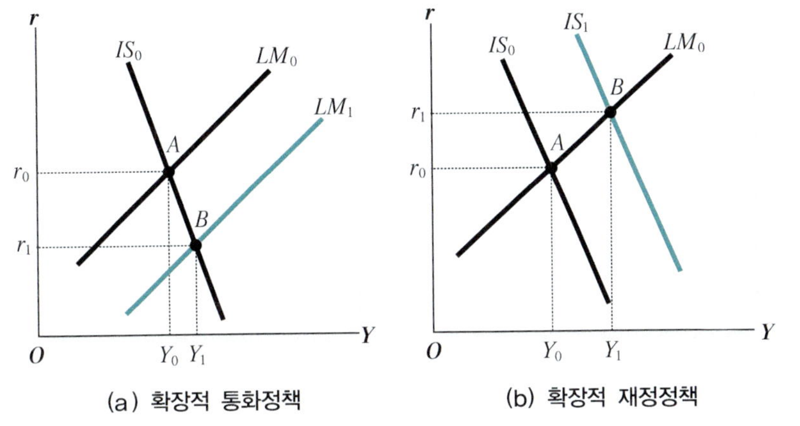

그림 15-6-2

유동성 함정과 거시경제정책

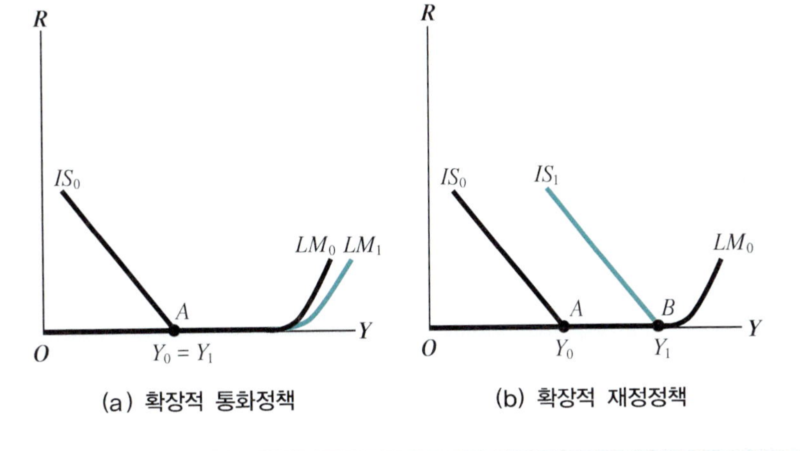

② 2007~2008 세계 경기침체 당시의 경기부양정책

2007~2008 글로벌 금융위기에 이은 세계 경기침체 당시 주요 선진국들은 신용경색 및 경기침체에 대응하여 유동성 확대정책 혹은 양적완화정책(QE)을 실시하였다. 연습문제 1번과 4번 (3)에서 살펴보았듯이 QE정책은 기대인플레이션율을 상승시킴으로써 *LM*곡선의 평평한 부분을 아래로 이동시킬 수 있다. 또한 유동성 공급을 통해 소비와 투자를 촉진하므로 *IS*곡선이 우측으로 이동할 수 있다. 단기적으로 가격이 고정되어 있고, 특히 2009년 당시 경제가

그림 15-6-3

양적완화정책과 *IS-LM-AD-AS* 모형

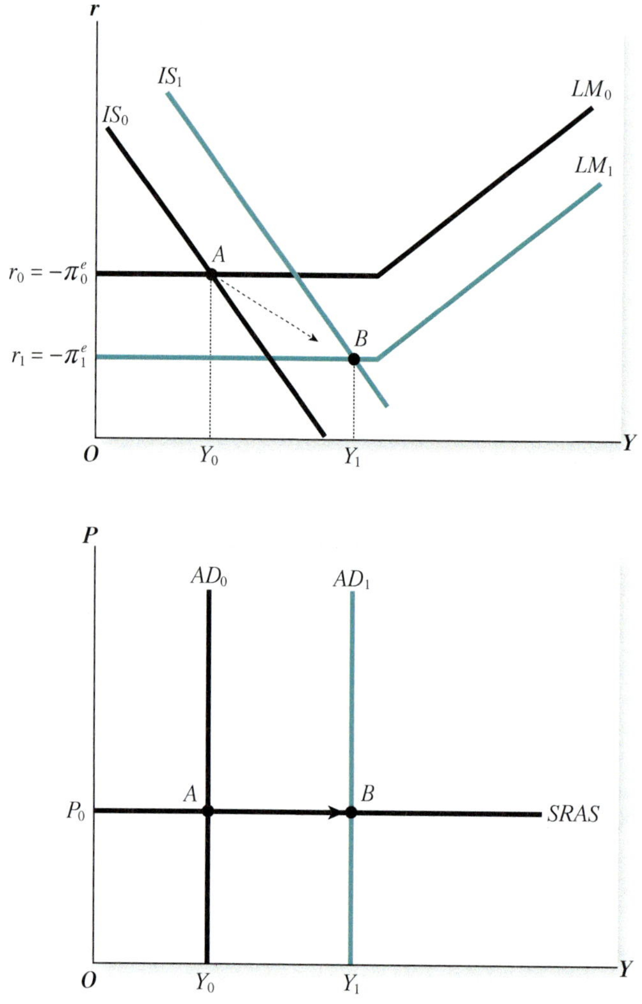

2007～2008 글로벌 금융위기 이후 계속 유동성 함정에 빠져 있었던 점을 고려하면 당시 QE정책의 영향을 *IS-LM-AD-AS* 모형으로 〈그림 15-6-3〉과 같이 나타낼 수 있다. 여기서 단기균형이 *A*에서 *B*로 이동하면서 총생산이 증가한다는 점에서 QE정책이 경기부양책으로서 효과적일 수 있다.

(2009년 행정고시 기출문제)

07 2008년 금융위기와 경기침체에 대응하여 미 연준은 정책금리가 제로 수준에 가까워진 상황에서 금리를 추가로 인하하여 경기를 회복시키기 어려워짐에 따라 저금리 정책을 유지하면서 동시에 국채 및 민간부문의 특정 자산 매입을 통해 시중에 유동성을 공급하는 양적완화정책을 2009년과 2010년 두 차례에 걸쳐 시행하였다. 그리고 2011년 9월에는 만기 3년 미만의 단기국채를 매도하고 만기 6~30년의 장기국채를 매입하는 "오퍼레이션 트위스트(operation twist)" 정책을 시행하였다.

(1) 제로 수준의 정책금리에서 전통적 금리경로를 통한 통화정책의 효과를 기대하기 어렵다는 주장의 이론적 근거를 설명하라.

해답 전통적인 금리경로에서는 중앙은행이 통화정책을 통해 단기금리를 낮추면 장기금리와 은행금리도 함께 하락하여 기업투자와 가계소비가 늘어나고, 이는 총생산의 증대로 이어진다. 그러나 제로수준의 정책금리 하에서 더 이상 단기금리를 낮출 수 없기 때문에 통화정책이 금융시장 내에서 단기금리, 장기금리 및 은행금리로 순차적으로 파급되는 효과를 기대할 수 없다. 따라서 금리변동을 통해 소비, 투자 등의 실물변수를 변화시킬 수가 없다.

케인즈의 유동성선호설에 의하면 정상적인 금리수준에서 향후 금리 하락(채권가격 상승)을 예상하는 사람들이 있는 한, 화폐공급의 증가 중 일부는 채권보유의 증가로 이어지면서 실제로 금리 하락과 실물부문의 투자 증가를 가져올 수 있다. 그러나 제로금리 수준에서는 대부분의 사람들이 향후 금리 상승(채권가격 하락)을 예상하게 됨에 따라 화폐공급의 증가가 채권 보유 대신 (향후 채권가격 하락 시 채권을 다량 매수하기 위한) 투자적 화폐수요로 즉각 흡수되어 버린다. 이와 같이 투자적 화폐수요의 이자율탄력성이 무한에 가까워지는 유동성 함정은 보통 극심한 경기침체로 인한 디플레이션과 함께 나타나므로 국민소득이 자연산출량 또는 완전고용 수준보다 훨씬 낮은 수준에서 발생한다. 이때 연습문제 4번 (2)에서 설명했듯이 제로금리 수준에서 수평인 *LM*곡선의 우측이동을 가져오는 확장적 통화정책은 소득 증가에 아무런 효과가 없다.

(2) 총수요·총공급 모형을 이용하여 미 연준이 양적완화정책을 통해 기대하는 경기부양 효과를 분석·설명하라. 이러한 양적완화정책이 가져올 수 있는 문제점은 무엇인가?

해답 양적완화정책의 경기부양 효과는 연습문제 1번의 〈그림 15-1〉 또는 6번의 〈그림 15-6-3〉을 이용하여 분석, 설명할 수 있다. 이와 같이 양적완화정책은 경기부양 효과를 기대할 수 있지만, 다른 한편으로는 인플레이션이 우려된다는 문제점도 존재한다.

(3) 미 연준이 오퍼레이션 트위스트 정책을 통해 기대하는 경기부양 효과를 설명하라. 이러한 오퍼레이션 트위스트 정책의 시행에 따라 수익률곡선(yield curve)은 우상향하겠는가, 우하향하겠는가? 그 이유를 설명하라.

해답 단기국채를 매도하고 장기국채를 매입하게 되면 화폐공급량을 유지하면서 기업부문에 장기유동성 자금을 공급하는 효과를 기대할 수 있다. 일반적으로 기업투자는 장기간에 걸쳐서 이루어지기 때문에 단기금리보다는 장기금리에 더 민감하게 반응하는 경향을 보인다. 따라서 장기국채 매입을 통해 장기금리를 하락시키면 기업의 투자수요를 촉진시킴으로써 경기부양을 기대할 수 있다.

한편 오퍼레이션 트위스트(operation twist) 정책은 장·단기수익률 스프레드를 축소시키므로 우상향하는 수익률곡선의 기울기를 완만하게 하거나 수익률곡선을 우하향하게 할 것이다. 그런데 경기침체기에는 금융시장이 미래에 경기가 회복될 것이라고 기대하므로 미래의 단기 기대수익률이 상승하여 장기수익률이 단기수익률보다 높은 것이 일반적이다. 따라서 오퍼레이션 트위스트 정책의 시행에 따라 수익률곡선이 우하향하기보다는, 우상향하는 수익률곡선의 기울기가 완만해졌을 가능성이 크다.

08 유로지역의 재정위기 이후 대부분의 G20 국가들은 재정건전성 강화를 위해 긴축재정정책을 채택하고 있고, 그중 규모가 큰 몇몇 국가들은 긴축재정의 부작용을 시정하고자 양적완화정책을 동시에 펼치고 있다. 이처럼 양적완화와 긴축재정정책을 시행하는 국가들의 자국통화는 약세를 시현하고 있다. 일본도 최근 지나간 15년의 디플레이션에서 빠져나오기 위해 양적완화정책을 채택하여 '엔저' 현상을 유도, 경쟁국가들과 통화전쟁에 빠져들 수도 있게 되었다. 이와 관련하여 다음 물음에 답하라.

(1) 양적완화 및 긴축재정정책 병행의 이론적 배경과 정책의 성공가능 조건에 대해 논하라.

해답 글로벌 금융위기와 재정위기 이후 유로지역이 제로금리에 가까운 수준에서 유동성 함정에 빠지게 됨에 따라 *LM*곡선을 우측으로 이동시키는 전통적 통화팽창은 총수요 증대에 아무런 효과가 없게 되었다. 한편 재정건전성 강화를 위한 긴축재정정책은 *IS*곡선을 좌측으로 이동시켜 총수요의 위축을 가져올 것이므로 이를 상쇄시킬 수 있는 정책이 필요했다.

연습문제 1번에서 자세히 설명했듯이 제로금리 하한에서 양적완화는 *LM*곡선의 평평한 부분을 아래로 이동시키고 *IS*곡선을 우측으로 이동시킴으로써 국민소득의 증가를 가져올 수 있다. 따라서 양적완화 및 긴축재정정책 병행이 성공을 거두기 위해서는 양적완화정책의 총수요 진작 효과가 긴축재정의 총수요 감소 효과보다 더 크게 나타나야 할 것이다.

(2) 세계 경제에서 차지하는 비중이 큰 국가들이 양적완화와 긴축재정정책을 동시에 펼 경우 세계적으로 '절약의 역설(paradox of global thrift)'이 발생하는 이유를 설명하라.

해답 세계 경제의 주요국들이 양적완화와 긴축재정을 병행하는 경우 이들 국가의 통화가 약세를 보이면서 경상수지 흑자($X-Q$)가 증가할 것이다. 이는 곧 다음과 같은 국민소득계정의 항등관계에 따라 민간부문 및 정부부문의 과잉저축(savings glut)을 의미한다.

$$(Sp - I) + (T - G) = X - Q$$

여기서 $(Sp - I)$는 민간부문의 초과저축, $(T - G)$는 정부저축을 나타낸다. 따라서 세계적으로 소비가 위축되어 경기가 침체되는 "절약의 역설(paradox of thrift)" 현상이 나타날 수 있다.

(3) '엔저' 현상으로 인한 '실업수출'이나 '인근궁핍화 정책'의 가능성에 대해 설명하라.

해답 엔저 현상으로 엔화가치가 하락할 경우 일본 제품의 수출은 증가하는 반면, 일본과 교역하는 국가들의 수출은 상대적으로 감소하게 된다. 따라서 이들 교역 상대국들은 엔저 현상으로 인해 경기침체와 함께 실업이 증가하고 장기적으로 성장 둔화를 겪을 수 있다.

(2013년 외무고시 기출문제)

chapter 16

개방경제의 거시경제학

01 자본이동이 불완전한 경우 변동환율제도에서 총수요곡선(AD곡선)을 도출하고, 폐쇄경제의 총수요곡선과 어떻게 다른지 설명하라.

해답 폐쇄경제모형에서와 같은 방식으로 AD곡선을 도출할 수 있다. 즉, 본 교재 〈그림 16-6〉에서 물가수준 P의 상승은 LM곡선의 좌측이동을 가져오고, 이는 곧 균형국민소득 Y의 감소로 이어진다. 이때 폐쇄경제와 비교하여 IS곡선이 더 평평하므로 Y가 더 많이 감소한다. 따라서 개방경제의 총수요곡선 역시 폐쇄경제의 총수요곡선보다 더 평평하다.

02 자본이동이 불완전한 경우 변동환율제도에서 정부지출의 증가와 통화팽창의 효과를 각각 분석하라. 재정정책과 통화정책 중 어느 정책이 더 효과적인가? 그 이유를 설명하라. 고정환율제도에서 이 두 정책의 효과를 각각 분석하고, 변동환율제도에서의 결과와 비교하여 설명하라.

해답 개방경제에서 통화정책과 재정정책의 효과는 본 교재 16장(5.1 통화정책, 5.2 재정정책)에 상세히 설명되어 있다. 이 모형에서는 통화정책이 재정정책보다 경기를 진작시키는 데 더 효과적이라 볼 수 있다. 그 이유는 통화팽창이 전통적인 금리경로뿐만 아니라 환율경로를 통해 국민소득을 증가시키는 반면에, 재정확장은 실질이자율 상승을 통해 투자뿐만 아니라 순수출을 구축하기 때문이다.

한편 본 교재 16장(7.1 통화정책, 7.2 재정정책)에 설명되어 있듯이 고정환율제도 하에서 통화팽창은 국민소득에 아무 효과가 없는 반면, 재정확장은 고정환율 유지를 위한 화폐공급 증가를 통해 국민소득을 더 많이 증가시킨다.

03 자본이동이 완전히 자유로운 경우 변동환율제도에서 정부지출의 증가와 통화팽창의 효과를 각각 분석하라. 재정정책과 통화정책 중 어느 정책이 더 효과적인가? 그 이유를 설명하라. 고정환율제도에서 이 두 정책의 효과를 각각 분석하고, 변동환율제도에서의 결과와 비교하여 설명하라. 2번의 결과와 비교하라.

해답 본 교재 16장(6.1 통화정책, 6.2 재정정책)에서 상세히 설명했듯이 정부가 변동환율제도를 채택한 경우 통화팽창은 강력한 환율경로를 통해 국민소득에 큰 영향을 미치는 반면, 정부지출의 증가는 국민소득에 아무런 영향을 미치지 못한다.

한편 고정환율제도 하에서는 2번의 결과와 마찬가지로 통화팽창은 국민소득에 영향을 미치지 않지만, 정부지출의 증가는 국민소득에 큰 영향을 줄 수 있다. 다시 말해서 완전한 자본이동을 가정한 먼델-플레밍 모형은 좀 더 일반적으로 불완전 자본이동을 가정한 개방경제모형의 특별한 경우이므로, 2번의 결과와 3번의 결과는 질적으로(qualitatively) 동일하다고 볼 수 있다.

04 자본이동이 불완전하고 변동환율제도를 채택한 소규모 개방경제에서 정부가 경기를 활성화시키기 위해 조세부담을 낮추는 정책을 시행한다고 하자(즉, 모형에서 T 감소). 이 정책이 국민소득, 소비, 투자, 순수출, 실질이자율, 환율에 미치는 영향을 설명하라. 가계의 저축 및 차입이 자유로운 경우와 불가능한 경우를 각각 분석하라.

해답 가계의 저축 및 차입이 자유로운 경우 정액세(lump-sum tax) T의 감소는 (정부지출의 변화가 수반되지 않는 한) 가계의 평생 소득에 아무런 영향을 미치지 않는다. 본 교재 6장(4. 재정정책과 리카도 대등정리)에서 살펴보았듯이 정부지출이 일정하고 가계가 주어진 이자율 수준에서 저축과 차입을 자유롭게 할 수 있는 경우 현재 조세삭감은 미래 조세 증가에 대비하여 가계소비자가 저축을 늘리는 것 이외에 아무런 영향을 미치지 않는다. 하지만 가계의 저축이나 차입이 불가능한 경우 T의 감소는 현재소비의 증가를 가져오고, 이는 IS곡선의 상방 또는 우측 이동을 가져온다. 따라서 국민소득과 실질이자율이 상승하게 되고, 실질이자율의 상승은 투자, 순자본유출, 환율, 순수출의 하락을 가져온다.

그림 16-5

미래 총요소생산성의 증가

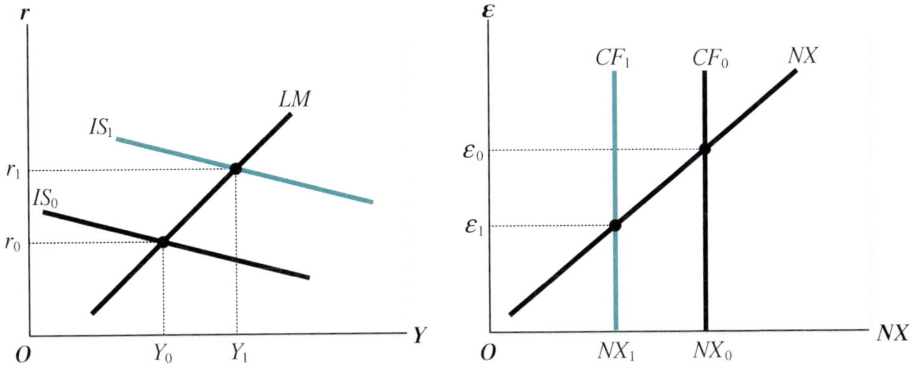

(a) IS-LM 모형 (b) 환율과 순수출

05 자본이동이 불완전하고 변동환율제도를 채택한 소규모 개방경제에서 미래 총요소생산성 향상(z' 증가)이 국민소득, 소비, 투자, 순수출, 실질이자율, 환율에 미치는 영향을 설명하라. 가계의 저축 및 차입이 자유로운 경우와 불가능한 경우를 각각 분석하라.

해답 13장(새케인즈학파의 경기변동모형) 연습문제 7번에서 설명했듯이 미래 총요소생산성의 증가는 현재투자의 증가와 미래소득의 증가에 기인한 현재소비의 증가를 가져온다. 이러한 투자와 소비의 증가는 〈그림 16-5〉의 (a)에서 *IS*곡선을 우측으로 이동시키고, 그 결과 *IS*곡선과 *LM*곡선이 교차하는 단기균형에서 실질이자율이 상승하고 국민소득이 증가한다. 이때 실질이자율 상승에 따른 소비와 투자의 감소는 미래 총요소생산성 증가에 따른 소비와 투자의 증가를 일부 상쇄한다. 한편 소규모 개방경제에서 실질이자율 상승은 순자본유출을 감소시키고, 이는 〈그림 16-5〉의 (b)에서와 같이 환율 하락을 가져온다. 낮은 환율은 국내 생산품이 외국 생산품에 비해 더 비싸다는 것을 의미하므로 순수출은 감소한다.

그림 16-6-1

미국의 GDP 증가

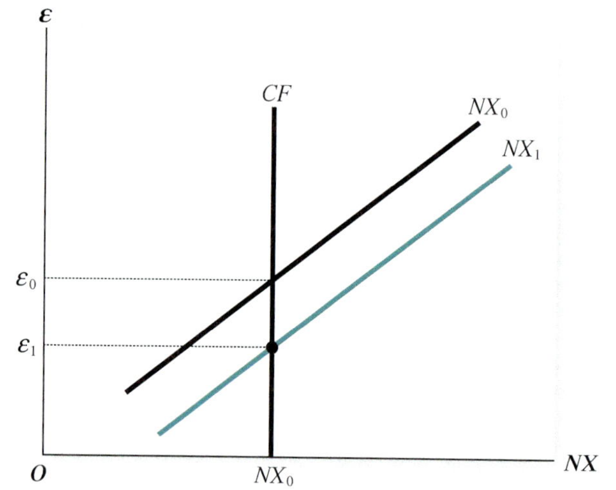

06 이 장의 모형에서 순수출은 오로지 실질환율의 증가함수라고 단순하게 가정했다. 여기서는 순수출이 실질환율뿐만 아니라 미국 실질GDP(Y^f)의 증가함수라고 하자. 즉, 미국의 총소득이 증가하면 미국 거주자의 한국 상품에 대한 수요가 증가한다. 한국은 자본의 이동이 불완전한 개방경제이고 변동환율제도를 채택한다.

(1) 다른 조건이 동일할 때 Y^f의 증가가 한국의 국민소득, 순수출, 실질이자율, 환율에 미치는 영향을 설명하라.

해답 본 교재 16장(4.2 개방경제의 *IS*–*LM* 모형)에서 순수출과 환율의 결정에 대해서 살펴보았듯이 한국의 교역 상대국으로서 미국 GDP(Y^f)의 증가는 〈그림 16–6–1〉에서 순수출(*NX*)곡선의 우측이동을 가져온다. 이때 Y^f의 증가가 국내외 실질이자율(r, r^f)에 영향을 주지 않는다고 단순하게 가정하면 순자본유출(*CF*)곡선은 움직이지 않는다. 따라서 Y^f의 증가는 환율 하락만 가져올 뿐 다른 주요 거시변수에는 영향을 미치지 않는다. 즉, 미국 GDP(Y^f)의 증가에 따른 순수출의 (외생적인) 증가가 환율 하락에 따른 순수출의 (내생적인) 감소에 의해 완전히 상쇄된 것이다.

그림 16-6-2

미국 정부지출의 증가에 따른 미국 GDP 증가

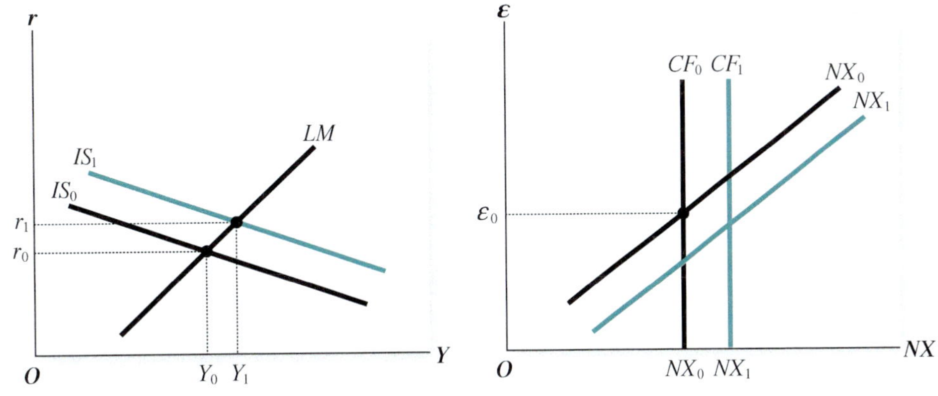

(a) 개방경제의 *IS*−*LM* 모형 (b) 환율과 순수출의 결정

(2) (1)번에서는 Y^f가 어떤 이유로 증가했는지 고려하지 않았다. 여기서는 미국 정부지출의 증가(즉, G^f 증가)가 Y^f의 증가를 가져왔다고 하자. 이때 Y^f의 증가가 한국의 국민소득, 순수출, 실질이자율, 환율에 미치는 영향을 설명하라.

해답 미국 정부지출의 증가가 Y^f의 증가를 가져왔다면 결과가 달라진다. 우선 (1)에서와 마찬가지로 Y^f의 증가는 〈그림 16−6−2〉의 (b)에서 순수출(*NX*)곡선의 우측이동을 가져온다. 또한 미국 정부지출의 증가는 미국 실질이자율 r^f를 상승시키므로 *CF*곡선 역시 우측으로 이동하게 된다. 따라서 순수출과 순자본유출이 증가하는 반면에, 환율에 대한 영향은 불분명하다. 한편 순수출 · 순자본유출의 증가는 (a)에서 *IS*곡선의 상방(우측)이동을 가져오므로 실질이자율이 상승하고 국민소득이 증가한다.

07 과거와 비교해 최근 금융 자본이 국가 간 더 자유롭게 이동하고 있다. 세계 금융시장의 이러한 변화는 통화정책에 어떤 영향을 미치는지 논하라.

해답 국가 간 금융자본의 더 자유로운 이동은 본 교재 16장의 〈그림 16−3〉에서 더 평평한 순자본유출곡선으로 표현할 수 있다. 이는 또한 *IS*곡선을 나타내는 식 (16.7)에서 *h*가 커지는 것과 같으므로 *IS*곡선도 더 평평해진다. 따라서 중앙은행은 기준금리 조정이 자본유출입의 변동을 통해 거시경제에 더 큰 영향을 미칠 수 있음에 유의하면서 통화정책을 집행해야 한다.

08 변동환율제도를 채택한 소규모 개방경제에서 중앙은행이 미래에 통화량(M')을 대규모로 늘린다고 발표했고, 이에 경제주체의 미래인플레이션에 대한 기대치가 상승했다. 국민소득, 순수출, 실질이자율, 환율에 미치는 영향을 설명하라.

해답 개방경제의 *LM*곡선이 폐쇄경제의 *LM*곡선(본 교재 13장 pp.338~342)과 동일하다고 가정하면 기대인플레이션 상승은 *LM*곡선의 우측(하방)이동을 가져온다. 본 교재 16장(5.1 통화정책)에서 살펴보았듯이 현재 통화량의 증가 또한 *LM*곡선의 우측이동을 가져온다는 점에서 미래 통화량 증가와 현재 통화량 증가는 거시경제에 질적으로 동일한 영향을 미친다.

09 먼델-플레밍 모형에서 인위적으로 수입을 제한하는 정책, 예컨대 수입할당(import quota)을 도입하는 것은 경상수지를 개선하거나 경기를 진작하는 데 전혀 도움이 되지 않는다. 그 이유를 설명하라.

해답 수입할당(import quota)과 같이 인위적으로 수입을 제한하는 정책은 〈그림 16-9〉에서 *NX*곡선의 우측(하방)이동으로 표현된다. 만약 이 무역정책이 환율에 영향을 미치지 않는다면 순수출이 증가해서 경상수지가 개선될 것이다.

그림 16-9

수입할당과 경상수지

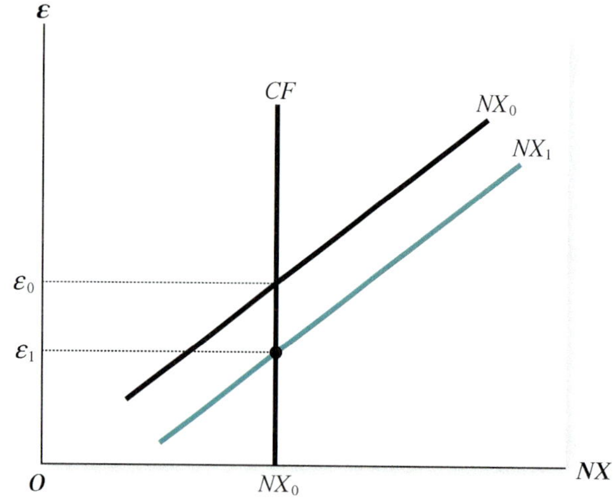

하지만 이러한 무역정책은 〈그림 16-9〉에서와 같이 환율 하락, 즉 자국 통화 가치의 상승을 야기한다. 환율 하락은 국내 생산품이 외국 생산품과 비교해 상대적으로 더 비싸짐을 의미하므로 순수출은 감소한다. 결론적으로 무역정책에 의한 순수출 증가는 그에 수반하는 환율 하락에 따른 순수출 감소에 의해 상쇄되므로 경상수지는 개선되지 않는다.

10 달러에 대한 일본 엔화의 가치가 최근 2년 동안 약 30% 하락함에 따라 일본의 수출과 일본 경제의 회생에 대한 낙관론이 대두되고 있다.

(1) 엔화가치의 하락이 일본의 수출을 증대시킨다는 낙관론의 근거를 설명하라.

해답 엔화가치의 하락은 명목환율(e)의 상승을 의미하므로 주어진 물가수준 하에서 실질환율($\frac{eP^f}{P}$)이 상승하게 된다. 수출은 실질환율의 증가함수이므로 엔화가치의 하락은 일본의 수출을 증대시킬 수 있다.

(2) 엔화가치가 하락해도 일본의 수출금액이 뚜렷하게 증가하지 않고 있다면 이를 어떻게 설명할 수 있는가?

해답 실질환율 상승에 따른 경상수지의 개선은 주어진 환율 상승에 대해 수출량의 증가폭과 수입량의 감소폭이 충분히 큰 경우에 가능하다. 그러나 실제로 환율이 상승하면 가격변화가 먼저 발생하여 자국화폐로 표시한 수입품의 가격(eP^f)은 즉시 상승하지만, 수출량과 수입량의 변화에는 상당한 시간이 소요된다. 따라서 환율이 상승하면 처음에는 오히려 경상수지가 악화되고, 시간이 얼마간 흐른 뒤에야 수출량이 증가하고 수입량이 감소하여 경상수지 개선의 효과가 나타나는데, 이를 J커브 효과(J-curve effect)라 부른다. 엔화가치가 하락하는데도 일본의 수출금액이 뚜렷하게 증가하지 않고 있는 현상도 수출량의 증가가 즉시 나타나지 않기 때문으로 볼 수 있다.

(3) 위와 같은 엔화가치의 하락이 일본의 대외자본 이동에는 어떤 영향을 미칠 수 있는가?

해답 엔화가치의 하락이 일본의 대외자본 이동에 미치는 영향은 다음의 두 가지로 나누어 분석할 수 있다. 먼저 엔화가치가 지속적으로 하락할 것으로 예상되는 경우에는 예상 환율변화가 양의 값을 가지므로($\Delta e^e > 0$) 일본에서의 투자수익률($r - \frac{\Delta e^e}{e}$)이 하락한다. 이때에는 순자본유출의 증가가 나타나므로 일본의 자본수지는 악화된다. 반면 해외투자자들이 엔화가치가 지나치게 저평가되었다고 인식하여 앞으로 엔화가치가 상승할 것으로 예측하는 경우에는 일본에서의 투자수익률이 상승하므로 순자본유입의 증가가 발생하여 자본수지가 개선될 것이다.

(2002년 외무고시 기출문제 일부 변형)

11 자본이동이 자유롭고 변동환율제도를 따르는 소규모 개방경제에서 다음이 각각 국민소득, 소비, 투자, 순수출, 환율에 미치는 영향을 분석 · 설명하라.

해답 본 교재 16장(4.2 개방경제의 *IS*-*LM* 모형)에서 언급했듯이 순수출과 순자본유출 간 균형을 나타내는 국제수지방정식을 환율-순수출 평면에 나타내는 대신에, *IS*-*LM* 그래프와 같은 평면에 국제수지균형을 가져오는 국민소득 · 이자율(Y, r)의 조합인 *BP*(balance of payment)곡선을 직접 추가하여 분석할 수도 있다. 즉, *BP*곡선은 다음 국제수지방정식을 만족시키는 (Y, r)의 조합으로 정의된다.

$$BP = NX\left(Y, Y^f, \frac{eP^f}{P}\right) - CF(r - r^f) = 0$$

이때 재화시장의 균형을 나타내는 *IS*곡선식은 소비, 투자, 정부지출과 함께 순수출(*NX*)을 순자본유출(*CF*)로 대체하지 않고 그대로 포함한다. 이는 순수출 자체의 변화가 *IS*곡선의 이동을 가져온다는 것을 의미한다. 특히 자유로운 자본이동을 가정한 먼델-플레밍 모형의 분석은 *IS*, *LM*곡선과 함께 주어진 국제이자율 수준(r^f)에서 수평인 *BP*곡선을 이용하여 분석하는 것이 더 유용하다. 물론 두 방식의 분석 결과는 동일하며, 이는 본 교재 16장(6. 완전한 자본이동: 먼델-플레밍 모형)에서 설명한 통화정책과 재정정책 분석을 통해서 확인할 수 있다.

(1) 재정긴축과 통화팽창

해답 변동환율제도에서 자본이 완전히 자유롭게 이동하는 경우 경제의 최초 균형이 〈그림 16-11-1〉에서 점 *A*였다고 하자. 이때 재정긴축과 통화팽창의 상대적 크기에 따라 다음의 두 가지 분석을 할 수 있다.

그림 16-11-1

재정긴축과 통화팽창

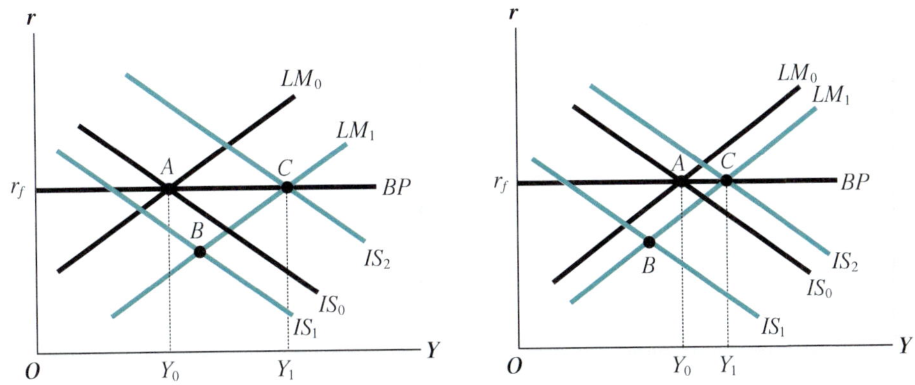

(a) 재정긴축 < 통화팽창 (b) 재정긴축 > 통화팽창

(i) 재정긴축의 규모보다 통화팽창의 규모가 큰 경우

〈그림 16-11-1〉의 (a)에서 긴축적 재정정책은 *IS*곡선을 좌측으로 이동시키고($IS_0 \rightarrow IS_1$), 확장적 통화정책은 실질통화공급을 증가시켜 *LM*곡선이 우측으로 이동해($LM_0 \rightarrow LM_1$) 두 곡선이 만나는 점 *B*에서 대내균형이 결정된다. 이때 국내이자율이 국제이자율보다 낮기 때문에 자본이 해외로 유출되면서 자국통화가치가 하락해 환율이 상승한다. 환율의 상승으로 인해 순수출이 증가하면서 *IS*곡선 우측으로 이동하게 되고($IS_1 \rightarrow IS_2$) 경제의 최종 균형은 점 *C*에서 이루어진다.

(ii) 재정긴축의 규모보다 통화팽창의 규모가 작은 경우

〈그림 16-11-1〉의 (b)에서 앞의 (i)과 동일한 분석을 통해 경제가 최종 균형인 점 *C*에 도달한다는 것을 보일 수 있다. 결과적으로 변동환율제도에서 최종 균형점은 확장적 통화정책으로 인해 *LM*곡선이 우측으로 이동하는 정도에 의해 결정되기 때문에 국민소득은 통화팽창의 규모에 영향을 받는다고 할 수 있다.

요약하면 (i), (ii)의 경우 모두 국민소득이 증가하고 소비도 따라서 증가한다. 한편 이자율은 국제이자율 수준에서 균형이 되기 때문에 투자는 변하지 않는다. 끝으로 환율 상승은 순수출을 증가시키는 반면에, 소득 증가는 수입을

그림 16-11-2

달러 약세와 국제이자율 상승

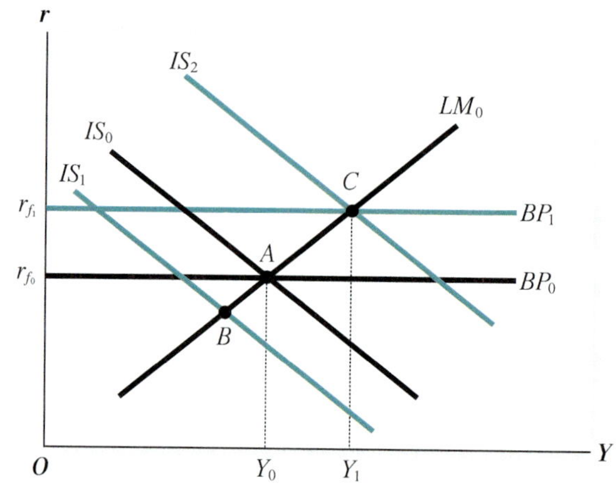

증가시켜 순수출을 감소시킨다. 그러나 재화시장의 균형($Y = C + I + G + NX$)에 의하면 소득(Y)의 증가와 이보다 작은 규모의 소비(C) 증가, 투자(I) 불변 및 정부지출(G) 감소는 순수출(NX)의 증가를 의미한다.

(2) 달러 약세와 국제이자율 상승

해답 변동환율제도에서 자본이 완전히 자유롭게 이동하는 경우 경제의 최초 균형이 〈그림 16-11-2〉에서 점 A였다고 하자. 달러의 약세 현상은 달러 가치의 하락을 의미하고 그 결과 소규모 개방경제의 관점에서 환율이 하락하여 순수출이 감소한다. 따라서 IS곡선이 좌측으로 이동하여($IS_0 \rightarrow IS_1$) LM곡선과 만나는 점 B에서 대내균형이 이루어진다. 한편 국제이자율의 상승은 BP곡선의 상방이동($BP_0 \rightarrow BP_1$)을 가져온다. 이때 대내균형점 B에서 국내이자율이 국제이자율보다 낮아 자본이 해외로 유출된다. 이로 인해 환율이 상승하고 순수출이 증가하면서 IS곡선은 LM곡선 · BP_1곡선과 만날 때까지 우측으로 이동하여($IS_1 \rightarrow IS_2$) 경제의 최종 균형은 점 C에서 결정된다.

요약하면 변동환율제도와 완전히 자유로운 자본이동을 가정한 경제에서 달러 약세와 국제이자율 상승은 국민소득 증가와 이자율 상승을 가져온다. 따라서 이자율의 감소함수인 투자는 감소하는 반면, 소득의 증가함수이고 이자율의 감소함수인 소비의 변화는 불명확하다. 문제 (1)의 해답과 유사하게 재화

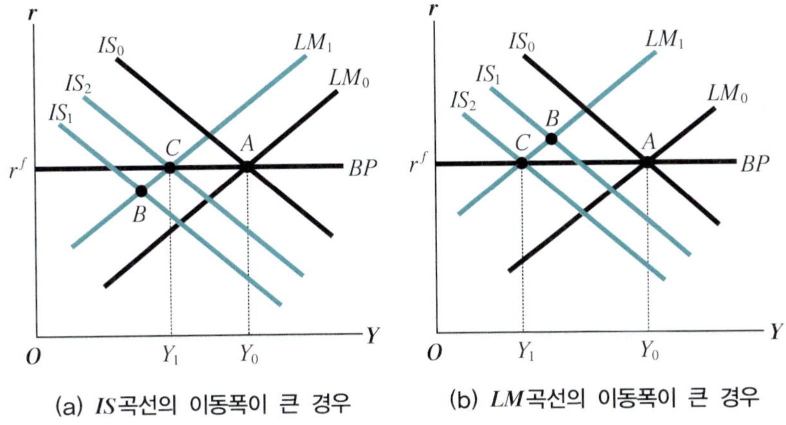

그림 16-11-3

기업의 설비투자 감소와 중앙은행의 공개시장매각

시장의 균형($Y = C + I + G + NX$)에 의하면 소득(Y) 증가와 이보다 작은 규모의 소비(C) 증가 혹은 감소, 투자(I) 감소 및 정부지출(G) 불변은 순수출(NX)의 증가를 의미한다.

(3) 설비투자 감소와 중앙은행의 공개시장매각

해답 경기동향에 대한 불확실성이 증가하면 기업의 설비투자가 감소한다. 이것은 이자율과 무관한 독립투자의 감소를 의미하므로 IS곡선이 좌측으로 이동한다($IS_0 \rightarrow IS_1$). 한편 중앙은행의 공개시장매각은 통화량을 감소시켜 LM곡선을 좌측으로 이동시킨다($LM_0 \rightarrow LM_1$). 따라서 두 곡선의 이동폭의 상대적 크기에 따라 경제는 상이한 조정과정을 거친다.

(a) *IS*곡선이 *LM*곡선보다 이동폭이 큰 경우

〈그림 16-11-3〉의 (a)에서 IS곡선이 LM곡선보다 더 큰 폭으로 이동한 경우 대내균형은 일시적으로 점 B로 이동한다. 점 B에서 국내이자율은 국제이자율보다 낮으므로, 자본이 유출되어 환율이 상승하고 순수출이 증가하여 IS곡선은 우측으로 이동한다($IS_1 \rightarrow IS_2$). 이때 IS곡선은 LM_1곡선과 BP곡선의 교차점까지 이동한다. 결국 새로운 균형은 점 C에서 이루어지며, 국민소득은 감소한다. 이자율은 불변이나 독립투자가 감소하므로 전체 투자는 감소하며, 소득의 감소로 인해 소비도 감소한다. 소득의 감소로 수입이 감소하고, 환율의

상승으로 수출이 증가하므로 순수출은 증가한다.

(b) *LM*곡선이 *IS*곡선보다 이동폭이 큰 경우

〈그림 16-11-3〉의 (b)에서 *LM*곡선이 *IS*곡선보다 더 큰 폭으로 이동한 경우 대내균형은 일시적으로 점 *B*로 이동한다. 점 *B*에서 국내이자율은 국제이자율보다 높으므로, 자본이 유입되어 환율이 하락하고 순수출이 감소하여 *IS* 곡선은 좌측으로 이동한다($IS_1 \rightarrow IS_2$). 이때 *IS*곡선은 LM_1곡선과 *BP*곡선의 교차점까지 이동한다. 결국 새로운 균형은 점 *C*에서 이루어지며, 국민소득은 더욱 감소한다. 이자율은 불변이나 독립투자가 감소하므로 전체 투자는 감소하며, 소득의 감소로 인해 소비도 감소한다. 소득 감소로 수입이 감소하고 환율 하락으로 순수출도 감소하므로 순수출은 증감 여부가 확실하지 않다.

*IS*곡선과 *LM*곡선의 이동폭이 같은 경우에는 환율이 변하지 않으므로 수입 감소로 인해 순수출이 증가하고, 기타 경제변수의 움직임은 앞의 두 경우와 같다. 즉, 국민소득, 투자 및 소비는 감소하는 반면 순수출은 증가한다.

(4) 법정지급준비율 하락과 중국의 위안화 평가절상

해답 변동환율제도에서 자본이 완전히 자유롭게 이동하는 경우 경제의 최초 균형이 〈그림 16-11-4〉에서 점 *A*였다고 하자. 이때 법정지급준비율의 하락은 실질화폐공급을 증가시켜 *LM*곡선을 우측으로 이동시킨다($LM_0 \rightarrow LM_1$). 한편 중국의 위안화가 평가절상되는 경우 국내통화가치가 상대적으로 하락하면서 환율이 상승하여 순수출이 증가한다. 그 결과 *IS*곡선도 우측으로 이동한다($IS_0 \rightarrow IS_1$). 법정지급준비율의 하락으로 인한 실질통화공급의 증가 효과가 상대적으로 더 크다고 가정을 하면 대내균형은 점 *B*에서 결정된다. 하지만 점 *B*에서는 국내이자율이 국제이자율보다 낮기 때문에 자본유출이 발생하고 환율이 상승하면서 순수출이 추가적으로 증가한다. 따라서 *IS*곡선이 추가로 우측 이동하여($IS_1 \rightarrow IS_2$) 점 *C*에서 총수요의 균형이 달성된다.

요약하면, 법정지급준비율의 하락과 중국의 위안화 평가절상이 동시에 발생하는 경우 국민소득은 증가하고 이자율은 변하지 않는다. 따라서 국민소득의 함수인 소비는 증가하고 이자율의 함수인 투자는 변하지 않는다. 끝으로 재화시장의 균형($Y = C + I + G + NX$)에서 소득(Y) 증가와 이보다 작은 규모의 소비(C) 증가, 투자(I) 및 정부지출(G) 불변은 순수출(NX)의 증가를 의미한다.

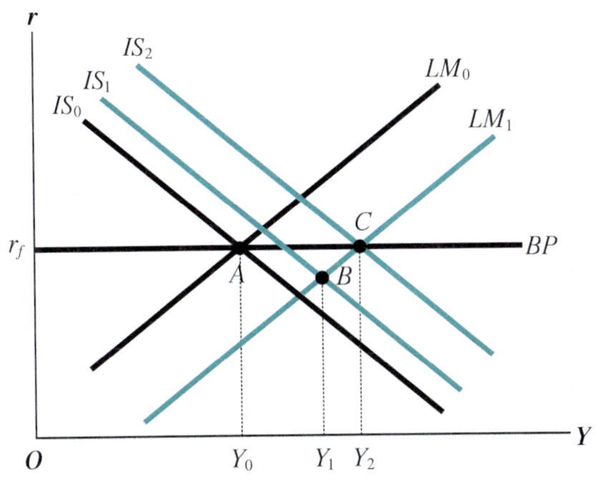

그림 16-11-4

법정지급준비율 하락과 중국 위안화 평가절상

(변동환율제도)

12 자본이동이 자유롭고 고정환율제도를 따르는 소규모 개방경제를 가정하자.

(1) 중앙은행이 중화정책을 사용하는 경우 정부지출의 증가와 통화팽창의 효과를 각각 분석하고 어느 정책이 더 효과적인지 그 이유를 설명하라.

해답 완전자본이동과 고정환율제도 하에서 중화정책을 실시할 경우 정부지출의 증가와 통화팽창의 효과를 분석해 보자. 〈그림 16-12-1〉에서 경제의 최초 균형이 점 A에서 이루어졌다고 하자.

(a) 정부지출의 증가

〈그림 16-12-1〉의 (a)에서 정부지출의 증가로 IS곡선이 우측이동하고 ($IS_0 \rightarrow IS_1$), 대내균형은 점 B에서 이루어진다. 이 경우 국제수지는 흑자상태이고, 환율 하락 압력이 발생한다. 이를 방지하기 위해 중앙은행은 외환시장에 개입하여 자국통화 매도 · 외환 매입을 하고, 이에 따른 통화량 증가를 상쇄시키기 위해 중화정책(공개시장매각)을 실시한다고 하자. 중화정책으로 경제는 점 B에서 일시적으로 균형을 이룰 수 있으나, 중화정책을 지속적으로 사용하는 데에는 한계가 있다. 한편 중화정책을 포기하게 되면 경제의 균형은 〈그림 16-12-1〉의 (a)에서 점 C로 이동하게 된다.

그림 16-12-1

중화정책
(완전자본이동과
고정환율제도)

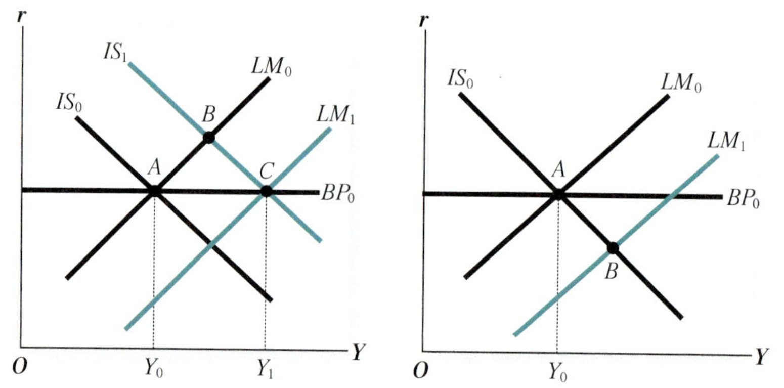

(a) 정부지출의 증가 (b) 통화팽창

(b) 통화팽창

〈그림 16-12-1〉의 (b)에서 확장적 통화정책으로 LM곡선은 우측으로 이동하고($LM_0 \rightarrow LM_1$), 대내균형은 일시적으로 점 B에서 이루어진다. 점 B에서 국제수지는 적자상태이고, 이로 인해 외환시장에서 환율 상승 압력이 발생한다. 이를 해소하기 위해 중앙은행은 외환시장에 개입하여 외환 매도 · 자국통화 매입을 하고, 이에 따른 통화량 감소를 상쇄시키기 위해 중화정책(공개시장 매입)을 실시한다고 하자. 외환시장 개입의 결과 외환보유고가 감소하며, 외환보유고의 한계를 예상한 투기적 공격이 발생할 수 있고, 이는 고정환율제도와 중화정책을 지속적으로 사용할 수 없게 만드는 요인이 된다. 결국 중화정책을 포기하면 경제는 최초 균형인 점 A로 복귀할 것이다.

요약하면, 중화정책 하에서 두 정책 모두 소득을 증가시킬 수 있지만, 중화정책의 한계로 인해 결국 재정정책이 통화정책보다 상대적으로 유효한 정책수단이 될 수 있다.

(2) 국제물가수준의 상승이 국민소득, 소비, 투자, 순수출에 미치는 영향을 설명하라.

해답 국제물가수준의 상승은 주어진 명목환율(e)과 국내물가수준(P) 하에서 실질환율($\frac{eP^f}{P}$)의 상승을 가져오므로, 순수출이 증가하여 〈그림 16-12-2〉에서 IS곡선을 우측으로 이동시켜 이 경제는 일시적으로 점 B에서 균형을 이룬다. 완

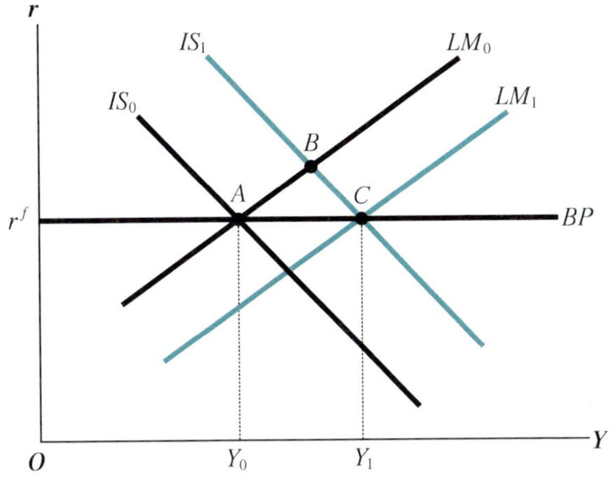

그림 16-12-2

국제물가수준의 상승
(완전자본이동과
고정환율제도)

전자본이동 하에서 이자율 상승에 따른 대규모의 자본수지 흑자는 외환시장에서 환율 하락 압력으로 작용하므로, 고정환율을 유지하기 위한 중앙은행의 개입(외환 매입과 자국통화 매도)으로 통화공급은 증가하게 된다. 통화량의 증가는 *LM*곡선을 우측으로 이동시키고, 결국 이 경제의 최종 균형은 점 *C*에서 이루어진다. 따라서 새로운 균형에서 총생산(소득)은 증가하고 순수출 또한 증가한다. 소득의 증가로 인해 소비는 증가하고, 투자는 이자율이 불변이므로 변하지 않으며, 고정환율제도이므로 환율 또한 변하지 않는다.

(3) 화폐를 대신하는 대체지급수단의 개발과 세계 경기침체의 동시 발생이 국민소득, 소비, 투자, 순수출에 미치는 영향을 설명하라.

해답 고정환율제도에서 자본이 완전히 자유롭게 이동하는 경우 경제의 최초 균형이 〈그림 16-12-3〉에서 점 *A*였다고 하자. 이때 화폐를 대신하는 대체지급수단의 개발은 화폐수요를 감소시키므로 *LM*곡선이 우측으로 이동한다($LM_0 \rightarrow LM_1$). 한편 세계 경기침체와 함께 순수출이 감소하면서 *IS*곡선은 좌측으로 이동한다($IS_0 \rightarrow IS_1$). 이러한 화폐수요 감소의 효과가 상대적으로 크다고 가정하면 대내균형은 점 *B*점에서 결정이 된다. 하지만 점 *B*에서는 국내이자율이 국제이자율보다 낮기 때문에 자본이 유출되면서 환율 상승 압력이 발생한다. 고정환율제도에서 중앙은행은 환율 상승 압력을 제거하기 위해 자국통화를 매입, 외

그림 16-12-3

대체지급수단의 개발과 세계 경기침체
(고정환율제도)

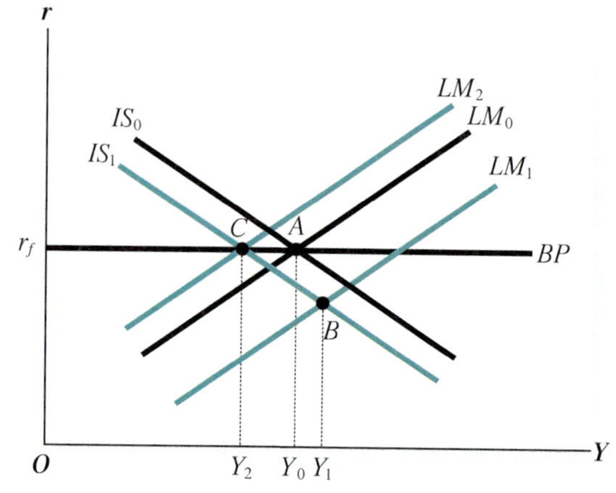

국통화를 매도하고 그 결과 LM곡선은 좌측이동하여($LM_1 \rightarrow LM_2$) 경제의 최종 균형은 점 C에서 결정된다.

요약하면, 화폐를 대신하는 대체지급수단의 개발과 세계 경기침체가 동시에 발생하는 경우 국민소득은 감소하고 이자율은 국제이자율 수준에서 일정하다. 따라서 국민소득의 함수인 소비는 감소하고 이자율의 함수인 투자는 변하지 않는다. 재화시장의 균형($Y = C + I + G + NX$)에서 소득(Y) 감소와 이보다 작은 규모의 소비(C) 감소, 투자(I) 및 정부지출(G) 불변은 순수출(NX)의 감소를 의미한다.

(4) 총수요곡선을 도출하라.

해답 완전자본이동 하의 고정환율제도에서 총수요곡선을 도출해 보자. 〈그림 16-12-4〉에서 경제의 최초 균형은 점 A였다고 하자. 이때 물가가 하락한다면 실질환율의 상승으로 순수출이 증가하여 IS곡선이 우측이동하며($IS_0 \rightarrow IS_1$), 실질통화공급의 증가로 인하여 LM곡선도 우측으로 이동한다($LM_0 \rightarrow LM_1$). 이 두 곡선의 이동에 의하여 소득은 증가한다. 즉, 경제는 점 B로 이동하는 것이다. 점 B에서 국제수지는 흑자가 되고, 외환시장에서 환율 하락 압력이 존재하여 중앙은행의 개입(외환 매입 · 자국통화 매도)으로 통화량이 증가한다. 통화량 증가로 LM곡선은 우측으로 이동하고($LM_1 \rightarrow LM_2$), 최종 균형은 점 C가 된

그림 16-12-4

총수요곡선
(완전자본이동과
고정환율제도)

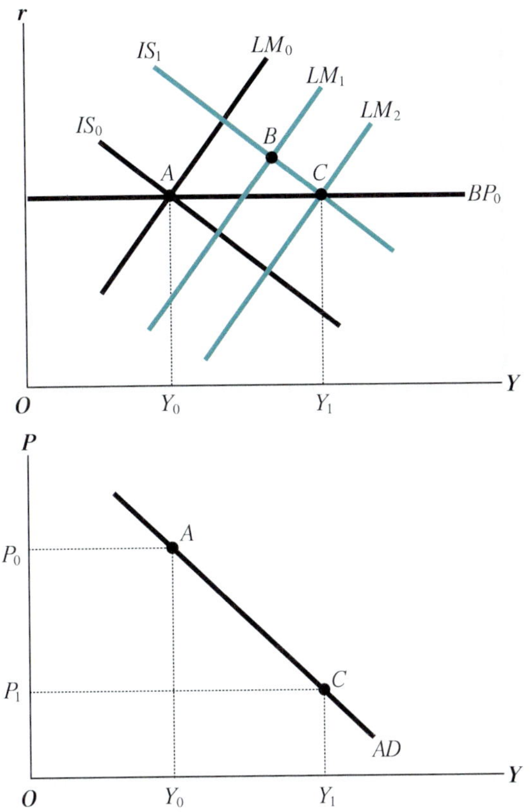

다. 이제 (Y, P) 평면에서 두 점 A와 C를 연결하면 우하향하는 총수요곡선 (AD)을 얻을 수 있다.

13 변동환율제도에서 금융시장 개방이 국내 통화정책과 재정정책의 효율성에 미치는 영향을 논하라.

해답 변동환율제도 하에서 통화정책의 소득증대효과는 자본이동이 자유로울수록 커진다. 이는 확장적 통화정책을 사용하면 국내이자율이 하락하고 국내이자율의 하락은 자본유출을 가져오는데, 자본이동이 이자율에 민감할수록 자본유출의 폭이 커지고 이에 따라 환율도 큰 폭으로 상승하여 순수출이 크게 증가하기 때문이다. 이와는 반대로 재정정책의 소득증대효과는 자본이동이 자유로울수록 작아진다. 이것은 확장적 재정정책을 사용하면 국내이자율이 상승하고 국내이자율의 상승은 자본유입을 가져오는데, 자본이동이 이자율에 민감할수록 자본유입의 폭이 커져서 환율 또한 큰 폭으로 하락하게 되므로 순수출이 크게 감소하기 때문이다. 따라서 금융시장이 개방될 경우 국내 통화정책의 효율성은 커지는 반면, 재정정책의 효율성은 작아지게 된다.

(1994년 외무고시 기출문제 일부 변형)

14 2000년대 초반부터 2007~2008 글로벌 금융위기 직전까지 세계 경제의 핫이슈로 떠오른 '국제 경제 불균형', 즉 미국의 막대한 경상수지 적자와 중국 등 동아시아 국가들의 경상수지 흑자가 뚜렷이 대비되는 대외불균형 현상에 대해 루비니(Nouriel Roubini)는 미국 경제의 과소비로 저축이 부족하고 정부의 재정적자가 누적되면서 경상수지 적자가 증가한 것으로 보고 있다. 자본이동이 자유롭고 변동환율제도를 따르는 동아시아 국가의 입장에서 소규모 개방경제의 모형을 이용하여 루비니 교수의 주장을 설명하라.

해답 미국이 대규모 개방경제이고 이자율평가설(interest rate parity ; IRP)이 성립할 때 〈그림 16-14〉에서 미국 경제의 과소비와 재정적자는 IS곡선을 우측으로 이동시킨다($IS_1 \rightarrow IS_2$). 따라서 이자율은 상승하고($r_1 \rightarrow r_2$), 그림 (b)에서와 같이 이자율평가설에 의해 환율이 하락한다($e_1 \rightarrow e_2$). 이러한 이자율 상승과 환율 하락은 각각 투자와 순수출을 감소시켜 산출량이 일부 구축되고, 균형산출량은 Y_2까지 증가한다.

또한 동아시아에서는 그림 (c)와 같이 저소비 · 저투자로 인해 IS곡선이 좌측이동하며($IS_1 \rightarrow IS_2$), 대규모 개방경제인 미국의 이자율 상승이 국제이자율(r^f)의 상승을 가져옴에 따라 동아시아의 BP곡선은 상방이동한다($BP_1 \rightarrow BP_2$). 그 결과 동아시아 국가에서는 순자본유출과 함께 환율이 상승하면서 경상수지가 개선된다.

그림 16-14

글로벌 임밸런스 : 이자율평가

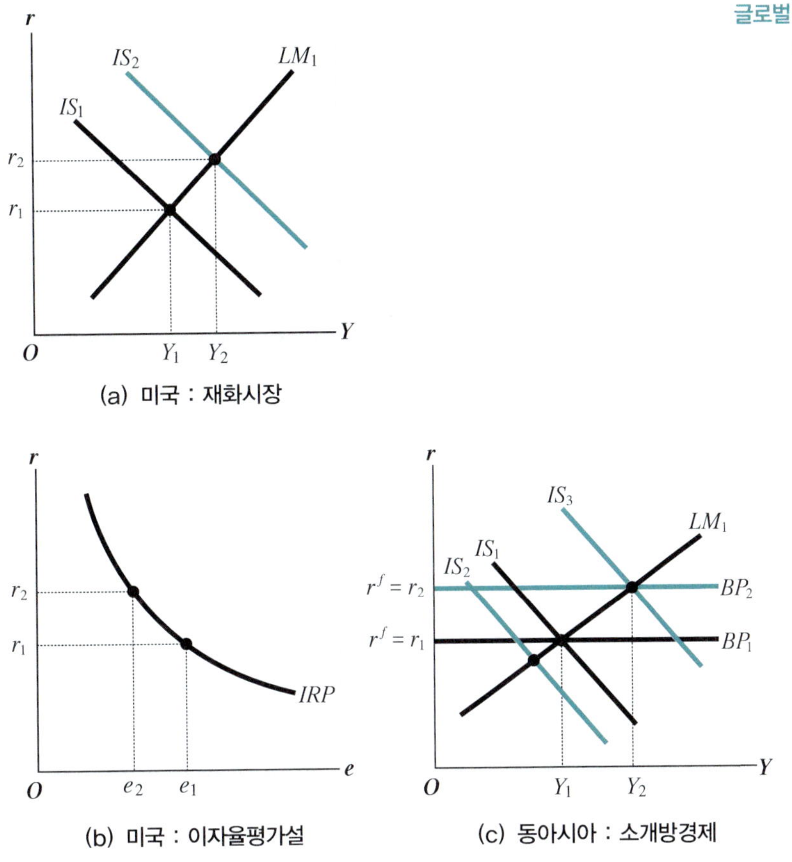

15 국제신용평가기관에서 한국의 국가신용등급을 상향조정(위험 프리미엄의 변화)하였다고 하자. 단, 한국은 자본이동이 자유롭고 변동환율제도를 채택한 소규모 개방경제라고 가정한다.

(1) 먼델-플레밍 모형을 이용하여 신용등급 상향조치가 *IS*, *LM*곡선에 미치는 영향을 설명하라. 국가신용등급의 상향조정은 환율과 국민소득에 어떤 영향을 미치는가?

해답 자본이동이 자유롭고 변동환율제도를 채택한 소규모 개방경제에서 위험 프리미엄(risk premium ; *rp*)이 존재할 경우 *BP*곡선은 다음과 같이 쓸 수 있다.

그림 16-15

국가신용등급의 상향조정

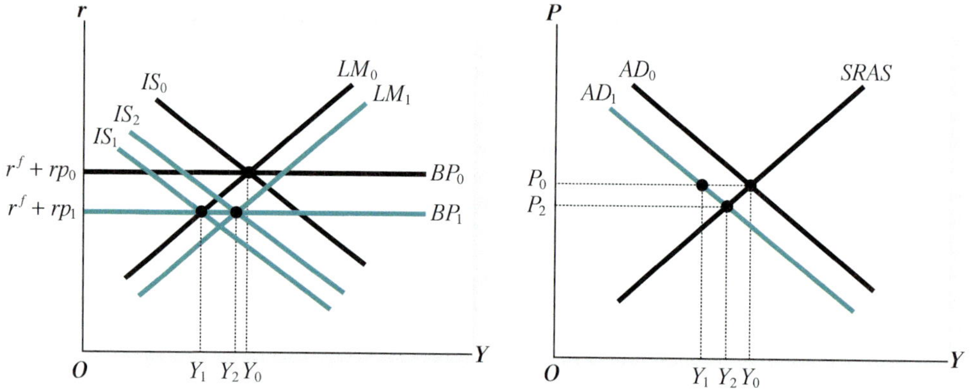

(a) *IS−LM−BP* 모형

(b) 총수요 · 총공급 모형

$$BP = X\left(Y^f, \frac{eP^f}{P}\right) - Q\left(Y, \frac{eP^f}{P}\right) - CF(r - r^f - rp)$$

위의 식에 따르면 *BP*곡선은 국제이자율에 위험 프리미엄을 더한 수준 ($r = r^f + rp$)에서 수평의 형태를 갖는다. 따라서 한국 국가신용등급의 상향조정으로 위험 프리미엄이 〈그림 16−15〉의 (a)와 같이 rp_0에서 rp_1으로 하락하면 *BP*곡선도 $rp_0 - rp_1$만큼 하방으로 이동한다($BP_0 \rightarrow BP_1$). 즉, 소규모 개방경제인 한국의 입장에서 국가신용등급의 상향조정은 실질적으로 국제이자율의 하락을 의미한다.

*BP*곡선이 하방이동함에 따라 국내이자율이 국제이자율에 위험 프리미엄을 더한 값보다 높아지므로 자본이 유입된다. 순자본유입은 자국통화가치의 상승, 즉 환율 하락을 가져오고, 이로 인해 순수출이 감소하여 〈그림 16−15〉의 (a)에서 *IS*곡선은 좌측으로 이동한다($IS_0 \rightarrow IS_1$). 따라서 국민소득은 Y_0에서 Y_1으로 감소한다.

(2) 장기적으로 화폐수요와 공급 및 물가수준 변화 등의 요인이 국민소득에 미치는 영향을 (1)의 경우와 비교하여 설명하라.

해답 〈그림 16−15〉 (a)의 주어진 물가수준에서 순수출 감소에 따른 *IS*곡선의 좌측이동($IS_0 \rightarrow IS_1$)은 〈그림 16-15〉의 (b)에서 총수요곡선을 좌측으로 이동시키므로($AD_0 \rightarrow AD_1$) 우상향하는 단기총공급곡선 $SRAS$를 따라 물가수준이 하락하고($P_0 \rightarrow P_1$) 총생산이 감소한다($Y_0 \rightarrow Y_2$). 본 교재 14장(2.1 가격경직성 모형)의 단기총공급곡선 도출에서 살펴보았듯이 가격을 신축적으로 조정하는 기업들은 물가 하락과 총생산 감소에 반응하여 가격을 내리는 반면, 가격이 경직적인 기업들은 사전에 이러한 물가 하락을 예상하지 못했기 때문에 이전 예상물가수준에서 설정한 가격을 그대로 유지한다. 한편 물가 하락은 화폐시장에서 실질화폐공급을 증가시켜 (a)에서 LM곡선을 우측으로 이동시키고($LM_0 \rightarrow LM_1$), 재화시장에서 실질환율을 상승시켜 순수출 증가에 따라 IS곡선을 우측으로 이동시킨다($IS_1 \rightarrow IS_2$). 결국 화폐의 수요와 공급 및 물가수준 변화 등의 요인을 고려하면, 국민소득은 일시적으로 감소하다가 다시 소폭 증가하여 Y_2가 된다.

(2002년 행정고시 기출문제 일부 변형)

16 최근 미국 달러화에 대한 원화가치의 상승에 따라 기업들은 수출채산성의 악화와 그에 따른 수출 감소를, 정부는 수출 감소에 의한 경제성장의 둔화와 실업 증가를 우려하고 있다.

(1) 미국의 과도한 경상수지 적자로 장기적인 달러화 약세가 불가피하다는 견해에 대하여 논하라.

해답 미국의 과도한 경상수지 적자는 국제외환시장에서 미국 달러화의 지속적인 초과공급을 의미하므로 주어진 세계 경제의 여건 하에서 결국 달러가치는 하락할 것이다.

(2) 개방경제에서의 균형국민소득결정이론을 이용하여 미국 달러화에 대한 원화가치 상승이 우리나라의 경상수지와 국민소득에 미치는 부정적 효과에 대하여 설명하라.

해답 달러화 대비 원화 강세에 따른 환율 하락으로 순수출이 감소하면서 〈그림 16-16-2〉에서 IS곡선이 좌측으로 이동한다($IS_1 \rightarrow IS_2$). 우리나라는 변동환율제를 채택한 소개방경제이므로 자본이동이 자유로운 상황에서 이자율 하락

그림 16-16-2

원화 강세의 효과

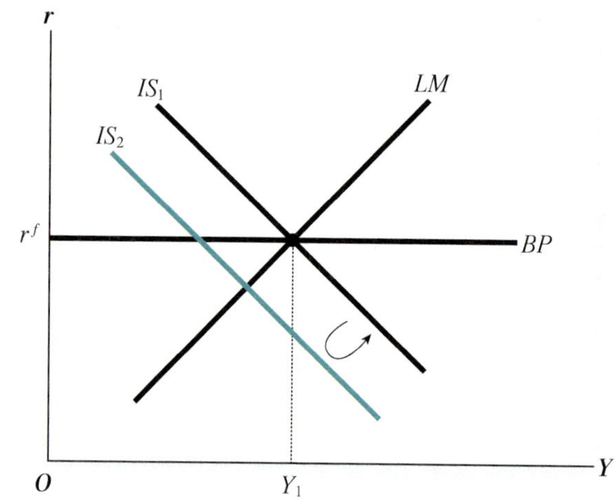

$(r_1 \rightarrow r_2)$에 따른 순자본유출은 환율 상승과 함께 순수출을 증가시키면서 *IS*곡선을 다시 우측으로 이동시킨다$(IS_2 \rightarrow IS_1)$.

따라서 이자율과 국내총생산 또는 국민소득과 소비의 변화가 없으며, 투자도 이자율이 불변이므로 변하지 않는다. 경상수지는 총생산, 소비, 투자, 정부지출이 불변이므로 역시 변하지 않는다.

(3) 미국 달러화에 대한 원화가치 상승이 단기적으로는 경상수지와 국민소득에 긍정적인 효과를 가져올 수 있다는 주장에 대하여 논하라.

해답 원화가치 상승에 따른 환율 하락은 순수출을 감소시키면서 (2)와 같이 일시적으로 국민소득을 감소시킬 것이다. 그러나 연습문제 10번 (2)에서도 언급했듯이 환율 하락이 순수출의 감소로 이어지는 데에는 일정 시간이 소요되며, 그 이전까지는 오히려 순수출이 증가하는 *J*-curve 효과가 나타나면서 경상수지가 호전되고 국민소득이 증가할 수 있다.

(2005년 외무고시 기출문제 일부 변형)

chapter 17

통화정책의 여러 문제

01 "통화정책 결정에서는 가능한 한 재량(discretion)을 배제하고 정책과정을 준칙화(rule)하는 것이 바람직하다"라는 주장이 있다. 합리적 기대를 가정하고 필립스곡선과 최적정책의 동태적 비일관성 이론을 이용하여 이 주장의 이론적 근거를 설명하라.

해답 인플레이션율이 π_0이고 실업률이 자연실업률 상태인 〈그림 17-1〉의 점 *A*에서 정책당국이 인플레이션율을 π_1으로 낮추는 통화정책의 시행을 사전에 공약했다고 하자. 민간이 이를 믿어 기대인플레이션율이 π_0^e에서 π_1^e로 낮아지면, 필립스곡선은 $PC(\pi_1^e)$로 하방이동한다. 이때 정책당국은 확장적 통화정책을 통해 최초의 인플레이션율인 π_0수준을 유지하면서 실업률을 u_2로 낮추는 점 *E*로 이동하려는 유인을 가질 수 있다.

그러나 문제는 합리적 기대 하에서 점 *E*가 실제로 실현되기 어렵거나 실현되더라도 정책당국이 점 *E*를 계속 유지할 수 없다는 데 있다. 인플레이션 억제정책이라는 사전공약을 해도 정책당국의 확장적 거시경제정책 유인을 합리적

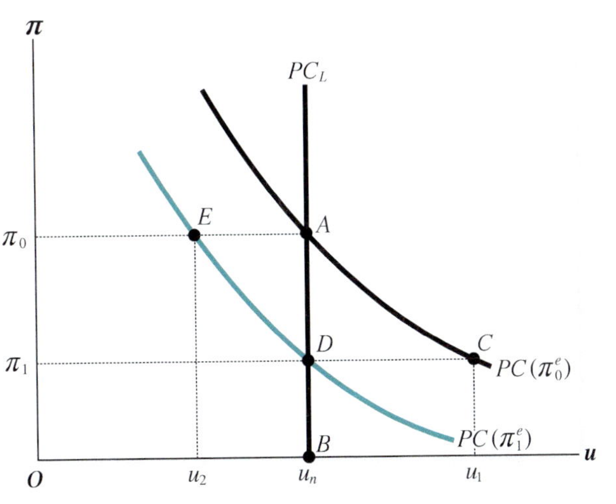

그림 17-1

합리적 기대 하에서의 필립스곡선 : 재량 vs 준칙

으로 예상하는 민간 경제주체들은 기대인플레이션을 π_1^e로 낮추지 않을 것이다. 또한 민간 경제주체들이 인플레이션 억제정책을 믿어 기대인플레이션율이 π_1^e로 하락해도 실제 인플레이션율은 π_0수준이라는 것이 민간의 기대에 반영되는 순간 필립스곡선이 $PC(\pi_0^e)$로 다시 상방이동하여 결국 점 A에서 균형을 이룰 것이다. 이때 실업률은 u_n수준이고 인플레이션율은 π_0이다. 반면에 필립스곡선이 $PC(\pi_1^e)$로 하방이동하더라도 최적계획을 변경하지 않고 사전공약대로 인플레이션 억제정책을 실행하면 균형은 점 D가 될 것이다. 이때 실업률은 점 A와 같이 u_n수준이지만 인플레이션율은 π_1이기 때문에 점 D는 점 A보다 우월하다. 결국 정책당국의 재량적인 최적계획 변경은 일관된 정책보다 열등한 결과를 가져온다. 따라서 정책 결정에서 가능한 한 재량을 배제하고 정책과정을 준칙화하는 것이 바람직하다.

02 루카스 공급곡선 $Y_t = \overline{Y} + \alpha(P_t - EP_t)$와 오쿤의 법칙 $\frac{1}{\alpha}(Y_t - \overline{Y}) = -\beta(u_t - u_n)$을 이용하여 다음 물음에 답하라. (단, Y_t : t기의 실제 산출량, $\overline{Y}$: 잠재산출량, P_t : t기의 실제 물가수준, EP_t : t기의 기대물가수준, u_t : t기의 실업률, u_n : 자연실업률, $\alpha > 0$, $\beta > 0$)

(1) 공급충격 v를 추가하여 필립스곡선을 도출하고, 인플레이션의 세 가지 원인을 설명하라. (단, 인플레이션율 $\pi_t = P_t - P_{t-1}$)

해답 문제에서 t기에 예측하지 못한 공급충격(또는 비용인상 충격) v_t가 반영된 필립스곡선을 도출하기 위해 먼저 루카스 공급곡선에 공급충격의 영향을 추가하면 다음과 같다.

$$Y_t = \overline{Y} + \alpha(P_t - EP_t) + v_t$$

이 식을 오쿤의 법칙과 결합하기 위해 다음과 같이 변경할 수 있다.

$$\frac{1}{\alpha}(Y_t - \overline{Y}) = (P_t - EP_t) + \frac{1}{\alpha}v_t$$

여기서 $(P_t - EP_t)$ 부분을 실제 인플레이션율과 기대인플레이션율에 대한 표현으로 바꾸면 다음의 식을 얻을 수 있다.

$$P_t - P_{t-1} + P_{t-1} - EP_t = (P_t - P_{t-1}) - E(P_t - P_{t-1}) = \pi_t - \pi_t^e$$

위의 식과 오쿤의 법칙을 루카스 공급곡선에 대입하면 공급충격이 추가된 필립스곡선이 도출된다.

$$\pi_t = \pi_t^e - \beta(u_t - u_n) - \frac{1}{\alpha}v_t$$

이 필립스곡선으로부터 인플레이션의 세 가지 원인을 추론할 수 있다. 우선 기대인플레이션율(π_t^e)의 상승은 인플레이션율의 증가를 유발한다. 또한 실업률 갭($u_t - u_n$)이 감소하면 인플레이션율이 증가한다. 끝으로, 부정적인 공급충격($v_t < 0$)으로 공급이 감소하면 경제 전반에 초과수요가 일어나 인플레이션율이 증가하는 것으로 볼 수 있다.

(2) (1)에서 도출한 필립스곡선에서 공급충격을 제거한 후 중앙은행의 손실함수 $L(u_t, \pi_t) = u_t + \gamma\pi_t^2$를 이용하여 준칙 및 재량에 의한 금융정책에서의 손실함수를 각각 도출하라.

해답 공급충격(v_t)을 제거한 필립스곡선은 다음과 같이 나타낼 수 있다.

$$\pi_t - \pi_t^e = -\beta(u_t - u_n)$$

중앙은행이 준칙에 근거한 금융정책을 실시한다면 민간의 기대인플레이션율과 실제 인플레이션율은 같아지기($\pi_t^e = \pi_t$) 때문에 필립스곡선식에 따라 실업률을 자연실업률 수준으로 달성할 수 있다($u_t = u_n$). 이때 중앙은행이 준칙에 근거한 금융정책을 실시하면 실질적으로 민간의 기대인플레이션율을 직접 조절할 수 있게 된다. 그러므로 손실함수를 최소화하는 것이 목적인 중앙은행은 민간의 기대인플레이션율이 0이 되도록 준칙을 유지할 것이다. 따라서 $\pi_t = \pi_t^e = 0$이고 이때 실업률은 $u_t = u_n$이기 때문에 손실함수는 $L(u_t = u_n, \pi_t = 0) = u_n$이 된다.

반면에 중앙은행이 재량에 의한 금융정책을 실시한다면 민간의 기대인플레이션율을 조절할 수 없기 때문에 필립스곡선에서 π_t^e는 주어진 변수가 된다. 손실함수의 π_t에 필립스곡선을 대입하면 다음과 같다.

$$L(u_t, \pi_t) = u_t + \gamma(\pi_t^e - \beta(u_t - u_n))^2$$

중앙은행은 주어진 기대인플레이션율 수준(π_t^e)에서 손실함수를 최소화하는 실업률을 선택할 것이다. 위의 식을 u_t에 대해서 미분한 후 정리하면 다음의 최적조건을 얻는다.

$$\pi_t^e - \beta(u_t - u_n) = \frac{1}{2\beta\gamma}$$

따라서 손실함수는 $L(u_t, \pi_t) = u_t + \dfrac{1}{4\beta^2\gamma}$이 된다. 재량에 의한 금융정책의 경

우 손실함수가 실제 실업률(u_t)에 따라 변한다는 것을 알 수 있다.

(3) (2)의 결과에 근거하여 어느 정책이 상대적으로 우위에 있는지 판단하고 그 이유를 설명하라.

해답 단기적으로 재량에 의한 금융정책의 사회후생 손실은 실제 실업률(u_t)에 의해 결정되기 때문에 확장적인 정책을 통해 실제 실업률을 자연실업률(u_n)보다 크게 낮출 수 있다면 준칙에 의한 금융정책보다 손실함수의 값이 낮아질 수 있다($u_t + \frac{1}{4\beta^2\gamma} < u_n$). 하지만 일회적인 재량적 금융정책으로 감소한 실업률은 추가적인 정책이 없을 경우 장기적으로 자연실업률(u_n)로 돌아가기 때문에 손실함수의 값은 $\pi_{LR} u_n + \frac{1}{4\beta^2\gamma}$이 되어 준칙에 의한 정책의 경우보다 커진다. 이는 정책결정 과정에서 준칙에 의한 금융정책이 민간의 기대인플레이션율(π_t^e)을 중앙은행의 선택변수로 통제할 수 있는 반면, 재량에 의한 금융정책은 민간의 기대인플레이션율을 주어진 값으로 받아들이는 것에 그 원인이 있다. 즉, 재량에 의한 금융정책에서는 기대인플레이션(π_t^e)이 반영된 필립스곡선이 일종의 제약조건처럼 작용하면서 장기적으로 더 큰 손실을 유발하게 되는 것이다. 따라서 일회적인 재량적 금융정책에 비해 준칙에 의한 금융정책이 장기적으로 우위에 있다고 할 수 있다.

(2014년 행정고시 기출문제)

03 실업과 인플레이션의 역의 상관관계로 알려진 필립스곡선에 기대인플레이션이 도입되면서 다음과 같은 형태로 발전하였다.

> $$\pi = \pi^e - \lambda(u - u_n)$$
> (단, π는 인플레이션율, π^e는 기대인플레이션율, u는 실업률, u_n은 자연실업률, 그리고 λ는 반응 정도를 나타내는 상수이다.)

(1) 단기 필립스곡선을 국제적으로 비교해 보면, 평균 물가상승률이 높은 나라일수록 그 기울기가 가파르게 나타난다. 루카스의 불완전정보모형을 이용하여 그 이유를 설명하라.

해답 화폐공급의 변화에 따라 실제 물가수준이 변화해 온 과정은 주어진 물가수준 변동에 대한 민간 경제주체의 반응에 영향을 미친다. 예를 들어 예상치 못한 통화정책으로 예상인플레이션율보다 높은 인플레이션율이 실현되었다고 하자. 이때 물가 상승에 대한 불완전정보 하에서, 평균 물가상승률이 높은 나라에서는 그 원인을 실물적 요인(상대가격의 상승)보다는 화폐적 요인으로 추론할 가능성이 높다. 따라서 화폐공급 증가에 따른 산출량 증가가 크지 않고 실업률 감소폭도 작다. 따라서 필립스곡선의 기울기가 가파르게 된다.

(2) 통화당국이 다음과 같은 목적함수를 극소화하는 정책을 시행한다고 가정하자.

$$\min L(u, \pi) = u + \gamma\pi^2$$

민간 경제주체들이 인플레이션에 대한 기대를 먼저 결정하고 통화당국이 정책(π)을 시행하며, 그에 따른 결과로 위의 기대부가 필립스곡선에 따라 실업률이 결정될 때 최적재량정책을 구하라. 이때 '동태적 비일관성의 문제'가 어떻게 발생할 수 있는지 설명하고, 정부의 재량적 정책은 준칙을 취하는 정책보다 나쁜 결과를 가져올 수 있음을 보여라.

해답 우선 최적재량정책과 동태적 비일관성의 문제를 설명해 보자. 정부가 최초의 제약조건 하에서 입안하는 최적정책은 물가상승률(π)을 항상 0%로 유지하여 민간의 인플레이션 예상 π^e를 0으로 묶어두는 것이다. 이때 사회후생손실함수는 $L = u_n$이 된다. 그런데 시간이 지나 0% 물가상승률 기조가 자리를 잡고 민간 경제주체들이 물가 상승을 예상하지 않는다면 기존 정책은 더 이상 최적정책이 아니다. 따라서 통화당국은 정책을 바꾸려는 유인을 갖는다.

예를 들어 민간 경제주체들의 기대인플레이션율(π^e)이 0으로 정해진 상황에서 사회후생함수 $L = u + \gamma\pi^2 = u_n - \frac{1}{\lambda}(\pi - \pi^e) + \gamma\pi^2$를 극소화시키는 물가상승률은 $\hat{\pi} = \frac{1}{2\gamma\lambda}$이므로, 0% 물가상승률 기조가 자리를 잡은 뒤에 통화당국은 물가상승률을 $\frac{1}{2\gamma\lambda}$로 올려 손실함수를 $L = u_n - \frac{1}{4\gamma\lambda^2}$까지 감소시키려 할 것이다. 이때 민간 경제주체가 통화당국의 이러한 정책유인을 합리적으로 예상하면 민간의 물가상승률 예상도 $\pi^e = \hat{\pi} = \frac{1}{2\gamma\lambda}$이 될 것이다. 그런데 이때의 사회후생손실함수는 $L = u_n + \frac{1}{4\gamma\lambda^2}$로, 이는 준칙($\pi^e = \pi = 0$)을 사용할 때의 손실함수 $L = u_n$보다 큰 것이다. 즉, 재량적인 정책은 준칙보다 더 큰 사회적 손실을 가져오게 된다.

(2006년 행정고시 기출문제 일부 변형)

04 우리나라의 부동산 가격 급등이 정부의 일관성 없는 부동산 정책에 기인하였다는 견해가 있다. 최적정책의 동태적 비일관성 이론에 근거하여 구체적 사례와 함께 설명하라.

해답 정부는 부동산시장의 과열조짐이 나타날 때마다 부동산 투기수요를 억제하기 위한 여러 정책을 발표하면서 부동산 가격 안정을 천명해 왔다. 이러한 정책이 사전적으로 최적정책이기 때문이다. 그런데 만약 이러한 정책효과가 실현되어 부동산 가격이 하락하면 정부는 부동산 및 건설 경기 위축과 버블 붕괴에 따른 불황 가능성을 우려하여 부동산 경기를 되살리는 정책으로 선회하려는 유인을 갖게 된다. 한편 민간 경제주체는 이러한 정책유인을 합리적으로 예상하여 정부의 부동산 수요 억제정책 하에서도 수요를 줄이지 않으며, 그 결과 부동산의 지속적인 가격 상승을 유발하게 된다.

예를 들어 2003년 10.29 대책으로 우리나라 부동산시장이 급랭하였으나, 2004년 말 부동산 경기 연착륙대책으로 재건축아파트 값이 상승하고 판교 등지에서 부동산 수요가 급증했다. 이러한 부동산정책의 비일관성은 이후 발표된 일련의 부동산 안정대책에 대한 신뢰를 얻지 못하면서 부동산 투기수요를 억제하지 못하는 결과를 가져왔다.

05 우리나라의 정책금리로 간주되는 콜금리의 상승이 부동산 가격과 내수(소비 및 투자)에 미치는 영향에 대해 설명하라.

해답 우리나라의 정책금리 또는 기준금리인 콜금리(2008년 이후는 RP금리)가 상승하면 대체자산인 금융자산의 수익률이 높아져 부동산 수요가 감소하고, 그 결과 부동산 가격은 하락하게 될 것이다. 부동산 가격 하락은 부(wealth) 효과를 통해 소비를 감소시키고, 기업의 담보물가치를 하락시켜 투자를 감소시킨다. 또한 이자율 상승은 기간 간 대체효과와 금융비용 증가에 의해 각각 소비와 투자를 감소시키며(6장(5. 소비함수), 8장(2.2 투자)), 콜금리 상승에 수반되는 통화량 긴축은 은행 대출을 감소시켜 투자의 감소를 가져오기도 한다(통화정책의 파급경로에 대한 논의는 본 교재 17장(3. 통화정책의 파급경로)을 참조하라).

06 K국 경제의 *IS*곡선, *AS*(총공급)곡선, 중앙은행의 금리준칙은 각각 다음과 같다.

> • ***IS* 곡선** : $\hat{Y}_t = -\frac{1}{2}(r_t - \bar{r})$
> • ***AS*곡선** : $\pi_t = 3\% + \hat{Y}_t$
> • **금리준칙** : $r_t - \bar{r} = \frac{1}{2}(\pi_t - \pi^*)$
> (단, $\hat{Y}_t$는 t시점의 GDP 갭(%), r_t는 t시점의 실질금리(%), $\bar{r}$는 장기실질금리(%), π_t는 t시점의 인플레이션율(%), π^*는 중앙은행의 목표 인플레이션율(%)을 나타냄)

중앙은행은 t시점 초에 원자재 가격 상승에 따른 국내 경기 둔화에 대한 우려로 목표 인플레이션율(π^*)을 현행 3%에서 4%로 1%포인트 상향조정하였다. 중앙은행이 이 정책을 시행하기 이전의 인플레이션율은 목표 인플레이션율과 같았고 GDP 갭은 0%였다. 이와 관련하여 다음 물음에 답하라.

(1) 목표 인플레이션율(π^*)이 3% 수준일 때, 금리준칙과 *IS*곡선을 결합하여 총수요곡선을 도출하고 도출한 총수요곡선을 해석하라.

해답 14장 연습문제 27번에서 언급했듯이 금리준칙은 실질적으로 *LM*곡선을 대체한다. 따라서 금리준칙을 *IS*곡선에 대입하면 다음과 같은 총수요곡선이 도출된다.

$$\hat{Y}_t = -\frac{1}{2}\left[\frac{1}{2}(\pi_t - \pi^*)\right] = -\frac{1}{4}(\pi_t - 3\%)$$

실제 국민소득이 Y_t이고 잠재국민소득이 Y_t^*일 때 GDP 갭을 $\hat{Y}_t \equiv \frac{Y_t - Y_t^*}{Y_t^*} \times 100$으로 정의하면 위 총수요곡선은 국민소득-인플레이션율(Y_t, π_t) 평면에서 우하향한다. 이는 주어진 목표 인플레이션율(π^*) 하에서 인플레이션율 상승 시 중앙은행이 금리준칙에 따라 금리를 인상함에 따라 총수요가 감소함을 의미한다.

(2) 목표 인플레이션율(π^*)이 3%에서 4%로 조정된 직후 t시점에서 형성되는 인플레이션율(π^*)과 GDP 갭($\hat{Y}_t$)을 계산하고, 목표율 상향이 확장적 통화정책인 이유를 설명하라.

해답 단기총공급(*AS*)곡선 $\hat{Y}_t = \pi_t - 3\%$를 목표 인플레이션율 $\pi^* = 4\%$인 경우의 총수요곡선 $\hat{Y}_t = -\frac{1}{4}(\pi_t - 4\%)$에 대입한 뒤 인플레이션율에 대해 정리하면 총

그림 17-6

목표 인플레이션율 상향조정

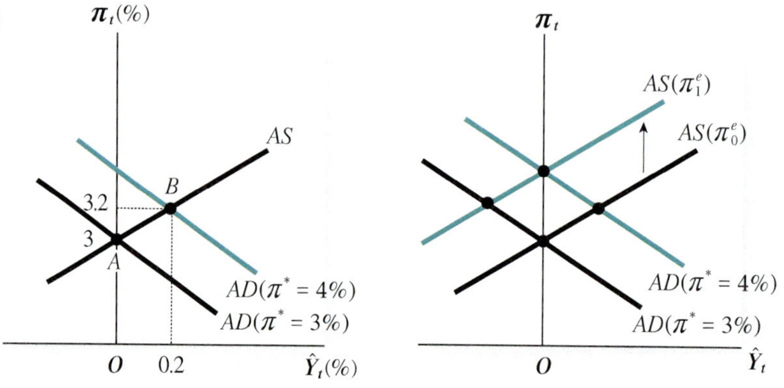

(a) π^*의 상향조정　　(b) 예상된 π^*의 상향조정

수요 · 총공급 균형 인플레이션율은 $\pi_t = \frac{16}{5}\%$가 되고, 이를 다시 총수요곡선이나 총공급곡선에 대입하면 GDP 갭은 $\hat{Y}_t = \frac{1}{5}$이 된다. 이때 금리는 $r_t - \bar{r} = \frac{1}{2}(\frac{16}{5} - 4)$로부터 $r_t = \bar{r} - \frac{2}{5}$가 되는데, 이는 $\pi^* = 3\%$인 경우의 금리 $r_t = \bar{r}$보다 낮다. 또한 $\pi^* = 4\%$인 경우의 GDP 갭 $\hat{Y}_t = \frac{1}{5}$은 $\pi^* = 3\%$인 경우의 GDP 갭 $\hat{Y}_t = 0$보다 크다. 이와 같이 목표 인플레이션율의 상향조정은 금리 하락과 GDP 갭의 증가를 가져온다는 점에서 확장적 통화정책을 의미한다.

(3) 목표 인플레이션율 상향 정책의 효과를 그림으로 나타내고, 이 정책의 한계를 설명하라.

해답 $\pi^* = 3\%$인 경우의 균형 GDP 갭과 인플레이션율이 $(\hat{Y}_t, \pi_t) = (0, 3\%)$이므로 〈그림 17-6〉의 (a)에서 점 A와 같고, $\pi^* = 4\%$인 경우의 균형 GDP 갭과 인플레이션율은 $(\hat{Y}_t, \pi_t) = (\frac{1}{5}, \frac{16}{5}\%)$이므로 점 B와 같다.

본 교재 14장(4. 필립스곡선)에서 배웠듯이 위에 주어진 단기총공급곡선과 달리 일반적으로 단기총공급곡선에 기대인플레이션(π_t^e)이 포함된다. 예를 들어 합리적 기대를 형성하는 경제주체들에게 (2)의 목표 인플레이션율 인상이 예상된 것이었다면 〈그림 17-6〉의 (b)에서와 같이 총수요곡선의 이동과 함께 단기총공급곡선도 상방이동하여 확장적 통화정책의 효과는 나타나지 않고 인플레이션율만 상승할 수 있다.

(4) 실업률(u_t)은 오쿤의 법칙 $u_t = 3\% - \frac{1}{2}\hat{Y}_t$를 따른다고 할 때, 목표 인플레이션율($\pi^*$)이 3%에서 4%로 조정된 후 t시점에서 예상되는 실업률을 계산하라.

해답 본 교재 14장(4. 필립스곡선)에서 알아보았듯이 오쿤의 법칙을 이용하면 GDP와 인플레이션율 간의 관계를 나타내는 동태적 총공급곡선을 실업률(u_t)과 인플레이션율 간의 관계를 나타내는 필립스곡선으로 나타낼 수 있다. 오쿤의 법칙 $u_t = 3\% - \frac{1}{2}\hat{Y}_t$를 총공급곡선에 대입하면 $\pi_t = 9\% - 2u_t$와 같은 필립스곡선이 도출된다. 목표 인플레이션율이 4%인 경우 $\pi_t = 3.2\%$이므로 $u_t = 2.9\%$가 된다. 따라서 목표 인플레이션율의 상승은 실업률의 감소를 가져온다. 이는 (2)에서와 같이 목표 인플레이션율의 상향조정이 확장적 통화정책임을 확인하는 결과이기도 하다.

(2013년 외무고시 기출문제)

07 풀(William Poole)은 실물부문과 화폐부문의 불안정성 정도에 따라 중간목표로서 통화량과 이자율 중 무엇을 선택해야 할지 결정해야 한다고 주장했다. 즉, 실물부문의 불안정성에 따라 IS곡선의 위치가 불확실하다면, 이자율보다는 통화량을 중간목표로 삼는 것이 산출량 및 소득의 변동성을 줄일 수 있다는 점에서 더 바람직한 반면, 화폐부문의 불안정성에 따라 LM곡선의 위치가 불확실하다면, 통화량보다는 이자율을 중간목표로 삼는 것이 더 바람직하다고 보았다. 이러한 주장을 13장(새케인즈학파의 경기변동모형)에서 배운 폐쇄경제의 $IS-LM$ 모형을 이용하여 분석·설명하라.

해답 투자수요에 충격이 있다면 실물부문이 불안정하다고 볼 수 있다. 이 경우 $IS-LM$ 모형에서 실물부문을 반영하는 IS곡선의 위치가 불명확할 것이다. 반면 LM곡선의 위치는 상대적으로 명백하게 알 수 있다고 하자. 이것은 〈그림 17-7〉의 (a)에 나타나 있다.

이때 이자율을 중간목표로 결정하고, 이것을 고정시키는 정책을 사용한다고 하자. 이자율은 r_0에서 외생적으로 결정되므로 LM곡선은 여기서 수평인 형태가 된다. 이때 가능한 총생산수준은 a_0에서 a_1까지이다. 반면 통화량을 중간목표로 하여 이것을 고정시키는 정책을 사용한다고 하면, LM곡선은 LM_1의 보편적인 형태를 띠게 된다. 이때 가능한 총생산수준은 b_0에서부터 b_1까지이다. 여기서 $a_0\,a_1$구간이 $b_0\,b_1$보다 크다는 것은 총생산의 변동성이 커짐을 의미

그림 17-7

실물부문의 불확실성과 중간목표전략

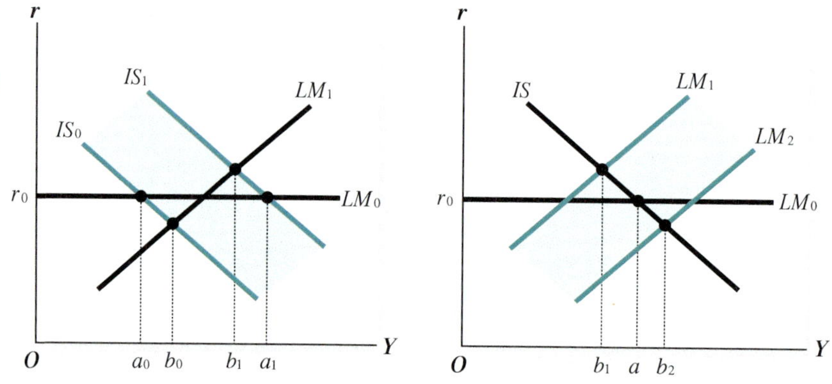

(a) 실물부분의 불확실성 (b) 화폐시장의 불확실성

한다. 따라서 실물부문의 불확실성이 큰 경우, 통화당국이 총생산을 안정적으로 유지하고자 한다면 이자율보다는 통화량을 중간목표로 삼는 것이 낫다.

한편 〈그림 17-7〉의 (b)에 예시된 바와 같이 화폐부문의 불확실성이 큰 경우 통화량보다는 이자율을 중간목표로 사용하는 것이 총생산을 보다 안정적으로 유지할 수 있다.

08 통화당국의 목표는 총산출량을 안정적으로 유지하는 것이지만, 단기적으로 총산출량은 관찰할 수 없다고 하자. 만약 투자수요에 충격이 있다면 통화당국은 단기적으로 이자율을 타게팅하는 것이 바람직한가, 아니면 통화량을 타게팅하는 것이 바람직한가?

해답 연습문제 7의 해설에서 설명한 바와 같이 투자수요에 충격이 있다면 총생산을 안정적으로 유지하기 위해 이자율보다는 통화량을 타게팅하는 것이 바람직할 것이다.

09 통화정책의 중간목표 또는 운용목표로 통화량과 이자율이 언급되어 왔다.

(1) 중간목표 선정의 필요성과 두 변수의 장·단점을 논하라.

해답 통화정책의 최종 목표는 우선적으로 통화가치의 안정이며, 그 외에도 금융시장의 안정성 유지, 완전고용 실현과 지속적인 경제성장, 국제수지의 건전성 확보 등이 있다. 그런데 통화당국의 정책수단들(공개시장운영, 재할인율의 변화, 지준율의 변화 등)이 이러한 목표를 달성하는 데에는 오랜 시간이 걸릴 뿐만 아니라 그 효과도 가변적이어서 중간목표를 이용하면 통화정책을 보다 효과적으로 수행할 수 있다. 또한 물가상승률이나 실업률에 대한 통계치는 자주 작성하기 힘들 뿐만 아니라 수시로 점검하기 힘든 반면, 통화량과 이자율 등에 관련된 자료는 상대적으로 훨씬 쉽게 자주 작성하고 점검할 수 있다. 따라서 중간목표의 적절한 조절을 통해 실업과 인플레이션을 억제하는 것이 보다 효과적일 수 있다.

중간목표로서 통화량이 갖는 장점은 우선, 화폐수요함수가 명목소득과 안정적인 관계를 갖고 있다면 통화량과 명목국민소득 간에 안정적인 관계를 유지할 것이므로, 통화량을 통해 경제성장률을 쉽게 조절할 수 있다는 데 있다. 또한 통화량, 특히 본원통화량은 쉽게 조절될 수 있다는 장점이 있다. 그러나 중간목표로서 통화량은 다음과 같은 문제점을 지닌다. 첫째, 중간목표로 적당한 통화량의 범위가 명확하지 않다. 둘째, 화폐수요의 불안정성과 화폐공급의 내생성도 통화량을 통한 정책목표의 달성을 어렵게 한다. 셋째, 일반적으로 확대된 통화지표를 집계하는 데 많은 시간이 걸린다.

반면 중간목표로서 이자율은 통화량에 비해 중앙은행이 공개시장운영 등을 통해 비교적 쉽게 통제할 수 있다. 또한 실질이자율은 실물부분에 미치는 파급효과가 크며, 중앙은행의 단기이자율에 대한 결정 그 자체가 하나의 신호로서 투자자의 기대에 영향을 미칠 수 있다. 그러나 이자율 역시 다음과 같은 문제점을 갖고 있다. 우선 실물경제에 영향을 주는 변수는 실질이자율이다. 특히 투자에 영향을 주는 요인은 장기 실질이자율이지만 중앙은행이 실제로 통제할 수 있는 것은 단기 명목이자율뿐이다. 단기 명목이자율과 장기 실질이자율 간에 안정적인 관계가 관찰되지 않는다면 이자율은 중간목표로서 그다지 유효하지 못하다.

(2) 한국의 경우 둘 중 어느 변수가 중간목표로 더욱 적절한가에 관해 논하라.

해답 한국의 경우에는 이자율을 중간목표로 사용하는 것이 더 적절하다. 첫째, 중간목표로 통화량을 이용할 경우 적정 통화지표를 어떻게 선정하느냐 하는 문제가 제기될 수 있다. 둘째, 우리나라는 기업자금조달 측면에서 은행에 대한 의존도가 높고, 또 운전자금 등 급전이 요구되는 상황이 빈번하다. 따라서 자금조달 비용을 나타내는 이자율을 중간목표로 하는 통화정책이 더 효과적일 수 있다. 셋째, 1990년대에 금리자유화를 실시하여 금리경로가 작동할 수 있는 기본 조건을 갖추었고, 금융시장이 질적 · 양적으로 크게 발전하면서 금리를 매개로 개별시장 간의 상호 연계성이 높아지고 있을 뿐만 아니라, 시장의 기대와 반응이 금리에 반영되는 메커니즘도 점차 형성되어 왔다. 실제로 한국은행이 1998~2008년에 콜금리, 2008년 이후 RP금리를 정책운용 목표로 활용함에 따라 경제주체들의 금리민감도가 높아졌기 때문에 이자율을 중간목표로 사용하는 것이 보다 효과적일 수 있다. 현재 우리나라 통화정책의 기본 운용체계는 인플레이션 타게팅이며, RP금리를 통화정책의 운용목표로 사용하고 있다.

(2001년 외무고시 기출문제 일부 변형)

10 어떤 경제의 필립스곡선과 사회후생함수가 다음과 같다.

- **필립스곡선** : $u = \bar{u} - (\pi - \pi^e)$
- **사회후생함수** : $W = -0.5(u - u^*)^2 - 0.5(\pi - \pi^*)^2$

(단, u는 실제 실업률, $\bar{u}$는 자연실업률, π는 실제 인플레이션율, π^e는 기대인플레이션율, u^*와 π^*는 각각 사회적으로 최적인 수준의 실업률과 인플레이션율이다)

이 경제에는 불확실성이 존재하지 않으며, 사회적으로 최적인 실업률은 자연실업률보다 낮다고 가정한다. 통화정책에 대한 사전적 구속장치(pre-commitment)가 없는 중앙은행이 필립스곡선을 제약조건으로 인식하고 사회후생함수를 극대화하는 인플레이션율을 선택한다고 할 때, 다음 물음에 답하라.

(1) 이 경제에서 중앙은행이 확장적 통화정책을 추구할 유인이 존재함을 보여라.

해답 이 경제에서 중앙은행이 확장적 통화정책을 추구하지 않는다고 하자. 그렇다면 인플레이션율은 기대인플레이션율과 같고, 실업률은 자연실업률과 같게 된다. 즉, $\pi = \pi^e$, $u = \bar{u}$이다. 이때 중앙은행은 기대인플레이션율을 사회적 최적인플레이션율과 같게 하는 것이 최선이다. 따라서 확장적 통화정책을 추구하지 않는 중앙은행은 항상 $\pi^e = \pi^*$를 유지하게끔 통화량을 조절한다. 이때 사회후생함수는 다음과 같이 구할 수 있다 .

$$W_0 = -0.5(\bar{u}-u^*)^2 - 0.5(\pi^* - \pi^*) = -0.5(\bar{u}-u^*)^2$$

이제 중앙은행이 동일한 필립스곡선 상에서 확장적 통화정책을 통해 인플레이션율을 기대인플레이션율보다 약간 올리는 경우를 살펴보자. 즉, $\pi = \pi^e + \varepsilon = \pi^* + \varepsilon \ (\varepsilon > 0) \Rightarrow u = \bar{u} - \varepsilon$. 이 경우 사회후생함수는 다음과 같다 .

$$W_1 = -0.5(\bar{u}-u^*-\varepsilon)^2 - 0.5(\varepsilon)^2$$

W_1와 W_0의 차이를 구하면 아래와 같다.

$$W_1 - W_0 = -0.5(\bar{u}-u^*-\varepsilon)^2 - 0.5(\varepsilon)^2 + 0.5(\bar{u}-u^*)^2 = -\varepsilon^2 + (\bar{u}-u^*)\varepsilon$$

$\bar{u}-u^* > 0$이므로, 중앙은행은 ε값을 적절하게 조정함으로써 $W_1 - W_0$가 양의 값을 갖도록 할 수 있다. 예를 들어 주어진 $(\bar{u}-u^*)$에 대해 사회후생을 극대화 한다면 $\varepsilon = \frac{\bar{u}-u^*}{2} > 0$이다. 즉, $\pi = \pi^* + \frac{\bar{u}-u^*}{2} > \pi^* = \pi^e$. 따라서 중앙은행이 확장적 통화정책을 추구할 유인이 존재한다. 여기서 중요한 가정은 기대인플레이션율이 고정되어 있다는 것, 즉 필립스곡선의 이동이 일어나지 않는다는 것이다.

(2) 이 경제의 균형 인플레이션율과 균형 실업률을 구하고, 통화정책의 효과를 설명하라.

해답 중앙은행이 사회후생함수를 극대화하는 경우를 살펴보자. 필립스곡선을 사회후생함수에 대입한 후 인플레이션율에 대해 미분하고 1계 조건을 구하면 아래와 같다.

$$\pi = \frac{\pi^e + \pi^*}{2} + \frac{\bar{u}-u^*}{2} \qquad (1)$$

만약 초단기에 중앙은행이 확장적인 통화정책을 추구하지 않는다고 경제주체가 인식한다고 가정해 본다면, (1)에서 도출했듯이 $\pi^e = \pi^*$이므로 인플레이션율과 실업률은 각각 아래와 같이 도출된다.

$$\pi = \pi^* + \frac{\bar{u}-u^*}{2}$$
$$u = \frac{\bar{u}+u^*}{2}$$

즉, 고정된 필립스곡선 상에서 확장적 통화정책은 인플레이션율을 약간 상승시킴으로써 실업률을 자연실업률 아래로 낮출 수 있다.

하지만 합리적인 경제주체들은 통화정책에 대한 사전적 구속장치가 없음을 알고 있을 뿐만 아니라 경제구조에 대해 정확히 이해하고 있으므로 기대인플레이션율이 실제 인플레이션율과 같도록 조정이 일어난다. 즉, 필립스곡선의 이동이 발생하는 것이다. 따라서 위에서 구한 인플레이션율과 실업률은 균형 인플레이션율과 균형 실업률이 될 수 없다.

$\pi^e = \pi$를 식 (1)과 필립스곡선에 대입한 후 균형 인플레이션과 균형 실업률을 구하면 아래와 같다.

$$\pi = \pi^* + (\bar{u} - u^*)$$

$$u = \bar{u}$$

(1)의 결과($\pi = \pi^*$, $u = \bar{u}$)와 비교해 보면, 통화정책에 대한 사전적 구속장치가 없는 경우 동태적 비일관성으로 인해 더 열등한 균형으로 귀결됨을 알 수 있다.

(2018년 행정고시 기출문제)

chapter 18

소비이론과 투자이론

01 경제위기 이후 정부의 무분별한 카드장려 정책으로 인해 2002년부터 현재까지 신용불량자 규모와 가계부채가 지속적으로 증가하여 왔다. 2기 간 소비선택모형을 이용하여 이러한 가계부실의 문제가 우리나라 소비에 미치는 영향을 분석하여 설명하라.

해답 신용불량자의 규모와 가계부채가 지속적으로 증가하여 왔다는 사실은 IMF 경제위기 이후 우리나라 소비자들의 상당수가 차입자였음을 의미한다. 즉, 〈그림 18-1〉에서 초기 부존점은 점 A인데 반해 최적 소비선택은 점 A'이므로, 대표적 소비자는 현재 $B(=C_1'-Y_1)$만큼 차입을 하고 있는 상태이다. 이러한 대표적 소비자가 무분별한 카드사용으로 신용불량자가 되었다고 하자. 이 경우 신용불량자는 차입이 불가능하게 되므로, 대표적 소비자는 유동성제약 또는 차입제약에 직면하게 된다. 유동성제약 하에서는 차입자의 효용극대화점이 A'이 아니라 초기 부존점인 A가 되므로, 현재소비는 C_1'에서 C_1으로 크게 감소한다. 따

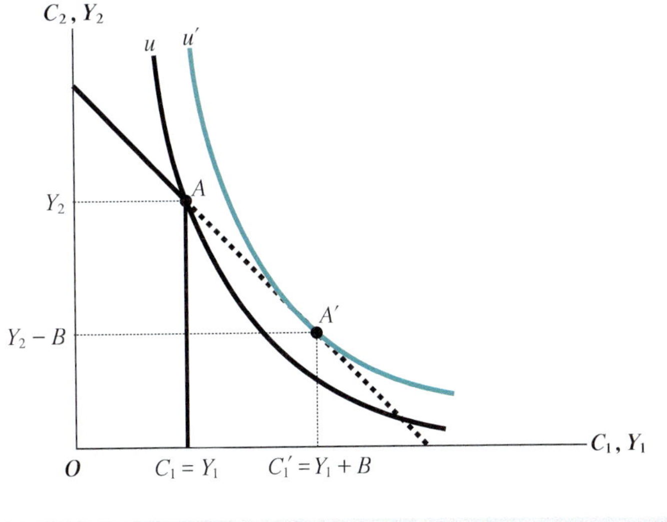

그림 18-1

가계부실 문제와 우리나라의 소비

라서 가계부실의 문제는 우리나라 소비를 큰 폭으로 감소시킨다.

02 어느 경제학자가 2기의 소비를 예측하기 위해 다음과 같은 모형을 토대로 실증분석을 한다고 하자.

$$C' = \rho C + \alpha X + \varepsilon' \qquad (0 < \rho \leqq 1)$$

이 식에는 이번 기의 소비(C) 이외에 미래의 소비예측과 관련되는 모든 변수들이 X로 표시되어 있으며, ρ는 자기회귀계수(autoregressive coefficient), α는 변수 X와 미래소비의 관계를 나타내는 계수이다. 또한 이 X에는 1기와 그 이전의 소득들이 포함될 수도 있고, 2기 또는 그 다음 기들의 소득수준 예측치도 포함될 수 있다. 랜덤워크 가설이 맞다면 계수 α와 ρ는 각각 어떤 값에 가까워야 하는가? 그 이유를 설명하라.

해답 랜덤워크 가설이 맞다면, 현재소비 이외의 다른 어떤 시차변수도 미래소비를 예측하는 데 도움이 되지 않는다. 따라서 변수 X는 2기의 소비예측에 추가적인 설명력을 갖지 못한다. 즉, 계수 α는 0에 가깝고, ρ의 크기는 1에 가까워야 한다. 이 경우 소비 시계열함수는 다음과 같은 형태를 갖게 된다.

$$C' = C + \varepsilon'$$

03 2기간 생존하는 어떤 소비자의 효용함수가 $u(C, C') = ln\,C + ln\,C'$이라고 하자(단, C와 C'은 각각 1기와 2기의 소비를 나타낸다). 이 소비자의 1기, 2기 소득은 각각 $\frac{y}{5}$, $\frac{4y}{5}$이다.

(1) 이 소비자가 주어진 시장이자율(r)로 저축이나 차입을 자유로이 할 수 있는 경우 1기와 2기의 최적 소비 및 저축(또는 차입)을 구하고 그림으로 나타내라.

해답 소비자의 2기간 예산제약식은 $C + \frac{C'}{(1+r)} = \frac{y}{5} + \frac{4y}{5(1+r)} = \frac{(5+r)y}{5(1+r)}$로 표현할 수 있다. 이때 기간 간 소비선택의 최적조건 $MRS_{C,C'} = \frac{1/C}{1/C'} = \frac{C'}{C} = 1 + r$을 예산제약식에 대입하면, 1기 및 2기의 최적소비 $C_1^* = \frac{(5+r)y}{10(1+r)}$, $C_2^* = \frac{(5+r)y}{10}$를 얻을 수 있다. 한편 $S = \frac{y}{5} - \frac{(5+r)y}{10(1+r)} = -\frac{3-r}{10(1+r)}$이므로 이 소비자는 $\frac{3-r}{10(1+r)}$만큼 차입한다. 이상의 결과를 그림으로 나타내면 〈그림 18–

그림 18-3

기간 간 최적 소비선택

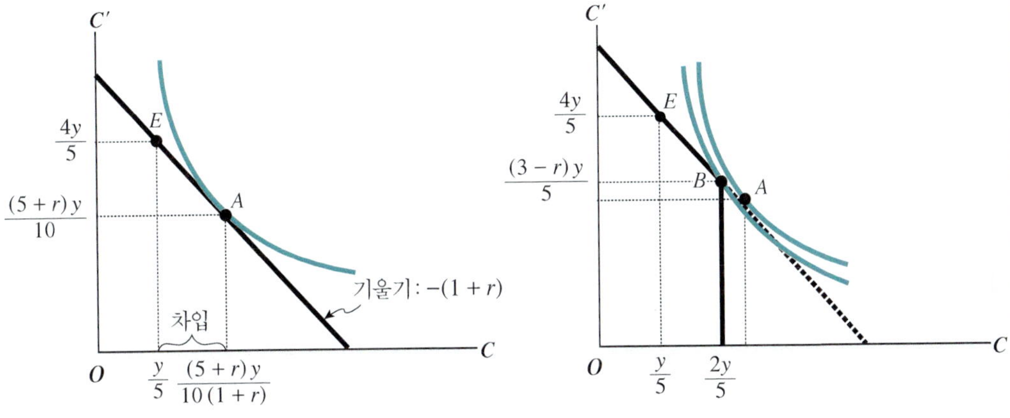

(a) 차입제약이 없는 경우 (b) 차입제약이 있는 경우

3〉의 (a)와 같다.

(2) 이제 이 소비자가 주어진 시장이자율(r)로 자유로이 저축은 할 수 있으나 차입은 $\frac{y}{5}$까지만 할 수 있다고 하자. 이때 1기와 2기의 최적소비를 구하고 그림으로 나타내라. 시장이자율(r)이 어떤 값을 가질 때 이러한 차입제약이 최적 소비선택에 더 이상 영향을 미치지 못하게 되는가?

해답 차입이 $\frac{y}{5}$까지 가능하므로 1기의 소비지출은 $\frac{2y}{5}$까지 가능하다. 따라서 소비자가 직면하는 예산제약식은 〈그림 18−3〉의 (b)와 같이 나타낼 수 있다. 우선 차입제약 때문에 문제 (1)에서 구한 1기의 최적소비 $C_1^* = \frac{(5+r)y}{10(1+r)}$를 선택할 수 없다고 하자. 이때 1기와 2기의 최적소비점은 점 B와 같다. 즉, 1기에는 $\frac{2y}{5}$만큼, 2기에는 $\frac{(3-r)y}{5}$만큼 소비하게 된다.

만일 이와 같은 차입제약이 최적 소비선택에 영향을 미치지 못하려면 새로운 예산제약 하에서도 문제 (1)의 최적소비점을 선택할 수 있어야 한다. 따라서 $C_1^* = \frac{(5+r)y}{10(1+r)} \leq \frac{2y}{5}$가 성립해야 한다. 이를 r에 대해 정리하면 $r \geq \frac{1}{3}$, 즉 시장이자율이 33.3% 이상인 경우에는 차입제약이 존재하더라도 최적소비점에 아무런 변화가 없다.

그림 18-4

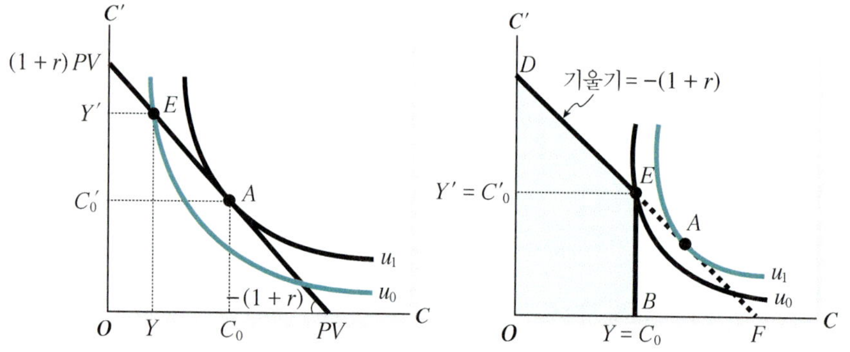

(a) 차입자의 소비선택　　(b) 유동성제약

04 아래 제시된 피셔의 시점 간 자원배분 모형을 토대로 소비자의 효용극대화에 대한 다음 질문에 답하라.

$$\max U = U(C, C')$$
$$s.t.\ C + \frac{C'}{1+r} = Y + \frac{Y'}{1+r}$$

여기서 U는 소비자의 효용이고, C와 C'은 각각 1기와 2기의 소비, Y와 Y'은 각각 1기와 2기의 소득, r은 이자율을 나타낸다.

(1) 소비자가 1기에서 차입을 통해 효용을 극대화하고 있는 상황을 그래프를 이용하여 설명하라.

해답 소비자의 평생예산제약식 $C + \frac{C'}{1+r} = Y + \frac{Y'}{1+r}$에서 평생 부를 $Y + \frac{Y'}{1+r} \equiv PV$로 놓으면, 〈그림 18-4〉의 (a)에서 소비자의 예산제약선은 $C' = -(1+r)C + (1+r)PV$가 되고, 점 E는 소비자의 초기 부존소득인 (Y, Y')를 나타낸다. 이러한 상황에서 평생효용을 극대화시키는 기간 간 최적 소비선택은 무차별곡선과 예산제약선이 접하는 점 A에서 결정되므로 소비자는 현재와 미래에 각각 C_0과 C_0'만큼 소비할 것이다. 이를 위해 소비자는 현재 $(C_0 - Y)$만큼 빌리고 미래에 $(Y' - C_0') = (1+r)(C_0 - Y)$만큼 갚아야 한다.

(2) 위 (1)과는 달리 소비자가 차입이 불가능한 유동성제약에 직면했다고 가정할 때, 예산제약조건의 변화를 그래프를 이용하여 설명하라.

해답 현재(1기)소비는 미래(2기)소득으로부터의 차입 없이 현재 소득수준 내에서만 이루어져야 한다는 유동성제약에 직면해 있다고 하자. 이때 소비자가 처한 예산제약선은 〈그림 18-4〉의 (b)와 같이 나타낼 수 있다. 소비자의 초기 부존점 E에서 수직인 예산제약선은 차입이자율이 무한대임을 의미한다.

(3) 이 모형에서 유동성제약이 소비자 효용에 미치는 영향을 그래프를 이용하여 설명하라.

해답 본 교재 18장(1.2.1 유동성제약과 리카도 대등정리)에 자세히 설명되어 있음.

(4) 유동성제약에 대하여 정부가 취할 수 있는 여러 가지 정책 중 하나를 선택하여 그 정책의 장·단점을 설명하라.

해답 〈그림 18-4〉의 (b)에서 차입을 유도하기에는 차입이자율이 너무 높기 때문에 소비자는 초기 부존점 E를 선택하게 된다. 따라서 정부가 시장이자율보다 낮은 이자율로 차입이 가능한 정책을 도입한다면 소비자의 효용수준을 증가시키는 소비선택이 가능해질 것이다. 예를 들어 서민금융진흥원이 기초생활수급자 및 차상위계층 이하 등 저소득층에게 낮은 금리로 자금을 지원하는 '미소금융(micro finance)'이 있다. 그러나 우리나라의 미소금융은 방글라데시에서 성공을 거둔 그라민은행의 미소금융과 달리 차입자 간 상호 견제 및 지원은 없이 단순히 급한 유동성을 저소득층에게 제공하는 역할만을 수행하는 한계가 있다. 이러한 경우 유동성제약을 일부 해소할 수 있지만, 미소금융의 한 취지인 정보비대칭성을 해소하고 상환의지를 높이는 역할은 하지 못하여 역선택과 도덕적 해이를 유발할 수 있다.

(2012년 행정고시 기출문제)

05 어떤 경제에서 모든 경제주체들이 2기간 동안만 산다고 하자. 이들은 1기에 소득(Y) 120만원을 벌고, 2기에 소득(Y') 330만원을 번다. 그리고 이들의 효용함수는 다음과 같다.

$$U(C, C') = \sqrt{C \cdot C'}$$

이들은 대부자금시장에서 이자율 $r = 10(\%)$로 차입과 대출이 자유롭다. 그리고 정부는 1기에 조세(T) 20만원을 징수하여 20만원이 소요되는 정부지출(G)에 충당한다고 한다. 이러한 상황에서 다음 질문에 답하라.

(1) 이 경제의 1기와 2기의 소비(C, C') 및 경제주체의 효용(U), 그리고 저축(S) 또는 차입($-S$)을 계산하라.

해답 우선 경제주체들이 직면하는 시점 간 평생예산제약식은 다음과 같다.

$$C + \frac{C'}{1+r} = PV \equiv (Y-T) + \frac{Y'}{1+r}$$
$$\Leftrightarrow\ C' = -1.1C + 1.1 \cdot (120-20) + 330 = -1.1C + 440$$

그리고 이들의 시점 간 한계대체율은 1기 및 2기 소비에 따른 한계효용의 비율로 구해진다.

$$MRS_{C,C'} = \frac{\frac{1}{2}\sqrt{C'/C}}{\frac{1}{2}\sqrt{C/C'}} = \frac{C'}{C}$$

경제주체들의 효용은 시점 간 예산제약선의 기울기의 절대값과 시점 간 한계대체율이 일치하는 점에서 극대화된다. 즉, $MRS_{C,C'} = \frac{C'}{C} = 1.1$로부터 도출된 $C' = 1.1C$의 관계를 예산제약식에 대입하면 최적소비점 $(C_1^*, C_2^*) = (200, 220)$을 구할 수 있다. 이때 이 경제주체의 효용은 $U_0 = \sqrt{200 \cdot 220} \fallingdotseq 210$이 된다. 그리고 1기의 가처분소득이 $Y - T = 100$인 이 경제주체는 $C_1^* = 200$의 1기 최적소비를 하기 위해 $S = [(Y-T) - C_1^*] = -100$, 즉 100만큼의 음의 저축(차입)을 해야 한다.

(2) 어떤 이유로 이자율이 $r = 20(\%)$로 상승했다고 하자. 이때 위의 (1)의 문제에 대해 다시 답하고, (1)번과 달라진 변화를 소득효과와 대체효과를 이용하여 설명하라.

그림 18-5-2

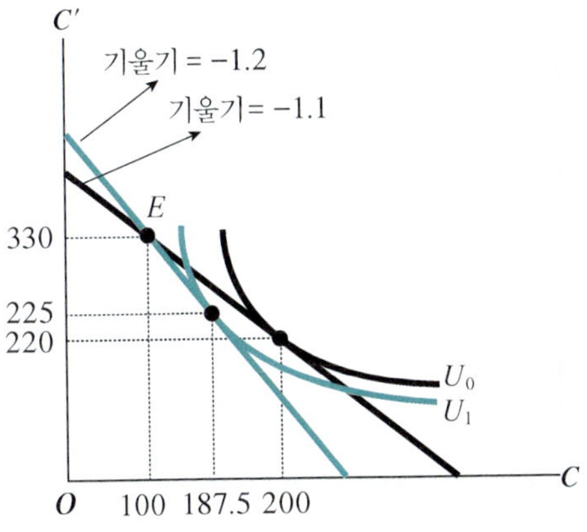

(a) 이자율 상승과 최적 소비선택

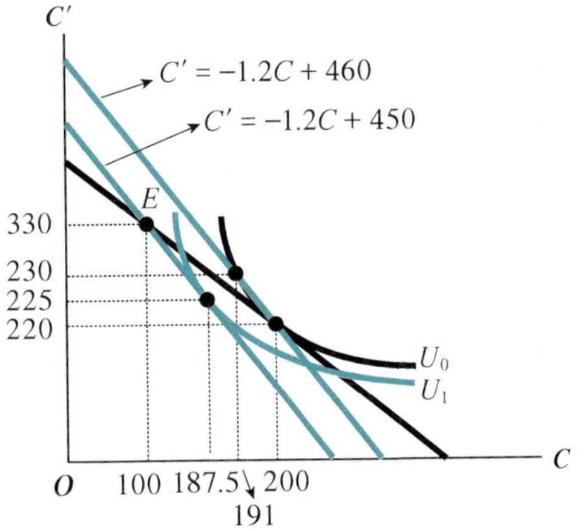

(b) 소득효과와 대체효과

해답 이자율 상승은 경제주체가 직면하는 시점 간 예산제약식을 다음과 같이 변화시킨다.

$$C' = -1.2C + 1.2 \cdot (120 - 20) + 330 = -1.2C + 450$$

즉, 〈그림 18-5-2〉의 (a)와 같이 이자율 상승은 예산제약선을 초기 부존점 $E(100, 330)$를 중심으로 시계방향으로 회전시킨다. 이 새로운 예산제약 하에서 경제주체의 시점 간 효용극대화 선택은 앞의 (1)번 과정과 동일하다. 즉, $MRS_{C,C'} = \frac{C'}{C} = 1.2$로부터 구해진 $C' = 1.2C$의 관계를 예산제약식에 대입하면 최적소비점은 $(C_1^*, C_2^*) = (187.5, 225)$가 되어 1기 소비는 감소한 반면, 2기 소비는 증가한다. 이때 이 경제주체의 극대화된 효용은 $U_1 = \sqrt{187.5 \cdot 225} \simeq 205$로 감소한다. 그리고 1기의 가처분소득이 $Y = 100$인 이 경제주체는 $C_1^* = 187.5$의 1기 최적소비를 하기 위해 $-S = -[(Y-T) - C_1^*] = 87.5$를 차입한다. 이상의 효용극대화 과정을 그림으로 표현하면 〈그림 18-5-2〉의 (a)와 같다.

이제 이자율 상승에 따라 1기 소비가 감소하고 2기 소비가 증가하게 된 것을 소득효과와 대체효과의 관점에서 평가해 보자. 이자율 상승이 최적소비에 미친 효과를 대체효과와 소득효과로 분리하기 위해서는 소득의 보상변화(compensating variation)를 하여야 한다. 즉, 이자율 상승으로 변화된 기울기(−1.2)의 예산선으로 이자율 상승 이전의 효용수준 U_0을 달성하기 위해서는 얼마의 소득보상이 필요한가를 확인한 후, 그만큼 예산선을 평행이동시켜야 한다. 이때 $U_0(=\sqrt{200 \cdot 220}) = \sqrt{C \cdot 1.2C}$에서 소득의 보상변화 후 예산선은 대략 $C' = -1.2C + 460$이고, 최적소비점은 $(C_1^*, C_2^*) = (191, 230)$임을 알 수 있다.

따라서 〈그림 18-5-2〉의 (b)에서 이자율 상승의 대체효과는 1기 소비를 $200 - 191 = 9$만큼 감소시키고, 소득효과는 1기 소비를 $191 - 187.5 = 3.5$만큼 감소시킨다. 이것은 이자율 상승으로 현재소비의 기회비용이 상승하여 1기 소비가 감소했으며(대체효과), 경제주체들의 차입비용 상승으로 인한 소득 감소 때문에 1기 소비가 추가적으로 감소하였음을 보여준다(소득효과).

다시 이자율은 $r = 10(\%)$라고 하자. 이때 정부는 1기에 20만원이 소요되는 정부지출(G)을 공채를 발행하여 충당하려고 한다. 그 대신 조세(T) 20만원은 징수하지 않기로 하였다. 그리고 10%의 이자를 포함한 공채는 2기에 상환하여야 하며, 정부가 발행한 공채는 모두 민간 경제주체에 의해 수용되었다고 하자.

(3) 변화된 조건에서 다시 문제 (1)의 질문에 답하고, 왜 그러한 결과가 나오는지 설명하라.

해답 경제주체의 1기 가처분소득은 1기의 조세감면으로 인해 100에서 120으로 증가한다. 반면 2기에 정부는 공채 원리금 22(= 20 · 1.1)의 상환비용을 조세징수를 통해 충당할 것이므로 2기의 가처분소득은 330에서 308로 감소한다. 이를 반영하여 예산선을 구하면 정책변경 이전의 예산선과 동일함을 확인할 수 있다.

$$C' = -1.1C + 1.1 \cdot 120 + (330 - 22) = -1.1C + 440$$

결국 정부지출 규모를 일정하게 유지한 채 재원조달방식만 변경하는 것은 〈그림 18-5-3〉과 같이 동일한 예산선에서 소비자의 초기 부존점만 E_0에서 E_1으로 이동시킬 뿐, 예산선 자체를 변화시키지는 못한다. 이때 경제주체의 최적 소비 및 효용 수준은 $(C_1^*, C_2^*) = (200, 220)$, $U = \sqrt{200 \cdot 220} \simeq 210$으로 재원조달방식 변경 이전과 동일하다. 이것은 합리적인 경제주체들이 이번 기에 조세감면을 위해 발행된 공채와 다음 기에 증가될 조세부담 사이의 대등성(equivalence)을 인식하고 있기 때문이다. 그러나 재원조달방식의 변경으로 민

그림 18-5-3

정부지출의 재원조달방식과 리카도 대등정리

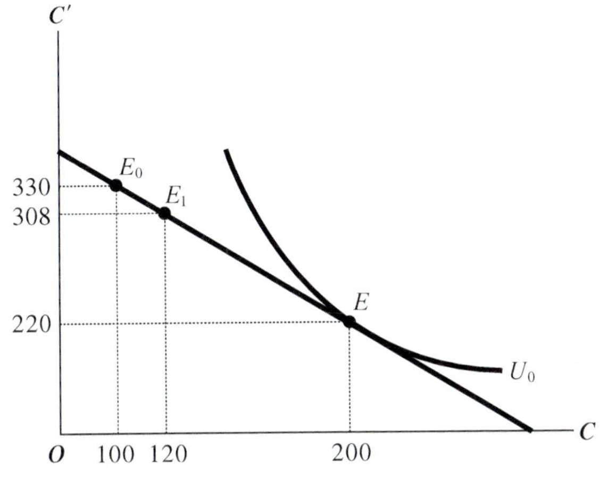

간차입의 규모는 100에서 80(= 200 − 120)으로 작아졌다. 이는 경제주체들이 다음 기의 조세부담 증가를 예상하고 이에 대비한 결과이다.

(4) 어떤 이유로 민간 경제주체가 대부자금시장에서 신용불량자로 분류되어 차입이 전혀 불가능하게 되었다. 이 상황에서 우선 (1)의 질문에 답하라. 그리고 정부가 위의 정책변경을 했다면 이 답은 어떻게 바뀌는가?

해답 민간 경제주체가 차입이 불가능한 유동성제약 또는 차입제약에 직면하는 경우 1기의 소비지출은 1기의 가처분소득수준 내에서만 이루어져야 한다. 이러한 상황을 반영하여 〈그림 18−5−4〉의 (a)에는 예산선이 초기 부존점 E에서 수직으로 꺾인 형태로 나타나 있다. 이때 경제주체의 최적소비는 $(C_1^*, C_2^*) = (100, 330)$으로 초기 부존점에서 이루어지고, 극대화된 효용은 $U = \sqrt{100 \cdot 330} \simeq 182$로 하락하게 된다. 그리고 1기의 가처분소득과 1기의 소비가 같으므로 민간차입은 0으로 감소한다.

이러한 차입제약의 상황에서 정부지출 규모를 동일하게 유지한 채 행해지는 재원조달방식의 변경(조세징수 → 공채 발행)은 최적 소비선택의 변화를 가져올 수 있다. 즉, 〈그림 18−5−4〉의 (b)에서 재원조달방식의 변경은 초기 부존점을 E_0에서 E_1으로 변경시키는데, 차입제약으로 초기 부존점에서 소비하는 경제주체는 최적소비점을 새로운 초기 부존점 $E_1(120, 308)$으로 변경하게 된다.

그림 18-5-4

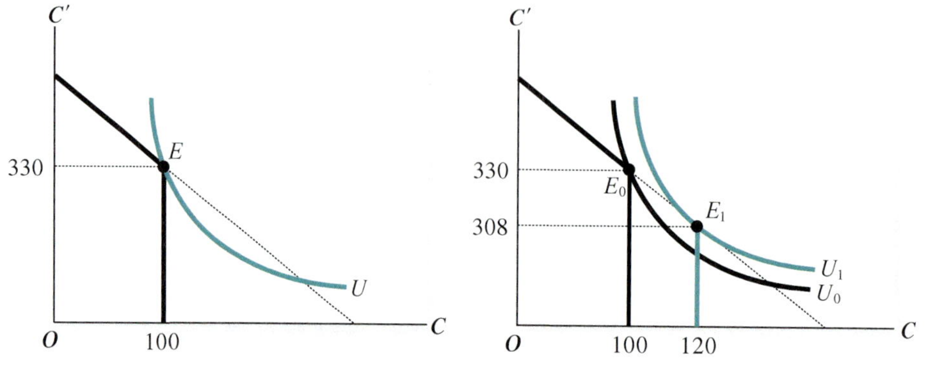

(a) 유동성제약과 최적 소비선택

(b) 정부지출 재원조달방식의 변경

이에 따라 이 경제주체의 효용은 $U = \sqrt{120 \cdot 308} \simeq 192$로 상승하며, 이때 민간차입은 여전히 0이다.

(5) (3)번과 (4)번의 답을 케인즈의 절대소득가설의 관점에서 비교하여 설명하라.

해답 케인즈의 절대소득가설에 따르면 현재의 가처분소득이 현재의 소비를 결정한다. 그러나 문제 (3)에서는 1기 가처분소득의 증가가 1기 소비의 증가로 이어지지 않고 오히려 차입의 감소로 이어졌다. 이는 미래 전망적 소비자들이 현재의 가처분소득뿐만 아니라 미래의 가처분소득까지 고려하여 소비행위를 하기 때문이다. 즉, 이러한 미래 전망적 소비자들에게는 소득을 획득하는 시점이 언제인가보다는 매기 소득의 현재가치 합인 PV의 크기가 소비의 결정에서 중요하다.

그러나 질문 (4)의 유동성제약 하에서는 미래 전망적 소비자라 하더라도 현재소비가 현재소득에 의해서만 결정된다. 즉, 유동성제약의 상황에서는 소득의 획득시점도 소비 결정에 중요한 역할을 한다. 이와 같이 유동성제약이 현실에 존재한다면, 보다 합리적인 소비행위를 전제하더라도 케인즈의 절대소득가설이 현실 설명력을 갖게 된다.

06 가계의 금융부채가 주택담보대출을 중심으로 증가하는 상황에서 주택가격이 하락한다고 하자. 일반균형모형을 이용하여 주택가격 하락이 국민소득, 소비, 투자, 고용, 실질임금, 실질이자율, 그리고 물가수준에 미치는 영향을 분석·설명하라.

해답 앞서 9~10장 연습문제의 일반균형모형 분석에서와 마찬가지로 노동공급이 실질이자율의 증가함수임을 고려하여 우상향하는 실질총공급곡선을 가정한다. 노동공급이 실질이자율의 영향을 받지 않아서 실질총공급곡선이 수직선이 되는 경우의 분석은 독자에게 맡긴다. 주택가격의 변화는 부(富) 효과(wealth effect)와 차입제약 완화(relaxing borrowing constraint)를 통해 가계소비에 영향을 미친다. 첫째, 가계가 보유한 주택의 가격 하락은 단기적으로 현금흐름의 감소를 수반하지는 않으나 가계의 평생소득 감소를 통해 현재소비를 감소시킬 수 있다. 둘째, 주택가격 하락은 가계가 보유한 주택의 담보가치를

그림 **18-6**

주택가격 하락

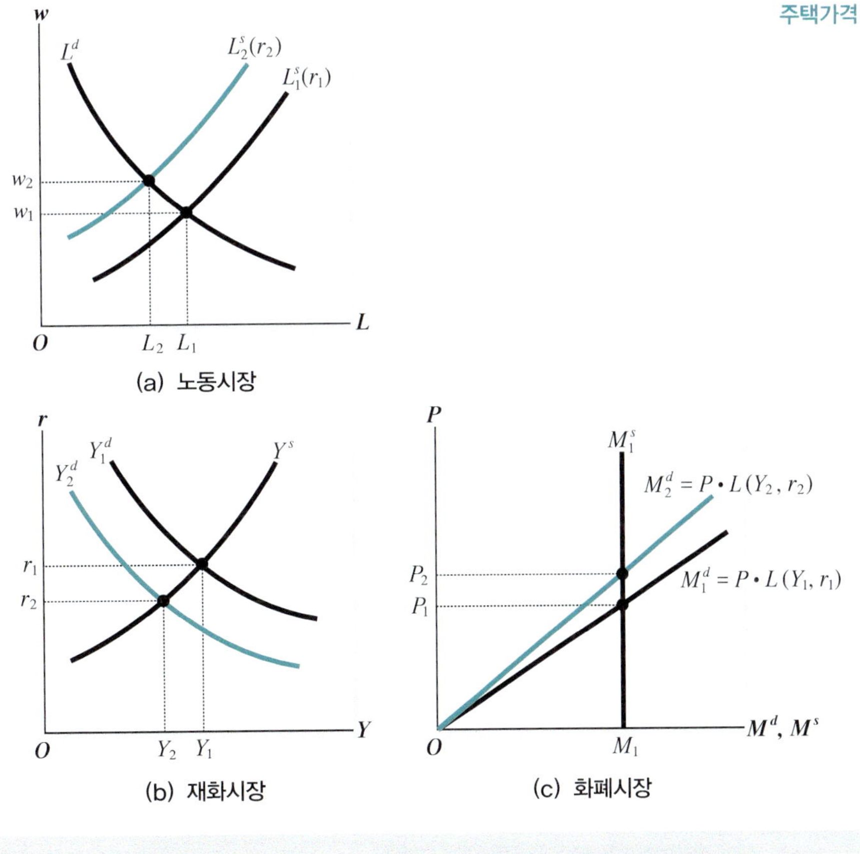

감소시키므로 가계대출 여력의 감소를 통해 현재소비를 감소시킬 수 있다.

〈그림 18-6〉에서 소비의 감소로 인해 실질총수요곡선이 좌측이동하면서 ($Y_1^d \rightarrow Y_2^d$) 국민소득이 감소하고 실질이자율이 하락한다. 실질이자율 하락은 소비와 투자를 증가시키는 요인으로 작용하므로 주택가격 하락에 따른 소비의 감소폭이 일부 축소된다. 한편 실질이자율 하락에 따라 현재노동의 가치가 미래노동에 비해 상대적으로 감소하므로 노동공급곡선은 좌측이동한다($L_1^s(r_1) \rightarrow L_2^s(r_2)$). 따라서 고용은 감소하고 실질임금은 상승한다. 끝으로 화폐수요의 소득탄력성이 상대적으로 크다고 가정하면 소득 감소에 따라 화폐수요가 감소하므로($M_1^d \rightarrow M_2^d$) 주어진 화폐공급 하에서 물가수준은 상승한다.

한편 경제주체들의 부채가 과다한 경우에 금리 상승, 경기침체, 인구 고령화에 따른 자산수요 감소 등과 같은 부정적인 충격이 발생한다면 자산가격 급락 및 금융위기와 함께 경기회복에 장시간이 필요한 대차대조표 불황(balance sheet recession)에 빠질 위험이 있다. 대차대조표 불황이 발생하면 부채를 과다하게 축적한 가계는 소비보다는 부채 축소를 최우선시하면서 부채가 적정수준이 될 때까지 소비가 지속적으로 감소할 수 있다. 그 결과 '경기회복속도 저하 → 대차대조표 개선 지연'의 악순환이 상당 기간 반복될 수 있다.

07 2014년 2월 홍콩상하이은행(HSBC)의 중국 제조업지수(PMI)가 48.3까지 하락하고 부동산 판매도 대폭 감소하는 등 경기둔화 조짐이 나타났다. 또한 중국 정부가 2013년 11월 대규모 경제개혁안을 발표하고 저성장에 대한 용인 가능성이 높아지면서 기업부채와 지방정부부채에 대한 신용리스크가 집중되었다. 기업부도위험(또는 디폴트프리미엄)의 증가가 투자에 미치는 영향을 신고전학파의 (2기간) 투자이론을 이용하여 설명하라. 그리고 일반균형모형(또는 실질총수요 · 실질총공급 모형)을 이용하여 기업부도위험의 증가가 중국의 국민소득, 소비, 투자, 고용, 실질임금, 실질이자율, 그리고 물가수준에 미치는 영향을 분석 · 설명하라.

해답 본 교재 18장(2.3 불완전 신용시장과 투자)에서 살펴보았듯이 신고전학파의 (2기간) 투자이론에서 기업의 최적 투자는 투자의 한계수익이 한계비용과 같아지는 수준에서 결정될 때 기업의 부도위험이 높아지면 디폴트 프리미엄을 반영한 투자의 한계비용이 증가하므로 투자가 감소한다. 그 결과 〈그림 18-7〉의 (b)에서 실질총수요곡선이 좌측이동하면서($Y_1^d \rightarrow Y_2^d$) 국민소득이 감소하고 실질이자율이 하락한다. 실질이자율 하락은 소비와 투자를 증가시키므로

그림 18-7

기업부도위험의 증가

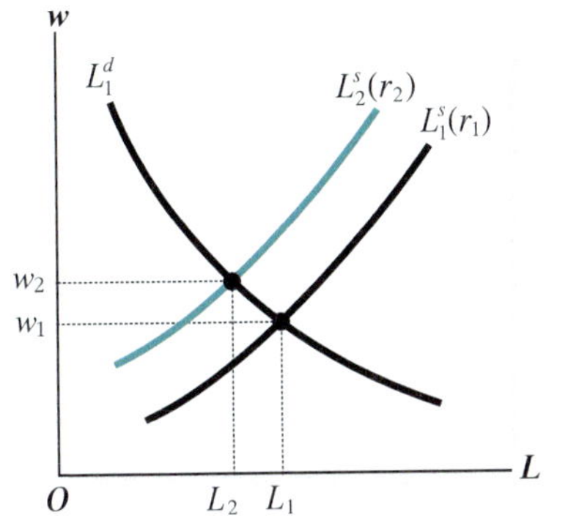

(a) 노동시장

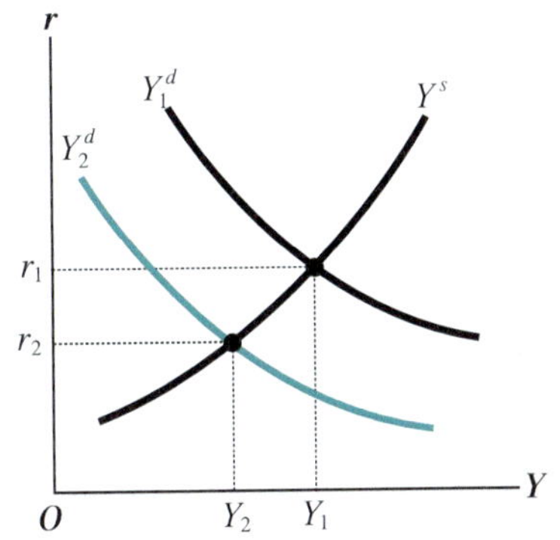

(b) 재화시장

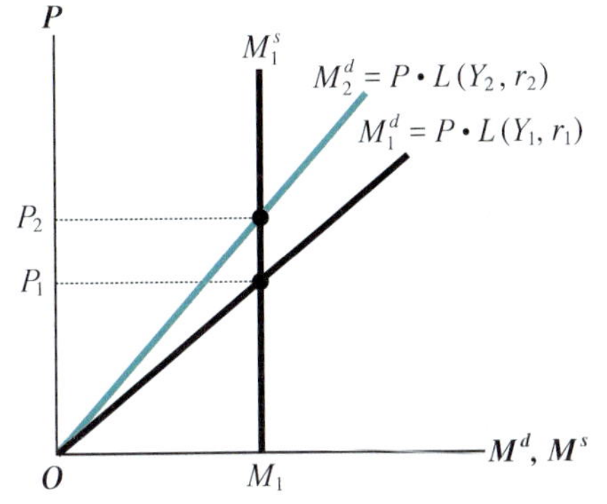

(c) 화폐시장

기업부도위험 증가에 따른 투자의 감소폭이 일부 축소된다. 한편 실질이자율 하락은 노동공급의 기간 간 대체효과에 의해 현재 노동공급의 감소를 가져오므로 노동공급곡선은 좌측이동한다($L_1^s(r_1) \to L_2^s(r_2)$). 따라서 고용이 줄어들고 실질임금이 상승한다. 끝으로 화폐수요의 소득탄력성이 상대적으로 크다고 가정하면 소득 감소에 따라 화폐수요는 감소하고($M_1^d \to M_2^d$) 주어진 화폐공급 하에서 물가는 상승한다.

08 8장(2. 2기간 모형)에서 배운 투자이론을 주택투자에 적용해 보자. 이때 생산물 Y는 주택서비스의 양, K는 주택자본(housing capital), 그리고 L은 주택소유자가 집에서 보내는 시간으로 볼 수 있다. 그리고 2기 말 주택의 청산가격이 p_h라고 하자. 즉, 주택소유자는 2기 말에 주택을 p_h단위의 소비재로 교환할 수 있다고 가정한다.

(1) 최적 주택자본투자의 조건을 도출하라.

해답 본 교재 8장(2. 2기간 모형)에서 살펴보았듯이 기업의 2기간 이윤극대화 문제로부터 기계 · 설비 등 자본재에 대한 최적 투자선택은 감가상각률을 고려한 순자본한계생산성과 이자율이 같아지는 수준에서 결정된다 .

$$MP_{K_2} + (1 - d) = 1 + r$$

여기서 $(1 - d)$는 2기 말 감가상각 후 자본재 1단위의 청산가치로서, 이는 2기 말 자본재 1단위를 소비재 1단위로 교환할 수 있다는 가정 하에서 자본재의 (소비재 표시) 청산가격이 1임을 의미한다.

이제 위의 투자이론을 주택투자에 적용해 보면, 주택투자에 대한 최적 투자는 다음 조건에 의해 결정된다.

$$MP_{K_2} + (1 - d)\,p_h = 1 + r$$

여기서 MP_{K_2}는 주택투자의 한계수익으로서 1기 투자로 늘어난 주택자본이 가져올 2기 주택서비스의 증가를 나타낸다. 그리고 $(1 - d)p_h$는 2기 말 감가상각 후 주택자본 1단위의 청산가치로서, 이는 2기 말 주택 1단위를 p_h단위의 소비재로 교환할 수 있다는 가정 하에서 주택의 (소비재 표시) 청산가격이 p_h임을 의미한다. 또한 한계비용으로서의 이자율(r)은 주택투자에 필요한 자금을 차입으로 조달한 경우 한계차입비용이 되고, 내부자금으로 조달한 경우 대체투자자산의 한계수익률로 해석할 수 있다.

(2) 2기 말 주택 청산가격 p_h 상승이 주택투자에 미치는 영향을 분석 · 설명하라. 현실경제에서 주택가격은 경기침체기에 하락하는 성향을 보인다. 이 모형에 의하면 주택투자는 경기순응적인가? 그 이유를 설명하라.

해답 문제 (1)의 최적 주택투자 조건 $MP_{K_2} + (1 - d)\,p_h = 1 + r$에서 주택 청산가격 p_h의 상승은 주택투자의 한계수익을 증가시켜 $MP_{K_2} + (1 - d)\,p_h > 1 + r$이 된다. 따라서 주택투자의 순수익을 극대화하기 위해서 주택투자의 한계수익이 한계비용과 같아질 때까지 주택투자가 증가할 것이다. 이러한 주택투자의 증가에 따라 그 한계수익인 MP_{K_2}는 감소할 것이다. 한편 주택가격은 호황기에 오르고 불황기에는 떨어지는 것이 보통이므로, 위의 최적 주택투자 조건에 의하면 주택투자가 호황기에 증가하고 불황기에는 감소할 것이다. 즉, 이 모형에 의하면 주택투자가 경기순응적이다.

09 기업이 다음과 같은 생산함수를 사용하여 주거서비스(housing services)를 1기와 2기에 각각 생산한다고 하자.

$$Y = z(H)^{0.5},\ Y' = z'(H')^{0.5}$$

여기서 z, z'는 각각 1기와 2기의 총요소생산성을, H, H'는 각각 1기와 2기에 이 기업이 보유한 주택량(housing stock)을 나타낸다. 이 기업의 1기 주택투자를 I_h라고 하면 $H' = (1-d)H + I_h$의 관계를 갖는다. 이때 d는 주택의 감가상각률이다. 이 기업은 2기 말에 감가상각 후 남은 주택량 $(1-d)H'$을 $p_{h,2}$에 팔 수 있다. 이 경제의 실질이자율은 r이라고 가정한다.

(1) 이 기업이 1기와 2기 이윤의 현재가치를 극대화하기 위한 최적 주택투자 조건을 도출하고 그 의미를 설명하라.

해답

기업의 1기 이윤 : $\Pi_1 = Y - I_h = Y + (1-d)H - H'$

기업의 2기 이윤 : $\Pi_2 = Y' + (1-d)H'p_{h,2}$

$$MAX_{H'}\ \Pi = \Pi_1 + \frac{\Pi_2}{1+r}$$

$$(f.o.c)\ \frac{\partial \Pi}{\partial H'} = -1 + \frac{1}{1+r}[MP_{H'} + (1-d)p_{h,2}] = 0$$

따라서 최적 주택투자 조건은 다음과 같다.

$$MP_{H'} + (1-d)p_{h,2} = 1 + r$$

좌변은 투자의 한계수익, 우변은 투자의 한계비용을 의미한다.

(2) 최적 투자조건에 기초하여 2기 주택가격 $p_{h,2}$의 상승이 1기 주택투자에 미치는 영향을 분석 · 설명하라.

해답 2기 주택가격의 상승은 1기 주택투자의 한계수익을 증가시키므로 1기 주택투자가 증가한다.

(3) 이 기업의 2기 이윤에 비례세 $t(0 < t < 1)$가 부과된다고 하자. 이때 최적 투자조건은 (1)에서 구한 최적 투자조건과 동일한가? 동일하지 않다면 새 최적 투자조건을 도출하고 이러한 비례세의 상승이 주택투자에 미치는 영향을 분석·설명하라.

해답 비례세가 존재하는 경우 기업의 이윤함수는 다음과 같다.

$$\Pi = \Pi_1 + \frac{(1-t)\Pi_2}{1+r}$$

따라서 최적 주택투자 조건은 다음과 같다.

$$MP_{H'} + (1-d)p_{h,2} = \frac{1+r}{1-t}$$

비례세가 없을 때($t = 0$)보다 비례세가 있는 경우($0 < t < 1$) 투자의 한계비용이 증가하므로 투자가 감소한다.

10 현재 어떤 아파트의 가격이 P_t이다. 어떤 투자자가 은행으로부터 아파트 구입자금 전액을 1년간 차입하여 그 아파트를 구입하고 1년 뒤 이를 시장에 되팔아 은행 부채를 청산한다고 하자. 투자자는 부채 청산을 위해 은행에 원금과 연간 이자율 i_t로 이자를 지불해야 하며, 1년 뒤 판매가격은 P_{t+1}에서 결정된다. 수수료, 세금, 감가상각 등 기타 거래비용과 보유비용은 발생하지 않는다고 가정한다.

(1) 위와 같은 방법으로 투자자가 해당 아파트를 1년간 소유할 때 발생하는 투자자의 사용자비용을 구하라. (단, 사용자비용은 양(+)의 값이다.)

해답 본 교재 18장(2.4 주택투자)에서 살펴보았듯이 아파트 사용자비용에는 우선 아파트를 구입하는 데 지불한 가격 P_t와 이자비용의 합 $(1+i_t)P_t$가 포함된다. 둘째, 1년 뒤 아파트 가격 P_{t+1}이 상승 또는 하락하면 각각 자본이득 또는 자본손실이 발생한다. 따라서 아파트 가격 상승분 $(P_{t+1} - P_t)$의 비용은 $-(P_{t+1} - P_t)$가 된다. 따라서 수수료, 세금, 감가상각 등이 발생하지 않는 경우 투자자가 해당 아파트를 1년간 소유할 때 발생하는 사용자비용 u_t는 다음과 같다.

$$u_t = (1+i_t)P_t - (P_{t+1} - P_t)$$

(2) 현재 그 아파트의 전세가격은 R_t이다. 임차인이 필요한 전세대금을 전액 은행으로부터 차입하여 지급하고 아파트에 입주하였다. 1년 후 전세대금을 환급받아 전세계약을 해지하고 은행 부채를 청산할 경우, 임차인에게 발생하는 비용을 구하라. (단, 연간 이자율은 i_t로 위의 경우와 동일하며, 다른 비용은 발생하지 않는다.)

해답 소비자가 아파트 구입 대신에 아파트를 전세로 임대한다고 하자. 이때 아파트 임차인에게 발생하는 비용은 먼저 전세가격 R_t와 이자비용의 합인 $(1+i_t)R_t$가 된다.

(3) (1)의 사용자비용과 (2)의 임차인비용이 같아지는 수준에서 전세가격이 결정될 경우, 은행 이자율이 불변인 상태에서 아파트의 가격상승률이 하락한다면, $\frac{R_t}{P_t}$의 비율이 어떤 방향으로 변할지 $\frac{R_t}{P_t}$를 아파트 가격 상승률의 함수로 도출하여 설명하라.

해답 (1)의 사용자비용(u_t)과 (2)의 임차인비용 $(1+i_t)R_t$가 같아지는 수준에서 결정되는 전세가격 R_t는 다음 식을 충족한다.

$$(1+i_t)P_t-(P_{t+1}-P_t)=(1+i_t)R_t$$

양변을 아파트 가격 P_t로 나눈 뒤 $\frac{R_t}{P_t}$에 대해 정리하면 다음과 같다.

$$\frac{R_t}{P_t}=1-\frac{1}{1+i_t}\left(\frac{P_{t+1}-P_t}{P_t}\right)$$

따라서 아파트 가격 대비 전세가격 비율 $\frac{R_t}{P_t}$, 즉 아파트 전세율은 시장이자율(i_t)이 오를수록, 아파트 가격 상승률($\frac{P_{t+1}-P_t}{P_t}$)이 낮을수록 상승한다.

(2013년 행정고시 기출문제)

11 2008년 금융위기와 같이 불확실성의 증가에 따른 기업부도위험(또는 디폴트 프리미엄)의 증가가 투자에 미치는 영향을 신고전학파의 (2기간) 투자이론을 이용하여 설명하라.

해답 본 교재 18장(2.3 불완전 신용시장과 투자)에서 살펴보았듯이 기업부도위험(또는 디폴트 프리미엄)의 증가($x_1 \rightarrow x_2$)는 〈그림 18-11〉에서와 같이 주어진 실질이자율(r) 수준에서 기업 투자의 감소를 가져올 것이다.

그림 18-11

기업부도위험의 증가와 투자

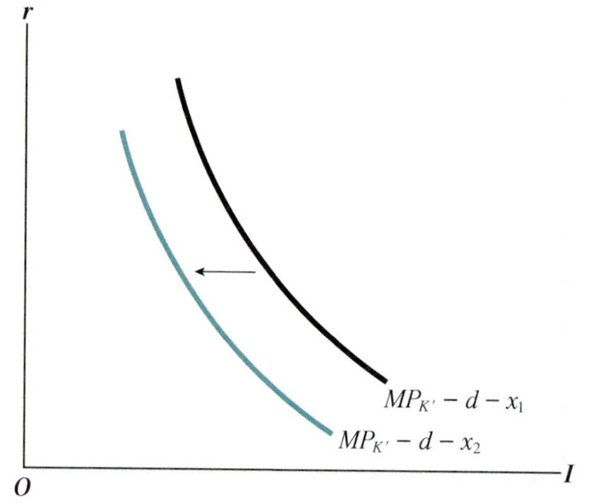

12 최근 글로벌 금융위기 등 세계 경제의 불확실성 증가에 기인한 소비침체와 투자 감소가 전 세계적으로 나타나고 있는 것으로 보인다. 이러한 불확실성과 소비, 투자 간의 관계를 이론적으로 설명하고, 이와 관련된 정부정책의 역할에 대하여 논하라.

해답 여기서 불확실성은 소득과 자산가격 등 경제변수의 불확실성을 의미한다. 이러한 불확실성이 소비, 투자에 미치는 영향은 다음과 같다.

① 불확실성과 소비 : 예비적 저축 가설

본 교재 18장(1.1.2 예비적 저축 가설)에서 설명했듯이 소득의 불확실성이 존재하는 경우 소비는 단순히 랜덤워크하기보다는 미래의 예기치 못한 소득변화에 대비하여 추가로 조정된다. 예비적 저축 가설(precautionary saving hypothesis)에 의하면 미래소득의 불확실성이 증대되는 경우 미래소비의 기대한계효용이 증가하므로, 기간 간 고른 소비를 선호하는 소비자는 저축을 늘려 미래소비를 늘리고 현재소비는 줄인다.

② 불확실성과 투자 : 투자옵션모형과 재고소진 기피 모형

본 교재 18장(2.2 불확실성과 투자)에서 알아보았듯이, 투자의 결정요인으로 기업가의 야성적 충동(animal spirits)을 강조한 케인즈에 의하면 불확실성이 증가하는 경우 기업가의 미래 이윤전망이 불투명하게 되면서 투자가 위축된다.

이러한 케인즈의 아이디어를 발전시킨 이론으로서 투자옵션모형과 재고소진 기피 모형이 있는데, 전자는 불확실성과 설비투자 간 역의 관계를, 후자는 불확실성과 재고투자 간 정의 관계를 설명하려는 시도이다. 투자옵션모형에 의하면, 경제의 불확실성이 증가하여 가격의 변동폭이 예전에 비해 더 커지는 경우 기업은 설비투자의 비가역성(irreversibility) 및 가격이 떨어질 때의 손실을 고려해 시장진입을 미루면서 좋은 투자시점이 오기를 기다리는 선택권(option)을 가지려 하므로 현재의 투자가 감소한다. 한편 재고소진 기피 모형에 의하면 수요변화의 불확실성이 재고소진의 상황을 우려하여 기업으로 하여금 재고투자를 늘리도록 유도한다는 것이다.

③ 정부정책

정부는 세계 경제의 불확실성이 우리 경제에 미치는 영향을 명확히 예측하고, 이에 대하여 거시정책(재정정책 및 통화정책)과 미시정책(기업 투자 및 소비 활성화)을 통해 그 부정적 영향을 최소화해야 할 것이다. 또한 정부는 정책의 투명성 · 예측가능성을 높임으로서 정부정책의 불확실성을 최소화하며, 궁극적으로 정부정책에 대한 국민의 신뢰를 제고하여 경제의 불확실성을 줄이려는 노력을 해야 할 것이다.

13 이자율은 국민경제 전체에 커다란 영향을 미친다. 다른 조건이 일정한 경우, 이자율이 하락하면 투자가 증가하고 이자율이 상승하면 투자가 감소하는 것이 일반적이다. 그런데 현실경제에서 이자율이 낮은 수준인데도 투자가 증가하지 않는 경우도 있다.

(1) 이자율결정이론을 세 가지 이상 열거하고, 각각을 설명하라.

해답 **① 투자의 현재가치법과 대부자금이론**

본 교재 9장(3. 대부자금시장의 균형)에서 살펴보았듯이 대부자금시장은 저축자와 차입자가 이자를 매개로 하여 자금이 거래되는 시장으로, 대부자금 수요와 공급에 의해 이자율이 결정된다. 먼저 대부자금 공급은 민간저축과 정부저축의 합, 즉 $(Y-C-T)+(T-G)=S(r)$로 정의되고, 대부자금 수요는 투자 $I(r)$로 정의된다. 이때 이자율이 높을수록 소비의 기회비용이 커지므로 저축이 증가하고 $S(r)$은 이자율에 대해 우상향한다. 반면에 이자율이 높을수록 투자비용이 증가하고 예상수익의 현재가치가 감소하므로, 결국 투자는 감소하고 $I(r)$은 이자율에 대해 우하향한다. 따라서 〈그림 18-13-1〉의 (a)와 같이 대부자

그림 18-13-1

대부자금이론과 유동성선호이론

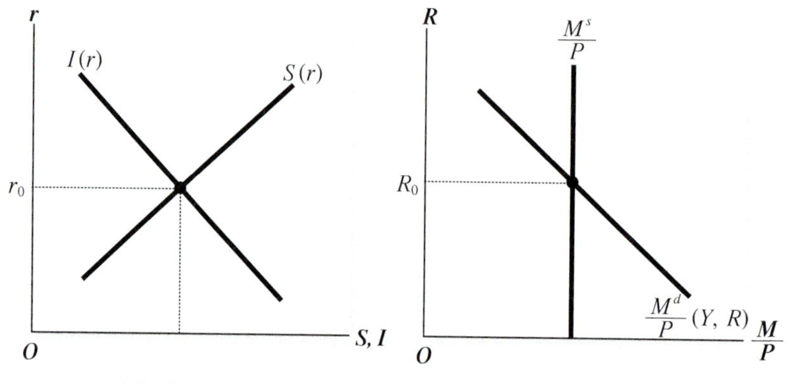

(a) 대부자금이론 (b) 유동성선호이론

금 공급곡선 $S(r)$과 대부자금 수요곡선 $I(r)$이 만나는 점에서 균형이자율이 결정된다.

② 투자의 한계효율법과 대부자금이론

케인즈는 『일반이론』의 제11장에서 투자가 기업가의 주관적 기대수익률인 한계효율(marginal efficiency of investment ; MEI)과 그 기회비용인 시장이자율이 일치하는 수준에서 결정된다고 주장했다. 만약 이자율이 상승하면 상대적으로 높은 이자율보다 작은 MEI를 갖는 투자계획은 실행되지 않을 것이다. 그 결과 투자는 이자율과 역의 관계를 갖는데, 이는 투자의 현재가치법에 의한 분석과 동일한 결론이다. 따라서 투자의 한계효율법 하에서도 〈그림 18-13-1〉의 (a)와 같이 이자율에 대해 우하향하는 대부자금 수요곡선과 우상향하는 대부자금 공급곡선이 만나는 점에서 균형이자율이 결정된다.

③ 유동성선호이론

본 교재 10장(1. 화폐수량설 : 통화량과 물가)에서 간략히 언급한 바와 같이 케인즈는 이자율이 화폐시장에서 경제주체들의 유동성선호와 화폐공급의 상호작용에 의해 결정된다는 유동성선호설을 주장하였다. 〈그림 18-13-1〉의 (b)에서 균형이자율(R_0)은 이자율에 대해 우하향하는 실질화폐수요 $\frac{M^d}{P}(Y, R)$과 이자율에 외생적인 실질화폐공급 $\frac{M^s}{P}$가 일치하는 수준에서 결정된다.

(2) 이자율의 변화가 부동산 가격에 영향을 미칠 수 있다. 그 경로를 설명하라.

해답 이자율이 내려가면 미래 주택임대소득 흐름의 현재가치가 증가하므로 주택 가격은 상승한다. 구체적으로 부동산에 대한 수요의 관점에서 볼 때 이자율이 내려가면 우선 예금의 수익성이 채권, 주식, 부동산 등 대체자산의 수익성보다 낮아진다. 따라서 대체투자자산으로서 또는 포트폴리오의 다변화를 추구하는 과정에서 부동산에 대한 수요가 증가할 수 있고, 이는 부동산 가격을 상승시킨다. 한편 은행도 이자율이 떨어지면 상대적으로 유동성 확보가 쉬워지므로 주택담보대출을 늘림으로써 부동산 수요를 부추길 수 있다.

(3) 이자율이 낮은 수준인데도 투자가 증가하지 않는 경우에 대하여 그 이유를 이론적 근거를 들어 설명하라.

해답 경기침체기의 낮은 이자율 수준에서도 투자가 늘어나지 않는 대표적 이유로서 경제의 불확실성 증가를 들 수 있다. 이러한 불확실성과 투자 간의 관계에 대한 이론적 근거로는 케인즈의 야성적 충동과 딕싯의 투자옵션모형이 있는데, 이들 이론에 대한 설명은 본 교재 18장(2.2 불확실성과 투자)에 자세히 정리되어 있다.

(2009년 행정고시 기출문제)

14 다음의 상황들을 지금까지 배운 투자이론에 비추어 설명해 보라.

(1) 차세대 이동통신사업에 진출하고자 하는 기업은 10억원 상당의 장비를 갖추어야 한다. 100만 주의 주식을 발행한 A기업이 이동통신사업자로 선정될 것이라는 소문에 주당 100원 하던 A기업의 주가는 1만원으로 치솟았다. A기업은 실제로 10억원 상당의 장비를 갖추어 차세대 이동통신사업에 진출하겠는가?

해답 본 교재 18장 2절(투자이론)에서 알아본 토빈의 q 이론에 의하면

$q = \dfrac{\text{주식시장에서 평가된 기업의 시장가치}}{\text{기업의 실물자본 대체비용}}$ 로 정의되는 q값이 상승할수록 투자가 증가한다. 왜냐하면 자본재의 수익성이 반영된 기업의 시장가치가 자본재 구입가격보다 크면($q>1$) 기업은 실물자본을 구입할 것이기 때문이다.

문제에서 A기업이 차세대 이동통신사업에 진출하는 데 필요한 실물자본 구

입비용은 10억원인 데 비해, 주식시장에서 평가된 차세대 이동통신사업의 가치는 100억원(100만 주 × 1만원)이다. 따라서 *A*기업은 차세대 이동통신사업에 진출하기 위해 실물자본에 투자할 유인이 있다.

그러나 주식시장의 평가와는 달리, *A*기업은 차세대 이동통신사업에 진출할 경우 실제로 100억원의 수익을 낼 수 있을지에 대하여 회의적일 수 있다. 즉, 주식시장에서 평가된 차세대 이동통신사업의 가치 100억원이 '거품(bubble)'에 의해 실제 수익성보다 과대평가된 것일 수 있다. 만약 *A*기업이 자체 평가한 결과 차세대 이동통신사업의 실제 수익성이 10억원을 넘지 않는다고 판단된다면, *A*기업은 차세대 이동통신사업에 진출하는 데 필요한 실물자본에 투자하지 않을 것이다.

(2) 그런데 경쟁기업인 *B*기업이 차세대 이동통신기술을 대체할 신기술 개발에 성공하였고, 이를 상용화하려는 연구가 진행 중이라는 보도가 있었다. 또한 차세대 이동통신용 단말기로는 신기술에 의한 이동통신 서비스를 이용할 수 없다고 한다. 이에 따라 차세대 이동통신사업의 수요가 불확실해진 상황이라면 *A*기업은 차세대 이동통신사업에 진출하겠는가?

해답 실물자본에 대한 투자는 일종의 비가역성(irreversibilty)을 갖는다. 이러한 성격 때문에 설비투자의 진입가격(entry price)은 정상이윤 수준을 상회하여 형성된다. 그런데 투자옵션모형에 의하면, 이 진입가격은 불확실성에 많은 영향을 받는다. 투자의 비가역성 때문에 실물자본에 투하된 자본을 회수하기 어려우므로, 장래의 수익 전망이 불투명한 경우 기업들은 즉시 시장진입을 결정하기보다는 일정 시간 관망함으로써 잘못된 투자결정으로 인해 초래될 막대한 손실을 회피하려고 할 것이기 때문이다. 결국 투자옵션모형은 경제의 불확실성 증대가 기업들의 관망심리를 부추겨 설비투자를 위축시킬 수 있음을 시사한다.

문제의 상황에서 *A*기업은 경쟁기업인 *B*기업의 신기술 상용화 연구결과에 따라 장래 수익성이 달라질 수 있는 불확실성에 직면해 있다. 즉, *B*기업의 신기술 상용화 연구가 실패하면 90억원(= 100억원 − 10억원)의 이윤을 누릴 수 있지만, *B*기업의 신기술 상용화 연구가 성공하면 최대 10억원(= 0 − 10억원)까지 고정비용 손실을 볼 수 있다. 이와 같이 불확실성에 직면한 *A*기업은 차세대 이동통신의 수익성과 B기업의 연구 성공 가능성에 대해 보다 면밀히 조사하려 할 것이고, 이에 따라 차세대 이동통신사업에의 진출 결정을 지연할 수 있다.

(3) 한편, B기업이 신기술의 상용화에 성공하여 차세대 이동통신사업의 장래 수익성이 매우 낮아졌다고 한다. 이때 A기업이 B기업의 신기술 상용화 이전에 차세대 이동통신사업에 진입한 경우와 A기업의 진입 이전에 신기술의 상용화가 이루어진 경우를 비교하고, 거시경제에서 거시변수의 시간경로가 갖는 의미를 설명하라.

해답 A기업의 진입 이전에 B기업의 신기술 상용화가 성공적으로 이루어진 경우는 질문 (2)에서 논의했으므로, 여기서는 A기업이 차세대 이동통신사업 진출을 결정한 후에 B기업의 상용화 연구가 성공하여 A기업의 수익성이 급격히 하락한 경우를 상정한다.

이 경제에 차세대 이동통신과 신기술이 공존할 가능성은 신기술이 어느 정도, 그리고 얼마나 빨리 차세대 이동통신을 대체할 것인가에 달려 있다. 신기술을 사용한 이동통신 서비스가 급속하고 완전하게 차세대 이동통신 서비스를 대체한다면, 차세대 이동통신사업은 10억원의 고정비용을 회수할 수요가 전혀 없기 때문에 A기업은 이동통신 서비스 시장에서 탈퇴하기로 결정할 것이다. 그 결과 이 경제에는 신기술을 사용한 이동통신 서비스만이 존재하게 된다. 그러나 대체속도가 완만하고 대체 정도가 불완전하여 차세대 이동통신사업에도 10억원의 고정자본 투자를 회수할 만큼의 수요가 존재한다면, A기업은 이동통신 서비스 시장에서 사업을 지속할 수도 있다. 이때 A기업이 고정투자금액만을 회수하는 10억원의 매출을 누리고 있다면, A기업은 가변자본만큼 손실을 보면서 사업을 하고 있는 셈인데, 이것은 투자의 비가역성 때문에 투하된 설비투자를 폐기하는 것보다는 손실을 극소화하면서 사업을 계속하는 것이 유리할 수 있기 때문이다. 이와 같이 A기업이 이동통신사업에 남아 있기로 결정하였다면, 이 경제에는 차세대 이동통신기술과 신기술을 채용한 이동통신 서비스가 공존하게 될 것이다.

이 문제에서 고정자본에의 투자 여부는 수익성 수준뿐만 아니라 그 시간경로에도 달려 있다는 것을 확인할 수 있다. 즉, 불확실성 속에서 일단 고정자본 투자를 결정한 기업은 투자의 비가역성 때문에 수익성이 만족스럽지 않아도 쉽게 투자를 철회하지 않는 것이다. 결국 투자 수익성이 어떠한 시간경로를 밟아왔는가에 따라 한 경제에 두 종류의 이동통신사업이 존재할 수도 있고, 한 종류의 이동통신사업만이 존재할 수도 있다.

chapter 19

노동시장이론

01 현실경제에서 구인율(vacancy rate) 혹은 '빈 일자리 비율'은 실업률과 음(-)의 상관관계를 보여왔다. 이처럼 실업률과 구인율 간 역의 관계를 나타낸 곡선을 베버리지 곡선(Beveridge curve)이라고 한다. 〈이론과 실제 1〉의 〈그림 1〉에 의하면 2001~2008년 8월까지 안정적인 우하향곡선 상에 있었던 구인율 · 실업률 조합은 2008년 말 대침체 이후에는 우측이동한 베버리지 곡선 상에 있는 것으로 보인다. 노동탐색모형을 이용하여 이러한 베버리지 곡선의 우측이동이 당시 노동자들의 기술과 기업이 필요로 하는 기술 간 매칭이 효율적으로 이루어지지 못한(mismatch skills) 데 기인한다는 주장을 분석 · 설명하라.

해답 본 교재 19장(이론과 실제 1 : 일자리 매칭 효율성 하락과 베버리지 곡선의 이동)에서 논의했듯이 베버리지 곡선의 우측이동은 구인율에는 변화 없이 실업률이 상승하는 것을 의미한다. 노동탐색모형을 이용한 이러한 현상의 설명은 본 교재 19장(1.4 산업충격과 노동시장, pp.559~561)에 자세히 정리되어 있다.

02 노동탐색모형을 이용하여 다음이 각각 경제활동인구, 기업 구인광고, 실업률, 총생산, 구인율에 미치는 영향을 분석 · 설명하라.

(1) 실업수당(b)의 증가

해답 실업수당이 증가하면($b_1 \rightarrow b_2$) 내쉬협상에 의해 결정되는 임금이 증가하면서 기업의 기대수익이 감소하기 때문에 구인광고를 내는 기업의 수가 감소하게 되고 〈그림 19-2-1〉의 (b)와 같이 노동탐색의 수급상태가 악화된다($j_1 \rightarrow j_2$). 한편 노동탐색의 공급 측면에서 실업수당의 증가는 노동자의 기대수익을 증가시키므로 구직자의 수가 늘어날 수 있다. 그러나 노동탐색의 수급상태 악화로 인해 노동자가 원하는 일자리를 찾을 확률이 낮아지는 효과가 크다고 가정하면 (a)에서처럼 구직자 수는 감소하게 된다($Q_1 \rightarrow Q_2$). 따라서 노동탐색의 수급상태가 악화되고 구직자 수가 감소한 결과 실업률은 증가하고 구인

그림 19-2-1

실업수당의 증가

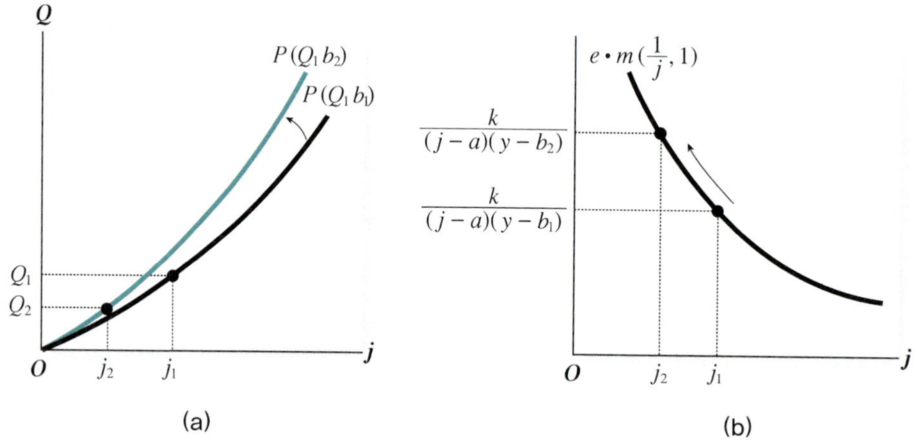

율은 감소한다. 끝으로 노동탐색모형의 균형총산출량은 실업수당이 증가한 결과 감소한다.

(2) 구인광고 비용(k)의 상승

해답 구인광고의 비용이 증가하면($k_1 \rightarrow k_2$) 기업의 기대수익이 감소하기 때문에 늘어난 비용을 부담하면서 구인광고를 내는 기업의 수가 감소하게 되고 〈그림 19-2-2〉의 (b)와 같이 노동탐색의 수급상태가 악화된다($j_1 \rightarrow j_2$). 한편 노동수급상태의 악화로 인해 노동자가 원하는 일자리를 찾을 확률이 낮아지면서 노동탐색의 공급 측면에서 구직자의 수도 감소하게 된다($Q_1 \rightarrow Q_2$). 따라서 노동탐색의 수급상태가 악화되고 구직자의 수가 감소한 결과 실업률은 증가하고 구인율은 감소한다. 끝으로 노동탐색모형의 균형총산출량은 감소하는데, 이는 구인광고 비용의 증가로 노동탐색의 수급상태가 악화되고 구직자 수가 감소하기 때문이다.

그림 19-2-2

구인광고 비용의 상승

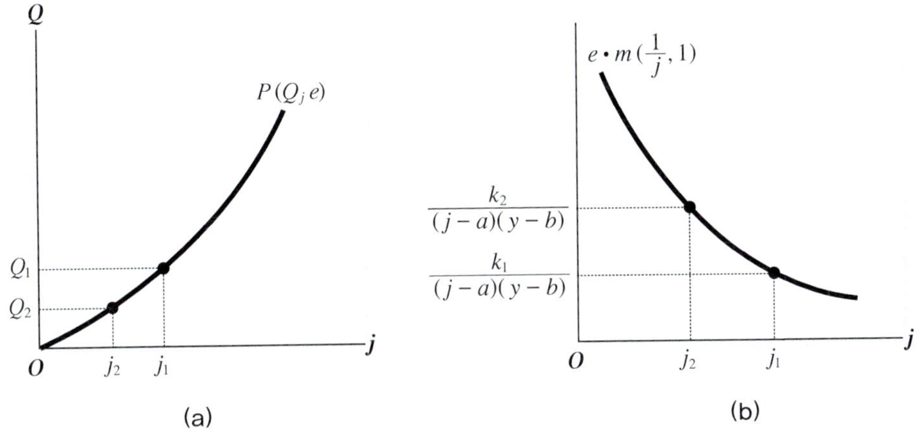

03 효율성임금 가설의 실질임금 경직성이 반영된 거시경제모형을 이용하여 미래 총요소생산성의 증가가 국민소득, 소비, 투자, 고용, 실질이자율, 실질임금, 그리고 물가수준에 미치는 영향을 분석 · 설명하라.

해답 본 교재 19장(2.2.1 효율성임금 가설 ; 3.2 실질임금 경직성과 경기변동)에서 살펴보았듯이, 효율성임금 가설에 의하면 고용은 효율성임금 수준에서 노동수요에 의해 결정된다. 이때 노동수요는 실질이자율과 독립적으로 결정되므로 노동수요에 의해 결정되는 총산출량 역시 이자율 수준에 관계없이 결정된다. 따라서 실질총공급곡선은 〈그림 19−3〉의 (b)에서와 같이 수직선이 된다.

미래 총요소생산성의 증가는 미래 자본한계생산의 증가와 미래소득의 증가를 통해 각각 현재 투자 및 소비의 증가를 가져오므로 (b)에서 실질총수요곡선의 우측이동($Y_1^d \rightarrow Y_2^d$)을 가져온다. 그 결과 총생산(국민소득)은 변하지 않고 실질이자율만 상승한다($r_1 \rightarrow r_2$). 노동공급의 기간 간 대체에 따라 (a)에서 노동공급곡선이 $L^s(r_1)$에서 $L^s(r_2)$로 우측이동함에 따라 노동의 초과공급, 즉 실업은 $(L_1^s - L_1)$에서 $(L_2^s - L_1)$으로 증가한다. 한편 소득 불변과 이자율 상승은 (c)에서 실질화폐수요를 감소시키므로 균형물가수준은 P_1에서 P_2로 상승한다. 미래 총요소생산성의 증가로 인한 투자 · 소비의 증가는 실질이자율 상승에 따른 투자 · 소비의 감소로 상쇄되어 결국 변하지 않는다.

그림 19-3

효율성임금과 미래 총요소생산성의 증가

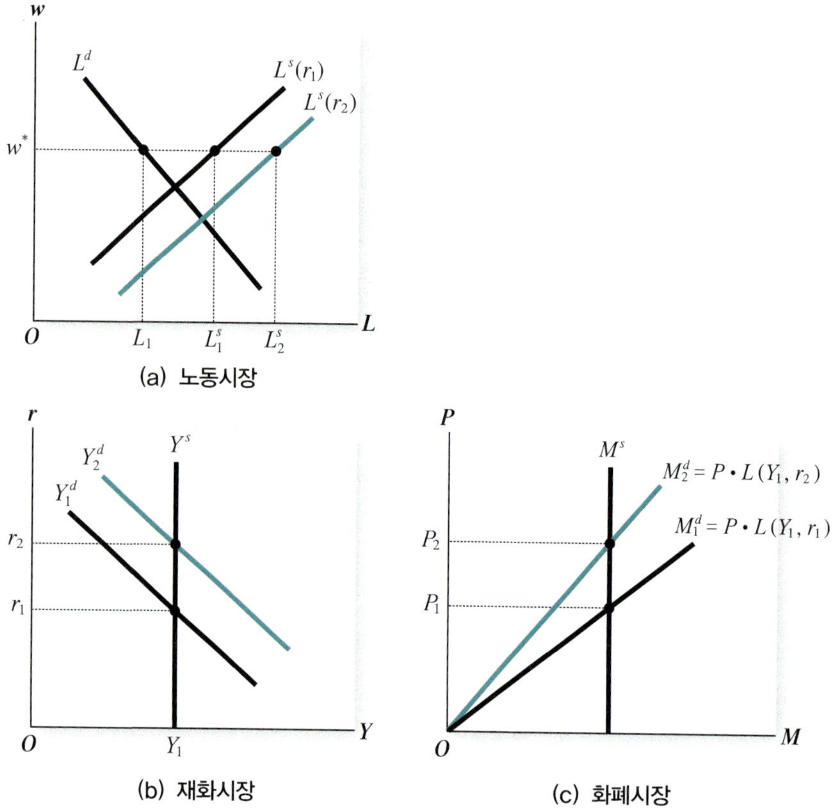

chapter 20

금융과 경기변동이론

01 이 장의 [표 20-1]에 소개된 우리나라의 금융거래표(2019년)를 보고 다음 물음에 답하라.

(1) 금융 법인기업의 자본계정(또는 비금융계정)에서 저축액과 투자액을 구하라. 만약 저축과 투자가 차이가 난다면, 저축초과액 또는 저축부족액의 크기를 구하라.

해답 저축액은 22.1조원, 투자액은 10.4조원으로 저축액이 투자액보다 크다. 따라서 저축액에서 투자액을 뺀 저축초과액(또는 저축-투자 차액)은 11.7조원이다.

(2) 금융 법인기업이 금융계정을 통해 외부로부터 조달한 총 금액을 구하고, 그 조달수단을 열거하라. 이 중 금융자산의 형태로 운용된 자금을 구하고, 그 운용수단을 열거하라. 금융 법인기업의 경우 운용자금과 조달자금의 차액이 저축 · 투자 차액과 일치하는가?

해답 외부로부터 조달한 총 금액은 615조원으로 현금 및 예금, 보험 및 연금, 채권, 대출금 등을 통해 자금을 조달하였다. 금융자산의 형태로 운용된 자금은 618.7조원이며 운용수단은 앞서 열거한 조달수단과 동일하다. 따라서 운용자금과 조달자금의 차액은 3.6조원으로 저축-투자 차액(11.7조원)과 일치하지 않는다.

(3) 개인부문에서의 투자와 저축은 일치하는가? 만약 일치하지 않는다면 저축초과액 또는 저축부족액의 액수는 얼마나 되는가? 개인부문의 운용자금 중 예금과 유가증권의 형태로 운용된 비율을 각각 구하라.

해답 개인부문(가계 및 비영리단체)의 투자는 114.1조원, 저축은 143.1조원으로 투자와 저축이 일치하지 않는다. 이때 저축초과액(저축액 - 투자액)은 29조원이다. 개인부문의 운용자금(181.6조원) 중 현금 및 예금이 130.7조원, 유가증권

중 채권이 −17.3조원이므로 예금으로 운용된 비율은 약 72%(= 130.7/181.6)이고, 채권은 추가 매입 대신에 약 9.5%(= 17.3/181.6)를 매각한 것으로 보인다.

(4) 해외부문에서 도입된 외채의 크기를 구하라. 이 외채는 각각 어느 부문에서 얼마나 사용되었는가?

해답 금융거래표의 국외부문은 외국의 입장에서 기술한 것이기 때문에 우리나라가 해외로부터 조달한 자금은 국외부문의 금융계정 중 운용항목으로, 우리나라가 해외에서 운용한 자금은 원천항목으로 나타난다. 2019년 우리나라가 국외부문을 통해 들어온 외채는 −44.9조원으로 이는 우리나라가 해외에 약 45조원의 자금을 공급했음을 의미하며, 경상수지 흑자로 벌어들인 64.5조원과 함께 채권(19.6조원)과 기타자금(92.1조원)으로 운용되었다.

02 1990년대 일본의 장기불황을 자산 · 부채의 대차대조표 효과를 이용하여 설명하라.

해답 1990년대 초 일본 경제는 부동산 가격 버블이 붕괴되면서 자산가격이 대폭 하락하였다. 이는 본 교재 20장(2.2.2 기업의 자산가격 변동 효과)에서 논의했듯이 기업의 담보물가치를 하락시켜 신규 차입의 축소와 함께 투자를 감소시킨다. 즉, 대차대조표의 차변(借邊)을 구성하는 자산의 가격 하락이 담보물가치의 하락을 통해 투자를 감소시키면서 경기침체를 증폭시키는 경로(propagation mechanism)로 작용하였다.

한편 본 교재 20장(2.2.1 기업의 부채 · 자본구성 효과)에서 논의했듯이 기업의 유보이윤이 감소하고 자기자본 규모 역시 감소하는 불황기에는 차입제약 하에 있는 기업의 외부자금 조달 관련 대리인 비용이 증가함에 따라 투자를 위한 외부차입이 줄어들게 된다. 1930년대 대공황 당시에도 대차대조표의 대변(貸邊)을 구성하는 부채 및 자기자본 중 자기자본 규모의 감소에 따른 대리인 비용 증가가 투자 감소를 통해 경기침체를 더 악화시켰다.

03 우리 경제는 최근 내수, 즉 소비와 투자가 급속히 위축되는 가운데 부동산 가격이 폭등하는 현상을 경험하였다. 일견 서로 모순되는 것처럼 보이는 이 두 가지 현상을 이론적으로 설명할 수 있는 공통의 요인들을 찾고자 한다. 경제주체들의 '이자율 하락 예상'이나 '미래소득의 불확실성 증가'를 이용하여 위 두 가지 현상이 동시에 발생할

수 있음을 각각 이론적으로 설명하라.

해답 경제주체의 이자율 하락 예상은 미래 주택임대소득의 현재가치로 결정되는 주택가격을 상승시킨다. 한편 주택가격의 상승은 부(富)의 효과와 대차대조표 효과를 통해 소비와 투자를 증가시키는 요인이 되지만, 동시에 미래소득과 자산가격 변동의 불확실성 증가는 본 교재 18장(1.1 불확실성과 소비; 2.2 불확실성과 투자)에서 설펴보았듯이 소비와 투자를 감소시키는 요인이 된다. 이러한 불확실성 증가의 효과가 더 클 때 소비와 투자는 감소할 것이다.

(2006년 행정고시 기출문제 일부 변형)

04 다음과 같은 다이아몬드-디비히 모형을 가정하자. 세 기간 0, 1, 2 동안 생존하는 N명의 소비자가 있다. 각 소비자는 0기에 재화 1단위를 받아서 생산기술에 투자한 뒤 1기에 회수하면 재화 1단위를 그대로 돌려받고 2기에는 아무런 수익을 얻지 못한다. 2기까지 기다리면 2기에 재화 $(1+r)$단위를 얻는다. 소비자는 1기 소비만을 원하는 소비자와 2기 소비만을 원하는 소비자로 나누어진다. 자신이 1기 소비자인지, 2기 소비자인지는 1기가 되어서야 알게 된다. t의 확률로 1기 소비자가 될 때 소비자의 기대효용은 다음과 같다.

$$t\sqrt{C} + (1-t)\sqrt{C'}$$

(1) 이 모형에서 은행이 예금계약을 제공한다고 하자. 균형예금계약 C_1^*, C_2^*를 구하라. 그리고 이 결과를 (C, C') 평면에 예산제약식과 함께 그래프로 나타내고 은행이 없는 경우와 비교·설명하라.

해답 $MRS_{C,C'} = \dfrac{t\sqrt{C'}}{(1-t)\sqrt{C}} = \dfrac{t(1+r)}{1-t}$과 예산제약 $C' = -\dfrac{t(1+r)}{1-t}C + \dfrac{1+r}{1-t}$을 연립하여 풀면, 다음과 같이 1기와 2기의 최적면소비가 도출된다.

$$C_1^* = \frac{1}{1+r(1-t)},\ C_2^* = \frac{(1+r)^2}{1+r(1-t)}$$

여기서 $C_1^* < 1 < 1+r < C_2^*$을 쉽게 확인할 수 있으며, 〈그림 20-4〉에서 점 A는 바로 이 최적 소비 조합을 나타낸다. 이는 또한 〈그림 20-4〉에서와 같이 은행이 소비자에게 제공하는 예금계약 점 A가 은행이 없었을 때의 소비 $(C, C') = (1, 1+r)$을 나타내는 점 D보다 더 높은 효용을 가져온다는 것을 의미한다.

그림 20-4

은행의 균형예금계약

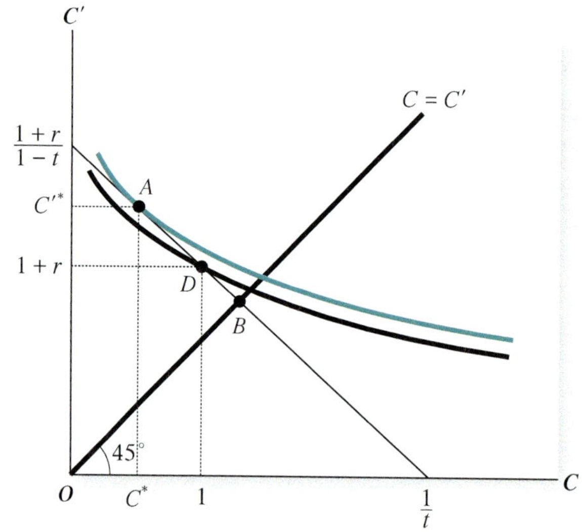

(2) (1)번의 결과에 따르면 2기 소비자가 1기 소비자라고 거짓말을 할 유인이 존재하는가? 그 이유를 설명하라. 만약 이러한 '나쁜 균형'이 존재한다면 이를 방지할 수 있는 방안은 무엇인가?

해답 $C_1^* < C_2^*$이기 때문에 1기에 예금을 인출하는 것이 2기까지 기다리는 것보다 효용이 낮으므로 2기 소비자가 1기 소비자라고 거짓말을 할 유인은 존재하지 않는다. 또한 본 교재 20장(3.1.2 뱅크런)에서와 달리 여기서는 $C_1^* < 1$이므로 2기 소비를 원하는 특정 소비자가 다른 2기 소비자들이 모두 1기에 예금을 인출할 것이라고 믿더라도 은행이 예금인출수요를 모두 충족할 수 있으므로 뱅크런(bank run), 즉 '나쁜 균형'이 나타나지 않는다.

05 다음 물음에 답하라.

(1) 우리나라 가계의 금융부채가 주택담보대출을 중심으로 증가하는 상황에서 금리 인상과 총부채상환비율(debt-to-income ratio ; DTI) 규제 부활이 주택가격에 미치는 영향을 설명하라.

해답 전통적인 자산가격 결정 이론으로 여겨지는 현재가치법에 따르면 주택가격(p_t)은 다음과 같이 미래 주택임대소득 흐름 $d_{t+i+1}(i = 0, 1, 2, \cdots)$의 기대현재가치 합으로 나타낼 수 있다.

$$p_t = E_t \sum_{i=0}^{\infty} \frac{d_{t+i+1}}{(1+r)^{i+1}}$$

또한 주택가격의 거품 존재 가능성을 고려해 다음과 같이 합리적 거품(rational bubble)을 정의할 수 있다.

$$b_t = \beta E_t b_{t+1} \quad (0 < \beta < 1)$$

따라서 주택가격은 미래 주택임대소득의 기대현재가치 합에 합리적 거품이 더해진 값으로 결정된다고 볼 수 있다.

$$p_t = E_t \sum_{i=0}^{\infty} \frac{d_{t+i+1}}{(1+r)^{i+1}} + b_t$$

먼저 금리(r)가 인상될 경우 위 식에서 미래 주택임대소득 흐름의 기대현재가치($E_t \sum_{i=0}^{\infty} \frac{d_{t+i+1}}{(1+r)^{i+1}}$)가 감소하므로 주택가격이 하락한다. DTI 규제 부활도 투기적 주택수요를 억제함으로써 거품(b_t)을 감소시켜 주택가격의 하락을 가져올 수 있다.

(2) 고령화에 따른 인구구조의 변화가 주택가격에 미치는 영향을 설명하라.

해답 소득창출 능력이 취약한 고연령층이 노후자금 확보를 위해 주택을 처분하거나 주택규모를 축소하는 경우 주택가격이 하락할 수 있다. 실제로 미국 · 일본 등 주요 국가에서 인구 고령화에 따른 생산가능인구의 상대적 비율이 낮아지기 시작하는 시점과 부동산 가격 하락시점이 비슷하게 나타났다.

(3) 위 (1)과 (2)의 주택가격 변화가 거시경제에 미치는 영향을 설명하라.

해답 본 교재 13장(6. *IS-LM-AD-AS* 모형과 장 · 단기 분석, pp.354~355)에 〈그림 13-15〉를 이용한 자세한 설명이 있음. 14장 연습문제 1번 (1)의 자산가격 하락 분석도 기본적으로 동일한 결과를 가져옴.

06 일반적으로 금융위기 기간에는 금융시장의 불안으로 신용경색 현상이 발생하고, 이것은 다시 실물경제에 영향을 주게 된다. 이러한 상황과 관련된 다음의 문항에 답하라.

(1) 폐쇄경제를 상정하고 신용경색이 금융시장의 여러 변수들과 실물경제에 미치는 영향에 대하여 분석하라. 특히 이자율, 국채 금리와 회사채 금리의 격차, 수익률곡선의 기울기, 통화승수에 대한 효과를 분석하고, 실물경제에 대한 파급효과에 대하여 기술하라.

해답 신용경색이란 금융기관으로부터 자금이 제대로 공급되지 않아 경제 전체적으로 신용공급(또는 자금공급)이 감소하여 이자율이 상승하는 현상을 의미한다. 실제로 2007 ~ 2008 금융위기에서 은행의 단기자금 조달수단인 CD금리와 콜금리가 상승했다.

또한 신용경색이 발생하면 투자를 위해 외부자금 조달이 필요한 기업들이 어려움을 겪게 되면서 경기침체가 시작된다. 이에 따라 사람들은 상대적으로 안전한 국채를 회사채에 비해 더 선호하게 되어 둘 간의 금리차, 즉 금리스프레드가 확대된다.

한편 신용경색으로 인하여 미래의 경기침체가 예상되면 민간 경제주체는 미래에 중앙은행이 이에 대응하여 확장적 통화정책을 펼칠 것이라고 예상하게 된다. 그 결과 금융시장에서 미래 단기이자율의 하락이 예상되는데, 이는 이자율의 기간별 구조에 대한 기대가설(expectations hypothesis)에 의해 현재의 장기이자율 하락을 의미하고, 그 결과 우하향하는 수익률곡선이 나타나게 된다(이자율의 기간별 구조에 대한 기대가설에 대해서는 해설집 20장 끝 〈부록〉을 참고).

끝으로 신용경색이 발생하면 예금의 불확실성이 증가하므로 민간의 현금보유비율(η)이 상승하게 되며, 그 결과 통화승수의 크기가 감소하게 된다. 신용경색에 따른 통화승수의 감소는 〈그림 20-6-1〉에서 *LM*곡선을 좌측으로 이동시킨다. 또한 경제의 불확실성이 증가함에 따라 소비 · 투자도 감소하게 되며, 이는 *IS*곡선을 좌측으로 이동시킨다. 이때 *IS*곡선은 비교적 가파른 모양을 갖는다. 신용경색 상황에서 투자는 이자율에 민감하게 반응하지 않기 때문이다. 그 결과 국민소득은 비교적 큰 폭으로 감소한다. 본 교재 14장 연습문제 1번

그림 20-6-1

신용경색의 실물경제 파급효과

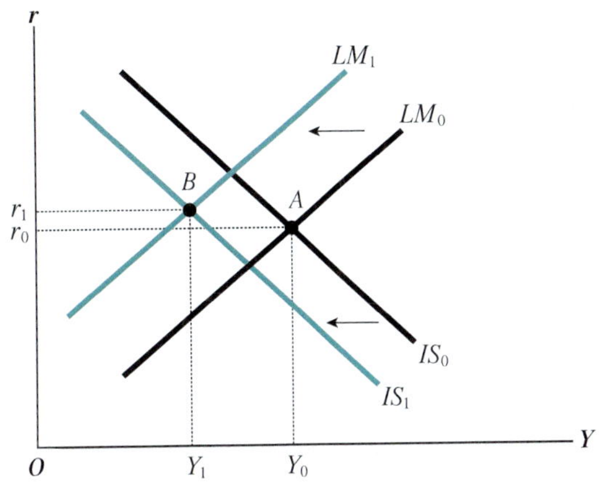

에서와 유사한 방식으로 새케인즈학파 거시경제모형을 이용하여 총공급 측면까지 포함한 파급효과를 분석할 수 있다.

(2) 글로벌 금융위기에 대응하여 중앙은행이 확장적인 통화공급으로 대응하였을 경우에 (1)에서의 분석과 달라지는 점들을 지적하고, 변동환율제도를 채택하고 있는 한국과 같은 소국 개방경제를 상정하였을 때 환율, 경상수지, 자본수지 등에 대한 영향을 설명하라.

해답 중앙은행이 확장적 통화정책을 시행함에 따라 경제 전체적으로 유동성 공급이 증가하여 이자율이 다시 하락하고 신용경색이 완화되어 회사채에 대한 위험도가 낮아지면서 국채 금리와 회사채 금리 간 스프레드도 축소된다. 또한 신용경색이 완화됨에 따라 미래의 경기회복이 예상되므로 금융시장에서 미래 단기이자율의 상승이 예상된다. 이는 기대가설에 의해 현재의 장기이자율 상승을 의미하며, 그 결과 우상향하는 수익률곡선이 나타나게 된다. 실제로 2007 ~ 2008 글로벌 금융위기에 대응한 세계 각국의 확장적 통화정책(양적완화정책)의 결과 수익률곡선이 경기침체 직전에 우하향하는 형태에서 우상향하는 형태로 바뀐 것으로 보인다. 한편 신용경색이 완화됨에 따라 예금의 불확실성이 감소하므로 민간의 현금보유비율이 감소하게 되며, 그 결과 통화승수의 크기는 증가한다.

또한 자본이동이 완전히 자유롭고 변동환율제도를 채택하고 있는 소개방경제에서 확장적 통화정책은 본 교재 16장(6.1 통화정책)에서 알아본 바와 같이 자본유출에 따른 자본수지 악화, 환율 상승, 그리고 경상수지 개선을 가져온다. 끝으로 총공급 측면까지 포함한 확장적 통화정책의 효과는 본 교재 14장(3.1 총수요 충격, pp.377~379)에서와 같은 방식으로 분석할 수 있다.

(3) 일부 국가들이 시행하고 있는 것처럼, 주요 통화에 대하여 국내통화의 가치를 고정시키는(pegged) 고정환율제, 또는 최소한 관리변동환율제를 운용할 경우, 글로벌 금융위기 상황에서 환율의 안정성을 확보할 수 있다는 주장이 대두되기도 한다. 이러한 주장의 문제점 또는 한계점을 설명하라.

해답 고정환율제 또는 관리변동환율제는 환율을 일정하게 유지하는 것을 목표로 한다는 측면에서 환율의 안정성을 확보할 수 있는 것으로 보이지만, 고정환율수준이 경제의 기초변수(fundamentals)와 괴리되는 경우 투기적 공격에 직면할 수 있다. 그 결과 고정환율수준 자체를 변경할 수밖에 없으므로 결국 환율의 안정성을 확보할 수 없게 된다. 특히 글로벌 금융위기와 같은 경제위기 상황에서 고정환율을 지나치게 일정 수준으로 유지하려고 한다면, 환투기에 따른 외환의 유출입이 과도하게 되어 외환위기를 불러올 수 있으며, 이는 결국 큰 폭의 환율조정으로 귀결되고 말 것이다.

아울러 고정환율제 하에서 글로벌 금융위기가 국가경제에 미치는 영향을 (1)의 분석에 기초하여 금융위기가 신용경색을 가져오는 경우와 실물부문의 소비·투자 감소를 가져오는 경우로 나누어 살펴보자.

먼저 신용경색에 의해 화폐공급이 급감하면 〈그림 20-6-3〉의 (a)에서 *LM*곡선이 왼쪽으로 이동해 국내이자율이 국제이자율보다 높아져 해외자본이 급속히 국내로 유입된다. 이때 환율 하락을 막기 위한 중앙은행 개입(즉, 자국통화 매도와 외환 매입)의 결과 국내통화량이 증가하여 *LM*곡선이 우측이동한다.

한편 글로벌 금융위기가 국내경제에 부정적인 실물적 충격으로 작용하는 경우 〈그림 20-6-3〉의 (b)에서 *IS*곡선이 왼쪽으로 이동한다. 그러면 국내이자율이 국제이자율보다 낮아져 순자본유출이 일어난다. 이때 환율 상승을 막기 위한 중앙은행 개입(즉, 자국통화 매입과 외환 매도)의 결과 국내통화량이 감소하여 *LM*곡선이 좌측이동한다.

결과적으로 고정환율제 하에서 실물적 충격이 왔을 때는 소득이 비교적 크

그림 20-6-3

고정환율제 하에서 금융위기의 영향

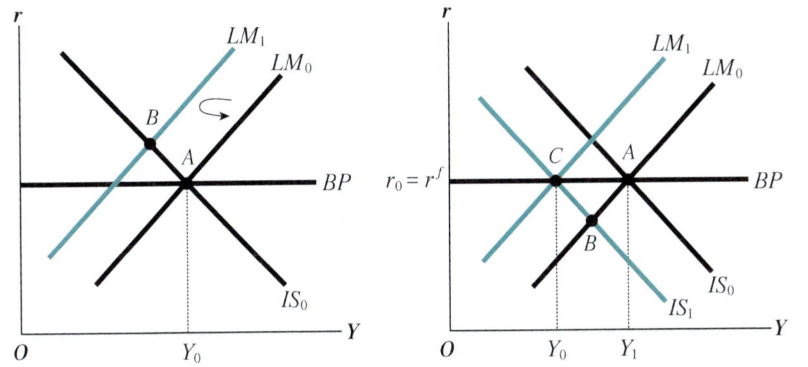

(a) 화폐적 충격 (b) 실물적 충격

게 감소하고, 화폐적 충격이 왔을 때는 모든 변수가 충격이 오기 전의 상황으로 돌아간다. 다만 두 경우 모두 통화당국의 자율적인 통화정책 운용은 제한될 수밖에 없다.

(2009년 입법고시 기출문제)

07 2008~2009년 글로벌 금융위기가 실물경제에 미치는 영향은 1930년대 대공황을 설명할 때 각광받았던 신용경로(credit channel)와 유사하게 분석할 수 있다. 그러나 1930년대 대공황을 설명하는 전통적인 신용경로가 기업과 같은 차입부문의 금융마찰(financial friction)에 주목한 반면, 최근 글로벌 금융위기에 이은 세계 경기침체를 설명하는 신용경로는 금융기관과 같은 대출부문의 금융마찰에 주목하고 있다.

(1) 전통적 신용경로의 대표적 이론인 버냉키의 금융가속기 이론을 이용하여 1930년대 대공황을 설명하라.

해답 대공황 직전, 금융시장이 불완전하고 기업의 부채비율이 높은 상황에서 긴축적인 통화정책이 이루어졌다. 은행의 대출여력이 감소함에 따라 차입제약하에 있는 기업들의 자금조달 비용이 상승하였다. 이로 인해 기업의 실물투자가 축소되면서 국내총생산이 감소하고 물가가 하락하였다. 이렇게 감소한 투자로 인하여 자본스톡이 감소하고 소득이 감소하면 기업들의 순이익이 감소하고, 그 결과 자기자본(또는 순자산) 규모가 감소한다. 기업의 투자자금 조달에 수반되는 대리인 비용과 기업의 자기자본 규모가 음(−)의 상관관계를 갖고 있으므로 소득 감소가 상대적으로 빠른 경기침체기에는 차입제약 하에 있는 기업부문의 자금조달 관련 대리인 비용이 증가한다. 이는 다시 투자와 소득의 감소를 가져오면서 경기침체를 악화시킨다.

한편 지속적인 물가 하락, 즉 디플레이션은 기업의 실질채무부담을 증가시켰고 기업은 채무상환을 위해 보유자산을 매각하였다. 이는 자산가격의 하락으로 이어지면서 기업의 순자산과 유동성을 악화시키고 다시 은행의 기업대출 축소로 연결됨에 따라 실물경제는 더욱 침체에 빠지는 악순환이 반복되었다.

(2) 금융기관 대차대조표의 경기순응성을 이용하여 최근 금융위기가 실물경기 침체를 심화시키는 경로를 설명하라. 이와 같이 금융기관들의 대차대조표 변동이 실물경제의 신용공급을 주도하고 있는 상황에서 확장적 통화정책이 금융안정에 미치는 영향을 설명하라.

해답 본 교재 20장(3.2 금융기관 레버리지의 경기순응성)에서 논의했듯이 서브프라임 부실로 인해 대차대조표가 악화되면서 금융기관의 디레버리징(레버리지 축소)이 본격화되었다. 금융기관이 대출금을 회수함에 따라 가계소비와 기업투자가 축소되었고, 이는 곧 전반적인 경제활동이 위축되는 결과를 낳았다. 이러한 경기침체는 다시 자산가격의 하락을 야기하여 금융기관 대차대조표를 악화시켰고, 이에 따른 디레버리징은 실물경기 침체를 심화시키는 악순환으로 이어졌다. 한편 이러한 레버리지 금융기관들은 단기차입에 대한 의존도가 높기 때문에, 기준금리 인하 등 통화정책을 확장적으로 운용할 경우 금융기관 대차대조표 변동을 증폭시킬 수 있다. 즉, 금융기관 대차대조표 경로가 강하게 나타나는 상황에서는 확장적 통화정책이 자산가격의 상승과 금융기관 레버리지의 확대를 부추김으로써 금융안정을 저해할 가능성이 있다.

08 IMF 구제금융 이후 우리나라 금융산업의 구조조정에 총 100조원 이상의 공적자금 투입이 요구된다고 한다.

(1) 공적자금의 확보를 위해서는 그 재원확보가 문제이다. 어떠한 재원확보방안이 있을 수 있는지와 각각의 문제점은 무엇인지 설명하라.

해답 공적자금의 재원확보방안은 크게 다섯 가지로 나누어서 생각해 볼 수 있다. 첫째, 공적자금을 조세로 충당하는 방안이 있다. 즉, 투입되는 공적자금의 금액만큼 국민들에게 세금을 부과하여 이를 징수하는 방법이다. 이 방안은 국민의 조세부담을 급격히 증가시켜 민간소비를 크게 위축시킬 수 있다는 점, 민간저축을 감소시켜 투자의 감소를 야기할 수 있다는 점에서 문제를 지닌다. 둘째, 채권시장을 통해 국공채를 매각함으로써 자금을 충당할 수도 있다. 그러나 이 방안도 채권공급을 증가시킴으로써 이자율 상승을 유발하고 이로 인해 민간투자가 위축될 수 있다는 점, 국공채 발행에 따른 이자비용이 고스란히 국민의 부담으로 이어진다는 점, 막대한 규모의 채권이 단기간에 유통시장에서 소화될 수 있을지 의문이라는 점에서 한계가 있다. 셋째, 통화증발을 통해 재원을 조달할 수 있다. 이 방안은 무엇보다 인플레이션을 가중시킬 수 있다는 문제, 환율 상승을 유발하여 외국인투자자의 투자수익률을 하락시킴으로써 해외자본의 유출을 야기할 수 있다는 문제가 있다. 넷째, 공공 · 기타기금의 운용계획을 대폭 축소하고, 여기서 발생하는 여유자금을 재원으로 활용할 수 있다. 이 경우 공적자금 회수가 원활하지 않으면 기금운용에 막대한 지장을 초래할 수 있다. 다섯째, 해외자본시장에서 재원을 조달하는 방안이 있다. 그러나 이 방안 역시 높은 자본조달 비용이 발생할 수 있다.

(2) 만약 재원의 상당 부분을 국공채 매각으로 충당한다면 국민들의 소비에 어떠한 영향을 미칠지 단기와 장기로 구분하여 논하라.

해답 재원의 상당 부분을 국공채 매각으로 충당할 경우 단기적으로 조세부담을 완화시킴으로써 소비의 감소를 막을 수 있다. 특히 전통적인 케인즈학파는 소비를 가처분소득의 함수로 파악하므로 국공채 발행을 통해 재원을 조달할 경우 그만큼 가처분소득의 감소를 억제할 수 있어 소비위축을 피할 수 있다고 주장한다. 그러나 이 견해에 따르더라도 장기적으로는 국공채 상환에 필요한 증세가 불가피하므로 민간소비가 위축될 수밖에 없다. 한편 리카도 대등정리를 지지하는 입장에서는 단기적으로도 국공채 발행이 민간소비를 저해한다고 본다. 국공채 발행은 동일한 현재가치만큼 미래 조세부담이 증가함을 의미하므로 단기에서도 소비가 감소한다는 것이다(본 교재 6장 4. 재정정책과 리카도 대등정리).

(2000년 행정고시 기출문제 일부 변형)

09 다음은 어느 일간신문에 게재된 기사이다. 물음에 답하라.

> 2008년 9월에 글로벌 금융위기가 터지자 세계 각국 정부는 막대한 규모의 재정지출을 통하여 경기급락을 막았다. 미국은 국내총생산의 5.6%에 달하는 7,870억 달러의 경기부양책을 마련했다. 유럽연합(EU)도 2,000억 유로의 재정지출 계획을 세웠다. 일본은 네 차례에 걸쳐 GDP의 4.7%에 해당하는 27조 4,000억 엔의 부양자금을 투입하겠다고 발표했다.
> 하지만 시간이 지나면서 '빚 잔치'는 부메랑이 되어 돌아오고 있다. 재정적자와 과도한 국가 빚이 경기회복의 발목을 잡기 시작한 것이다. 미국은 2009년 회계연도에 1조 4,000억 달러에 달하는 사상 최대의 재정적자를 기록하였으며 영국, 일본 등도 2009년도에 재정적자의 규모가 크게 증가하였다. 이에 따라 GDP 대비 정부부채비율도 금융위기 이전보다 크게 증가하여 2009년 말 현재 미국은 70.5%, 독일은 67.2%, 일본은 218.6%를 기록하였다.

(1) *IS–LM* 모형에서 일시적인 재정지출 증가를 통한 경기부양 효과가 크게 나타나기 위해서는 어떠한 조건이 필요한지 설명하라.

해답 13장 연습문제 15번 (2)~(3)에서 정부지출의 승수효과와 구축효과에 대해 살펴보면서 알게 되었듯이 *IS*곡선이 가파를수록, *LM*곡선이 완만할수록 재정정책의 소득증대 효과가 커진다. 가파른 *IS*곡선은 투자의 낮은 이자율탄력성을 반영하는 반면, 완만한 *LM*곡선은 투자적 화폐수요의 높은 이자율탄력성을 반영한다.

(2) 정부부채의 증가가 경기부양에 도움이 되지 않을 것이라는 견해도 있다. 이 견해를 설명하라.

해답 본 교재 6장(4. 재정정책과 리카도 대등정리)에서 알아보았듯이 정부지출이 일정 수준으로 주어져 있을 때 조세 대신 국채 발행을 통한 정부지출의 재원조달은 소비자의 초기 부존소득만 변화시킬 뿐 소비자의 평생 부는 변하지 않는다. 따라서 소비자의 최적소비는 변하지 않고 조세삭감만큼 저축을 늘려 미래에 발생할 조세 증가에 대비한다. 이러한 내용을 골자로 하는 리카도 대등정리는, 정부지출 수준이 일정하게 주어져 있을 때 정부부채의 증가가 민간부문의 경제활동에 아무런 영향도 주지 못한다는 점에서 재정정책의 무력성을 시사한다. 그러나 대부분의 경제학자들은 리카도 대등정리가 너무 제약된 가정에서 도출된 것이기 때문에 현실 설명력이 떨어진다고 지적한다.

(3) 정부부채의 증가가 오히려 경기회복의 발목을 잡을 것이라는 위 신문기사의 견해에 대해 평가하라.

해답 본 교재 20장(4.1 정부의 자산 · 부채와 거시경제)에서 살펴보았듯이 GDP 대비 국가부채비율의 변화(Δd_t)는 다음과 같이 결정된다.

$$\Delta d_t = (r_t - g_t)\, d_{t-1} - pb_t + sfa_t$$

여기서 r_t는 실질국채이자율, g_t는 실질GDP 성장률을 나타낸다. 위의 식에 따르면 정부부채비율은 주어진 기존 채무(d_{t-1})수준에서 실질국채금리 · 성장률간 격차($r_t - g_t$), 기초재정수지(pb_t), 스톡–플로우 조정(sfa_t) 등의 요인에 따라 변동한다. 특히 $(r_t - g_t)\, d_{t-1}$은 기존 채무에 대한 실질 이자부담을 의미하는데, 국채 발행금리가 높거나 경제성장률이 낮은 경우 또는 기초재정수지가 적자를 기록하는 경우 GDP 대비 정부부채비율은 상승한다.

예를 들어 기존 GDP 대비 국가부채비율이 일정 수준을 넘어서면 부채가 증가함에 따라 시장에서 평가하는 국가부도확률이 높아지며, 국채 금리는 위험프리미엄 증가와 함께 상승하고 이는 이자지급 부담을 가중시키는 악순환을 가져올 수 있다. 또한 과다채무국의 재정건전성 악화는 현재와 미래의 경기침체나 새로운 경제위기에 대한 정책대응 능력을 악화시킬 뿐만 아니라 재정의 화폐화(monetization)를 초래할 위험도 있다. 그러나 앞의 식에서도 알 수 있듯이 기존 국가부채수준(d_{t-1})이 높더라도 경제성장률이 실질이자율을 초과하는 한($r_t < g_t$) GDP 대비 국가부채비율은 감소하게 될 것이다.

(2012년 행정고시 기출문제)

10 6장 연습문제 10번과 동일

부록 이자율의 기간별 구조와 기대가설

투자자는 채권에 투자할 때 장기채권을 살 수도 있고 단기채권을 롤오버(roll-over)할 수도 있다. 예를 들어 투자자가 2년 동안 투자를 원할 때 2년 만기 채권을 사서 계속 보유하는 방식과 1년 만기 채권을 2년 동안 연속해서 사고파는 방식을 생각해 볼 수 있다. 물론 투자자는 첫 번째 방식으로 얻을 수 있는 수익과 두 번째 방식으로 얻을 수 있는 수익을 비교하여 투자방식을 선택할 것이다. 그런데 채권투자를 통해 얻을 수 있는 수익의 크기는 그 채권의 이자율(즉, 만기수익률)에 의해 결정되므로, 결국 투자자는 1년 만기 채권 이자율과 2년 만기 채권 이자율의 상대적인 크기에 주목한다.

장 · 단기 이자율의 격차는 이자율의 기간별 구조(term structure of interest rate)를 통해 분석된다. 이자율의 기간별 구조란 다른 조건들(예를 들어 유동성 · 위험 · 정보비용 · 세금조건 등)은 동일하고 오직 만기만 다른 경우 채권의 이자율(만기수익률)과 만기 사이에 나타나는 관계를 말한다.

이자율의 기간별 구조를 그림으로 표시한 것이 수익률곡선(yield curve)이다. 수익률곡선의 각 점은 해당 채권의 만기와 이자율(만기수익률) 간의 관계를 나타낸다. 〈그림 20a-1〉의 (a)는 일반적으로 나타나는 채권 이자율의 기간별 구조를 수익률곡선으로 나타낸 것이다. 즉, 만기가 짧은 채권의 이자율은 낮고, 만기가 긴 채권의 이자율은 상대적으로 높다. 그런데 수익률곡선이 항상 우상향하는 것만은 아니다. 〈그림 20a-1〉의 (b)

그림 20a-1

수익률곡선과 이자율의 기간별 구조

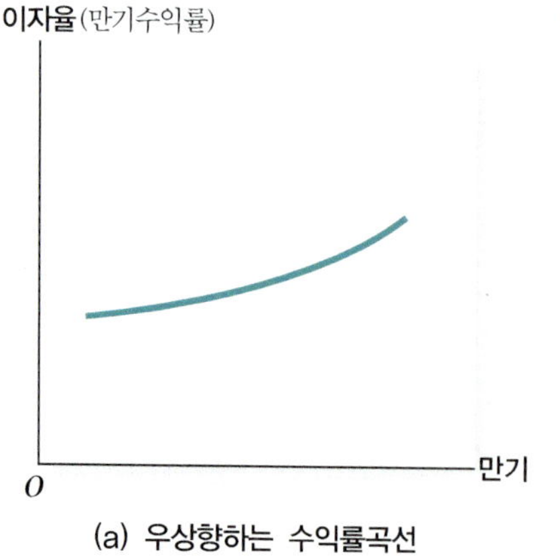

(a) 우상향하는 수익률곡선

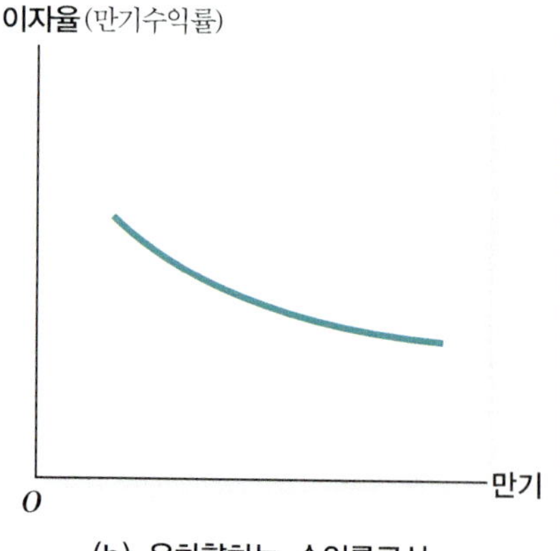

(b) 우하향하는 수익률곡선

와 같이 우하향하는 모양을 가질 수도 있다. 그렇다면 수익률곡선의 모양을 결정하는 요인은 무엇인가?

수익률곡선의 결정요인들을 살펴보기 위해 투자자가 1원으로 2년 동안 채권에 투자하는 두 가지 전략을 생각해 보자. 채권은 액면가격이 1원인 할인채로서 채무불이행의 위험이 없는 무위험채권(risk-free bond)이라 가정한다. 첫째, 2년 만기 채권을 보유하고 있다가 만기, 즉 2년 후에 수익금을 돌려받는 방식이 있는데, 이것을 [전략 I]이라고 하자. 둘째, 먼저 1년 만기 채권에 투자하여 1년 후 만기가 도래하면 액면가 1원을 수익금으로 받고, 그 수익금을 나머지 1년 동안 1년 만기 채권에 다시 투자할 수도 있다. 이를 [전략 II]라고 하자.

현재 시점에서 만기 1년 채권과 만기 2년 채권의 만기수익률을 각각 $r_{0,1}$, $r_{0,2}$라 하고, 1년 후에 만기 1년 채권의 만기수익률을 $r_{1,1}$이라고 하자. [전략 I]에 따라 초기에 1원을 가진 투자자가 2년 만기 채권에 투자할 경우 2년 후 얻을 수 있는 원리금은 $(1+r_{0,2})^2$이 된다. 반면에 [전략 II]에 따라 초기에 1원을 가진 투자자가 1년 만기 채권에 투자하여 1년 후 받은 원리금$(1+r_{0,1})$을 다시 1년 만기 채권에 투자하면 최종적으로 받게 될 원리금은 $(1+r_{0,1})(1+r_{1,1})$이 된다.

확실성의 세계에서 만약 두 전략의 수익이 다르면 두 전략 사이에 차익거래(arbitrage)가 발생하면서 수익이 높은 채권에 수요가 몰려 가격이 조정됨으로써 결국 두 전략의 수익률은 같아질 것이다. 따라서 균형에서는 다음의 식 (20a.1)과 같이 두 전략의 수익금이 동일해지므로 더 이상 차익거래를 할 유인이 없어진다.

$$(1+r_{0,2})^2=(1+r_{0,1})(1+r_{1,1}) \Leftrightarrow (1+r_{0,2})=\sqrt{(1+r_{0,1})(1+r_{1,1})} \qquad (20a.1)$$

이것을 균형에서 성립하는 '**차익거래 부재의 조건**(no arbitrage condition)'이라 한다. 식 (20a.1)에 따르면 초기에 2년 만기 채권의 이자율 또는 만기수익률$(r_{0,2})$은 초기에서의 1년 만기 채권 이자율$(r_{0,1})$과 1기에서의 1년 만기 채권 이자율$(r_{1,1})$의 기하평균임을 알 수 있다.

한편 식 (20a.1)에서 세 이자율$(r_{0,2}, r_{0,1}, r_{1,1})$이 각각 충분히 작은 수치라면, 2년 만기 채권 이자율은 다음과 같이 1년 만기 채권 이자율의 산술평균으로 결정된다.*

---

* 식 (20a.1)의 양변에 로그(logarithm)를 취한 뒤 충분히 작은 수치 x에 대해 $\log(1+x)\simeq x$를 이용하면 식 (20a.2)가 도출된다.

$$r_{0,2} = \frac{r_{0,1} + r_{1,1}}{2} \quad (20a.2)$$

그런데 $r_{0,2}$와 $r_{0,1}$은 초기에 관측 가능한 현물이자율(spot interest rate)인 반면, 1기의 현물이자율인 $r_{1,1}$은 초기에 관측 불가능한 미래이자율이기 때문에 이에 대한 투자자의 기대치($r^e_{1,1}$)로 대체된다.

$$r_{0,2} = \frac{r_{0,1} + r^e_{1,1}}{2} \quad (20a.3)$$

식 (20a.3)에 의하면 초기에 2년 만기 채권 이자율과 1년 만기 채권 이자율의 차이($r_{0,2} - r_{0,1}$), 즉 장·단기수익률 스프레드(spread)는 1년 후의 1년 만기 채권 수익률에 대한 기대치($r^e_{1,1}$)에 의존한다. 따라서 식 (20a.3)의 관계를 이자율의 기간별 구조에 대한 **기대가설**(expectations hypothesis)이라 부른다.

만약 1년 경과 후 시점에서의 1년 만기 채권 수익률에 대한 투자자의 기대치 $r^e_{1,1}$가 초기에서의 수익률 $r_{0,1}$보다 높다면, 2년 만기 채권의 수익률 $r_{0,2}$는 초기의 1년 만기 채권 수익률보다 높게 된다. 즉, $r_{0,1} < r^e_{1,1}$이면 $r_{0,1} < r_{0,2}$가 성립하여 수익률곡선이 우상향하게 된다. 반대로 초기에 투자자들이 $r_{1,1}$이 하락할 것이라고 믿는다면, 2년 만기 채권의 이자율은 초기의 1년 만기 채권 이자율보다 낮게 된다. 즉, $r_{0,1} > r^e_{1,1}$이면 $r_{0,1} > r_{0,2}$가 성립하여 수익률곡선이 우하향하게 된다.

지은이에 대하여

김 영 식

서울대학교 영어영문학과(학사, 1981~1985)
미국 카네기멜론대학교(경제학석사, 1989~1991)
미국 아이오와대학교(경제학박사, 1991~1994)
뉴질랜드 빅토리아대학교 조교수(1994~1999)
경희대학교 부교수(2000~2004. 8)
서울대학교 교수(2004. 9 ~현재)

[주요 저서 및 논문]

『금융백서 : 한국 금융의 변화와 전망』(김상조 · 박창균 · 최홍식 · 함준호 공저, 2013, 서울대학교출판문화원)
『경제학으로의 초대』(제3판, 2021, 도서출판 청람)
Liquidity, Quality, Production Cost, and Welfare in a Search Model of Money, (with Shuntian Yao), *Economic Journal*, 2001. How Important is the Intermediate Input Channel in Explaining Sectoral Employment Comovement over the Business Cycle? (with Kunhong Kim), *Review of Economic Dynamics*, 2006. Separation of Unit of Account from Medium of Exchange (with Manjong Lee), *Journal of Money, Credit and Banking*, 2013. Central Bank Digital Currency, Credit Supply, and Financial Stability (with Ohik Kwon), *Journal of Money, Credit and Banking*, 2022.

이 재 원

미국 위스컨신대학교 경제학과, 수학과(경제학학사, 수학학사, 2003)
미국 프린스턴대학교 경제학과(경제학석사, 2005)
미국 프린스턴대학교 경제학과(경제학박사, 2008)
미국 럿거스대학교 조교수(2008~2013)
미국 버지니아대학교 조교수(2017~2021)
서울대학교 조교수, 부교수(2013~2017, 2021~현재)

[주요 논문]

System Reduction of Dynamic Stochastic General Equilibrium Models Solved by gensys (with Woong Yong Park), *Economics Letters* 199: 109704, 2021.
Sectoral Price Facts in a Sticky-Price Model (with Carlos Carvalho and Woong Yong Park), *American Economic Journal : Macroeconomics* 13 (1): 216-56, 2021.
The Cross-Sectional Distribution of Price Stickiness Implied by Aggregate Data (with Carlos Carvalho and Niels Dam), *Review of Economics and Statistics* 102(1): 162-179, 2020.
Sectoral Heterogeneity in Nominal Rigidities in Korea: Implications for Monetary Policy (with Seula Kim), *Korean Economic Review* 36(1): 59-99, 2020.
Policy Regimes, Policy Shifts, and U.S. Business Cycles (with Saroj Bhattarai and Woong Yong Park), *Review of Economics and Statistics* 98(5): 968-983, 2016.
Optimal Monetary Policy in a Currency Union with Interest Rate Spreads (with Saroj Bhattarai and

Woong Yong Park), *Journal of International Economics* 96(2): 375–397, 2015.

Inflation Dynamics: The Role of Public Debt and Policy Regimes (with Saroj Bhattarai and Woong Yong Park), *Journal of Monetary Economics* 67: 93–108, 2014.

Price Indexation, Habit Formation, and the Generalized Taylor Principle (with Saroj Bhattarai and Woong Yong Park), *Journal of Economic Dynamics and Control* 48: 218–225, 2014.

Monetary Policy with Heterogeneous Households and Imperfect Risk-Sharing, *Review of Economic Dynamics* 17(3): 505–522, 2014.

Monetary-Fiscal Policy Interactions and Indeterminacy in Post-War U.S. Data (with Saroj Bhattarai and Woong Yong Park), *American Economic Review*, P&P 102(3): 173–178, 2012.

Aggregate Implications of Heterogeneous Households in a Sticky-Price Model, *Journal of Money, Credit and Banking* 44(1): 1–22, 2012.

The Relevance of the Fiscal Theory of the Price Level in Korea (with Jung Yi Hong, Jungsik Hyun and Yeji Sung), *Journal of Economic Theory and Econometrics* 26(1): 1–34.

제13판 거시경제론 연습문제 해설집

초판 1쇄 인쇄 2022년 8월 30일
초판 1쇄 발행 2022년 9월 5일

지은이 김영식 · 이재원

펴낸이 박기남
펴낸곳 **율곡출판사**
08590 서울시 금천구 가산디지털1로 84(에이스하이엔드 8차), 803호
전화 (代) 02) 718-9872/3
팩스 02) 718-9874
home-page www.yulgokbooks.co.kr
e-mail yulgokbook@naver.com
등록 1989.11.10. 제2014-000031호
ISBN 979-11-91812-36-7 93320

정가 18,000원